LES
ARTISANS
ILLUSTRES,

PAR ÉDOUARD FOUCAUD.

SOUS LA DIRECTION DE MESSIEURS

LE BARON CH. DUPIN ET BLANQUI AINÉ.

PARIS.

BÉTHUNE ET PLON, ÉDITEURS,   GAUDIN, LIBRAIRE,
RUE DE VAUGIRARD, 36.   RUE SAINT-LAZARE, 31.

1841.

LES

ARTISANS

ILLUSTRES,

AR ÉDOUARD FOUCAUD,

SOUS LA DIRECTION DE MESSIEURS

LE BARON CH. DUPIN ET BLANQUI AINÉ.

PARIS.

BÉTHUNE ET PLON, ÉDITEURS,   GAUDIN, LIBRAIRE,
RUE DE VAUGIRARD, 36.   RUE SAINT-LAZARE, 31.

1841.

LES
ARTISANS
ILLUSTRES.

IMPRIMÉ PAR BÉTHUNE ET PLON,
A PARIS.

Th. Fragonard

Ag. Sandoz

AUX OUVRIERS.

Lamennais a dit : *L'artisan se lève avant l'aube, allume
sa petite lampe, et fatigue sans relâche pour gagner un peu
de pain qui le nourrisse lui et ses enfants.* — Lorsque Lamennais inscrivait cette pensée dans ses admirables *Paroles
d'un Croyant*, il formulait le sommaire le plus complet de
la vie de l'artisan.

TRAVAILLER, ENCORE TRAVAILLER, TOUJOURS TRAVAILLER,

telle est l'inscription qui flamboie sur chaque drapeau de toutes les corporations ouvrières. Au premier abord, l'existence de l'artisan attriste; mais bientôt, cette existence, qui nous avait apparu sous un jour désespérant et sans idées consolatrices, cette existence s'élargit; et si tous ses instants sont consacrés aux douleurs du travail, chaque heure qui s'écoule, laborieuse et remplie, ajoute un nouvel éclat à la couronne, déjà si brillante, de l'industrie.

Faire l'histoire des travailleurs, écrire la vie modeste et sans échos de l'artisan, de l'homme qui a voué toutes ses facultés au travail manuel, le seul vraiment utile, cette idée m'a paru grande et honorable. J'ai reporté sur cette idée tout ce que le cœur renferme de passions intimes. J'ai pensé que ce travail serait apprécié de tous, parce qu'il est grand; serait compris de tous, parce qu'il est honorable.

J'avais d'abord divisé ce travail en trois grandes périodes historiques : — depuis François Iᵉʳ jusqu'à 1789; — depuis la République jusqu'à la révolution de 1830, — et de 1830 jusqu'à nos jours. Mais, au moment du travail, la première de ces grandes divisions, quoique peut-être une des plus curieuses, a échappé aux recherches de l'analyse. — Lorsqu'on lit les historiens, on ne trouve rien. L'industrie semble n'avoir pas existé, ou du moins n'avoir vécu qu'obscurément, et sans aucun reflet. Cherchez la date d'une guerre désastreuse, l'historien est ponctuel; mais demandez-lui le précis des progrès industriels, il garde le silence, ou, s'il parle, il écrit des données incertaines ou incomplètes, comme s'il

avait honte de s'occuper de *si peu de chose*. — Depuis
François Ier jusqu'à la fin du dix-huitième siècle, l'industrie
n'a pas eu d'historiens. J'ai donc dû ne commencer à écrire
longuement et avec détails que depuis cette époque, et me
contenter de donner un aperçu général des premiers progrès marquants de l'industrie, cette reine des nations.

Qu'on me comprenne bien ! — L'histoire que je publie
n'est pas écrite dans le style biographique ; ce travail aurait
été fastidieux et sans portée. *Les Artisans Illustres* contien-
dront l'historique de l'artisan, l'outil prêt, et devant l'établi.
Chaque œuvre sortie de sa main, et faite dans un but de progrès, s'y trouvera naturellement enregistrée ; et si, quelquefois, la verve du sujet me conduit jusque dans l'intérieur des
familles, ce ne sera que pour jeter quelques fleurs sur ces
existences trop souvent repoussées et étiolées par le malheur.

Lorsque l'architecte a arrêté les bases premières d'un
édifice important, il réfléchit long-temps afin que son plan
n'offre, à l'œil de l'observateur, aucun vice de composition ;
sa pensée se mûrit par la réflexion, et il ne prend seulement
de repos que du moment où les moindres détails s'harmo-
nient et forment un ensemble parfait ; en approfondissant
l'œuvre que je voulais produire, œuvre populaire, méditée
et écrite toute dans un sens d'émancipation et de progrès,
j'ai cru dès-lors que, pour asseoir solidement un monument,
digne à la fois de l'industrie et des classes ouvrières, tout
homme sorti des rangs du peuple qui, soit par un travail
manuel, soit par des actions d'éclat, soit enfin par des actes

de dévouement, était parvenu à se faire une position éclatante et honorable, devait nécessairement obtenir une place dans *les Artisans Illustres;* je me suis donc attaché à recueillir le plus de faits, le plus d'actions méritoires. — Quoique la couronne attachée au front du travailleur par la postérité soit déjà si brillante, il est du devoir de l'analyste et de l'historien d'y ajouter, toutes les fois que l'occasion se présente, les fleurons que l'insouciance ou l'esprit de parti avaient laissés dans l'oubli. La pensée de l'écrivain est un vase où Dieu a mis la science, et dont aucune lèvre ne doit être privée.

Ainsi, à côté des grands industriels qui se sont fait remarquer par des travaux utiles et humanitaires, j'ai inscrit les noms des hommes qui, nés de famille prolétaire, ont occupé, par leur bonne conduite et leur courage, les plus hauts degrés de l'échelle sociale. — Sur la même ligne que le mécanicien Jacquard, l'agriculteur Grangé, etc., le lecteur trouvera l'illustre Ney, duc d'Elchingen, prince de la Moskowa, et appelé sur le champ de bataille du surnom de *brave des braves;* Lannes, l'apprenti teinturier qui, après avoir passé par tous les grades militaires, s'est vu décorer par Napoléon du titre de duc de Montebello; Augereau, général de l'empire, fils d'un fruitier de Paris; Bernadotte, le fils du modeste bourgeois du Béarn, placé sur le trône de Suède sous le nom de Charles-Jean; Murat, l'intrépide cavalier, un beau jour se réveillant roi de Naples, lui le pauvre enfant de l'aubergiste, et tant d'autres encore.

A côté de ces célébrités des champs de batailles seront enregistrés des noms non moins connus, non moins aimés du peuple.

Monthyon, par exemple, l'homme bienfaisant dont l'ame était si belle, dont le dévouement aux classes vertueuses et méritantes était si grand.

Jacques Laffitte qui, avant de se faire le soutien des nécessiteux, avait appris à connaître ce que le travail manuel renferme à la fois de pénible et de consolant.

Je n'oublierai pas non plus, dans la nomenclature des artisans du travail et de la fortune, les quelques hommes qui, faisant un noble emploi des richesses que la naissance ou l'industrie leur avaient départies, ont soulagé, dans les moments de détresse publique, les ouvriers sans occupation et sans ressources, et à leur tète le *Petit Manteau bleu*, providence terrestre des malheureux, paraîtra avec sa bonhomie d'homme de bien et sa sollicitude de père. *Les Artisans Illustres*, suivant l'expression du journal *le Siècle*, seront donc un véritable Panthéon élevé aux classes ouvrières et aux bienfaiteurs de l'industrie.

Dans le métier, il existe deux sortes d'illustrations généralement mal appréciées :

L'une consiste dans le travail d'un homme riche, ou hautement placé dans la société; c'est-à-dire lorsque cet homme, soit par caprice, soit par désœuvrement, a consenti à passer quelques courts instants de sa vie à un exercice manuel.

Et parmi ces hommes, qui ont *illustré* le métier, je citerai

Pierre-le-Grand, cet insatiable du Nord, qui, la hache sur

l'épaule, et les reins serrés de la large ceinture de l'esclave, allait passer quelques heures dans le chantier de Saardam, à équarrir et à façonner la charpente.

Si cette illustration du métier vous paraît importante, je vous dirai encore : suivez-moi, et jugez !

Vous voici dans un atelier : un établi aux pieds richement sculptés est placé devant une fenêtre à demi-voilée par des rideaux de soie bleue, relevés par des galons d'argent. Sur cet établi, vous remarquerez de brillants outils à manche d'ivoire rehaussé d'or. Aux fauteuils et aux tabourets en drap d'or, entourés de crépines d'or qui décorent cet atelier, vous vous croiriez plutôt dans un boudoir de riche petite-maîtresse. Devant l'établi, deux hommes, dont les mains sont précautionneusement couvertes de gants, examinent une serrure : l'un porte le visage commun à tous les courtisans, sur lequel le dévouement se mêle à un peu de bassesse; l'autre, au contraire, a quelque chose de noble dans la figure; son regard renferme même une expression de grande douceur, et dénote peu de fermeté. — Cet atelier est celui du serrurier Louis XVI.

Voici pour la première illustration.

L'autre consiste dans un travail de chaque jour, de chaque heure, de chaque minute. L'homme qui se livre à ce travail ne porte pas de gants; ses mains sont calleuses; son visage est fatigué. Ne cherchez dans son intérieur aucune trace de luxe; les murs sont nus; les fenêtres ne sont pas tendues de soie.

Maintenant, dites-moi quelle est la véritable illustration du métier? Croyez-moi, l'illustration du métier ne consiste pas dans le travail capricieux des mains blanches et parfumées du noble et du riche; elle se trouve tout entière dans le travail continu des mains épaisses et durcies de l'artisan

et du pauvre. Ne croyez pas que le nom d'un puissant de la terre anoblisse le métier; car vous vous tromperiez : ce nom ne peut donner, pour un moment, au métier *privilégié*, qu'une vogue courtisanesque, mais jamais le faire resplendir, s'il ne possède en lui-même des germes productifs et dont la venue soit nécessaire à la vie commune. Et encore, soyez persuadés que même, sans cette protection puissante, ce métier aurait prospéré. Il aurait mis plus de temps à germer, voilà tout.

En envisageant le travail qui se présentait à moi, enveloppé d'un nuage épais, un moment j'ai hésité; la pensée s'est refusée à seconder la plume. En effet, dans la vie laborieuse de l'artisan, dans cette vie aux étapes si éloignées, je n'ai vu qu'une seule route, longue et brûlée; je n'ai aperçu qu'une seule croyance incessante; je n'ai compris qu'une seule consolation douloureuse; et cette route, et cette croyance, et cette consolation, n'avaient à elles trois qu'un seul but, — le travail continu. — Mais bientôt, devant les souffrances morales et physiques de la classe ouvrière, la volonté de réparer une injustice m'a donné le courage de la tâche que je m'étais imposée. J'ai compté aussi sur les sympathies populaires. Je m'étais proposé cette question : Pourquoi l'ouvrier n'aurait-il pas sa part de soleil aussi bien que l'homme opulent? Et, sur le point de la résoudre, d'immenses difficultés, tout-à-coup, s'étaient dressées devant elle. Dans cet état d'impuissance, j'ai pensé que mes forces, trop jeunes, ne suffiraient peut-être pas. C'est alors que j'ai été frapper à la porte du plus grand philanthrope dont le peuple puisse s'enorgueillir, et voici la réponse que j'en ai obtenue :

Paris, 23 octobre 1838.

Monsieur,

Vous m'avez fait l'honneur de me demander si je consentirais à laisser publier SOUS MES AUSPICES une histoire des ARTISANS ILLUSTRES.

Je vous remercie du sentiment qui vous a porté à m'adresser cette dédicace. Vous avez pensé, et avec raison, je me hâte de le dire, qu'un pareil sujet exciterait en moi de vives sympathies ; elles vous sont assurées, croyez-le bien.

Vous aurez de grands travaux à faire, pour rechercher les matériaux de votre œuvre. La vie de l'ouvrier s'accomplit obscurément au fond des ateliers, et ce théâtre n'est pas assez élevé pour que le regard des écrivains aille y chercher des observations. Je suis cependant profondément convaincu qu'il se rencontre souvent, dans ces existences modestes, des prodiges de vertu et de travail, auxquels il ne manque qu'un interprète habile pour être appréciés et d'un utile exemple. Soyez cet interprète, Monsieur, et je ne crains point de vous prédire un grand succès.

Veuillez agréer, Monsieur,
L'assurance de ma considération distinguée.

J. LAFFITTE.

La première pierre de l'édifice était posée; mais cela ne pouvait suffire; il fallait encore réunir les matériaux et les disposer avec ordre et avec sagesse. — Pour que la tâche difficile dont j'acceptais la responsabilité pût être accomplie dans ses moindres exigences, j'ai recherché les noms les plus éminents de la science, et bientôt j'ai pu inscrire sur le frontispice d'un livre dédié aux Travailleurs, les noms de MM. Charles Dupin, Blanqui aîné et Arago. Avec de pareils conseillers, les *Artisans Illustres* ont le droit de marcher, tête levée, car ils ont une couronne au front.

DE LA

RENAISSANCE

A

1789.

INTRODUCTION.

Dans l'histoire des nations, l'industrie se présente toujours précédée du travail des mains; il en est le fondement essentiel, comme il est celui de toutes les méditations de la science; car, sans son intervention, pour exécuter les opérations qu'elle combine, la science serait vaine et inutile.

Le travail manuel est né des besoins de l'homme dans l'état de société, état qui, par le mode d'existence qu'il développe, a lui-même donné naissance à ces besoins, devenus naturels, parce que l'homme, doué, par sa merveilleuse organisation, d'une grande puissance intellectuelle, ne saurait l'exercer dans une sphère digne d'elle, ni d'une manière utile, qu'en se mettant en rapport intime avec ses semblables. L'état social est donc une condition inhérente à l'espèce humaine.

Partant de ce principe incontestable, puisqu'il est logique, les arts mécaniques doivent être considérés comme les premiers moyens auxquels les hommes ont dû recourir d'abord pour rendre leur vie douce et commode; car, dans tous les métiers, ces deux parties essentielles du bonheur se trouvent religieusement renfermées. L'ouvrier laborieux ne peut donc pas éprouver de souffrance sans merci : — la consolation est sœur du travail.

Le travail, selon la définition de M. Richer, dans son ouvrage *les Cosmopolites*, est l'âme de toute société, l'unique agent de toute la nature, et il ne faut qu'une chose à l'homme pour tirer parti des bienfaits de la nature, c'est le travail : rien de ce qui existe ne prend vie que par lui. L'univers est la base sur laquelle la vie opère, et cette vie, quels que soient les noms qu'on lui donne, qu'on l'appelle intelligence ou végétation, c'est toujours le travail qui en est le principe. Au physique, c'est l'action qui entretient la force; comme, au moral, c'est l'étude qui agrandit l'intelligence. Le travail, c'est l'intelligence appliquée aux choses morales par la pensée et la réflexion, ou aux objets extérieurs par le secours qu'elle reçoit des mains. Ainsi, dans l'un comme dans l'autre cas, l'intelligence est inséparable de tout travail.

Il résulte de ces considérations, puisées dans la double

nature de l'homme, c'est-à-dire dans sa nature morale et physique, que, sans le travail, son intelligence serait comme une terre en friche ; elle ne produirait rien d'utile, rien qui pût améliorer l'existence.

Mais il s'est trouvé qu'en comparant les productions diverses obtenues par le travail, dans certains arts nommés arts libéraux ou beaux-arts, on crut s'apercevoir que, dans ceux-ci, l'esprit jouait un plus grand rôle que dans les arts mécaniques ou métiers. Telle est l'origine de la distinction qu'on a faite entre les uns et les autres ; distinction qui, fondée jusqu'à un certain point, a eu pour effet de jeter une sorte d'avilissement sur des classes nombreuses. Elle a fortifié, si elle ne l'a pas fait naître, cette opinion absurde qui porte à croire que l'exercice d'un travail constant et suivi, sur des objets sensibles et matériels, dérogeait à la dignité de l'esprit humain ; que pratiquer, ou même étudier les arts mécaniques, c'était s'abaisser à des choses dont la recherche est laborieuse, la méditation ignoble, le commerce déshonorant et la valeur minime.

Ce n'est pas ainsi que pensait Bacon, l'un des plus vastes génies dont l'Angleterre puisse se glorifier. Ce grand homme regardait l'histoire des arts mécaniques comme la branche la plus importante de la vraie philosophie, qui, suivant un dé nos écrivains les plus distingués, M. de Kératry, n'est autre chose que la raison appliquée au bonheur public et individuel. Or, les arts mécaniques, vulgairement désignés sous le nom de métiers, sont, sans nul doute, au premier

rang des véhicules puissants que cette philosophie emploie
pour réaliser, au profit de l'humanité, les bienfaits dont
elle est la noble source, en faisant d'abord sagement envi-
sager le but d'utilité relative ou générale auquel conduit l'application bien entendue de ses principes naturels. Qui pourrait, en effet, contester aux professions mécaniques cette
précieuse prérogative de n'exister que sous la conviction de
leur utilité? Comment nier, par conséquent, que ce qui est
utile à l'homme ne contribue pas à son bien-être physique,
en d'autres termes, à son bonheur? Les arts mécaniques
sont tous, plus ou moins, dans ce cas, attendu qu'ils répon-
dent tous à des besoins essentiels à notre nature, ou inhé-
rents aux divers degrés de civilisation que parcourent les
peuples. Mettez en balance, dit Sulzer, les avantages réels
des arts les plus honorés et ceux des arts mécaniques, et,
par une de ces contradictions si ordinaires à l'esprit humain,
vous trouverez qu'on a bien plus loué les hommes occupés
à faire croire que nous étions heureux, que les hommes qui,
par la nature même de leurs travaux, nous le rendent en
effet. Et pourtant nous n'avons pas pour eux toute l'estime,
toute la considération qu'ils méritent à des titres si sacrés.

En fait d'arts, il serait, ce semble, bien plus rationnel et
plus logique de donner une juste préférence à ceux qui tiennent de si près aux nécessités de la vie, aux satisfactions de
nos besoins de tous les jours, de tous les instants; en un
mot, l'art utile, suivant l'expression de l'abbé Jaubert, devrait l'emporter sur l'art agréable, et celui-ci ne devrait oc-

cuper que la deuxième place dans notre estime. Quelle différence immense n'y a-t-il réellement pas entre les arts dont
la société ne peut se passer, et ceux qui ne servent qu'aux
plaisirs factices, ou à un vain luxe?

On ne saurait donc trop multiplier et encourager les premiers, car ils sont, d'une part, un besoin d'ordre naturel
et d'ordre social, et, de l'autre, un instrument actif de civilisation, en ce sens qu'ils alimentent l'industrie, et que
l'industrie, selon la juste apprécation du grand Colbert, est

la plus sûre richesse d'une nation. On ne peut en dire autant des beaux-arts. Là où fleurit tout ce qui occupe utilement l'homme, où le travail est un honneur, là, l'oisiveté et l'indigence, qui en est la suite, sont inconnues; et dans toute société bien organisée, les arts mécaniques ont seuls le privilége de produire cet heureux état de choses.

Cependant, l'ingratitude des hommes est telle que les inventeurs des arts mécaniques sont restés inconnus à leurs descendants, au point que les noms de la plupart de ces bienfaiteurs du genre humain ne sont pas parvenus jusqu'à nous; tandis que, par un étrange renversement d'idées, ceux des conquérants, fléaux des nations et destructeurs ordinaires des arts, ne sont ignorés de personne.

Cet oubli déplorable ne peut s'expliquer que par l'antique préjugé qui fait considérer les professions manuelles comme étrangères aux opérations de l'esprit, et comme indignes, dès-lors, de la considération et de la reconnaissance des hommes. Il est remarquable que ce sont précisément les peuples dont les institutions politiques affectaient des formes républicaines, chez lesquels le mépris pour les classes ouvrières a été le plus invétéré. Aussi, abandonnèrent-ils l'exercice des arts, en général, et spécialement des arts mécaniques, aux esclaves; et, chez les Grecs aussi bien que chez les Romains, ces esclaves étaient regardés comme des *hommes sans dieux, en dehors de la loi commune,* qu'ils désignaient collectivement sous le nom générique de *choses.*

Le christianisme, il faut le reconnaître, en enseignant que

tous les hommes sont frères, en les appelant à une complète
et parfaite égalité devant Dieu, rétablit l'homme dans sa dignité originelle. Il réhabilita ainsi, en principe, toutes les
professions mécaniques et industrielles. Sous ce rapport, et
sous beaucoup d'autres, il a rendu d'immenses services à la
civilisation et à l'humanité. On doit regretter que son influence salutaire ne se soit pas étendue avec autant de succès
sur l'opinion qui veut ne voir dans les opérations des métiers qu'une routine, servie par des mains plus ou moins
habiles, et dans l'exercice de laquelle le savoir et l'intelligence sont à peu près inutiles. Ce qui mène à induire que
les ouvriers ne seraient guère que des machines animées;
conséquence à la fois absurde et fausse, car il est notoire, à
quiconque réfléchit, que les métiers réclament tous le concours d'une instruction proportionnée aux difficultés et à
l'importance de chacun d'eux.

L'ouvrier peu ou point instruit n'a ni zèle ni émulation;
il s'en tient à ses paresseuses habitudes; il se prévient contre
toute espèce d'innovation, dit M. Lenormand, et repousse
avec opiniâtreté les améliorations industrielles les plus heureuses. Ce qui prouve évidemment que les arts mécaniques,
même les plus simples, exigent l'intervention de l'intelligence à un degré relatif, et qu'aucun ne se résout dans le
seul fait d'une imitation routinière. Les combinaisons les
moins compliquées de leur mécanisme ne peuvent avoir lieu
sans que la pensée préside à leur formation, sans qu'elle ne
les dirige dans le sens unitaire de l'œuvre dont elles sont

l'objet. S'il en était autrement, c'est-à-dire si les travaux
mécaniques n'étaient que le résultat matériel d'une aveugle
pratique, il n'existerait aucun degré bien marqué de supériorité entre les ouvriers d'une même profession; leurs produits auraient un caractère désespérant d'uniformité; ils
sembleraient tous jetés dans le même moule; ils ne se dis-
tingueraient que par la qualité des matières mises en œuvre,
et cependant il s'en faut que les mêmes objets sortis de
mains différentes se ressemblent dans les détails d'exécution
comme dans le fini de l'ensemble! Les inégalités dans les
degrés de cette échelle, qui commence à ce qui est mal et
se termine au point culminant de ce qui est parfait dans son
genre, en passant par le médiocre, ne dépendent-elles pas
du plus ou moins d'aptitude intellectuelle qu'y apportent
ceux qui exécutent des travaux identiques? Dans les métiers
comme dans les arts, comme dans la littérature et dans les
sciences, le mérite des œuvres est toujours en raison du
savoir qu'on a acquis, et du génie dont on est doué.

La pratique des arts mécaniques est tellement subordon-
née aux opérations préalables de l'esprit, qu'on la voit constamment suivre la marche ascendante de la civilisation et
des lumières. Les améliorations graduelles de leurs produits,
les perfectionnements successifs de leurs procédés sont là
pour attester cette vérité. S'ils n'étaient dirigés que par la
routine, ils seraient éternellement stationnaires. Mais les
ouvriers sont hommes; la nature leur a départi ses dons dans
la même mesure qu'aux autres hommes; ils concourent,

pour leur part, aux révolutions intellectuelles de l'humanité ;
ils en reçoivent, à leur tour, la même impulsion, que nous
révèle leur habileté toujours croissante, sur laquelle tout le
monde est d'accord.

Les progrès des arts mécaniques, dans leur extension indéfinie, constituent donc un fait d'ordre intellectuel à un
titre égal à celui de tous les progrès humanitaires.... C'est
ce que l'histoire des peuples dévoile à chaque page, et, pour
se convaincre de cette vérité, il suffit de se reporter à l'é-
poque qui a immédiatement précédé celle dite de LA RENAIS-
SANCE, c'est-à-dire aux treizième et quatorzième siècles.

Alors, les principales professions mécaniques ou industrielles se réduisaient à environ une centaine. Je crois devoir en présenter ici le sommaire curieux, extrait de différents

documents. Il mettra les lecteurs à même d'apprécier l'état social de nos pères au moyen-âge ; et, en le comparant à celui de nos jours, ils pourront se faire une idée des immenses développements qu'ont reçus, depuis, les arts utiles, et les conquêtes qu'ils ont procurées à l'industrie française :

Les tameliers (boulangers).

Les meuniers.

Les blatiers (marchands de blé).

Les mesureurs de blé.

Les crieurs.

Les regrattiers (détaillants de pain, de sel, de poissons de mer, de fruits et de jardinage).

Les jaugeurs.

Les cervoisiers (fabricants de bière).

Les taverniers.

Aux treizième et quatorzième siècles, les métiers, restreints par le peu de besoins du peuple, marchaient isolés : la nécessité de l'association ne se faisait pas encore sentir. Le tamelier faisait son pain, et le vendait sans autre ambition que de récolter quelques écus. Le meunier, le blatier, le cervoisier se contentaient de fabriquer ou de livrer leurs marchandises, sans se soucier si la farine ou la bière pouvait acquérir quelque supériorité, en cherchant à modifier leur fabrication. Les métiers, livrés à un état d'apathie, restaient donc dans un état de stagnation déplorable. Des professions que je viens de citer, celle de tavernier était la seule qui avait su s'affranchir de cet esclavage de pensée.

Sans cesse en contact avec toutes les classes de la société, le tavernier était obligé de se plier aux moindres exigences de ses nombreux visiteurs. Aussi, depuis l'homme du peuple jusqu'aux jeunes seigneurs, depuis l'homme d'épée jusqu'à l'habitant du monastère, tous se donnaient rendez-vous dans la salle basse du tavernier, et là, assis autour des tables, ils devisaient en vidant gaîment les pots.

Les plombiers.
Les ferriers (ouvriers en fers).
Les maréchaux.
Les taillandiers.
Les serruriers.

Les charpentiers.

Les tailleurs de pierre.

Les plâtriers.

Les couteliers.

Les boîtiers.

Les batteurs d'archal.

Les boucliers de fer (fabricants de boucles).

Les boucliers de cuivre et de laiton.

Les tréfiliers de fer.

Les tréfiliers d'archal.

Les cloutiers.

Les haubergiers (faiseurs de haubers).

Les fourbisseurs.

Les patenôtriers d'os (faiseurs de chapelets).

Les patenôtriers de corail.

Les patenôtriers d'ambre et de jais.

Les orfèvres.

La profession de haubergier, ou faiseur de haubers, n'existe plus depuis long-temps. Le haubert était une cotte de mailles de fer poli, à manches et à gorgerin, qui, dans ce temps-là, complétait l'armure du chevalier. Le patenôtrier, aujourd'hui le faiseur de chapelets, jouissait, au quatorzième siècle, d'une grande vogue. Peu de métiers trouvaient autant de chalands ; aussi, le patenôtrier, homme d'importance, se distinguait, parmi les autres artisans, par plus d'aisance dans les manières, et plus d'affabilité dans les paroles. La noble dame, montée sur sa cavale blanche, n'hésitait pas à s'arrêter devant la porte aux panneaux sculptés

de l'heureux ouvrier; le jeune cavalier accourait bien vite, lorsqu'il savait que maître un tel venait de finir quelque riche chapelet. Alors, la religion était dans tous les cœurs; elle ne formait qu'une seule et même croyance, et les damoiselles payaient par un sourire gracieux le chapelet d'ambre, de jais ou de corail : l'amour y gagnait souvent, et quelquefois, dans les patenôtres du soir, se glissaient quelques prières d'amour.

L'orfèvre n'était pas moins recherché que le patenôtrier; mais, homme plus sévère et plus froid, il travaillait plus laborieusement; son atelier ne résonnait pas, comme celui

du faiseur de chapelets, de cantiques saints ou d'antiennes
à madame la Vierge; mais le silence qui y régnait habituellement, et que le marteau seul interrompait, se trouvait
coupé, à de longs intervalles, par un bruyant éclat de rire
ou quelque gros juron, selon que le labeur se faisait.

    Quant aux autres métiers, chaque artisan, plein d'ardeur
et de courage, s'y livrait avec cœur, sachant bien que dans
le travail le plus pénible se trouve une consolation.

Les christaliers.

Les batteurs d'argent à filets.

Les batteurs d'étain.

Les batteurs d'or et d'argent en feuilles.

Les laceurs de fil et de soie.

Les fileurs de soie à grands fuseaux.

Les fileurs de soie à petits fuseaux.

Les ouvriers en tissus de soie.

Les brauliers en fil (faiseurs de braies, tailleurs).

Les crépiniers de fil et de soie.

Les drapiers de drap, de soie et de' velours.

Les fabricants de boucles à souliers.

Les tisserands de soie.

Les tisserands de drap.

Les foulons.

Les teinturiers.

Les fabricants de tapis *sarrazinois* (à la manière des Orientaux, ou Sarrazins).

Les fabricants de tapis communs et de couvertures.

Le luxe est enfant de la civilisation. Cette vérité est d'autant plus palpable que, même dans les premiers temps de notre monarchie, tout ce qui entourait l'homme que la naissance, les armes ou les talents avaient placé au-dessus des autres, se faisait remarquer par une profusion de magnificence et de largesses. Bientôt, au simple costume de serge et de lin, succédèrent les vêtements de velours et d'hermine; à la modeste armure de fer poli fut substituée l'armure aux incrustations d'or et d'argent. L'envie de briller, cette passion des insensés, fermentait dans tous les cerveaux, et l'industrie tirait parti des prodigalités répétées chaque jour. On voit, aux treizième et quatorzième siècles, plusieurs métiers prendre une extension bien marquée. Les tisserands et les drapiers rivalisaient alors de zèle; ils étudiaient le perfectionnement, et leurs peines se trouvaient souvent récompensées : leurs métiers progressaient, et, quoique aujourd'hui ces progrès échappent presque entièrement aux recherches, cependant, à cette époque, ils devinrent bien sensibles. Certes! les étoffes fabriquées par les maîtres tisserands et drapiers d'autrefois n'avaient pas cette souplesse et cette élégance que celles d'aujourd'hui possèdent à un si

haut degré. Certes! les brauliers, tout habiles qu'ils étaient, ignoraient tout ce que leur profession exigeait de goût et de raffinement. Le siècle où ils vivaient n'avait pas la prétention de se montrer gracieux, et, malgré cela, il est fort douteux que les petits-maîtres du règne de François Ier eussent consenti à changer leurs riches costumes aux couleurs variées pour l'habit étriqué et l'allure honteuse des petits-maîtres d'à présent. Aussi, le teinturier, grâce à ses nombreuses pratiques, n'avait jamais l'escarcelle vide. La concurrence ne répandait pas, comme de nos jours, sur le métier, cet esprit de rivalité qui, onéreux pour le fabricant, met souvent à bas prix les objets de valeur. Le commerce avait une volonté fixe, et l'abondance, dont il est l'avant-coureur, ne se payait que le tarif en main, et non pas suivant une capricieuse volonté. Si l'on entrait chez un bourgeois riche, la vue se reposait sur des meubles élégamment sculptés, les pieds foulaient de riches tapis, car alors la mode avait déjà introduit, dans beaucoup d'intérieurs, ce confortable précieux.

Les fondeurs.

Les huchets (menuisiers), ou *huissiers de la huche*. Ainsi nommés alors de l'huis ou porte que les menuisiers confectionnaient.

Les barilliers.

Les tailleurs de robes.

Les marchands de lin.

Les marchands de chanvre et de fil.

Les marchands de grosse toile de chanvre.

Les épingliers.

Les fabricants de tables à écrire.

Les gaîniers.

Les garnisseurs de gaînes.

Les fabricants de boutons.

Les merciers.

Les fripiers.

Les peintres en bâtiments.

Les archers.

Les fabricants d'arçons de selles.

Les bourreliers.

Les selliers.

Les fabricants de mors.

Les apprêteurs de cuirs.

Les marchands de foin.

Les peintres blasonniers pour selles.

Les ouvriers faiseurs de fermoirs de livres.

Les sculpteurs faiseurs d'images de saints.

Les peintres faiseurs d'images de saints.

Le saint jour de Pâques était enfin arrivé! Grande aussi se faisait la joie populaire. Toute la ville avait pris une allure dégagée et heureuse. Après l'office divin, un tournoi devait avoir lieu dans la plaine Saint-Denis. Midi venait de sonner, et les cierges du grand autel de Notre-Dame étaient éteints; le parfum des encensoirs finissait à peine de brûler, et déjà la route qui conduisait aux portes de la ville était encombrée d'une foule immense. On aurait dit, à entendre les exclamations de gaîté, les fous rires de cette multitude, qu'aucune douleur, qu'aucune peine, qu'aucune crainte d'avenir ne pouvaient se glisser au milieu des nombreux citadins. A chaque instant, on voyait passer des cortéges de cavaliers richement équipés, et des groupes de jeunes damoiselles, toutes gracieuses et toutes riantes, élégamment coiffées du chaperon à longue queue, et à chaque groupe qui passait, c'étaient nouveaux cris de joie du populaire émerveillé. Les chevaux bondissaient, et semblaient attendre avec impatience l'instant de la lutte; leur mors était couvert d'écume, et l'éclat

de leur selle blasonnée se ternissait par la vapeur qui s'é-
chappait de leur corps en sueur. Mais la joie du peuple

n'a jamais que de courts instants. Le tournoi fini, le vain-
queur couronné, le populaire revenait à pas lents dans la
ville, où toutes ses douleurs devaient se renouveler, à l'aspect
des privations sans nombre qui l'attendaient au logis.

Les arts recevaient de ces somptueuses fêtes toujours
quelque profit. L'église, en étalant à la face du peuple tout
l'imposant de son appareil divin, était également pour eux
d'une très-grande ressource ; les ouvriers faiseurs de fermoirs de livres, ainsi que les sculpteurs et les peintres faiseurs d'images de saints, pouvaient compter sur une vente
certaine de leurs produits. En effet, la châtelaine, noble

dame au sourire aimable, ne pouvait bien prier Dieu qu'a-
genouillée devant l'image de sa patronne ou de madame la
Vierge, et les deux mains appuyées sur le missel aux fermoirs d'argent.

Les huiliers.

Les fabricants de chandelles de suif.

Les fabricants de peignes et lanternes.

Les potiers de terre.

Les potiers d'étain.

Les lampistes.

Les faiseurs d'écuelles et de hanaps.

Les boursiers.

Les chaussiers.

Les cordonniers en cuir.

Les cordonniers en basane.

Les savetiers.

Les corroyeurs.

Les fabricants de chapeaux de fleurs.

Les chapeliers en feutre.

Les chapeliers en coton.

Les chapeliers en plumes de paon.

Les fourreurs.

Les faiseuses de chapeaux pour dames.

Les baigneurs.

Les barbiers.

Les fabricants de dez à jouer.

Les pêcheurs à l'eau du roi.

Les poissonniers d'eau douce.

Les poissonniers de mer.

Les poulaillers.

Les cuisiniers.

Les chapeliers en plumes de paon ne sont pas venus jus-qu'à nous. Cette coiffure était trop incommode pour que la civilisation, qui apporte toujours avec elle le bien-être, ne l'ait pas repoussée. Les chapeaux se faisaient remarquer par une variété d'ornements souvent de mauvais goût; mais on ne s'étonne plus sur l'étrangeté de pareilles coiffures, lors-qu'on réfléchit à la forme des chaussures de cette époque. Entièrement pointues, elles couvraient le pied par deux pattes, l'une qui cachait entièrement le coude-pied, tandis que l'autre, partant du talon, s'élevait jusqu'à la naissance du molet. Il est bien entendu que ces chaussures, dési-gnées sous le nom de *poulaines*, n'étaient portées que par

la classe opulente, et que le peuple se contentait de brode-
quins en cuir épais et grossier.

Il existe deux passions auxquelles l'humanité semble résister bien difficilement : le jeu et la table. Si certain philosophe a écrit : — l'oisiveté est la mère de tous les vices,
— je crois qu'on peut dire, avec non moins de raison, que
le jeu et la table conduisent à toutes les mauvaises actions.
Dans les classes ouvrières, les passions mauvaises exercent
surtout une influence morale presque toujours funeste.
Naturellement bon et facile, le cœur de l'artisan se laisse
entraîner facilement; cependant s'il cède quelquefois, le
bon sens qui lui est propre le garde long-temps du vice.
Au quatorzième siècle, un des jeux les plus à la mode
était celui des dés. Toutes les classes de la société se
livraient avec une monstrueuse frénésie à l'entraînement de
cette passion délirante. Le fabricant de dés à jouer fut donc
un des artisans que la nouvelle manie enrichissait. Le cui-
sinier venait en aide au fabricant de dés, pour finir de
ruiner les nouveaux passionnés. Aussi, les chevaliers du
guet avaient-ils rude besogne à maintenir la tranquillité dans
la ville. En effet, les rixes se faisaient plus fréquentes, et
il n'était pas rare de rencontrer, à la nuit tombante, au
détour d'une rue déserte, des bourgeois devisant à coups de
poing, ou des cavaliers l'épée à la main, pour quelque
perte au jeu. Souvent aussi, deux amis se réunissaient dans
le petit état de dix pieds carrés où régnait en despote, au
milieu de ses fourneaux, le savant apprêteur d'une bonne

table. Là, assis en face l'un de l'autre, des dés devant eux, un hanap rempli d'une liqueur excitante, sur la table, ils

passaient le temps à briser une ancienne amitié, en livrant au hasard le fruit de leurs épargnes. Heureux encore si une querelle violente ne surgissait pas tout-à-coup, et si le couteau qui leur avait servi à découper quelques mets succulents ne devenait pas une arme meurtrière dans la main de celui que le sort n'avait pas favorisé.

Bientôt, à mesure que la civilisation se développait sous l'influence, toujours croissante, des lumières que l'invention de l'imprimerie, récemment découverte, favorisait; de nouveaux besoins surgirent de toutes parts, et sollicitèrent ainsi l'intelligence des ouvriers ou artisans à chercher les moyens d'y satisfaire, soit en perfectionnant les procédés mécaniques des métiers existants, soit en créant ceux qui manquaient. C'est ainsi qu'à partir du quinzième siècle, jusqu'à l'époque de notre mémorable et glorieuse révolution de 1789, une foule de métiers se sont graduellement perfectionnés et que les professions industrielles qui s'y rattachent ont pris un plus grand essor. Voici les principaux d'entre ceux qui ont progressé pendant ce laps de temps, d'environ quatre siècles.

Sous Charles VI, en l'an 1380, on commence à porter des chapeaux, à la campagne; sous Charles VII, en l'an 1422, on en porte dans les villes, mais seulement en temps de pluie. Le premier chapeau de castor dont il soit fait mention dans notre histoire a été porté par ce dernier roi, lors de son entrée à Rouen, en 1449; il était doublé de velours rouge, surmonté d'une houpe de fil d'or. L'usage des chapeaux fut un peu abandonné sous le règne de Louis XII; mais François Ier, parvenu au trône, ayant adopté cette coiffure, elle devint, peu à peu, générale. Sous Henri IV, vers la fin du seizième siècle, les perfectionnements qu'obtinrent, dès-lors, les produits de la chapellerie, en firent bientôt une branche d'industrie très-importante. Ces chapeaux n'étaient pas retroussés; on les doublait de fourrures; on les garnissait de franges d'or et d'argent; de cordons de perles et de pierreries, pour les grands personnages. Un cordon, lié sous le menton, servait à les assujétir. Il est à remarquer, toutefois, qu'en Bretagne l'usage des chapeaux existait déjà, depuis le onzième siècle, parmi les ecclésiastiques.

Les premières épingles furent fabriquées, dit-on, en Angleterre, en 1570; mais une version, entourée de témoignages beaucoup plus certains, les fait inventer, vers 1540, à Alençon, où, depuis très-long-temps, les fabriques de cette ville emploient au-delà de six mille ouvriers; ce qui ne saurait étonner, quand on considère qu'il se consomme, par an, à Paris, environ quatre-vingts millions d'épingles de toute espèce. Avant cette époque, les femmes se servaient de brochettes de bois pour attacher les diverses parties de leur parure.

Quoique la soie fût commune en France au quinzième siècle, on ne connaissait pas encore la façon d'en faire des bas tricotés. Les bas que l'on portait alors étaient d'étoffes de soie ou de laine, appelés *chausses*, d'où est venu le mot *haut-de-chausses*, long-temps en usage pour désigner le vêtement nommé *culotte* par le dix-huitième siècle. La couleur de ces chausses était ordinairement celle des habits.

Henri II, en 1559, fut le premier roi de France qui porta des bas de soie tricotés, dont le procédé avait été inventé par une femme dont le nom est resté inconnu.

Les premiers bas tricotés étaient de soie ou de laine. Ils furent assez rares, jusqu'au moment où l'on découvrit le métier à bas, dont on ignore aussi le nom de l'inventeur. Tout ce que l'on sait, c'est que cette ingénieuse machine est due à un serrurier bas-normand, lequel remit à Colbert une paire de bas de soie au métier, pour l'offrir à Louis XIV. Les bonnetiers, jaloux, parvinrent à corrompre un valet de chambre qui coupa quelques mailles, et cet artifice coupable fut suffisant pour faire rejeter une machine que l'inventeur porta en Angleterre, où elle fut accueillie avec empressement. Elle fut réimportée en France en 1656, par Jean Hindret, qui, par un effort prodigieux de mémoire, en retint la construction. Une manufacture de bas au métier fut alors établie, sous la direction de cet habile artisan, au château de Madrid, dans le bois de Boulogne. Ce premier établissement obtint un si grand succès, que Hindret forma, en 1666, une compagnie qui, sous la protection spéciale du roi, fit faire des progrès tellement avancés à cette nouvelle branche d'industrie, que six ans après, on vit s'ériger, en faveur des ouvriers qui y travaillaient, une communauté de maîtres ouvriers de bas au métier.

C'est donc en vain que les Anglais se vantent d'être les inventeurs du métier à faire des bas, et qu'ils veulent en ravir la gloire à la France! Il est reconnu qu'un Français l'a trouvé, et un Français dont la profession n'a aucun rapport direct avec le mécanisme de cet instrument; ce qui dénote que cet artisan devait être doué d'une rare intelligence, et augmente le regret qu'on éprouve d'ignorer son nom, bien digne de passer à la postérité reconnaissante.

Il paraît que l'eau de la rivière de Bièvre, qui baigne l'extrémité méridionale du faubourg Saint-Marceau, était, au quatorzième siècle, très-propre à la teinture. Aussi, des drapiers et les teinturiers s'y étaient-ils établis. La rivière de Bièvre présentait alors l'aspect le plus pittoresque. Resserrée, comme elle l'est encore aujourd'hui, entre deux rangées de maisons et d'ateliers de teinture, la petite rivière de Bièvre s'écoulait, tachetée de nombreuses couleurs, et les étoffes nouvellement sorties de la chaudière, que la main vigoureuse de l'ouvrier y plongeait chaque jour, formaient bientôt des filets variés qui finissaient par se perdre en des nuances les plus déliées.

La petite rivière, ainsi bariolée, ressemblait à une longue couche de minerai traversé par des filons d'or et d'argent. On remarque encore de nos jours, sur les bords de la Bièvre, une maison à l'allure modeste et sans prétention.

Elle se fait distinguer par son architecture, qui rappelle

celle en usage au quinzième siècle. Cette maison avait été
bâtie, en 1450, par un teinturier que son talent plaçait au
rang des artisans distingués que la fortune s'était plu à en-
tourer de ses faveurs. Cet ouvrier, ardent au travail, avait
su donner aux étoffes une teinture souple et brillante. Il se
nommait Jean Gobelin. La mode s'attacha bientôt aux pro-

duits de l'heureux teinturier, et son commerce prit d'immenses développements. Il occupait un grand nombre d'ouvriers pour pouvoir subvenir aux commandes qui lui arrivaient de toutes parts.

Jean Gobelin était un homme d'une haute taille. L'aisance qui s'était introduite dans son intérieur avait remplacé la rudesse qui se faisait voir dans toutes ses manières, et qui se réflétait sur son visage, par un air d'aisance et de dignité. D'un caractère naturellement doux, jamais sa voix ne prenait une intonation plus haute que d'ordinaire. Sorti de la classe ouvrière, l'état fortuné où il vivait n'avait pu lui faire oublier qu'avant d'être maître, il s'était penché bien souvent sur les eaux de la Bièvre, pour laver les étoffes, et, si le cœur eût failli chez lui au point de ne plus en conserver le souvenir, ses mains, sur lesquelles le travail avait imposé son cachet indestructible, auraient été pour lui un reproche de chaque jour. Au contraire, Jean Gobelin était l'ami des ouvriers, presque tous ses anciens camarades d'atelier.

A la mort de Jean Gobelin, Philibert, son fils, et Denise Lebret, son épouse, continuèrent sa profession, et surent augmenter la fortune qu'il avait rassemblée par une assiduité continue de travail. Leurs successeurs travaillèrent avec le même succès. Ils acquirent une telle célébrité au nom de Gobelin, que le public l'appliqua au quartier où se trouvait leur établissement, et même à la rivière de Bièvre, qui le traversait.

Aux Gobelins, succédèrent les sieurs Canaye. Ceux-ci ne se bornèrent pas à teindre les laines en écarlate ; mais ils commencèrent, à ce qu'il paraît, à fabriquer des tapisseries de haute-lice. La famille Canaye fut, en 1655, remplacée dans cette fabrique par un Hollandais nommé Gluck, et par l'ouvrier Jean Liansen, qui excellait sur tous les autres. La beauté des ouvrages qui sortaient de cette fabrique, dit Dulaure, attira l'attention de Colbert. Ce ministre, ayant résolu de la mettre sous la protection spéciale du roi, et de l'employer uniquement à son service, fit, en 1667, rendre un édit qui procura un état stable à cet établissement, dont le célèbre Le Brun, premier peintre de Louis XIV, eut la direction. C'est là que se fabriquent ces belles tapisseries que l'Europe admire, et qui surpassent celles des Orientaux sous le rapport du dessin et de la composition, depuis que la manufacture des Gobelins est devenue une propriété du gouvernement.

Déjà, des fabriques de ce genre existaient en France. Elles y avaient été fondées sur un pied fort restreint, il est vrai, par des ouvriers venus en France à la suite des armées sarrazinoises qui y firent irruption en 737, et que défit Charles Martel. Ils y fabriquèrent des tapis à la manière de leur pays, qu'on appela, pour cette raison, *tapis sarrazinois*.

Une manufacture fort importante de tapisseries, façon de Flandres, fut établie au faubourg Saint-Germain, par lettres patentes que Sully obtint, en 1607, et par lesquelles Marc

Comans et François La Planche, teinturiers habiles, en furent nommés les directeurs. Cette manufacture était située
à l'extrémité de la rue de Varennes, aboutissant à celle de
la Chaise, devenue rue de La Planche, du nom de l'un des
deux ouvriers. Leur privilége fut continué à leurs enfants,
par Louis XIII, et, en 1667, Colbert annexa cet établissement à celui des Gobelins. Enfin, en 1688, Jean Papillon
inventa les papiers de tapisseries, qui, depuis, sont devenus
d'un usage général sous le nom de papiers de tenture.

André Graindorge, tisserand de Caen, en Normandie,
fut le premier qui, dans le seizième siècle, trouva le
moyen ingénieux de faire des figures sur les toiles ouvrées.
Il y représentait des carreaux ou des fleurs de toutes les
espéces. Richard Graindorge, son fils, perfectionna cette
invention par la représentation des animaux, des figures
d'oiseaux, des arbres, des maisons, et jusqu'à des scènes
champêtres, telles que des groupes de moissonneurs, des
danses rustiques, des tabagies hollandaises, etc. Cet excellent ouvrier donna le premier la méthode de faire des services de table. Son fils, Michel, établit plusieurs manufactures en plusieurs endroits de la France, où les toiles damassées sont devenues fort communes.

En 1470, Louis XI établit à Tours des fabriques de soieries. Néanmoins, ce ne fut que dans le seizième siècle que
les ouvrages de ce genre commencèrent à devenir un produit industriel. Henri IV établit des manufactures de soie
à Paris, dans le Louvre même, et au château de Madrid.

C'est encore à ce prince, d'après les conseils de Sully, que la ville de Lyon doit l'établissement de ses premières manufactures sur une grande échelle. Il traita avec des entrepreneurs, pour élever les vers à soie, dont, chaque année, on allait chercher les œufs en Espagne. Il fit planter une grande quantité de mûriers blancs, et élever des pépinières

dans les paroisses circonvoisines. Dès l'an 1599, il avait défendu l'introduction des étoffes venant de l'étranger, à la sollicitation des fabricants, qui, déjà à cette époque, se flattaient d'en confectionner assez pour tout le royaume ; mais il révoqua cet édit, sur les remontrances de ceux de Lyon.

Octave Meg, d'abord simple canut, puis contre-maître et maître enfin, fabricant pour son propre compte, inventa, en 1645, le procédé au moyen duquel on lustre la soie : c'est ce qu'on appelle *donner l'eau*, en terme de fabrique. En 1747, Jurines, maître passementier de la même ville, imagina un métier très-commode pour le travail des étoffes de soie, et vers l'an 1738, Falcon composa une mécanique fort ingénieuse pour alléger le métier pénible des tisseuses de corde.

La passementerie est une des branches de l'industrie qui aient subi le plus d'extension et le plus de variétés jusqu'à la fin du dix-huitième siècle; sans cesse aux prises avec les caprices de la mode, elle a acquis des développements rapides et progressifs.

M. Peuchet a donné, dans son *Dictionnaire de géographie commerçante*, de curieuses notions sur cet art; quoique d'une recherche tout-à-fait abstraite, ces notions occupent une place trop importante dans le domaine de l'industrie pour ne pas en parler.

La passementerie, dit ce savant écrivain, remonte à la plus haute antiquité; déjà les ornements du temple et des prêtres de Jérusalem (Exode, XXVIII, 39, XXXVIII, 18, 22) sont des ouvrages de passementerie. L'ordre dans lequel sont disposées, suivant la variété des couleurs, les pierres précieuses attachées sur le *rational* est une espèce de broderie réalisée dans toute l'étendue du terme, sur la ceinture du grand-prêtre, *et balteum opere plumarii*, sur le voile du sanctuaire et sur celui du tabernacle, *et in introïtu ejus opere plumarii*. Déjà Oaliab était un ouvrier fort habile en broderie et en autres ornements de ce genre : *Artifex egregius fuit et polymitarius atque plumarius ex hyacintho purpurâ vernaculo et bysso*.

Moïse, au *Deutéronome*, après avoir défendu aux Israé-
lites les vêtements composés d'un mélange de laine et de
lin, leur ordonne de mettre des franges aux quatre coins
de leurs manteaux, *funiculos in fimbriis per quatuor angulos*.
Ézéchiel, au nombre des bienfaits de Dieu, dont il reproche aux femmes d'Israël d'avoir abusé, après avoir parlé
des bracelets, des colliers, des boucles d'oreilles, des couronnes ou rubans dont elles s'ornaient la tête, cite leurs
robes de fin lin teintes et brodées de diverses couleurs,
bysso et polymito et multis coloribus.

Hélène, dans Homère, brode les combats des Grecs et
des Troyens, et Virgile, imité par Pline dans l'idée que
les Phrygiens furent inventeurs de la broderie, appelle
Phrygiæ, *Phrygioniæ*, les étoffes brodées, *et phrygiam
Ascanio chlamidem*, etc... Et Apulée donne à Pâris un
manteau brodé de différentes couleurs.

Tous les auteurs, d'après les Grecs et les Romains,
attribuent aux Barbares l'invention et l'usage des vêtements
ornés de peintures, bigarrés de couleurs diverses, enrichis
de bordure de franges d'or, d'argent, de broderies.

Enfin, la passementerie est l'art de fabriquer les rubans,
les cordons, les tresses, les galons, les fleurs artificielles,
les aigrettes, les panaches, les agréments de toutes les espèces; les boutons, les brandebourgs, les glands, les houp-
pes, les franges, la broderie de toutes les sortes. Les modes
mêmes sont des objets de passementerie.

La découverte du verre date d'une époque fort reculée.

On rapporte diverses anecdotes invraisemblables sur son invention. Le travail des métaux et l'art du potier paraissent y avoir eu une grande part. La première fabrique régulière dont l'histoire ait fait mention est, au dire de l'auteur des *Recherches sur les Égyptiens*, celle de la grande Diospolis, capitale de la Thébaïde. On y travaillait les coupes; on y taillait et dorait le verre avec une admirable habileté; on y faisait même représenter des figures dont les couleurs changeaient suivant l'aspect sous lequel on les regardait; et Winckelman, dans son *Histoire de l'Art*, ajoute, à cette occasion, que les anciens ont porté le talent de travailler la verrerie à un plus haut point de perfection que les modernes. Quoi qu'il en soit, il demeure constant que les Phéniciens conservèrent pendant de longues années le monopole du commerce de la verrerie. En effet, les manufactures de Sidon, au dire de Pline et de Strabon, produisaient des ouvrages qui annoncent un état fort avancé de l'art. Celles d'Alexandrie, sous les Ptolémées, acquirent aussi une haute importance. L'art de la verrerie paraît avoir passé d'Italie en France, et, plus tard, de France en Angleterre; c'est-à-dire en 674, à l'époque de la construction de l'abbaye de Wiremouth, dont l'église fut bâtie par des architectes et des maçons français, d'après le goût romain. Les ouvriers de France, dit le vénérable Bède, ornèrent de vitres les fenêtres de cette église et du monastère, et apprirent aux Anglais l'art de fabriquer le verre. Quoique la France possédât depuis ce temps-là des manufactures de

verre, c'est à Colbert que l'on doit le grand développement
de cette industrie qui, jusque-là, avait rencontré peu d'encouragements.

Jamais, avant la découverte du verre, la nature, toujours
si attentive aux besoins de l'homme, ne l'avait privé des
choses nécessaires que le verre était appelé à confectionner.
Dès que l'amélioration dans l'existence humaine eut pris
quelques développements, et que le père de famille eut
apporté dans son intérieur plus d'aisance et de propreté ;
à la place de la tente grossière qui lui servait primitive-
ment d'habitation s'éleva une demeure plus commode et
plus renfermée. Mais bientôt, devenu citadin, et forcé,
dès-lors, de demeurer plus long-temps dans son intérieur,
il s'étudia à se faire la vie plus confortable. La civilisation,
épurant ses besoins, lui apprit à comprendre toute sa dignité. Aussi, les premières nécessités apaisées, l'homme
rechercha, dans l'invention, des moyens propres à agrandir
la sphère dans laquelle il avait vécu jusqu'à ce moment.
D'abord, sa demeure ne recevait qu'une clarté douteuse,
ou bien, exposée à l'intempérie des saisons, elle n'était
pour sa famille qu'un gîte triste et malsain. Il imagina d'y
pratiquer, de distance en distance, des ouvertures devant
lesquelles il assujétit des peaux sèches et apprêtées, et,
plus tard, de la corne fondue en feuilles. Par ce moyen, le
jour pouvait pénétrer, quoique difficilement, dans son habitation. Lorsque le verre fut connu, l'industrie s'en empara
avec un empressement qui prouvait toute l'occurrence de

cette découverte, et le luxe ne tarda pas à se servir de ce qu'elle pouvait produire pour exploiter les classes riches.

En 1539, un beau matin du mois de mai, les habitants de la ville de Saintes furent tout surpris et mécontents de voir une nouvelle famille s'établir au milieu d'eux. Mais, le sentiment de répulsion qu'ils avaient éprouvé à la vue des étrangers, fit place bientôt à l'admiration. Les Saintais, poussés par la curiosité, venaient d'apprendre que le chef de la nouvelle famille s'appelait Bernard Palissy, et que c'était un homme renommé pour ses peintures sur verre. A compter de ce moment, les étrangers furent entourés d'égards et de considération. Les mille petites tracasseries d'amour-propre qu'ils avaient été obligés d'endurer dans les premiers jours disparurent pour ne plus se renouveler. En agissant ainsi, les Saintais pensaient peut-être aux vitraux de leur pauvre église.

Tout semblait donc aller pour le mieux. Il y avait deux ans, à peu près, que Bernard Palissy était installé à Saintes, lorsqu'ayant vu une coupe de terre tournée et émaillée, d'une grande beauté, il se sentit emporté par un violent désir d'arriver à l'exécution d'un vase semblable.

Subjugué par cette idée, il abandonne l'état qui assure son existence et celle de sa famille. Il emploie tous ses instants à pétrir la terre, à la revêtir d'une composition qu'il prépare avec soin. Alors, plein d'anxiété, il assiste à la cuisson de ses émaux. Mais ses premières tentatives se montrent infructueuses, et bientôt la misère pénètre dans son intérieur. N'importe, Bernard Palissy lutte toujours. Il est parvenu à apporter quelques améliorations dans sa manière d'apprêter. Il doit triompher! Aujourd'hui, il souffre; sa famille languit dans les privations; demain, peut-être, son coffre-fort ne sera pas assez large pour contenir tout l'or que sa découverte doit lui rapporter. Mais le lendemain arrivait, et Bernard Palissy n'avait obtenu aucun résultat meilleur. Chaque jour, la maison de Palissy retentissait de plaintes amères de la part de sa femme. Souvent même ses enfants se joignaient à leur mère pour le prier, les yeux pleins de larmes, les mains jointes, de reprendre son ancienne profession de peintre sur verre, qui lui procurait le moyen de vivre heureux. Palissy opposait, aux reproches de sa femme, aux prières de ses enfants, une volonté impitoyable. Il avait la conscience de son œuvre. Vingt ans s'écoulent dans cette fâcheuse position, et Palissy demeure toujours fidèle à son idée. Bafoué, traité de fou, soupçonné de sorcellerie et de fabrication de fausse monnaie, son courage n'est pas ébranlé. Enfin, par une nouvelle combinaison, il croit toucher au moment de la réussite, lorsqu'un potier, qu'il s'était attaché, le quitte tout-à-coup, en réclamant son salaire. Palissy, sans crédit, dénué de tout, est obligé de lui donner en paiement une partie de ses vêtements. Livré à lui-même, il se dirige vers son four, qu'il avait bâti dans la cave de sa maison. Mais, hélas! le bois lui manque!... Que faire?... Dans la cuisson de ce nouvel essai repose la dernière de ses espérances. Il court à son jardin, en arrache les treillages, les brise, et bientôt le four est embrasé.

Mais la flamme s'apaise et menace de s'éteindre. Cependant, la chaleur du four n'est pas encore assez intense. Alors, Palissy, hors de lui, précipite dans le four ses meubles, les portes, les fenêtres, et même le plancher de sa maison. Les larmes, les supplications de sa famille, aucune considération ne peut l'arrêter; il lui faut du bois pour alimenter son four, et tout ce qui possède une qualité calorique est impitoyablement sacrifié par lui. Palissy est ruiné!... Mais le succès a couronné ses efforts! Un long cri de joie frappe les voûtes de la cave, et se fait entendre dans toute la maison; et, lorsque la femme de Palissy, étonnée de l'étrangeté de ce cri, descendit, elle trouve son

mari debout, le regard fixé avec stupéfaction sur une poterie aux couleurs brillantes, qu'il tient dans ses deux
mains.

Le génie de l'invention, long-temps sourd aux recherches
de Palissy, avait donc enfin déposé, sur la tête du travailleur, la couronne de la récompense. Bernard Palissy avait
en lui cette sainte croyance qui ne trompe jamais.

Le bruit de la découverte de Palissy ne tarda pas à se
répandre, et la fortune revint au logis. Henri III appela,
quelque temps après, Palissy à Paris, et lui donna un logement dans le palais des Tuileries. Ce fut alors qu'il obtint
le brevet d'*inventeur des rustiques figulines du roi* (en latin, *figulina* signifie toutes sortes d'ouvrages de poterie).
Il était connu, à cette époque, sous le nom de *Bernard
des Tuileries*.

Habile artisan, Palissy joignait à cette précieuse qualité
les consolations de l'art et de la science. Peintre, sculpteur, physicien, il savait tout à la fois manier l'outil et la
plume, et il possédait cette profondeur de pensée qui n'a
été donnée qu'à l'homme de génie.

L'édit contre les protestants, rendu en 1559, à Écouen,
par Henri III, n'épargna pas Palissy. Professant la religion
réformée, il ne pouvait pas échapper à l'investigation des
Seize. Il fut donc traîné à la Bastille, où il mourut en 1589.
Henri III alla le visiter dans sa prison, et lui dit qu'il se
verrait peut-être contraint de le laisser entre les mains de
ses ennemis.

— Vous m'avez dit plusieurs fois, sire, répondit Palissy, que vous aviez pitié de moi. Mais j'ai pitié de vous, qui avez prononcé ces mots : *Je suis contraint.* Ce n'est pas parler en roi. Moi, je vais vous apprendre le langage royal : Les guisarts, tout votre peuple, ni vous, ne me saurez contraindre à fléchir les genoux devant des statues, et ne pourrez jamais rien sur moi, car je sais mourir.

Palissy était alors plus grand de deux coudées que Henri III. L'artisan faisait disparaître la majesté royale.

C'est aux Français que l'on doit l'invention des beaux émaux épais et opaques à l'usage des bijoux d'or. Jean Toutin, orfèvre de Châteaudun, qui vivait en 1630, fut le premier, assure-t-on, qui établit avec succès les bijoux émaillés. Ce genre de peinture, perfectionné par Gribelin, son élève, et ensuite par Dubié et Morlière, dont les bagues et les montres émaillées étaient très-recherchées, donna l'idée de faire des portraits en émail, dans un système

d'exécution bien différent de celui qui se pratiquait à Limoges du temps de François Iᵉʳ.

L'émail est une préparation particulière du verre, à laquelle on donne différentes couleurs. L'art d'émailler sur la terre et sur les métaux est très-ancien. Au dire des premiers historiens, les briques qui avaient servi à la construction des murs de Babylone étaient des briques émaillées, dont les émaux représentaient des figures fort variées. Mais cet art resta long-temps brut, et ce ne fut que du temps de Michel-Ange et de Raphaël qu'il prit un essor remarquable.

L'art de faire les glaces, ou la glacerie, a pris naissance à Venise, et cette ville en fournissait à toute l'Europe. Colbert lui enleva cet avantage. Il y avait beaucoup d'ouvriers français employés dans la manufacture vénitienne ;

ce ministre les rappela à force de promesses, et les obtint à force d'argent. Il les adjoignit à la manufacture fondée, en 1654, par Eustache Grandmont et Jean-Antoine Autonneuil, qui languissait, faute de commerce, car les glaces et les miroirs fabriqués à Paris étaient loin de pouvoir soutenir la concurrence avec les Vénitiens. Colbert lui donna une consistance qu'elle n'avait jamais eue, et l'érigea en manufacture royale. Il fit construire à grands frais les vastes bâtiments qu'elle occupe, rue de Reuilly, et, à partir de cette époque, on commença à fabriquer en France d'aussi belles glaces qu'en Italie. On en fit même dont la grandeur et la perfection n'ont jamais pu être imitées ailleurs ; ce que Boileau a exprimé en ces vers :

> On verra. . . . . .
> Nos artisans grossiers rendus industrieux ;
> Et nos voisins, frustrés de ces tributs serviles,
> Que payait à leur art le luxe de nos villes.

On ne connaissait alors que les glaces coulées soufflées ; c'étaient les seules qu'on fabriquât à Venise, et, ensuite, à Tour-la-Ville, près de Cherbourg. Les grandes glaces, ou glaces coulées, ont été imaginées, en 1688, par l'ouvrier Thévart, devenu maître fabricant. Les ateliers où on les faisait, d'abord établis à Paris, furent transférés à Saint-Gobin, en Picardie, où elles sont encore aujourd'hui. Cette manufacture, dont les procédés sont très-curieux, occupe environ huit cents ouvriers.

I.

8

L'origine de l'art de fabriquer la porcelaine se perd dans
la nuit des temps. Les Égyptiens le connaissaient, et il est
certain qu'ils travaillaient la porcelaine par les mêmes procédés que nous mettons en usage ; en sorte que, probablement, cet art aura passé en Asie, et, de là, en Chine, où
la porcelaine, appelée *tsé-ki*, était déjà commune, ainsi
qu'au Japon, quatre cent cinquante ans avant Jésus-Christ.
Les Portugais importèrent ce beau produit en Europe, en
1517, et ils le nommèrent *loca*, tandis que, par une bizar-
rerie inexplicable, nous leur avons emprunté le mot *porcelaine*, simplement traduit de *porcelana*, qui, dans leur
langue, signifie une tasse ou une écuelle. Le secret de cette
précieuse composition ayant été soigneusement gardé par les
Chinois, le baron de Boéticher, chimiste à la cour de l'é-
lecteur de Saxe, en fit la découverte, dans le dix-septième
siècle, en combinant ensemble des terres de différentes natures, pour en faire des creusets. Le bruit s'en répandit
aussitôt en France et en Angleterre, où les chimistes voulurent, à leur tour, le découvrir ; mais ils ne purent y
parvenir. On désespérait presque d'y réussir, lorsque
M. Tschirnhausen trouva une composition de porcelaine
qui, selon toute apparence, était la même que celle de
Saxe. Il la confia, en France, à M. Homberg. Ces deux amis
moururent sans communiquer leur procédé au public.
Réaumur soupçonna quelles étaient les vraies substances
qui entraient dans la composition de la porcelaine chinoise,
et donna, le premier, des idées très-justes sur ces substan-

ces, avec la manière de les employer. Il contrefit la porcelaine de Saxe, et transporta dans le royaume un art utile et une nouvelle branche de commerce. Ce fut sur les indices de Réaumur que le marquis de Fulvy, gouverneur de Vincennes, voulut établir dans cette commune une manufacture de porcelaine, en 1738. Le succès ne répondit pas au zèle qu'il avait apporté pour faire prospérer cet établissement; car, quoique très-riche, il y perdit toute sa fortune. Louis XV acheta la manufacture, à peu près abandonnée, de Vincennes, en 1759, et la fit transférer à Sèvres. Macquer et Montigny, habiles chimistes, l'enrichirent d'une composition qui réunit toutes les qualités nécessaires pour faire la meilleure porcelaine. Cette composition n'est autre chose que le *kaolin* et le *petunse* des Chinois, terres d'une extrême blancheur, découvertes, en 1757, par M. Vilaris, à Saint-Yrieix, dans le Limousin. La manufacture de Sèvres acquit, dès-lors, une grande célébrité en Europe, par la beauté et la magnificence de ses produits.

On doit encore à Réaumur la découverte des moyens de donner au fer ce qui lui manquait pour être acier, secret absolument inconnu en France. Ce fut aussi à ses soins que les premières manufactures de fer-blanc s'y établirent.

L'illustre Rochellais, qui avait déjà rendu de si grands services à l'industrie, dominé par un esprit entreprenant, se met de nouveau à l'œuvre, et bientôt il construit un thermomètre au moyen duquel on peut conserver, en tous temps et dans toutes les expériences, des degrés égaux de

chaud ou de froid. Ce thermomètre a conservé le nom de
l'inventeur, et reste le monument le plus durable de la
gloire de Réaumur.

On prétend que les procédés du métier de ferblantier
ont été inventés en Bohême par un prêtre du pays, qui les
introduisit en Saxe, vers l'an 1640. Colbert attira en France
les premiers ouvriers en fer-blanc. Ils établirent une ma-

nufacture à Chesney, en Franche-Comté, et à Beaumont-
Ferrière, en Nivernais. Mais, bientôt divisés d'intérêts entre eux, faiblement protégés à la mort de ce ministre, et
dégoûtés, d'ailleurs, du pays, ils s'éloignèrent. Enfin, sous
la Régence, en 1717, deux manufactures s'élevèrent à
Strasbourg et à Massevaux, en Alsace, et, successivement,
à Bain, en Lorraine; à Moramberg, en Franche-Comté; à
la Charité-sur-Loire et à Nevers, où de grands perfectionnements furent obtenus surtout dans le fer battu blanchi,
sous le rapport de la malléabilité, de la pureté et de la solidité
de l'étamage.

Autrefois, on donnait le nom d'ébène à une multitude
de bois qui se distinguaient par la beauté de leurs nuances,
leurs veines, leur dureté et leur finesse. Les ouvriers qui
les mettaient en œuvre étaient appelés *ébénistes*. Ainsi,
outre l'ébène noire, on connaissait les ébènes rouges, vio-
lettes, jaunes, etc. Quoique cette confusion ait disparu
aujourd'hui, le nom d'ébéniste est resté aux ouvriers qui
confectionnent les meubles en bois d'acajou, d'orme, de
frène, de noyer, etc., de même qu'aux fabricants qui les
emploient.

L'art de l'ébéniste est très-ancien. Il fut pratiqué d'abord
en Asie; il passa en Grèce, lors des conquêtes d'Alexandre,
et ne tarda pas à se répandre en Italie. Cet art fut très-es-
timé à Rome, sous les empereurs, et recherché des plus
riches citoyens. Après les désordres causés par l'invasion
des peuples du Nord, il reparaît avec éclat au quinzième

siècle. Il concourut à augmenter la splendeur du Vatican par les travaux que d'habiles ouvriers exécutèrent dans cette demeure pontificale. Pendant que l'ébénisterie florissait en Italie, on n'avait, en d'autres contrées, que des meubles grossiers et communs. Ce fut à partir du règne de François Ier que l'on cultiva cet art avec succès en France, et il prit, dans les premières années du dernier siècle, une grande extension.

Les ébénistes français, à partir de ce temps, ont surpassé en bon goût, en talents, tous les ouvriers de l'Europe, même ceux d'Angleterre, les seuls qui osent leur disputer la prééminence.

On n'avait pas de serrures, dans les temps antiques,

pour fermer les portes ; on se contentait, dit Millino, d'y attacher des cordes dont le nœud faisait l'office de nos serrures. On imagina bientôt un meilleur procédé. Dans l'intérieur de la maison, on plaçait transversalement devant la porte un verrou de bois (ainsi qu'on le pratique encore dans quelques campagnes) supporté par deux liens, aussi de bois. Dans ce verrou était fixé un morceau de fer ovale qui servait à lier la porte et à l'y fixer. Ce fer était creusé, et un écrou à vis, dans lequel s'adaptait un fer dont le bout était garni, tenait lieu de clé. Afin de pouvoir fermer ou ouvrir lorsqu'on était hors de la maison, on taillait dans la porte, au-dessus de l'endroit où était la noix ou fer ovale creux, un trou assez grand pour y passer la main, enfoncer la noix dans le verrou, ou la retirer.

On inventa, quelque temps après, la serrure dite lacédémonienne, dont la construction est facile à comprendre. Elle est formée d'une pièce de bois dur, de six pouces de haut sur quatre de large et un d'épaisseur. On y pratique trois, quatre ou cinq coulisses ou mortaises longitudinales, ayant trois pouces et demi de long, six lignes de large, et neuf lignes de profondeur. Des clavettes ou tenons, en bois dur et lourd, occupent ces coulisses, et s'y meuvent librement et indépendamment l'une de l'autre. Elles glissent de manière à pouvoir monter et descendre dans ces coulisses, avec le jeu nécessaire pour qu'elles ne soient jamais gênées. Le pène est arrêté par les clavettes, qui, descendant toujours verticalement, s'opposent à la sortie ;

et l'on ne peut lui livrer passage que lorsque, à l'aide de la clé, on a soulevé les barreaux ou clavettes, de façon à dégager le pène. La clé est un morceau de bois dur, portant, à son extrémité, autant de chevilles de bois qu'il y a de clavettes.

Dans la suite, on apporta de grands perfectionnements à la confection de cette serrure, en plaçant le verrou dans une capsule de fer, pour la mettre mieux en sûreté. On peut en dire autant de la clé lacédémonienne. Quelquefois, on plaçait dans l'intérieur des chambres un second verrou, qu'on ne pouvait pas ouvrir du dehors, et qui ne servait qu'à s'enfermer soi-même quand on ne voulait pas être dérangé.

Au retour de l'expédition d'Égypte, on a rapporté des serrures en bois qui, quoique grossièrement travaillées, présentent toute la sûreté et la solidité désirables. On en a découvert de semblables dans les fouilles de Pompéï et d'Herculanum. Cette même serrure s'est conservée, depuis

plus de quatre mille ans, en Égypte, où elle sert à fermer

les portes des maisons, des villes et des lieux publics. Les Turcs, les Arabes, les Grecs de l'Archipel l'emploient aussi. En Asie, on l'adapte aux portes des caravansérails et des lieux publics.

En France, la serrurerie et l'art de travailler le fer, en général, ont fait d'immenses progrès vers la fin du dix-septième siècle et dans le cours du dix-huitième. Destriches, Damour et Gérard, par la confection de leurs serrures, et par la parfaite exécution de leurs grilles de fer, acquirent une réputation européenne.

M. Charles Dupin cite les faits suivants :

« Jadis la serrurerie était inconnue dans les habitations du paysan. Chez lui, comme chez la mère Grand du Petit Chaperon rouge, pour ouvrir la porte d'entrée, on pouvait dire : « Tirez la chevillette, et la bobinette choira. » Le paysan de nos jours apprend à clore avec plus d'efficacité, par des fermetures en fer, et sa porte et sa fenêtre.

» Autrefois, dans les maisons bourgeoises, les fenêtres à deux battants étaient fermées par un levier en bois vertical et tournant sur son milieu ; l'espagnolette l'a remplacé presque partout. »

Bientôt donc les artisans en serrurerie perfectionnèrent leurs travaux, et obtinrent en peu de temps plus de précision dans le mécanisme, et plus d'économie dans la main-d'œuvre.

L'horlogerie, dont l'invention n'est pas bien connue, reparut en Europe, en l'an 760. Elle marcha, jusqu'au douzième siècle, sans perfectionnements remarquables en

France ; mais la découverte du pendule, par Galilée, lui ayant été appliquée au commencement du dix-septième ; cette heureuse idée excita l'émulation parmi les horlogers de Paris les plus distingués. Lebon, Julien le Roy, Gaudron, Enderlin, Thiout, Rivez, Dutertre, Romilly, Lepaute, Ferdinand Berthoud, etc., illustrèrent cette profession par de nouvelles découvertes, et par l'invention de machines admirables de combinaison et d'exécution. Aussi, les horlogers français acquirent-ils en Europe une renommée brillante et justement méritée.

L'orfèvrerie, dont l'origine remonte à la plus haute antiquité, comme art de travailler l'or et l'argent, obtint en Europe une grande importance par la découverte de l'Amérique, qui augmenta prodigieusement la quantité des métaux qu'elle mettait en œuvre. Mais ce ne fut guère que vers le milieu du dix-septième siècle que cet art se perfectionna en France, où les Germain, les Ballin et autres artisans se distinguèrent.

La ciselure, ou l'art de sculpter en bas-reliefs sur les métaux, est un de ceux qui, depuis cent cinquante ans, se sont le plus perfectionnés. Ballin et Thomas Germain, au commencement du dix-huitième siècle, s'y étaient déjà rendus fort habiles, et jouissaient d'une célébrité incontestable par la belle exécution de leurs travaux.

On a lieu de s'étonner du peu de progrès que la maçonnerie a faits, non dans les principes d'art, quoiqu'elle en ait fait peu, mais dans ses moyens d'exécution. On peut dire que, sous ce point de vue, elle est restée tout-à-fait stationnaire. Voyez-la faire ses fondations, colporter les terres qu'elle enlève, les matériaux dont elle a besoin, le moellon, le plâtre, le mortier; voyez avec quelles peines tout cela se transporte d'un endroit à un autre. Tout s'exécute à force de bras et de procédés qui n'appartiennent qu'à des nations encore à demi-sauvages, tandis que les Chinois, les Égyptiens et tant d'autres nations mortes ou existantes avaient inventé, il y a quatre mille ans, des machines ingénieuses, non-seulement pour fouiller, mais encore pour enlever, pour transporter les terres ou matériaux nécessaires à la construction. Cependant un médiocre génie suffirait pour doter cet art d'une foule de machines non moins nécessaires que précieuses, sous le rapport du temps et de la commodité.

Chez les anciens, les murs construits en maçonnerie consistaient en deux parements de moellons de petite dimension ou de briques, remplis par un blocage ou *béton*, de fragments de pierre jetés sans ordre et unis entre eux par un mortier. Vitruve reconnaît deux genres de maçonnerie : l'un, irrégulier (*inertum*), qu'il appelle *ancien*; l'autre, le maillé (*reticulatum*), qu'il indique comme ayant été mis en usage de son temps. (Vitruve vivait sous le règne d'Auguste, c'est-à-dire vingt-sept ans avant Jésus-Christ). En effet, les aqueducs de Lyon, de Fréjus, la plupart de ceux qu'on voit dans les environs de Rome, le mausolée d'Auguste, etc., sont construits de cette manière. Aujourd'hui que l'on sacrifie la solidité, pour plaire à l'œil, la maçonnerie qu'on emploie le plus ordinairement est celle dite en moellons piqués.

L'invention la plus merveilleuse du règne de Louis XIV est, sans contredit, la belle machine de Marly, que tout le monde connaît, mais qu'on n'admire pas assez, quand on se reporte aux circonstances qui ont présidé à la construction de cette machine, destinée à élever les eaux de la Seine sur la montagne de Marly, pour être versées sur la pente opposée de cette montagne, et conduites à Versailles.

La situation élevée de Versailles, qui domine le département de Seine-et-Oise, présentait d'innombrables difficultés pour l'accomplissement de ce vaste projet. Cependant, le siècle de Louis XIV, si fécond en esprits supérieurs, devait résoudre un des plus grands problèmes de la mécanique, et prouver jusqu'à quel point ascendant le génie de l'homme peut atteindre.

La machine de Marly fut commencée en 1676, et mise en activité en 1682. Elle coûta sept millions. Son entretien s'élevait à 71,016 livres. Sa description trouve ici naturellement sa place; j'emprunte celle qu'en a donnée Dulaure :

Le bâtiment qui était sur la Seine contenait quatorze roues, composées chacune de deux manivelles, produisant des mouvements verticaux qui, par des coudes, devenaient horizontaux. Ces mouvements horizontaux, ou, si l'on veut, inclinés comme la pente de la montagne, prolongés et multipliés depuis la rivière jusqu'à l'extrémité supérieure, produisaient seuls tous les refoulements et toutes les aspirations. Sur la rivière, huit équipages menaient soixante-quatre corps de pompes; à mi-côte, soixante-dix-neuf; et quatre-vingt-deux au puisard supérieur. Toutes ces pompes faisaient monter les eaux sur une tour distante de la rivière de six cent dix toises, et de cinq cents pieds plus haut que le bout des tuyaux aspirants qui étaient dans les coursières.

Les soixante-quatre pompes qui étaient dans la rivière aspiraient l'eau du fond des coursières de treize pieds ou environ de haut, la refoulaient par le même mouvement de la même pompe qui l'avait aspirée, et la faisaient monter par cinq conduites de huit pouces, qui étaient raccordées à ces pompes, jusqu'au puisard de mi-côte, éloigné de la rivière de cent toises, et de cent quarante toises plus haut que le fond des coursières.

L'eau que les soixante-quatre pompes de la rivière avaient élevée jusqu'à mi-côte était conduite, par un tuyau de fer de dix-huit pouces de diamètre, dans un réservoir d'où elle était distribuée dans les deux puisards par deux conduits de plomb, d'un pied, et relevée par soixante-dix-neuf pompes refoulantes et renversées, qui la poussaient jusqu'au puisard supérieur par quatre conduites de huit pouces et trois autres de six pouces. Ce puisard était distant de celui de mi-côte de deux cent vingt-quatre toises, et de cent soixante pieds plus haut que le dessous des pompes de mi-côte.

Des soixante-dix-neuf corps de pompes qui étaient à mi-côte, il y en avait quarante-neuf qui étaient menées par les sept petites chaînes qui ne dépassaient point les puisards, et qui étaient attelées chacune de sept corps de pompes. Les trente autres étaient menées dans le puisard à côté par cinq grandes chaînes qui étaient attelées chacune de six corps de pompes, et passaient jusqu'au puisard supérieur.

Il faut remarquer que les sept petites chaînes relevaient, avec les vingt-huit pompes aspirantes, les eaux de source de mi-côte, par les équipages qui étaient attelés entre la rivière et mi-côte, parce que ces eaux étaient plus basses que ce dernier point. .

L'eau que les soixante-dix-neuf pompes de mi-côte avaient montée jusqu'au puisard supérieur, conduite dans un réservoir par deux tuyaux d'un pied, était relevée par quatre-vingt-deux pompes renversées et refoulantes, qui la faisaient monter jusque sur la tour par six conduites de fer de huit pouces. La tour était distante de ce puisard de deux cent quatre-vingt-dix toises, et plus haute de cent soixante-dix pieds que le fond de ces pompes.

Arrivée dans la tour, l'eau entrait dans l'aqueduc, qui avait trois cent trente toises de longueur, et, de là, elle était conduite, par deux tuyaux de fer de dix-huit pouces, jusqu'aux réservoirs de Marly, distants de trois cent cinquante toises.

Il y avait plusieurs réservoirs : ceux de Marly et de Louveciennes fournissaient l'eau à Marly seulement ; ceux de Chenais, de Rocquencourt, de Chevuloup et de Trianon n'en donnaient qu'à Trianon.

Quand les eaux de la Seine étaient hautes, la machine était dans sa force, et donnait, en vingt-quatre heures, sept cent soixante-dix-neuf toises et un sixième cube, qui valent vingt-sept mille trente-sept muids et demi d'eau. Quand les eaux étaient basses, elles donnaient environ la moitié moins.

Le mécanisme de cet admirable travail est la conception

d'un charpentier liégeois, qui ne savait ni lire, ni écrire, nommé Rennequin Sualem, auquel le chevalier Deville ravit son invention. Le chevalier Deville avait déjà mis à l'épreuve les talents de Sualem. Aussi, lorsque ce dernier

vint lui soumettre son projet, il l'emmena en toute hâte à Paris, fit accepter le plan par Colbert, et, peu de temps après, à force d'intrigue et d'impudence, il parvint à accréditer le bruit que l'idée de la machine lui appartenait, et que l'artisan liégeois n'avait été que l'instrument passif de cette invention. — Les artisans habiles, mais pauvres, ont été, de tout temps, exploités par les intrigants privilégiés de la fortune.

Sualem se retira à Bougival, où il avait une maison, et y termina une vie abreuvée d'amertume et de dégoûts. Il a été enterré dans l'église de cette commune, ainsi que sa femme. On lit encore sur leur tombeau l'épitaphe suivante :

CI-GISENT

HONORABLES PERSONNES HENNEQUIN SUALEM,

SEUL INVENTEUR DE LA MACHINE DE MARLY,

DÉCÉDE LE 29 JUILLET 1708,

AGÉ DE 64 ANS;

ET DE MARIE NOUELLE, SON ÉPOUSE,

DÉCÉDÉE LE 4 MAI 1714,

AGÉE DE 84 ANS.

Depuis long-temps, la machine de Marly n'est plus en activité. On s'apercevait chaque jour que son produit diminuait d'une manière fort sensible, tandis que chaque jour aussi son entretien exigeait de nouvelles dépenses. Alors, le gouvernement chercha le moyen de simplifier cette machine, et d'en rendre, en même temps, l'entretien moins onéreux. En 1783, un concours fut ouvert, à ce sujet, à l'Académie des Sciences, pour l'année 1785, sur la proposition du comte d'Angivilliers, directeur et ordonnateur général des bâtiments; mais ce concours ne produisit aucun résultat. Ce ne fut que quelques années plus tard qu'on parvint à trouver un nouveau mode pour faire monter, à moins de frais, les eaux jusqu'à Versailles.

Il n'est pas de découverte qui ait produit un plus étonnant résultat que celle de l'imprimerie. Elle avait été inventée, en 1430, à Harlem, en Hollande, par Laurent

Coster. Cet art fut d'abord très-imparfait. Laurent Coster
ne se servait que de caractères en bois. Ces caractères, mobiles et inégaux, rapprochés les uns auprès des autres, formaient, d'une seule pièce, des mots entiers. Ces mots
étaient liés entre eux, et enfilés avec de la ficelle; mais ce
mode de les assujettir étant insuffisant pour les tenir serrés
convenablement les uns contre les autres, les lettres se sé-
paraient sous les efforts de la presse, et ne pouvaient produire qu'une impression défectueuse.

Un nommé Jean, que l'on croit être Jean Gentfleisch,
frère aîné de Guttemberg, qui travaillait, en qualité d'ouvrier, dans l'atelier de Laurent Coster, ayant enlevé furtive-
ment tous les principaux objets de cette imprimerie, les
transporta à Mayence, sa patrie.

Guttemberg sut tirer parti des objets que la mauvaise foi
avait mis entre ses mains. Il s'associa avec Faust, ou Fust,
orfèvre, pour exploiter sa nouvelle industrie; et, quelque
temps après, Guttemberg et Faust réunirent à leur société
un jeune homme nommé Pierre Schoeffer, qui, le premier,
en 1452, inventa l'art de fondre des caractères en métal.

Il est impossible de s'imaginer de combien d'entraves
furent entourés les premiers pas de l'imprimerie. Reproduisant les ouvrages avec promptitude et à peu de frais, les
copistes et les enlumineurs se virent bientôt réduits à vivre
de privations, eux qui, avant cette découverte, avaient des
travaux en grande quantité. Plus de six mille écrivains
étaient occupés, à Paris, à copier et à enluminer les ma-

nuscrits. L'imprimerie froissait donc l'intérêt de quelques-uns. Cependant, elle acquit une telle importance, qu'elle marcha, malgré ses ennemis, de perfectionnements en perfectionnements, et de succès en succès. Paris vit bientôt plusieurs établissements de ce genre s'élever dans ses murs. La province ne resta pas long-temps en arrière. On peut s'en faire une idée en lisant le nom des villes dans lesquelles furent établies successivement des imprimeries au quinzième siècle :

En 1475, une imprimerie se monte à Laguenais.

1477, à Angers.

1479, à Poitiers.

1480, à Langres.

1483, à Rouen et Vienne (Dauphiné).

1484, à Toulouse, Troyes et Caen.

1486, à Abbeville.

1487, à Besançon.

1488, à Nantes.

1489, à Avignon.

1490, à Dijon et Cluny.

1491, à Rennes.

1492, à Dôle.

1493, à Angoulême et Bourges.

1496, à Troyes.

1497, à Provins.

1499, à Treguier.

1500, à Orléans et Perpignan.

L'imprimerie, protégée par Louis XI et Louis XII, devint, en peu de temps, une puissance redoutable pour les ennemis du progrès, et un objet de tourment pour ceux qui vivaient d'abus. L'imprimerie paraît, et, tout-à-coup, la pensée trouve en elle un auxiliaire auquel rien ne peut résister. Avec son aide, elle parcourt avec une rapidité merveilleuse le monde entier; elle se multiplie à l'infini, et sans crainte de se voir altérer. Partout elle conserve son énergie d'expansion; elle se développe, et chaque phrase se trouve rapportée mot pour mot. Tandis qu'auparavant, la pensée révélatrice, perdue, ou réduite à l'étroite publicité des manuscrits, ne se répandait qu'avec peine, et ne pouvait presque jamais s'infiltrer dans les masses. — L'imprimerie devait donc rencontrer de nombreux détracteurs.

Un moment, François Ier céda aux plaintes des mécontents. Le 13 janvier 1535, il ordonna la suppression entière des imprimeries de son royaume, prohiba l'impression de toutes espèces de livres *sous peine de la hart;* mais, le 23 février suivant, le *père des lettres*, réfléchissant sans doute à tout ce que renfermait d'odieux et de tyrannique l'ordonnance qu'il venait de rendre, en suspendit l'effet; il manda au Parlement de lui présenter *vingt-quatre personnes, desquelles il en choisirait douze* qui, seules, auraient le droit d'imprimer les livres *approuvés et nécessaires*, *et non des compositions nouvelles.*

Telle fut l'origine de l'imprimerie royale. Dulaure, dans son *Histoire de Paris*, ne fait remonter cette institution qu'au règne de Louis XIII. Selon lui, c'est au cardinal de Richelieu que la France doit ce bel établissement. Il est vrai que cette imprimerie ne devint florissante que sous Louis XIII, alors qu'elle fut placée aux galeries du Louvre; mais je crois que l'ordonnance de François Ier, du 23 février 1535, peut en être acceptée comme la première idée fondamentale.

En 1642, Sublet, sieur des Noyers, fut nommé surintendant de l'imprimerie royale; Trichet-Dufrène, correcteur, et Cramoisi, imprimeur. En l'espace de deux années seulement, il sortit des presses de cette imprimerie soixante-dix gros volumes grecs, latins, français, italiens, et elle coûta, de 1642 à 1649, pour son entretien, plus de 300,000 francs.

Jean Molinet, dans sa chronique, écrivit les vers suivants en célébration de cette glorieuse invention :

> J'ai veu grant multitude
> De livres imprimez,
> Pour tirer en estude
> Povres mal argentez.
> Par ces novvelles modes,
> Aura maint escolier,
> Descrets, bibles et cosdes,
> Sans grant argent bailler.

De Louis XIII à 1789, l'imprimerie satisfait à peine aux besoins que sa découverte avait augmentés, surtout dans les derniers temps qui ont précédé l'époque à jamais éclatante de l'émancipation populaire. Malgré le despotisme, elle travaille sans relâche ; elle prête son secours à toutes les haines, à toutes les fureurs des partis, et plus la crise . approche, plus elle déploie de force et d'activité.

Toutes les fois que la nation anglaise a pu s'approprier impunément le bénéfice d'une découverte, elle s'est étudiée d'abord à en faire perdre les traces ; puis, lorsqu'elle a pensé qu'il pourrait s'élever un doute en sa faveur, elle a trouvé dans son sein un de ses enfants assez docile, assez éhonté pour ne pas craindre d'accoler son nom à cette même découverte. Les faits suivants prouvent d'une manière sans réplique ce que j'avance ici.

On doit compter, au nombre des découvertes précieuses pour l'industrie, celle de l'action de la vapeur ; par ce véhicule, les distances sont rapprochées, les fabriques deviennent plus prospères, tout en employant moins de bras; le pays acquiert une haute importance d'exploitation; les ateliers se multiplient, et l'ouvrier profite de cette multiplicité chaque jour croissante des produits industriels; et le travail, rendu moins pénible par le puissant auxiliaire de la vapeur, facilite l'activité des travailleurs. Aussi, est-il curieux de suivre les progrès importants apportés à cette découverte, et dus en grande partie aux enfants de notre belle France.

Anthemius, architecte et ingénieur de l'empereur Justinien, dont Agathias fait mention en son histoire, livre IV, ayant perdu un procès contre un de ses voisins, nommé Zénon, pour se venger de lui, dispose un jour, dans quelques endroits de sa maison, plusieurs grandes chaudières pleines d'eau, qu'il bouche fort exactement par-dessus; et par des trous par lesquels l'eau bouillante devait s'évaporer, il met de longs tuyaux de cuir bouilli, larges à l'endroit qu'ils étaient coupés et attachés aux couvercles, et allant, petit à petit, en rétrécissant par le haut, en forme de trompettes. Le plus étroit de ces tuyaux répondait aux poutres et soliveaux du plancher de la chambre où étaient les chaudières. Il y met le feu dessous, et, comme l'eau des chaudières bouillait à gros bouillons, les vapeurs épaisses et la fumée montaient en haut par des tuyaux, et, ne pouvant avoir leur issue libre, parce que les tuyaux étaient étroits par le bout, faisaient branler les poutres et les soliveaux,

non-seulement de la chambre, mais de toute la maison d'Anthemius et de celle de son voisin Zénon, qui pensait que
c'était un tremblement de terre ; de sorte qu'il l'abandonna,
dans la crainte d'y périr.

Déjà, à cette époque, la force de la vapeur de l'eau était donc
connue ; seulement son application, faute de besoins, ne se
trouvait pas dirigée vers un but d'utilité. Cependant, je lis
dans un article du savant M. Arago, inséré dans l'*Annuaire du
Bureau des Longitudes, pour l'année* 1829, que cent vingt ans
avant Jésus-Christ, Héron d'Alexandrie, dit l'Ancien, imagina un appareil qui offre la première application qu'on ait
faite de la vapeur de l'eau. Cet appareil est désigné sous ce
titre : *spiritalia seu pneumatica*, et porte le nom de machine
à réaction.

Sous Louis XIII, un homme avait conçu le projet d'employer la vapeur comme moyen de force active, sur une
échelle fort étendue ; mais cet homme, dont le nom s'est
conservé à côté des plus célèbres, dans les annales des arts
et métiers, devait trouver, dans la manifestation de son
projet, une oppression odieuse. Si le cardinal de Richelieu
est compté dans l'histoire comme un des ministres les plus
capables, les victimes que son orgueil et son obstination ont
faites viennent ternir la réputation d'habileté qu'il s'était
acquise, et former au-dessus de sa tête hautaine une auréole
de sang.

Je citerai ici une lettre adressée par Marion Delorme à
Cinq-Mars, ce jeune fou, qui eut le projet insensé de ren-

verser le ministre-cardinal. Cette lettre, empreinte d'une
légèreté gracieuse, donne une idée du peu d'importance
qu'on attachait dans le monde aux choses sérieuses, et ce
que valait alors la politique du royaume de France. Lors
même que cette lettre n'eût renfermé uniquement qu'un
simple récit, la manière dont il est dit, folâtre et insou-
ciante, provoque involontairement une douleur de cœur si
profonde, que je me serais laissé de même entraîner à le
raconter. Aucune souffrance, telle poignante qu'elle est, ne
peut être comparée à celle que fait naître en nous une nouvelle de mort, apprise par une bouche qui sourit. — Rien
n'est plus triste que lorsque la terre qui recouvre une jeune
tombe est émaillée de fleurs.

3 février 1641.

Mon cher d'Effiat, tandis que vous m'oubliez à Narbonne,
et que vous vous y livrez aux plaisirs de la cour et à la joie
de contrecarrer M. le cardinal, moi, suivant le désir que
vous m'en avez exprimé, je fais les honneurs de Paris à
votre lord Anglais, le marquis de Worcester, et je le promène, ou plutôt il me promène de curiosités en curiosités,
choisissant toujours les plus tristes et les plus sérieuses,
parlant peu, écoutant avec une extrême attention, et atta-
chant sur ceux qu'il interroge deux grands yeux bleus qui
semblent pénétrer au fond de la pensée. Du reste, il ne se
contente jamais des explications qu'on lui donne, et il ne

prend guère les choses du côté où on les lui montre. Témoin la visite que nous sommes allés faire ensemble à Bicêtre, et où il prétend avoir découvert dans un fou un
homme de génie. Si le fou n'était pas furieux, je crois en
vérité que votre marquis eût demandé sa liberté pour l'em-
mener à Londres, et écouter ses folies du matin au soir.
Comme nous traversions la cour des fous, et que, plus
morte que vive, tant j'avais peur, je me serrais contre mon
compagnon, un laid visage se montre derrière de gros
barreaux, et se met à crier d'une voix toute cassée :

« Je ne suis point un fou, j'ai fait une découverte qui doit enrichir le pays qui voudra la mettre à exécution. »

« Et qu'est-ce que sa découverte? » fis-je à celui qui nous montrait la maison.

« Ah! dit-il en haussant les épaules, quelque chose de bien simple et que vous ne devineriez jamais : c'est l'emploi de la vapeur de l'eau bouillante. »

Je me mis à rire.

« Cet homme, reprit le gardien, s'appelle Salomon de Caus. Il est venu de Normandie, il y a quatre ans, pour présenter au roi un mémoire sur les effets merveilleux que l'on pourrait obtenir de son invention; à l'entendre, avec de la vapeur, on ferait tourner des manéges, marcher des voitures, que sais-je, on opèrerait mille autres merveilles. Le cardinal renvoya ce fou sans l'écouter. Salomon de Caus, au lieu de se décourager, se mit à suivre partout monseigneur le cardinal, qui, las de le trouver sans cesse sur ses pas, et importuné de ses folies, ordonna de l'enfermer à Bicêtre, où il est depuis trois ans et demi, et où, comme vous avez pu l'entendre vous-même, il crie à chaque étranger qu'il n'est point un fou, et qu'il a fait une découverte admirable. Il a même composé, à cet égard, un livre que j'ai ici. »

Milord Worcester, qui était devenu tout rêveur, demanda le livre, et, après en avoir lu quelques pages, dit :

« Cet homme n'est point un fou, et dans mon pays, au

lieu de l'enfermer, on l'aurait comblé de richesses ; menez-moi près de lui, je veux l'interroger. »

On l'y conduisit ; mais il revint triste et pensif.

« Maintenant, il est bien fou, dit-il ; le malheur et la captivité ont altéré à jamais sa raison ; vous l'avez rendu fou ; mais quand vous l'avez jeté dans ce cachot, vous y avez jeté le plus grand génie de votre époque. »

Là-dessus, nous sommes partis, et, depuis ce temps, il ne parle que de Salomon de Caus. Adieu, mon cher amé et féal Henri ; revenez bien vite, et ne soyez pas tant heureux là-bas qu'il ne vous reste un peu d'amour pour moi.   MARION DELORME.

Le livre que le gardien remit au marquis de Worcester était sans doute celui que le malheureux Salomon de Caus avait publié, en 1613, sous le titre de *les Raisons des forces mouvantes, avec diverses machines, tant utiles qu'agréables.*

L'idée d'élever l'eau à l'aide de la force élastique de la vapeur, appartient donc à Salomon de Caus. Quarante-huit ans plus tard, le marquis de Worcester crut pouvoir se l'approprier, sans crainte de s'en entendre revendiquer l'honneur. Grands exploiteurs d'idées nouvelles, les Anglais se montrent souvent d'un charlatanisme sans exemple. L'esprit de nationalité ne demande pas qu'on aille faire une excursion dans le domaine intellectuel de ses voisins, et que le fruit de la rapine et de l'audace soit qualifié de propriété première.

A côté du nom de Salomon de Caus, vient se placer celui de Papin, le premier qui ait construit une machine dans
laquelle la vapeur à haute pression s'élevait dans l'atmo-
sphère après avoir produit son effet. La machine atmosphérique de l'Anglais Thomas Newcomen, sauf quelques légers
détails de construction, est entièrement la même.

Inventeur de la machine à vapeur à piston, Papin est le

premier qui se soit aperçu que la vapeur aqueuse fournissait un moyen simple de faire le vide dans une grande capacité. Il est également le premier qui ait songé à combiner dans une machine à feu l'action de la vapeur élastique, avec la propriété dont cette vapeur jouit, et qu'il a signalée, de se condenser par le refroidissement.

Ces titres glorieux placent Papin au premier rang des hommes célèbres qui se sont fait remarquer par des inventions utiles. Papin est le premier qui ait proposé de faire marcher les navires à l'aide de la machine à vapeur, quarante-deux ans avant Jonathan Hull, cité par l'Angleterre pour en être l'inventeur.

Outre les résultats heureux obtenus par les machines à vapeur qui donnèrent à l'industrie française des développements extraordinaires, sous le règne de Louis XV, la mécanique fut poussée à un degré que l'imagination peut difficilement comprendre. Je veux parler de Vaucanson et de ses merveilleux automates.

Dès son enfance, Vaucanson avait donné des marques d'une intelligence fort rare. Élevé par une mère dont la dévotion était toute la vie, l'enfant n'avait d'autre distraction que celle de se rendre avec elle, le dimanche, chez des dames d'une piété au moins égale à celle de sa bonne mère.

Un jour, pendant les mystiques conversations de ces dames, le jeune Vaucanson, caché dans un coin, s'amusait, à travers les fentes d'une cloison, à examiner une horloge qui se trouvait placée dans la chambre voisine; c'était la

première fois qu'un semblable meuble frappait ses regards
étonnés. Après quelques instants de contemplation, le jeune
Vaucanson se mit à en étudier le mouvement; et, le dimanche suivant, s'étant muni d'un crayon, il parvint à dessiner la forme de l'horloge et à découvrir le jeu des ressorts
dont il ne voyait qu'une partie. A quelques jours de là, il
en avait construit une en bois dont le mécanisme était assez
exact. Bientôt, se livrant à toute la chaleur de l'imagination, il composa pour une chapelle d'enfants deux petits
anges qui remuaient les ailes, des prêtres automates, etc.

Tout jeune encore, se trouvant à Lyon, il apprend qu'un
concours est ouvert pour la confection d'une machine hydraulique qui pût fournir de l'eau à toute la ville; il se met
aussitôt à l'œuvre, mais lorsque son travail fut achevé, se
défiant de ses forces, il n'osa pas présenter le plan de sa
machine au concours. De retour à Paris, après quelques
mois d'absence, quelle ne fut pas sa joie, lorsqu'il se con-
vainquit que le mécanisme de la Samaritaine était en tout
semblable à celui qu'il avait imaginé. Ce succès obtenu dans
l'ombre et pour lui seul, lui montra ce qu'il était capable
de faire, et lui donna le courage du travail qui menaçait
chaque jour de l'abandonner entièrement. L'avenir lui
parut alors moins douteux. Dès cette époque, il eut
plus de confiance en ce qu'il pouvait faire et se livra
de tout cœur à l'étude du mécanisme; il rêvait alors un
projet qui eût certes passé pour extravagant, s'il l'avait soumis aux froids raisonnements des analystes. Après trois ans

de combinaisons et de recherches, il réussit à donner la vie
à une *petite statuette en bois*, qui jouait de la flûte avec une

précision étonnante. Cette réussite produisit un tel étonnement qu'on rapporte que son domestique, à l'audition de
cette merveille, tomba à ses genoux avec la vénération qui
n'est due qu'à Dieu.

Vaucanson ne s'arrêta pas là ; quelque temps après, il
exposa en public un joueur de tambourin et de galoubet ;

deux canards qui barbottaient, allaient chercher le grain, le saisissaient dans l'auge et l'avalaient; puis, par un arrangement de rouages intérieurs, le grain était trituré et arrivait à une décomposition complète. Vaucanson avait trouvé le moyen d'imiter la digestion animale au point de s'y méprendre.

En 1740, le roi de Prusse, qui cherchait à attirer à sa cour tous les hommes remarquables, fit faire des propositions à Vaucanson, mais celui-ci préféra rester dans son pays. Attaché plus tard au cardinal de Fleury, ce dernier lui confia l'inspection des manufactures de soie. Dans cet emploi, qu'il n'avait pas brigué et qu'il devait seul à la supériorité de ses talents, il perfectionne le moulin à organsiner (préparer la soie). Dans un voyage qu'il fit à Lyon, des ouvriers, mal conseillés sans doute, le poursuivent et le menacent de le tuer sous prétexte qu'il veut diminuer l'importance de leurs travaux à l'aide des mécaniques. Vaucanson, poussé par un esprit de vengeance, construisit, dans un court espace de temps, une machine avec laquelle un âne exécutait une étoffe à fleurs. Le peuple écoute souvent le langage de la malveillance; il est donc du devoir de l'homme de génie de lui montrer le piége tendu à sa bonne foi.

On doit encore à cet illustre artisan un aspic qui imitait tous les mouvements ainsi que le sifflement de ce reptile; il avait imaginé ce nouvel automate pour la représentation de la *Cléopâtre* de Marmontel. Cet aspic donna lieu à une sortie fort spirituelle :

La pièce de Marmontel avait été accueillie d'une manière très-peu flatteuse pour son auteur; après la pièce, un habitué du théâtre demanda à Boileau ce qu'il en pensait :

— Je suis de l'avis de l'aspic, répondit le satirique.

Vaucanson entreprit aussi un mécanisme pour rendre la circulation du sang; il paraît que Louis XV s'intéressait fort à cette conception surnaturelle, mais Vaucanson abandonna cette idée par les lenteurs qui lui furent opposées de toutes parts. Voltaire, partageant l'admiration générale, écrivait alors :

> Le hardi Vauçanson, rival de Prométhée,
> Semblait, de la nature imitant les ressorts,
> Prendre le feu des cieux pour animer les corps.

Le dix-septième siècle, malgré sa manie de victoires, a de grandes idées. Il comprend tout ce que l'industrie, sagement protégée, acquiert de puissance et de combien de richesses elle devient la source pour le pays qui lui facilite ses développements. Louis XIV avait formé un vœu, et bientôt après, Versailles, jusqu'alors brûlé des rayons du soleil, reçoit chaque jour l'eau qui lui manquait et qu'on avait désespéré de pouvoir lui fournir. Rennequem Sualem paraît, et Versailles prend une allure nouvelle, une allure de prospérité et de bonheur. Honneur donc au charpentier liégeois!

Deux années avant, un projet non moins extraordinaire dans sa conception, non moins utile dans son but, est mis

à exécution. Ce projet est celui du canal de Languedoc.
Pierre-Paul Riquet de Bonrepos en fut l'inventeur. Bien

des fois la jonction de la Méditerranée à l'Océan avait été
proposée : sous François Ier, déjà on forme le dessein de
joindre l'Océan Aquitanique avec la mer de Narbonne;
mais ce projet, on ne sait pourquoi, est abandonné. Sous
Charles IX, la jonction est de nouveau proposée; les
guerres civiles firent avorter cette grande entreprise.
Henri IV, après avoir pacifié la France, s'occupe à améliorer la position précaire du royaume, et dans les plans

qu'il arrête dans cette pensée, on retrouve celui de la jonction des deux mers; mais ce plan rencontre partout des
difficultés infranchissables. En 1614, les députés du Languedoc aux états généraux de Paris s'adressent à Louis XIII
pour exécuter cet ouvrage ; mais cette démarche, une proposition, faite en 1617 par Bernard Aribal, d'entreprendre
ce canal, et un projet formé en 1632 par le cardinal de Richelieu, ne furent encore suivis d'aucun effet.

« Cependant, rapportent les descendants de Riquet, l'é-
mulation des ingénieurs n'en fut point ralentie, et l'on vit
les plans succéder aux plans. En 1633, Tichot, ingénieur
du roi, et Bauvau, maître des ouvrages royaux en Languedoc, présentèrent au cardinal de Richelieu un mémoire
pour la construction d'un canal depuis la Garonne jusqu'à
l'Aude, auprès de Narbonne; et de l'Aude jusqu'à la Méditerranée, en rendant navigables la rivière d'Aude et les
étangs de Peyrine, de Figean et de la Nouvelle. On alla plus
loin en 1636; le conseil d'État passa un bail avec Jean Le
Maire, pour la construction de ce canal; mais cet entrepreneur se trouva dans l'impuissance de l'exécuter. En 1650,
un autre ingénieur proposait de prendre les eaux de l'Ariège
à Sainte-Gabelle, éloignée de sept lieues de Toulouse, et de
les conduire dans un canal non navigable, jusqu'au-dessous
de la côte de Pech-David, près le faubourg Saint-Michel de
Toulouse; de creuser ensuite un canal navigable depuis ce
dernier endroit jusqu'au-dessous de Naurouse, en passant
par Castanet, Donneville et Geniet ; et de continuer ce canal

jusqu'à Trèbes, où il se joindrait à l'Aude, qu'on rendrait
navigable jusqu'à la mer de la Nouvelle.

« La nature du sol, la disette apparente des eaux, et
surtout la difficulté de les conduire aux Pierres de Naurouse élevées de plus de cent toises au-dessus du niveau de
l'une et l'autre mer, avaient fait regarder ces différents
projets comme inexécutables. »

Ce projet gigantesque fut accueilli avec admiration par
Colbert, cet esprit vaste dont toute l'ambition tournait vers
la richesse du pays; soumis à Louis XIV par l'intendant-
général des finances, ce roi, qui entourait de sa protection
puissante toutes les idées hardiment conçues, ordonna,
par un arrêt du conseil rendu le 18 janvier 1663 que l'examen du plan du canal projeté serait fait sur les lieux par
les commissaires auprès des États, et par ceux que les
États choisiraient de leur côté. Un an s'écoula néanmoins
sans que cette commission fût formée; mais enfin, après
un si long retard, elle fixa la réunion de ses membres à
Toulouse, pour le 6 octobre 1664.

De 1664 à 1666, la société s'occupe à reconnaître toutes les chances de succès que peut présenter le plan de
Riquet, et dans le courant de cette dernière année, le
canal fut commencé. Riquet était donc appelé à mettre à
exécution un projet que les siècles précédents avaient
regardé comme une chose presque imaginaire; laborieux,
infatigable, il se livre sans relâche à la glorieuse tâche qu'il
s'est imposée; la France entière a les regards sur lui; elle

doute de la possibilité du canal. Riquet tient à honneur l'accomplissement entier de son projet. Entouré d'envieux et d'ennemis, il marche au milieu d'eux, tête levée et sans crainte, et si la calomnie se glisse quelquefois jusque dans son intérieur et va colporter d'infâmes suppositions jusqu'à la cour de Versailles, Riquet oublie bientôt, dans l'assiduité constante de ses travaux, les quelques chagrins soulevés dans son cœur; à mesure que le canal avance, Riquet redouble d'efforts et de soins pour achever sa grande entreprise. Encore quelques mois, et la navigation allait être établie dans toute l'étendue du canal, lorsque Riquet tombe tout-à-coup malade et meurt sans avoir la satisfaction de voir s'accomplir cette navigation, l'objet de tous ses vœux.

Son fils, Mathias Riquet de Monrepos, entreprit ce qui restait à faire pour achever ce canal, et six mois après le canal fut en état de navigation.

Le rédacteur du *Mercure* de 1681 donne les détails suivants sur Riquet :

« Le canal de la jonction des mers est achevé. Le succès en est d'autant plus extraordinaire, qu'on l'avait toujours regardé comme impossible; et, quoique dans les siècles passés on en ait connu les avantages, on n'avait pas osé l'entreprendre. Feu M. de Riquet, natif de Beziers, homme d'un génie heureux et d'une pénétration très-vive, sachant qu'autrefois on avait eu le dessein de la communication que nous voyons enfin achevée, résolut de n'épargner ni soins ni recherches pour découvrir le moyen de l'exécuter. La connaissance que divers emplois dans la province lui avaient donnée de tout le pays, lui fit voir d'abord que la seule route du Haut au Bas-Languedoc le rendait impossible. M. Riquet fit à M. de Colbert la proposition de l'entreprise. Le canal fut commencé en 1666, après que M. Riquet eut répondu du succès. C'est lui qui en a conduit tous les dessins, et à qui la gloire est due de l'achèvement de tous les travaux qu'il a fallu entreprendre. Comme il restait peu de chose à faire pour le rendre parfait, il avait lieu d'espérer que le premier essai du canal ne se ferait point sans qu'il reçût les justes louanges qui lui étaient dues : la mort l'a privé de les entendre, elle est arrivée au mois d'octobre de l'année dernière, et ce fut à ce sujet que M. de Cassan a dit dans son épitaphe :

CI-GIT QUI VINT A BOUT DE CE HARDI DESSEIN

DE JOINDRE DES DEUX MERS LES LIQUIDES CAMPAGNES,

ET DE LA TERRE OUVRANT LE SEIN,

APLANIT MÊME LES MONTAGNES,

POUR FAIRE COULER L'EAU, SUIVANT L'ORDRE DU ROI;

IL NE MANQUA JAMAIS DE FOI,

COMME FIT UNE FOIS MOYSE.

CEPENDANT, DE TOUS DEUX, LE DESTIN FUT ÉGAL :

L'UN MOURUT PRÊT D'ENTRER DANS LA TERRE PROMISE,

L'AUTRE EST MORT SUR LE POINT D'ENTRER DANS SON CANAL.

Riquet s'est donc à jamais rendu célèbre par l'entreprise du canal de Languedoc. La France a inscrit son nom à la plus belle page de l'histoire de son industrie. On peut se faire une idée de la haute importance de ce canal pour la propagation du commerce, lorsqu'on lit l'opinion qu'en a écrite Dupont de Nemours, membre du Conseil en l'an 5.

« Le canal du midi, dit-il, voiture un commerce de cinquante millions par année. Il en est résulté par année cinq millions de bénéfice pour les marchands. Les propriétaires des terres dont le canal débite les productions qui, sans lui, n'auraient point de débouché, ou n'en auraient qu'un mauvais, reçoivent, par le service du canal, une augmentation de vingt millions de revenus, toute dépense de culture payée. L'État a touché de ces vingt millions de revenus par les tailles et les vingtièmes, ou en impôts équivalents, au moins cinq millions tous les ans, et cinq cent millions en un siècle. »

L'année 1783 fut pour l'industrie une époque mémorable. En effet, le traité qui pacifia les deux mondes, qui permit le libre parcours des mers et la concurrence universelle avec l'étranger, remonte à 1783.

Depuis vingt-cinq ans, le nouveau monde jouissait d'une invention fort utile, découverte par Franklin. Des paratonnerres étaient établis en Amérique, et la France, soit qu'elle n'eût pas compris, soit qu'elle n'eût pas réfléchi à toute l'importance d'une semblable découverte, n'avait pas

songé à en profiter. Ce ne fut qu'en 1783 que le paratonnerre fut introduit dans notre patrie.

Cette machine consiste en une barre de fer terminée par
une pointe de platine; on la place sur le point le plus
haut d'un édifice. Un cordon composé de fils de fer ou de
laiton tressés et enduit d'une couche de vernis gras, attaché
au pied de la barre de fer, descend le long de l'édifice
jusque dans un puits ou au moins dans un souterrain humide. Le paratonnerre ayant la propriété de soutirer peu-à-
peu le fluide électrique des nuages, et le cordon, celle de
le conduire jusqu'au fond du puits où il est fixé, lorsque
la foudre tombe, son effet destructeur est neutralisé. Il peut
arriver cependant que le fluide électrique étant en trop
grande abondance pour que son cours se fasse librement,
le paratonnerre se trouve foudroyé; mais outre que ce cas
est fort rare, il n'entraîne pas avec lui de danger réel.
On a vu la barre de fer d'un paratonnerre pliée par l'effet
de la foudre, sans que l'édifice qui le portait eût rien
éprouvé de fâcheux.

« Une personne qui craint le tonnerre, a écrit Franklin
dans des observations publiées après la mort du célèbre
physicien, et qui se trouve pendant un orage dans une
maison qu'on n'a pas préservée des effets de ce météore,
fera très-bien de s'éloigner de la cheminée, des miroirs,
de la boiserie si elle est dorée, et des bordures des tableaux
qui le seraient. La place la plus sûre est au milieu de la
chambre, pourvu qu'il n'y ait pas au milieu de lustre de

I.   13

métal, suspendu par une chaîne. Il faut s'asseoir sur une
chaise et mettre ses pieds sur une autre. Il est encore plus
sûr de mettre au milieu de la chambre des matelas pliés
en deux et de placer des chaises dessus; car ces matelas ne
conduisant pas la matière du tonnerre, comme les murs,
cette matière ne préférera pas d'interrompre son cours en
passant à travers l'air de la chambre et les matelas, quand
elle peut suivre le mur, qui est un meilleur conducteur.
Mais lorsqu'on peut avoir un hamac soutenu par des cordes
de soie, de laine ou de crin, à une égale distance du plafond,
du plancher et des murs de l'appartement, on a tout ce
qu'une personne peut se procurer de plus sûr, dans quelque
chambre que ce soit, et réellement ce qu'on peut regarder
comme le plus propre à se mettre à l'abri du tonnerre. »

Le premier paratonnerre établi en France donna lieu à
un procès fort curieux dans lequel parut un jeune avocat,
dont le nom devait, quelques années plus tard, acquérir
une formidable célébrité. Voici les faits :

Un M. de Vissery de Boisvalé, grand admirateur de la
découverte de Franklin, avait fait placer sur sa maison
un paratonnerre. Les habitants de Saint-Omer, ne voyant,
dans la flèche qui surmontait la maison de M. de Vissery
de Boisvalé, qu'une machine propre à attirer la foudre et
à les exposer à être brûlés par le feu du ciel, furent effrayés de cette nouveauté, et adressèrent de toutes parts
des réclamations à leurs échevins. Ceux-ci, partageant peut-
être aussi la panique et l'ignorance de leurs administrés,

rendirent un jugement qui ordonnait à M. de Vissery de
Boisvalé d'abattre immédiatement son paratonnerre. Dans

les premiers moments, M. de Vissery de Boisvalé avait
refusé de se soumettre à ce jugement jusqu'à ce que
la cour eût prononcé sur son appel; mais bientôt après,
force lui fut d'obéir, car les voisins, toujours persuadés que
leurs jours seraient en danger, tant que le paratonnerre
resterait debout, menacèrent de le démolir eux-mêmes.
M. de Vissery ne se regarda pas pour vaincu. Il chargea
alors un jeune avocat d'Arras de plaider en faveur de la
découverte de Franklin. Cette défense fut présentée avec
un talent et une habileté tellement remarquables qu'elle
répandit au loin la réputation naissante du jeune avocat.
Si d'abord les échevins de Saint-Omer avaient jugé dans
leur sens, le sieur de Vissery de Boisvalé prit sur eux une

éclatante revanche. Le 24 mars 1783, le tribunal supérieur
d'Arras, connu sous la dénomination de conseil d'Artois,
rendit un jugement conçu en ces termes :

« La cour met l'appellation et ce au néant; émendant,
permet à la partie de M. *de Robespierre* de rétablir son paratonnerre. »

Rien n'est plus imposant qu'un temps d'orage; l'horizon
se couvre de nuages épais, poussés par un vent brûlant.
L'air devient lourd, le ciel pèse sur la terre, et les nuages

s'amoncèlent toujours. Soudain l'air devient plus frais, l'éclair brille et le premier coup du tonnerre retentit. Alors la nature entière semble plongée dans un silence de recueillement. La campagne se dépeuple; hommes et bestiaux s'empressent de chercher un gîte pour se mettre à l'abri. Si un chant de joie se faisait entendre au loin, le premier avertissement de l'orage l'a bientôt interrompu. — Le tonnerre redouble de violence et les éclairs se succèdent avec rapidité. La terre tremble et répond sourdement à la voix terrible de la foudre; et la nature ne reprend un peu de calme que quand le nuage qui l'environne de tous côtés, triste comme un linceul, est déchiré par les éclats redoublés de la tourmente. Alors la pluie tombe épaisse, et inonde la campagne.

Pendant fort long-temps le tonnerre exerça sur le vulgaire une grande influence morale. On avait bien défini les causes du tonnerre, mais on ne connaissait pas le moyen de se garantir de ses effets terribles. Grâce à Franklin, aujourd'hui on peut écouter sans crainte les déchaînements de l'orage, et les édifices, ces souvenirs glorieux des siècles passés, restent debout et regardent, avec plus de sûreté, les générations nouvelles qui passent à leurs pieds.

Le 5 juin 1783, toute la ville d'Annonay était en rumeur. Une expérience dont la pensée surpassait tout ce qu'une imagination hardie pouvait rêver de plus étonnant, allait avoir lieu, en présence des états du Vivarais. Cette ex-

périence devait ouvrir à l'homme la carrière des airs. —
L'homme qui excitait une telle curiosité s'appelait Joseph
Montgolfier.

A l'heure indiquée, l'expérience eut lieu, et les habitants
d'Annonay purent voir s'élancer dans les airs un globe
de toile et de papier, et en dix minutes ce globe parcourir la
distance horizontale d'une demi-lieue, après s'être élevé dans

l'air à deux mille mètres de hauteur, avec une force initiale
de deux cent cinquante kilogrammes. Le globe ou *aérostat*
pouvait contenir douze mille mètres cubes d'un air raréfié
par l'action du feu.

Lorsque cette expérience fut connue à Paris, elle excita
une admiration mêlée de surprise. L'Académie des sciences
résolut de répéter à ses frais, et sur une échelle plus étendue
encore, l'expérience d'Annonay.

Tandis que l'Académie des sciences s'amusait à vérifier par
les calculs toutes les ressources de l'aérostat de Montgolfier, des souscriptions s'ouvrirent de tous côtés pour construire un aérostat d'une très-grande dimension. Charles,
professeur de physique expérimentale, et Robert, mécanicien, furent chargés de l'exécution de ce vaste dessein. Charles, après avoir long-temps examiné les moyens employés
par Montgolfier, substitua à l'enveloppe de papier et de
toile un taffetas gommé. Le gaz dont Montgolfier se servait
provenait d'un feu de paille et de laine suspendu sous l'aérostat; ce moyen parut à Charles offrir trop de danger; il
le remplaça par le gaz hydrogène.

Le 27 août de la même année, c'est-à-dire, moins de
trois mois après l'expérience d'Annonay, une foule immense était réunie dans le Champ de Mars; elle attendait,
avec une curieuse impatience, que l'aérostat de Charles et
de Robert fût lancé. Bientôt l'air retentit d'acclamations
mille fois répétées. L'aérostat, après s'être balancé quelque
temps à cinq ou six pieds de terre, prend son vol, en

deux minutes monte à mille mètres de haut, et s'élevant ensuite à une hauteur prodigieuse, va tomber à Gonesse, village distant de cinq lieues du point de départ.

Le 21 novembre, un nouvel aérostat s'élève au parc de la Muette. Pilâtre du Rosier et le marquis de Garlande montèrent dans une nacelle attachée à l'aérostat dit *Montgolfière* et osèrent se livrer ainsi aux dangers d'un voyage aérien. Jusqu'à ce moment, on n'avait confié aux aérostats qu'un poids inerte ou des animaux.

Le premier décembre suivant, Charles et Robert, renouvelant cette tentative hardie, se confient à l'ascension d'un aérostat qui, parti du jardin des Tuileries, parcourt sept lieues en quelques minutes. — Il paraît qu'à la vue des deux intrépides navigateurs, la foule innombrable qui couvrait tous les alentours fut saisie d'un sentiment d'admiration et de frayeur involontaire. — « Beaucoup, au dire d'un historien, tombèrent à genoux en levant les mains au ciel où montaient les aéronautes. On n'osait ni parler, ni remuer, jusqu'au moment où le succès prolongé de l'ascension rassurant les esprits, des acclamations immenses saluèrent un tel succès et signalèrent l'enthousiasme national. »

Ces ascensions étaient périlleuses et demandaient de grandes précautions. La méthode de Charles avait été reconnue supérieure à celle de Montgolfier; cependant l'aérostat de ce dernier avait de nombreux partisans à la tête desquels se trouvait Pilâtre qui, un peu plus tard, ayant voulu, avec une Montgolfière, franchir le détroit qui sépare la France de l'Angleterre, périt victime de son audacieuse entreprise. Le feu prit à l'enveloppe de l'aérostat, et l'infortuné Pilâtre, à demi brûlé par l'incendie du ballon, tomba près de la route de Calais, à peu de distance de Boulogne, et fut brisé dans sa chute.

Ce triste événement prouva encore toute la supériorité de l'aérostat de Charles sur celui de Montgolfier, et lui fit donner la préférence.

— A quoi bon les ballons? disait à Franklin une personne qui ne voyait dans cette découverte rien de bien utile.

— A quoi bon l'enfant qui vient de naître? lui demanda l'inventeur du paratonnerre.

1783 fut aussi, pour les arts alimentaires, une année de
progrès. Jusqu'alors la pomme de terre avait été regardée
comme une plante dangereuse. Selon le dire populaire, cet
aliment faisait dégénérer l'espèce humaine et lui donnait des
maladies affreuses, la lèpre par exemple; de plus, la pomme
de terre épuisait les terres fertiles et ne pouvait réussir en
des terrains médiocres. Déjà les pays du Nord cultivaient
la pomme de terre, et la France repoussait encore ce précieux végétal.

Parmentier résolut de combattre tous les préjugés qui

s'opposaient à l'emploi de la pomme de terre comme aliment. Il n'ignorait pas les obstacles qu'il rencontrerait en
tous lieux. Il s'adressa à Louis XVI lui-même, et il obtint
de ce monarque la permission de planter de pommes de
terre cinquante arpents de la plaine des Sablons, terrain
qu'on laissait en friche à cause de sa stérilité. On prétendait
que la pomme de terre était difficile à élever et qu'elle demandait des soins minutieux; Parmentier voulut prouver le
contraire; il choisit la plaine des Sablons; il confia à ce terrain aride sa plante favorite, et attendit avec confiance le
moment de la floraison. Les pommes de terre réussirent.

Émerveillé du succès qu'il venait d'obtenir et qui avait
surpassé toutes ses espérances, Parmentier court cueillir la
première fleur, se rend à Versailles avec son précieux trésor,
pour l'offrir au monarque. Louis XVI accepte la fleur avec

un sourire de bonté, et au milieu d'une foule de courtisans
légers et moqueurs, il en décore son habit.

Tous les efforts de Parmentier avaient donc été couronnés
d'un entier succès, et la pomme de terre prit, à compter
de ce jour, le nom de *parmentière*.

« La pomme de terre, dont on fait actuellement un
usage si étendu, dit sir Joseph Banks, fut apportée en
Angleterre par les colons que sir Walter Raleigh avait envoyés, en vertu d'une patente de la reine Élisabeth, pour
découvrir et cultiver en Amérique de nouvelles contrées non

possédées par les Chrétiens. Quelques-uns des navires de sir Walter, qui firent voile en 1584, apportèrent probablement avec eux la pomme de terre en 1586. »

Accueillie en France, elle fut cultivée dans les jardins comme un objet de curiosité; mais le préjugé resta longtemps plus fort que la raison. Aujourd'hui la pomme de terre, ou autrement dit la *parmentière,* se trouve également chez le pauvre comme sur la table du riche. Elle est devenue un des aliments le plus en usage.

On doit encore à Parmentier les plus grandes louanges pour avoir propagé sur notre sol la culture du maïs et de la châtaigne.

« Le hasard, dit Goguet, donna sans doute lieu de remarquer que certains corps plongés dans l'huile, venant ensuite à s'allumer, conservaient leur lumière et ne se consumaient que lentement. » Telle fut l'origine de la lampe.

Les lampes anciennes étaient loin de satisfaire aux besoins de l'intérieur; elles ne fournissaient qu'une lumière sans vivacité, et la fumée épaisse, qui s'en échappait continuellement, ternissait les meubles tout en offensant les sens par une odeur nauséabonde. Jusqu'à la fin du siècle dernier, la bougie fut le seul éclairage qui ne produisît pas ces désagréments.

M. Charles Dupin explique ainsi la raison de l'inconvénient des lampes anciennes :

« L'huile est un composé dans lequel dominent l'hydrogène et le carbone; lorsqu'elle brûle, le gaz hydrogène produit la flamme en absorbant les $\frac{13}{16}$ de son poids d'oxygène atmosphérique. Le carbone se brûle en partie ; mais, moins rapidement combustible que l'oxigène lorsque la combustion n'est pas très-intense, en se vaporisant pour s'élever avec l'air échauffé par la combustion, il retombe bientôt et se dépose en noir de fumée sur tous les objets qu'il atteint. »

Le mode d'éclairage, encore dans son enfance, avait donc besoin d'un grand perfectionnement. Argand de Genève dé-

couvrit, en 1785, un nouveau système de lampe qui devait répondre aux besoins du plus grand nombre. La découverte s'adressait surtout aux classes ouvrières dont le travail continuel exigeait une lumière plus pure et plus arrêtée. Je laisse encore parler M. Charles Dupin.

« Avant 1789, Argand eut l'idée heureuse de former des mèches cylindriques, vers le haut desquelles on éleverait l'huile par l'effet d'un syphon, ou seulement par la capillarité de la mèche ; de plus, l'air atmosphérique pouvait s'élever sans cesse le long de la mèche, par deux courants, l'un intérieur et l'autre extérieur ; enfin, les deux courants étaient rendus beaucoup plus rapides par une cheminée de verre dont le cylindre entoure concentriquement la mèche. »

Le problème était résolu, il ne restait plus qu'à en faire l'application. Pendant que Argand s'occupait à terminer de nouveaux travaux, un de ses ouvriers, le nommé Quinquet, quitte ses ateliers, et ose s'approprier la découverte de son maître ; le public accepta comme une invention nouvelle l'essai de cet ouvrier qui n'était qu'un vol scandaleux, et donna indûment le nom de *Quinquet* à l'œuvre d'Argand.

Avant de finir cette première période, quelques mots sur la pompe de Chaillot et sur celle du Gros-Caillou. Depuis 1762 jusqu'à 1784, différents projets avaient été formés pour approvisionner d'eau la ville de Paris qui, chaque jour, se voyait menacée d'en manquer. On élevait de tous côtés des fontaines ; mais ces fontaines restaient sans eau. Les sieurs Périer frères avaient proposé depuis long-temps d'établir des pompes à feu, en s'engageant à fournir de l'eau partout où la nécessité l'exigerait ; leur projet ayant été adopté, ils firent construire, sur le quai de Billy, un bâtiment d'une grande importance. Le 8 août 1781, en présence du lieutenant de police, le premier essai de la pompe à feu fut fait avec le plus grand succès, et, au mois de juillet 1782, les eaux de cette pompe purent répondre aux besoins publics.

La pompe à feu de Chaillot n'était destinée qu'à fournir de l'eau à la partie septentrionale de Paris ; les sieurs Périer firent alors établir une seconde pompe à feu sur la rive gauche de la Seine, afin d'alimenter les fontaines de la partie méridionale de cette ville.

Il est évident, d'après l'esquisse incomplète et succincte qu'on vient de lire sur les métiers depuis le xvᵉ siècle jusqu'à 1789, que les artisans et les ouvriers en général ont pris une part active au mouvement progressif des esprits, qui distingue cette période. Cette participation éclatante est prouvée par les perfectionnements apportés dans les procédés mécaniques de tous les métiers, et dans l'amélioration des produits de l'industrie ; elle est prouvée par les inventions qui ont permis d'exercer les nouveaux métiers devenus nécessaires pour satisfaire aux besoins développés dans toutes les classes de la société. Ces résultats, certes, attestent assez victorieusement l'intelligence qu'il a fallu déployer pour les obtenir ; ils sont une réfutation complète et péremptoire de cette opinion accréditée par l'ignorance, l'irréflexion où

l'orgueil, que le mérite des arts mécaniques ne consiste
guère que dans l'adresse des mains et dans certaine habileté
conquise par la seule routine.

Les détails dans lesquels je vais entrer sur les progrès
plus nombreux encore que les métiers ont faits depuis 1789
jusqu'à notre époque, mettront cette vérité dans tout son
jour.

Les révolutions renferment cela de bon que, si elles arrêtent un instant la marche progressive de l'industrie, elles
lui donnent un peu plus tard une impulsion vigoureuse qui
la fait marcher à pas de géant ; si les révolutions ne se ré-
sumaient pas souvent en un principe désorganisateur, elles
sembleraient être une des conditions essentielles de l'état
social.

En effet, prenez le premier homme venu ; faites-lui une
vie uniforme et toujours du même calme ; évitez que sa volonté soit froissée ; mais marquez-lui une ligne de démar-
cation qu'il ne doive pas dépasser, et, peu de temps après,
cet homme tombera dans une apathie maladive, son esprit
n'aura plus d'activité, et il finira par replier en lui-même
toutes ses pensées généreuses. Au contraire, laissez ce même
homme suivre tous les mouvements de sa volonté ; ne cherchez pas à entraver sa marche, à paralyser son énergie par
l'aspect des vicissitudes nombreuses qui peuvent venir tout-
à-coup le terrasser. Vous verrez alors combien chez ces deux
intelligences la pensée est différente ; l'une marche la tête
baissée, et n'a qu'une volonté énervée : elle se nomme

ESCLAVE ; l'autre porte la tête haute et veut bien ce qu'elle veut : elle s'appelle HOMME LIBRE. C'est cette dernière intelligence qui enfante le progrès en tous genres ; c'est d'elle seule qu'émanent les perfectionnements les plus notables, les inventions les plus merveilleuses, enfin toutes les grandes choses qui honorent le génie de l'homme.

INDUSTRIE

1789.

1789

Les tourments de l'avenir nuisent toujours aux sollicitations de la pensée. L'industrie est pauvre lorsque le peuple rêve la liberté. En effet, en 1789, l'industrie parut faire une halte comme pour examiner ce qui allait se passer; tous les travailleurs, l'imagination tendue vers un but de curiosité et de changement, ne trouvaient plus en eux-mêmes assez de volonté pour se livrer à la recherche du travail. Le volcan révolutionnaire, qui devait bientôt couvrir de ses laves ardentes toute la France, faisait entendre de sourds mugissements, présage d'une irruption prochaine ; et toutes les classes de la société, attentives dans leur stupéfaction, n'osaient s'expliquer les effets terribles de la commotion qui allait bouleverser l'industrie.

1789 était enfin arrivé, et la France, par son état de souffrance, semblait annoncer au monde les douleurs de l'enfantement d'une grande révolution. Qu'avait donc fait la cour ? A cette question, tout le monde répondait que l'insensée avait blessé la France, et que cette secousse, en augmentant les misères du peuple, devait hâter l'heure de son émancipation. Chaque ville, curieuse de nouvelles, effrayée du pas immense que le pouvoir faisait chaque jour, reportait les yeux avec intérêt sur Paris ; le nom du roi était dans toutes les bouches, et si, parfois, quelqu'un osait l'accuser, le mot *faiblesse* répondait assez victorieusement au mot *trahison*.

Les autorités, exclusivement occupées de la grande tourmente populaire, oubliant le présent pour ne plus penser qu'à l'avenir, laissaient tomber les rênes qu'on leur avait confiées, et le préposé, zéro politique, sans craindre le changement, regardait en souriant le chef consterné, et, les bras croisés, attendait le résultat de la lutte qui venait de s'engager entre la cour et la nation : moment décisif où la cour et la nation se tenaient à bras-le-corps comme deux athlètes formidables, dont l'un devait étouffer l'autre.

Dans cet état de choses, l'industrie ne peut conserver l'énergie de la puissance que les besoins de la société lui avaient

faite; ces besoins se restreignent tout-à-coup. La pensée révolutionnaire, qui était restée, près d'un siècle, perdue au
milieu des rêves de la philosophie, rejette loin d'elle les pa-
radoxes qui paralysaient ses forces et s'empare de tous les
esprits. Le vieil édifice social s'ébranle jusque dans ses fondements; le préjugé, cet enfant de la pusillanimité, est réduit à baisser la tête. La voix du peuple, qui réclame ses
droits, s'élève impérieuse et inexorable. Le peuple demande
réparation des vexations sans nombre qu'il a endurées depuis tant de siècles, et la noblesse, cette caste de demi-
dieux au petit pied, s'évertue en vain. Les priviléges
doivent disparaître : le peuple, qui se sent le plus fort, le
veut ainsi ; et contre cette volonté de fer, formulée avec
l'enthousiasme de la liberté, et proclamant la souveraineté
nationale, viendront se briser toutes les résistances d'un
pouvoir inhabile et depuis long-temps miné de toutes parts.

Les premiers essais révolutionnaires cachaient un secret
qui aujourd'hui n'est ignoré de personne. Une faction hardie
et puissante répandait le découragement parmi les classes
ouvrières, et provoquait la turbulence des mécontents. Profitant avec adresse de l'irrésolution de la cour et de l'ignorance du peuple, elle s'était fait, à prix d'or, des partisans
qui envahirent bientôt les clubs et les carrefours. Le peuple
fut invité à la révolte, et le peuple se laissa bientôt persuader. Il consentit à prêter son bras à la révolte. Avait-il
tort? avait-il raison? Il n'avait pour but unique que la
conquête de ses droits, et l'esprit qui réglait les actions

des factieux n'était certes pas compris par lui ; il ne
voyait que le renversement des orgueilleux qui l'avaient
humilié. Une fois un pied dans l'arène, enivré par quelques
premiers succès, le peuple, croyant marcher dans une voie
de liberté et d'avenir pour tous, suivait aveuglément l'élan
qu'on lui avait donné. Dès ce moment, les ateliers sont
fermés ; les ouvriers sans ouvrage sont réduits au plus affreux dénûment ; la démoralisation se glisse dans toutes les
têtes. La faction, à laquelle aucuns moyens ne répugnent,
sait mettre à profit la crise industrielle qu'elle avait préparée ; elle pénètre jusque dans l'intérieur des familles ;
là, elle vient, l'or à la main, quêter des défenseurs et des
soutiens. L'homme qui a faim ne peut se défendre de la
corruption ; chez lui, la force morale s'affaiblit en raison
de la perte de la force physique ; le malheureux artisan
n'a plus de pain à donner à ses enfants affamés ; ses ateliers ont été fermés par suite du malheur des temps ; ses
métiers ont été brisés par la guerre civile ; tous ses moyens
de subsistance lui ont été ravis. Comment résister à l'or de
la séduction ? Une telle situation porte avec elle une puissante excuse.

L'industrie devait encore recevoir de nouvelles secousses.
Les ouvriers, la plupart sans travail, étaient destinés à des
épreuves bien plus cruelles. Paris manque tout-à-coup de
farine. La famine étend sur toute la ville ses bras déchar-
nés et répand partout la désolation. Les boulangers sont
menacés et pillés ; plusieurs d'entre eux, effrayés du péril

qui les menace et craignant pour leur vie, refusent d'ouvrir les portes de leur boutique ; le peuple, irrité d'un
semblable refus, s'assemble en foule, et, un instant après,
armé de marteaux et de barres de fer, frappe à coups re-

doublés la porte de la boutique, qui craque, se brise et
vole en mille éclats. Ce premier succès semble redoubler
sa colère qui dès-lors ne connaît plus de bornes ; il met
en pièces tout ce qui se trouve sur son passage. Malheur
au boulanger s'il tombe entre ses mains ; il ne doit pas attendre de grâce : le peuple le brisera comme il a déjà brisé
tout ce qui lui faisait obstacle. La boutique est complètement dévalisée, et le pain qu'on y trouve est partagé, à
portions égales, entre les vainqueurs.

Plusieurs boulangers ayant été assassinés (le peuple croyait que ces malheureux s'entendaient avec les accapareurs pour l'affamer), l'autorité militaire fut appelée à rétablir l'ordre et la tranquillité. Chaque matin, on faisait la distribution du pain. Placés sur trois ou quatre rangs, les Parisiens formaient une queue qui s'étendait au loin, comme à la porte de nos théâtres le jour d'une représentation extraordinaire. C'était un spectacle douloureux à voir que ces hommes tristes et amaigris, attendant, avec la sombre résignation du désespoir, les quelques onces de pain qui devaient les nourrir tout un jour.

La famine était venue prêter main-forte à l'insurrection. Le démon de l'anarchie, cet éternel ennemi de l'ordre public et de la liberté, allait soulever, par des paroles séditieusement perfides, les plus industrieux faubourgs de la capitale; il soufflait partout le feu des passions les plus incendiaires, excitait dans tous les cœurs de la multitude des sentiments de haine et de vengeance, appelait aux armes de pauvres artisans déjà exaspérés par le manque de travail et de pain, et en faisait à leur insu les instruments d'une faction criminelle.

A chaque instant, Paris était en rumeur; à chaque instant, des actes de violence étaient commis. Dans un quartier, on mettait un hôtel à feu et à sang; dans un autre, on pillait une manufacture. Aux Tuileries, le peuple, poussé par les clubistes, entrait de vive force dans le palais, couvrait la tête de Louis XVI du bonnet phrygien, et le con-

traignait à boire après lui dans le même verre; à l'Hôtel-
de-Ville, toujours à l'instigation des clubistes, après avoir
accueilli Lafayette comme un homme sage et un libérateur,

il le traitait de lâche et voulait le mettre à la lanterne de
Foulon. Et cependant, malgré tous ces désordres et ces
actes de folie, de grands travaux s'opéraient; la Convention
travaillait sans relâche à faire disparaître les priviléges, et
chaque jour elle remportait une nouvelle victoire sur les
résistances du clergé et de la noblesse. Comme la cour, le
peuple avait ses défenseurs, qui, en fait d'énergie et de
puissance, ne le cédaient à personne.

Enfin la famine avait disparu; mais l'insurrection ne
continuait pas moins à lever la tête et à répandre la ter-

reur dans tout Paris. La faction régnait encore et paraly-
sait toujours les mouvements de notre industrie. L'ouvrier
était obligé de rester les bras croisés, et, comme le désœuvrement enfante les mauvaises habitudes, la grande ville se
vit aussitôt envahie par des bandes de mauvais sujets, adonnés à tous les vices, et dont le moindre était l'ivrognerie.
Les crimes se multipliaient avec une rapidité effrayante.
D'horribles massacres étaient organisés dans les prisons
remplies de nobles, de prêtres et d'autres personnes *sus-
pectes*, comme on disait alors, soit à cause de leur fortune,
soit à cause de leur position sociale. Des bandes de meur-
triers, échappés des bagnes pour la plupart, égorgeaient
froidement les malheureux captifs et leurs geôliers, et com-
mettaient des actes d'une révoltante atrocité. La cour fut
bientôt réduite aux abois et la famille royale livrée à la fureur du parti révolutionnaire.

Louis XVI devait mourir; le 21 janvier 1793 restera,
dans le livre de l'histoire des rois, une de ces dates lugubres qui cachent, sous l'aspect d'un crime, une leçon
terrible pour les peuples. Il y a des crimes qui portent
avec eux leur expiation.

L'échafaud politique venait d'être dressé; un roi et sa
famille en avaient les premiers franchi les degrés. Le bour-
reau était à son poste; d'autres victimes allaient être sacri-
fiées au repos *prétendu* de la république. C'était le temps des
lâches vengeances; sur la moindre dénonciation, le tribunal
révolutionnaire, création infernale, faisait son *devoir* en

envoyant l'*ennemi* de la république à la guillotine. Alors les meilleurs amis se fuyaient; on osait à peine parler, de crainte que les paroles fussent mal interprétées; on osait à peine respirer, car, suivant l'expression de Tacite, on notait jusqu'à nos soupirs. Chaque matin, il sortait de la Conciergerie des voitures chargées d'*aristocrates*, et ces

voitures s'avançaient lentement vers le lieu des exécutions, au milieu d'une foule immense qui riait et chantait.

Que vouliez-vous que fît l'industrie au milieu de cette démoralisation sociale? Elle ne pouvait que se résigner, et attendre des jours plus favorables à ses travaux.

D'après ces quelques détails, il est facile de comprendre

pourquoi l'industrie, pendant les premières années de la
révolution, demeura stationnaire. Lorsque la guerre civile
parcourt les rues d'une capitale, jetant l'épouvante et la
désolation partout où elle passé, l'imagination de l'homme
n'a pas assez de force en elle-même pour conserver le calme
nécessaire aux recherches de l'invention ou du perfectionnement. Les arts utiles attendent, pour être appréciés, que
le sang soit étanché et que le feu soit éteint. Les révolutions les arrêtent, mais ne les tuent pas. Dès que le calme
est revenu, ils reprennent leur essor, plus libres, plus
complets, plus puissants qu'avant la tempête, et bientôt
s'emparent de l'admiration universelle par une foule d'inventions et de chefs-d'œuvre, qui sont autant de merveilles.
Les périodes dont nous avons à nous occuper en offriront
fréquemment les preuves les plus éclatantes.

La calomnie, cette science des envieux et des méchants,
s'est presque toujours attachée à la vie modeste du travailleur; trop long-temps l'artisan a été regardé comme
une machine livrée à l'exigente merci du riche. Le travail
des mains est tout aussi honorable que le travail de l'intelligence; l'homme qui, à sa naissance, a reçu fortune
et noblesse, et qui n'a rien fait pour acquérir et mériter
ces dons du hasard, doit être classé, dans la hiérarchie
sociale, après l'ouvrier et l'homme d'intelligence. Aussi, je
ne reconnais seulement qu'à l'homme doué de facultés supérieures le droit de dominer la foule.

Le travail, cet anneau immuable qui rapproche toutes

les intelligences et qui établit entre elles une sorte de
fraternité, s'il est bien compris, conduit à l'émancipation
des classes souffrantes, et l'émancipation des classes souffrantes conduit à la liberté.

Trop long-temps le spéculateur heureux s'est placé devant l'ouvrier habile. Trop long-temps il a profité et de son
intelligence et de ses talents. A chacun le fruit de son travail et la couronne de la récompense. Le spéculateur est
utile à l'ouvrier ; sans le spéculateur, l'ouvrier resterait en
effet toujours médiocre et ne pourrait acquérir des connaissances assez étendues pour produire. Aussi l'ouvrier lui
doit la même reconnaissance, le même respect qu'il a voués
à son père. De son côté, le spéculateur doit des égards à
l'ouvrier ; quand même les progrès de la raison publique
ne l'exigeraient pas impérieusement, l'équité, la sainte
équité le voudrait ainsi.

Je dirai donc à l'ouvrier :

Prenez patience ! Vous n'en êtes pas moins honnête
homme, quoique la fortune n'ait pas visité votre demeure
lorsque votre mère souffrit les douleurs de l'enfantement. —
Vous êtes pauvre ? Remerciez Dieu de vous avoir donné la
volonté du travail. — Vous êtes né intelligent ? Remerciez
encore Dieu de vous avoir donné la puissance du travail.
La pauvreté ne marche pas long-temps de compagnie avec
le travail intelligent.

Je dirai donc au spéculateur :

Soyez indulgent. Examinez attentivement la vie labo-

rieuse de l'ouvrier ; mettez-vous à sa place ; l'ouvrier tra
vaille sans relâche depuis le matin jusqu'au soir, et pour
un mince salaire sacrifie souvent sa santé. Il ne connaît aucune jouissance de la vie ; mais aussi son cœur est bon et
serviable. Souvenez-vous que l'ouvrier qui aime le travail
et qui *sait* travailler est une fortune pour celui qui l'emploie. Écoutez et méditez ces paroles de Silvio Pellico : « Il
y a une grande immoralité à se faire haïr de ses inférieurs :
1° Parce qu'alors on est méchant soi-même ; 2° parce qu'au
lieu de soulager leurs afflictions, on en augmente l'amertume ; 3° parce qu'on les accoutume à servir déloyalement,
à détester la dépendance, à maudire la classe entière de
ceux que la fortune aura mieux traités. Un maître mépri-
sant et brutal ne manque jamais d'être haï, quelque salaire
qu'il donne à ceux qu'il emploie. »

En France, et surtout à Paris, il se trouve des ouvriers
de tous les pays ; Paris est la ville du travail où ils se fixent
de préférence. Il n'est personne peut-être qui ne se soit
trouvé en rapport direct avec un membre de cette classe
nombreuse. Eh bien ! je suis convaincu que peu de personnes ont pris la peine d'en étudier le caractère. Cette étude
présente cependant mille détails intéressants qui charment
en même temps par leur simplicité et leur originalité. Pour
l'analyste, c'est une mine féconde où il peut puiser à
pleines mains et recueillir des richesses dont il appréciera
toute la variété. Pour l'homme du monde, l'étude du type-
ouvrier est assez attachante et assez neuve pour offrir

quelques heures de loisir, et quelques heures de loisir pour
l'homme du monde, c'est là une bonne fortune qu'il n'est
pas habitué à rencontrer souvent aujourd'hui.

Le type ouvrier, excepté quelques nuances, est de tous
les siècles; surtout depuis 1789, l'ouvrier a peu changé.

L'ouvrier est, sans contredit, une des physionomies les
plus caractérisées de notre monde social. Il tient une place
tout-à-fait à part : par l'exigence de son travail, souvent en
contact avec toutes les classes de la société, il n'emprunte
rien de la physionomie d'aucune d'elles. Avant tout, il est

lui. D'un caractère indépendant, il pétille de cet esprit de laisser-aller qu'on ne rencontre que chez les natures neuves ; jamais cependant vous ne l'entendrez proférer de paroles méchantes ou hargneuses. Lorsqu'il plaisante, sa pensée est féconde en traits piquants, et rarement le dur sarcasme s'y trouve mêlé ; lorsqu'il est en colère, alors sa poitrine se dilate ; ses yeux lancent des éclairs, sa voix tonne et sa parole devient sèche et impitoyable ; mais, comme derrière l'orage est un ciel pur, sa colère cache derrière elle un cœur plein de pardon.

Travailler, encore travailler, toujours travailler, tel est le résumé de la vie ouvrière. L'ouvrier se lève de cinq à six heures pour se rendre au travail (remarquez en passant qu'ordinairement il demeure à l'extrémité de la ville, tandis que son atelier est à l'autre bout). Aux tintements de la cloche, il entre dans l'atelier, et après avoir fait sa toilette, il se met à la besogne. La toilette d'atelier consiste à ôter sa veste, à retrousser les manches de la chemise, et à prendre un tablier qui s'attache à la taille par une agrafe en cuivre historié. Cette modeste toilette ne dure que deux ou trois minutes au plus. De sept à neuf heures, les marteaux et les outils fonctionnent à grand renfort de bras ; à neuf heures, la cloche se fait entendre pour la seconde fois : c'est le signal du déjeûner. Alors les pensions bourgeoises voisines à deux ou trois sous le plat ouvrent la porte de leur antre enfumé à leurs nombreux habitués. L'ouvrier peut manger à son aise ; il a tout le temps d'être gastronome ; il possède

une heure de soixante minutes pour déguster et digérer.
A dix heures, la cloche sonne la rentrée; à cet appel, l'ouvrier s'empresse de reprendre sa place à l'établi. De dix
heures à deux heures, il travaille avec un redoublement
d'ardeur et d'activité; c'est le moment où le travail paraît
être pour lui plus léger et plus facile. A deux heures, la
cloche sonne de nouveau : c'est l'heure du dîner, et aussitôt
le dîner commence. La pension bourgeoise est ponctuelle;
et deux heures n'ont pas fini de vibrer à l'horloge crasseux
qui pare le *salon* de l'hôtesse, que les plats sont, à leur
poste, sur la table, et exhalant dans l'air leur parfum équi-
voque. — A table! à table! Bientôt, après la première *fringale*
apaisée, les verres s'entrechoquent, et l'ouvrier *déboutonne*

son opinion avec un sans-façon qui ne respecte rien ; il a
sa politique à lui ; aussi fait-il chaque jour de beaux rêves,
et bâtit-il, sur ces beaux rêves, un avenir de gloire et de
prospérité jusqu'à ce qu'un coup de vent vienne renverser
le château de cartes que, dans sa candeur, il avait mis tant
de soins et de complaisance à construire. La cloche a jeté
encore son cri d'avertissement, et les rêves d'un avenir chi-
mérique se sont évanouis au nom du travail. Trois heures
sont passées, et l'ouvrier reprend sa besogne ; mais son
outil n'est plus manié avec la même dextérité que tout à
l'heure. Il travaille cependant avec courage ; le contre-maître
n'a rien à dire. Dans quelques heures, la journée sera achevée, et lui offrira un instant de liberté entière ; alors il
pourra aller, par les rues de là ville, à petit pas et le nez
au vent. Cette idée lui fait oublier par moment que l'outil
reste inactif dans sa main ; il s'établit alors entre voisins
mille petites causeries à voix basse qui se perdent en un
bourdonnement confus. L'un raconte à son voisin une aven-
ture plaisante dont il a été témoin, en venant, le matin, à
l'atelier ; l'autre fait, à sa manière, l'analyse du nouveau
mélodrame en vogue ; celui-ci, père de famille, parle de
son jeune enfant qui est en nourrice ; celui-là déplore la
modicité des salaires. Mais écoutez ! la cloche fidèle a élevé
la voix ; l'heure fortunée de la sortie vient de sonner, et
cette fois le timbre de l'airain a retenti plus clair et plus
vif ; on dirait qu'il a gardé pour cette heure ses accents
les plus joyeux. Alors, bras dessus, bras dessous, le visage

épanoui et la marche légère, les enfants de l'atelier s'éloi-

gnent en se renvoyant à haute voix de ces grosses plaisan-
teries, si spirituelles et si naïves.

Rien n'est plus imposant que l'intérieur d'un atelier ;
tous ces hommes, actifs au travail, maniant l'outil avec
une habileté précise et raisonnée, ne s'interrompant jamais
sans motif, le corps penché sur l'établi, les bras nus, la
poitrine nue, le visage réfléchi, la bouche close, et continuant ainsi pendant des heures entières ; cela est vraiment
admirable ! Chez l'ouvrier, l'émulation agit avec toutes ses
ressources. Choisissez un terrain vierge ; semez-y du bon
grain, et bientôt vous verrez les épis les plus florissants
balancer leur tête dorée sous les rayons du soleil ; mais si,

à la place du bon grain, votre main inexpérimentée jette
de l'ivraie, bientôt aussi la plante parasite s'élèvera pleine
de vigueur. L'ouvrier ressemble au terrain vierge; sorti de
la souche populaire, élevé au milieu des privations et des
dégoûts d'une vie souvent déflorée par la misère, son cœur,
que les jouissances du luxe n'ont pas corrompu, se livre
facilement à toutes les impressions. Il croit au bien, et son
esprit comprend difficilement le mal.

L'ouvrier prend femme de bonne heure; continuellement
abandonné à lui-même, il a besoin de ces affections qui
rendent la vie plus douce et plus heureuse; et les femmes
possèdent seules le secret de ces affections-là. L'ouvrier
choisit toujours ses amours dans le peuple; il ne peut jamais
lui être venu à l'idée de chercher une femme dans les conditions plus relevées et moins pauvres que la sienne. Ne
serait-ce pas en quelque sorte se mésallier? Il ne connaît
et ne fréquente que la fille de l'ouvrier, et ses vœux ne
s'élèvent pas au-delà. La fille de l'ouvrier est chaste; elle
est gentille; elle aime le travail. Une petite femme comme
cela vaut en même temps une fortune et un bonheur. Que
faut-il de plus? Il fait sa *cour*, et quelques mois après, à
force de respects et de prévenances, il obtient enfin la permission de se faire faire l'habit noir de circonstance et
d'aller commander le repas de noce.

Du jour où l'ouvrier a été, en habit noir, faire visite à
M. le maire, son caractère change tout-à-coup; il perd cette
aimable insouciance qui lui allait si bien. Ne croyez pas

cependant que le type se décolore ; il conserve toujours sa
forme primitive, mais avec un peu moins de naïveté et de
bonhomie. Hier, il n'avait qu'à penser à lui seul ; aujour-
d'hui il vient d'accomplir l'action la plus grave de sa vie,

une action qui lui impose dorénavant l'obligation, non-
seulement d'être honnête homme, mais encore d'être rangé
et travailleur assidu. Plus de ces heures de repos prises
quelquefois sur le temps du travail et passées à rêver un avenir
fortuné ! Plus de ces bonnes paresses satisfaites, la tête au
soleil et la pipe à la bouche ! La petite femme *menace* d'être
productive ; et les mois de nourrice n'ont que trente jours
et ne font pas crédit. Il fait alors de nombreuses réductions

dans plusieurs chapitres de son budget, et il ne faut pas que ces réductions ne soient qu'en projet, sans quoi le ménage, dès son début, se trouverait avoir en perspective un déficit toujours très-difficile à combler pour des ouvriers qui n'ont qu'un salaire fixe sans aucune éventualité de bénéfices. Avant son mariage, l'ouvrier allait régulièrement au spectacle tous les lundis. Maintenant la raison exige qu'il ne se donne plus ce plaisir qu'une seule fois par mois; d'abord parce qu'ils sont deux à présent, et qu'il faut payer deux places au lieu d'une; et puis on ne saurait trop économiser. Les habitudes d'un jeune homme ne doivent plus être celles d'un homme marié. Ce dernier ne s'appartient plus comme l'autre. De sa conduite dépend le bonheur de sa femme et celui de ses enfants. Aussi songe-t-il à se mettre en état de faire face aux dépenses imprévues, qui ne sont pas toujours les plus légères dans un ménage.

Le dimanche est pour l'ouvrier un jour de repos et de fête. Croyez-le bien, six jours d'un travail pénible ne sont rien lorsque le dimanche promet d'être beau et que la paie du samedi est assez ronde. Ce jour-là, il se lève plus tard; il fait avec complaisance le budget des plaisirs que le dimanche lui promet; il se pare de ses plus beaux habits et de son air le plus avenant.

Et l'ouvrier, la taille modestement encadrée dans l'habit de drap bleu, le chapeau de soie *crânement* posé sur l'oreille, se dirige vers les hauteurs des faubourgs, sa petite femme sous le bras, et orgueilleusement escorté quelquefois de deux ou trois enfants qui marchent droit devant eux, sans jamais détourner la tête.

Ces promenades du dimanche ou du lundi n'empêchent point l'honnête artisan de s'occuper de son avenir, de celui de sa jeune famille. Chaque mois, il va déposer religieusement à

la caisse d'épargne la modique somme qu'il a pu économiser sur le salaire de son travail, soit en limitant ses plaisirs, soit en restreignant ses besoins au strict nécessaire. Dans quinze ans, il commencera à recueillir les fruits de sa bonne conduite : il mariera convenablement ses filles en leur donnant une petite dot; il établira peut-être ses fils, dont il aura fait de laborieux ouvriers comme lui; et quand les forces viendront à lui manquer avec les années, comme il a eu la sagesse de se ménager un morceau de pain pour le temps des infirmités, il aura la consolation de se voir à l'abri du besoin, et de terminer son existence honorable sous son modeste toit, au lieu d'être forcé d'aller frapper à la porte d'un hospice, et d'y réclamer, au nom de al charité, un asile pour sa débile vieillesse.

Telle est, en général, la vie de l'ouvrier. Sans doute, on rencontre encore de tristes exceptions; mais, il est juste aussi de le dire, ces exceptions sont plus rares qu'autrefois; elles sont presque inconnues dans les arts mécaniques qui exigent le concours d'une intelligence attentive. Ne voit-on pas d'ailleurs des mauvais sujets dans toutes les classes? La société ne fourmille-t-elle pas de gens paresseux, adonnés par conséquent à tous les désordres et à tous les vices? Si la classe ouvrière paie, sous ce rapport, un plus notable tribut à ces faiblesses de la nature humaine, c'est qu'elle est aussi la plus nombreuse, et qu'elle ne possède point l'art de dissimuler ses défauts.

Du reste, ce serait profaner le nom d'ouvrier que de le donner à ces hommes fainéants et vicieux, qui passent la plus grande partie de leur temps, le verre à la main, dans les cabarets. Ceux-là ne sont que l'opprobre de leur profession; tous les travailleurs les méprisent et les repoussent. A peine s'ils méritent de la pitié; et le chef d'atelier, qui

tient à maintenir parmi ses compagnons l'ordre et l'exactitude, si nécessaires pour la perfection du travail, se garde
bien d'admettre dans sa ruche laborieuse aucun de ces bour-
dons turbulents et dont le contact est dangereux.

Espérons que l'instruction, une instruction sage, discrè-
tement proportionnée aux besoins du peuple, propagera de
plus en plus dans la grande famille des artisans les principes
de moralité qui peuvent lui faire aimer le travail, et lui procurer, en échange de ses fatigues, une existence heureuse et
libre. Il appartient aux chefs d'ateliers intelligents, aux fabricants appelés à gouverner des ouvriers, d'exercer, à cet
égard, une influence salutaire. Qu'ils donnent l'exemple de
l'exactitude, de l'activité, du zèle et des autres qualités qui
doivent distinguer le travailleur; qu'ils montrent de l'estime,
qu'ils témoignent de l'amitié, de la confiance, de l'intérêt
aux ouvriers dont la conduite est régulière; et j'aime à penser que ce que ne pourrait faire la sévérité seule, l'amour-
propre et le point d'honneur le feraient insensiblement, et
finiraient peut-être par purger l'industrie, si noble dans
ses inspirations, si admirable dans ses ouvrages, de cet
ignoble et hideux crétinisme moral qu'on nomme l'ivrognerie.

Arrière donc, arrière l'ouvrier indigne qui, foulant aux
pieds ses devoirs les plus sacrés, insensible à la misère de
sa famille, dépouillé de tous les sentiments qui ennoblissent
l'homme, n'a ni le courage de travailler, ni celui de se bien
conduire! Qu'attendre en effet d'un être assez lâche pour

oublier qu'il a une femme et des enfants à nourrir, d'un
être avili, dégradé, qui met tout son bonheur dans de cra-
puleuses orgies ; qui ne rentre jamais dans son ménage que
plein de vice et de fureur, repoussant brutalement les caresses de son jeune enfant, et menaçant de tout briser autour de lui à la moindre observation de sa malheureuse
compagne ?

Mais laissons cette dégoûtante image d'hommes réduits à
l'état des brutes, et revenons à l'homme actif, courageux,
intelligent, qui est l'honneur et l'espérance de l'atelier.

Par une insigne faveur de la Providence, tous les états,
depuis les plus brillants jusqu'à celui de l'humble artisan,
ont leur douceur et leur dignité véritable. Il ne faut, pour

jouir de ces avantages, que vouloir nourrir en soi les vertus qui appartiennent à chaque profession.

J.-J. Rousseau, ce philosophe éloquent, cet illustre fils d'un horloger de Genève, se faisait une bien juste idée de la dignité de l'artisan. « De toutes les conditions, disait-il, la plus indépendante de la fortune et des hommes est celle de l'artisan. L'artisan ne dépend que de son travail, il est libre; partout où l'on veut vexer l'artisan, son bagage est bientôt fait, il emporte ses bras et s'en va.... Que des coquins mènent les grandes affaires, peu vous importe : cela ne vous empêchera pas, vous, dans votre vie obscure, d'être honnête homme ou d'avoir du pain. Vous entrez dans la première boutique du métier que vous avez appris : Maître, j'ai besoin d'ouvrage. — Compagnon, mettez-vous là, travaillez. Avant que l'heure du dîner soit venue, vous avez gagné votre dîner : si vous être diligent et sobre, avant que huit jours se passent, vous aurez de quoi vivre huit autres jours : vous aurez vécu libre, sain, vrai, laborieux, juste. Ce n'est pas perdre son temps que d'en gagner ainsi. »

Quel est l'ouvrier qui, en lisant ces paroles, énergique expression de son incontestable indépendance, ne relèverait pas fièrement la tête, comme pour jouir de toute la hauteur qu'il a réellement?

Mais il serait oiseux de nous étendre davantage sur le caractère général des artisans. Les détails réclament notre attention; des noms illustres ne tarderont pas à se presser sous ma plume.

La révolution de 1789, si terrible dans ses fureurs, avait cependant préparé de nombreuses améliorations sociales. Comme une mer qui, soulevée par la tempête, submerge, engloutit vaisseaux et navigateurs, elle avait laissé, en rentrant dans son lit, des trésors de liberté sur le rivage. L'industrie, émancipée dès le début de cette crise mémorable, se préparait à commencer une nouvelle ère, et foulait fièrement aux pieds les antiques priviléges qui jusque-là n'avaient qu'entravé ses efforts.

Au nombre de ces priviléges figurait la *maîtrise*, institution gothique du temps de nos anciens rois. Il fallait que l'ouvrier qui aspirait à la maîtrise donnât des preuves de sa capacité et de son talent par une pièce qu'on nommait *chef-d'œuvre*, et qui était soumise à l'examen d'arbitres qui prenaient le nom de jurés. Ces jurés décidaient si la maîtrise, qui du reste s'obtenait toujours à prix d'argent, serait accordée ou refusée. La réunion de ces jurés avait reçu pour cela même le nom de jurande. Déjà, vers le milieu du dix-huitième siècle, un sage ministre, l'ami de Malesherbes, Turgot, avait cherché à modifier le régime des maîtrises, empreint d'une odieuse fiscalité. Toutefois maîtrises et jurandes ne furent abolies qu'au moment où tous les autres priviléges disparurent sous le souffle de la révolution. Grâce à cette suppression, le génie industriel put prendre son essor et briller d'un nouvel éclat. C'est de là que datent les merveilleux progrès de nos manufactures; c'est à ce bienfait qu'elles ont dû de pouvoir s'élever à un si haut degré de

perfection; voilà pourquoi leurs produits rivalisent aujour-
d'hui, quelquefois même non sans avantage, avec les produits des manufactures de l'étranger.

L'industrie avait donc conquis ses franchises. L'avenir
des travailleurs s'ouvrait au sein des plus belles espérances.
Le modeste compagnon, doué de talent et d'activité, pouvait, sans entrave, devenir maître à son tour. L'égalité civile
promettait d'être une vérité. Le simple artisan était monté
au rang de citoyen. C'était du jour même qu'il avait brandi

son drapeau populaire sur les vieilles murailles de la Bastille, qu'il avait constaté victorieusement ses droits jusque-
là méconnus.

Voilà l'ouvrier devenu un homme nouveau. Le voilà dé-
livré de la tyrannie humiliante des anciens contre-maîtres ;
le voilà totalement affranchi de l'état d'esclavage, de con-
trainte, où le tenaient les vieilles corporations d'arts et
métiers. Qu'il prenne maintenant son vol, comme un fier
aiglon long-temps retenu captif. Qu'il cherche à s'instruire ;
qu'il tâche d'acquérir de l'habileté dans son état ; qu'il
améliore sa position en contractant des habitudes d'ordre
et d'économie ; surtout qu'il soit content de son sort, et
que les tribulations du présent ne le fassent point déses-
pérer de l'avenir. Le succès en toute chose n'est bien souvent que la récompense de la résignation, du courage et
de la persévérance.

« Lorsque vous aurez prudemment fait choix d'une carrière, a dit un sage, ne vous laissez agiter par aucun vain
regret, aucun vain désir de changer. Tout chemin de la
vie a ses épines. Dès que vous avez posé le pied dans un
de ces chemins, poursuivez. Reculer, c'est lâcheté. Il est
toujours beau de persévérer, excepté dans le mal, et celui-
là seul qui sait persévérer dans ce qu'il a entrepris, peut
se flatter de devenir un homme distingué. »

En me livrant du fond du cœur à ces consolantes pensées, j'aime à me figurer l'honnête, l'intelligent et actif
ouvrier, dans son humble, mais commode toilette de l'a-

telier, les bras nus comme pour le travail, s'acheminant
d'un pas rapide et victorieux, sous la protection de la
Liberté, vers le temple de la Renommée, dont les portes
sont désormais ouvertes à tous les genres de mérite.

La science elle-même n'est-elle pas venue au secours de
l'artisan? N'a-t-elle pas mis ses calculs, ses méditations,
ses expériences, les ressources de son génie au service de
l'industrie? Que n'a-t-elle pas fait pour simplifier, faciliter,
assainir les procédés à l'usage d'une foule de métiers?
Voyez avec quelle charitable sollicitude elle s'occupe des
moyens de préserver les jours du travailleur de tout ce qui
pourrait les abréger ou les compromettre; voyez comme
elle s'évertue à diminuer ses sueurs et ses fatigues, en
mettant à sa disposition des agents dociles et prompts, qui
feraient presque ajouter foi aux prodiges de la baguette des
fées, avec lesquels nos bonnes mères berçaient notre cré-
dule enfance. Il serait impossible d'énumérer seulement
toutes les inventions utiles, toutes les découvertes précieuses, tous les ingénieux perfectionnements qui, depuis
un demi-siècle, ont amélioré, développé, fécondé, agrandi
le domaine de l'industrie, et contribué à répandre le
bien-être, à entretenir la santé parmi les classes industrieuses, la santé, l'âme du travail et de l'activité, la santé,
qui est le plus indispensable élément du bonheur, et la
seule chose ici-bas qu'on ne puisse acheter au poids
de l'or.

Deux grandes branches de la science, la physique et la

chimie, ont surtout acquis des droits imprescriptibles à la reconnaissance des ouvriers. La première, en faisant connaître les propriétés générales des corps, a pu expliquer un grand nombre de phénomènes dont les causes, sans elle, fussent restées ignorées. La seconde, par ses importantes découvertes, non-seulement a modifié et perfectionné une foule d'arts mécaniques et industriels, mais encore en a créé de nouveaux. Mais, comme on a souvent lieu de l'observer, les sciences, dans leur marche, se sont toujours prêté des secours mutuels; à mesure qu'elles vont, elles se rapprochent de plus en plus; de sorte qu'il devient fréquemment impossible de faire avancer l'une sans l'autre.

Disons-le aussi : les hommes qui ont rendu de si éminents services à la classe ouvrière, par les utiles applications qu'ils ont faites des découvertes de la science, ne méritent-ils pas, à tous les titres, de figurer en tête des artisans illustres? Ne sont-ils donc pas artisans dans toute la force du mot, alors qu'ils se livrent à une foule d'opérations manuelles, pour arriver au but de leurs savantes recherches? Le chimiste n'est-il pas artisan, lorsqu'il monte des appareils et prépare des produits; lorsque, penché sur ses fourneaux, il surveille studieusement la fusion de quelque corps qu'il veut décomposer; ou quand, le marteau du minéralogiste à la main, il brise la pierre dont il désire connaître les éléments?

Il y aura donc gratitude et justice à donner une place distinguée dans notre galerie à ces savants d'un mérite supérieur qui ont le plus contribué à la gloire de l'industrie.

Tandis qu'en France une révolution se préparait à régénérer violemment l'ordre social, une autre révolution, une révolution radicale s'était opérée paisiblement dans l'empire de la science. La chimie était depuis long-temps à la recherche des secrets de la nature; plusieurs arts pratiqués depuis des siècles très-reculés n'étaient même réellement que des arts chimiques. Au commencement du dernier siècle, Stahl avait établi un vaste système qui faisait autorité dans le monde savant, quoiqu'il fût souvent contredit par les faits. D'autres chimistes d'un talent remarquable, les Priesley, les Black, les Cavendish, les Macquer, les Scheele, les Rouelle, et d'autres non moins célèbres, se livraient avec ardeur à des travaux persévérants et souvent utiles; mais leurs efforts isolés, loin de tendre à l'unité, ne faisaient que propager une sorte d'anarchie dans la science.

Le projet hardi de rassembler la masse imposante des faits connus, de leur donner un lien qui les réunit, qui les coordonnât, était d'une exécution immensément difficile. « Il fallait pour y parvenir, dit M. Gaultier de Claubry, il fallait un génie supérieur, un homme infatigable dans ses travaux, doué d'une invariable tenacité pour arriver à ses fins, observateur exact, incapable de se laisser abattre par l'opposition du monde savant tout entier; un homme enfin que rien ne pût arrêter, ni soins, ni travaux, ni dépenses :

cet homme fut Lavoisier. Seul, il lutta pendant dix années contre l'opposition la plus vive, et ce ne fut qu'après avoir

été subjugués par la force des preuves qu'il accumula pour soutenir son opinion, que les chimistes adoptèrent la théorie nouvelle qui était destinée à produire de si extraordinaires effets. »

La chimie moderne dut son existence et ses progrès à Lavoisier. C'est lui qui en posa les bases, qui la dota d'une nomenclature méthodique. Jusqu'à lui, on avait regardé l'eau et l'air comme des éléments; ses expériences prouvèrent qu'ils étaient composés de deux corps différents. L'analyse de l'air est surtout une des découvertes de ce grand homme qui ont eu le plus d'influence sur le renouvellement de la chimie; et s'il est vrai que Cavendish ait découvert avant lui le secret de la décomposition de l'eau, toujours est-il qu'on ne peut disputer à Lavoisier l'honneur d'avoir établi le premier, par des expériences rigoureuses, l'exacte proportion des principes dont ce liquide se compose.

Aussi voyez avec quel enthousiasme le chantre des *Trois règnes* célèbre en beaux vers les admirables travaux de ce créateur de la science :

> Mais un nouveau prodige étonne encore le monde!
> Long-temps en élément nous érigeâmes l'onde;
> Lavoisier, tu parais, et par toi l'Univers
> Apprend que l'eau contient deux principes divers.
> L'oxigène, propice aux facultés vitales,
> L'hydrogène inflammable, en deux parts inégales,
> De leur vieille union par le feu dégagés,
> En deux gaz différents sont déjà partagés;
> Ils partent : délivrés de leur antique chaîne,
> L'un et l'autre se porte où son penchant l'entraine;
> Puis tous deux, à ta voix, ô prodige nouveau !
> Séparés en vapeur, se rassemblent en eau :
> Du liquide élément, double métamorphose,
> Ton art le détruisit, ton art le recompose.

La carrière était ouverte, l'impulsion vigoureusement donnée; des savants ne tardèrent pas à se faire remarquer sur les pas de leur maître, et les arts recueillirent les tributs de leurs travaux.

« Connaissez donc, dit l'auteur des *Lettres à Sophie sur la physique, la chimie et l'histoire naturelle*, connaissez l'immensité de la science de Lavoisier : tout ce qu'on voit sous le ciel est de son ressort. Le potier lui demande ses terres, le peintre ses couleurs, le médecin ses remèdes, et le guerrier ses armes. Les autres sciences même puisent dans son sein; elle crée la minéralogie, réforme la géologie; et, découvrant les abîmes de la terre, elle imite la marche de la nature, et nous enseigne ses secrets : nos aliments, nos habits, nos arts, l'or, l'argent, le fer, la poudre, tout est l'œuvre de la science, et la science est l'œuvre de l'homme. »

Grâce aux découvertes de Lavoisier l'essor de la science dans la sphère des arts a donné naissance à un grand nombre de perfectionnements et d'inventions utiles. Il serait difficile d'en donner ici une énumération complète; nous ne citerons donc que les plus notables.

C'est à la nouvelle chimie créée par Lavoisier que nous devons le blanchiment des toiles de chanvre et de lin, l'affinage des métaux, l'éclairage par le gaz, le sucre de betterave, des fabriques d'acier perfectionné, des procédés de teinture qui étonnent par la beauté de leurs résultats. Dèslors, nos villes manufacturières purent étaler avec orgueil les produits de leurs ateliers et lutter avec une concurrence long-temps victorieuse. Dès-lors nos villes marchandes virent s'accroître progressivement le nombre des sources de leurs richesses; et Marseille, la cité cosmopolite pour ainsi dire, Marseille, l'ancienne colonie phocéenne, dont le port semble être le rendez-vous des pavillons de toutes les nations, trouva de nouveaux éléments de prospérité dans toutes les nouvelles productions chimiques dont

elle se chargea d'entretenir les états du Levant et les colonies.

Lavoisier, cet homme d'un génie si fécond, qui ouvrit la route à tant d'inventions utiles, ne fut point épargné par la proscription révolutionnaire. Les échafauds étaient dressés dans toutes les villes; les plus illustres victimes étaient choisies de préférence. Le rang, la fortune, un mérite éminent, de grandes vertus étaient autant de chefs d'accusation qui entraînaient la peine de mort. Lavoisier réu-

nissait tous ces titres; il avait tout à craindre des atroces
suppôts de la terreur. Il était de plus fermier-général, et
tous les fermiers-généraux étaient poursuivis par la haine
populaire.

Voyant ses jours menacés, il se réfugie pendant quelques
jours dans un asile que lui avait préparé l'ancien concierge
de l'Académie des Sciences, M. Lucas. Mais bientôt il
apprend que vingt-huit de ses malheureux associés sont
entassés dans les cachots révolutionnaires. Son âme noblement généreuse ne veut pas prolonger le péril auquel il
expose son hôte; il refuse de profiter plus long-temps de
son courageux dévouement, et va se livrer lui-même aux
geôliers.

L'illustre prisonnier conserve, sous les verroux, le calme
d'une âme forte; il se livre avec ardeur aux travaux qui
déjà lui avaient assuré l'immortalité. On vient lui annoncer
que sous quelques jours il sera mis en jugement. A cette
désastreuse époque, *jugement* était synonyme de *condam-
nation*. Lavoisier, mu non par l'amour de la vie, mais
par l'amour de la science et par le désir de rendre ses derniers instants encore utiles à l'humanité, ose demander un
sursis qui lui est nécessaire pour achever des travaux dont
ses compatriotes recueilleraient tous les fruits. Et Fouquier-
Tinville, l'accusateur public d'exécrable mémoire, fait cette
réponse stupidement atroce : « La République n'a besoin
ni de savants, ni de chimistes; le cours de la justice ne sera
pas interrompu. »

Quelques jours après, la *justice* avait suivi son cours, et, par la mort de Lavoisier, la France se trouvait déshéritée de découvertes peut-être plus précieuses encore que celles dont ce grand génie scientifique avait doté le monde.

Cet homme, dont les immenses services ne purent trouver grâce devant les séides de la révolution, était bienfaisant et généreux. En 1788, la ville de Blois, menacée d'une disette, manquait de fonds pour donner un peu de pain à ses nombreux indigents. Aussitôt que Lavoisier le sut, il s'empressa de mettre à la disposition des autorités municipales de cette ville une somme de cinquante mille francs, sans fixer l'époque du remboursement. Il était aussi le Mécène des jeunes talents, et se plaisait à les réunir dans son laboratoire bien pourvu de tout ce qu'exigent les opérations les plus délicates. C'est là que se formaient sous ses yeux, par ses leçons, les Berthollet, les Fourcroy, les Chaptal, les Vauquelin et plusieurs autres notabilités de la science, dont nous aurons plus d'une fois occasion de rappeler les travaux

Encore un mot sur ce génie si digne de la reconnaissance éternelle des artisans.

Pendant sa détention, Lavoisier reçut un hommage qui dut vivement toucher son cœur. Le Lycée des Arts, dont il était membre, crut devoir exprimer à l'illustre savant l'intérêt qu'il prenait à la conservation de cette vie si précieuse pour l'accroissement des connaissances utiles. Une députation fut chargée de remplir ce devoir; et, introduite dans la prison, elle posa sur la tête du héros de la science une couronne décernée à ses services envers la patrie et l'humanité toute entière.

Dans la dernière période du dix-huitième siècle, si quelques arts mécaniques semblèrent rester stationnaires, il en est d'autres qui ont progressé sans interruption.

On doit mentionner principalement la serrurerie, cet art si utile et si répandu dont nous avons déjà dit quelques mots, et qui est d'autant plus important, qu'il fournit la presque totalité des ouvrages en fer qui entrent dans la construction des machines et dans celle des édifices de toute espèce, et qu'on lui doit en outre la majeure partie des outils, instruments et ustensiles dont on se sert dans la pratique des autres arts et métiers.

On ne peut nier que, depuis cinquante ans, l'art de travailler le fer n'ait acquis un incontestable degré de perfection. J'en ai cité quelques exemples: j'ai nommé plusieurs habiles serruriers, les Destriches, les Damour, les Gérard, dont les ouvrages attestent de véritables progrès. Ce dernier serrurier présenta, en 1770, à l'Académie des Sciences un dais de fer supporté par quatre colonnes du haut desquelles partaient des ornements surmontés d'une Gloire, le tout du même métal; et ce travail recueillit de nombreux suffrages.

Toutefois, dans les siècles antérieurs, les serruriers avaient fait preuve d'une certaine habileté dans l'art de travailler le fer. Ainsi l'on peut remarquer la ferrure des deux portes latérales de la façade de notre ancienne cathédrale de Paris. Elle est composée d'enroulements, exécutés en fonte de fer dans un style d'ornements qui rappelle le goût grec du Bas-Empire; ce qui peut faire présumer que ces pentures, travaillées en arabesques très-légères, et ornées de rinceaux et d'animaux, ont été enlevées de quelqu'autre monument et appliquées à la basilique de la capitale. Quoi qu'il en soit, ces pentures, si dissemblables entre elles, sont attribuées à un célèbre serrurier nommé Biscornet. Ne pourrait-on pas signaler encore la grille de fer qui réunit les deux ailes du Palais de Justice? Assurément cet ouvrage ne manque pas de mérite sous le rapport de la serrurerie, bien que les ornements en soient trop lourds et de mauvais goût.

L'occasion se représentera de parler des ouvrages de ce genre quand nous arriverons à notre époque. Nous aurons à appeler l'attention sur le goût particulier qui les distingue aujourd'hui, soit qu'on les fasse servir à la solidité et à la commodité des constructions, soit qu'ils aient pour objet l'ornement des édifices et des appartements.

Quant à cette partie de l'art du serrurier qui consiste à fabriquer l'appareil destiné à fermer les portes de manière qu'elles ne puissent s'ouvrir qu'à l'aide de clés parfaitement adaptées, on a vu, d'après ce que nous avons dit plus haut de la serrure lacédémonienne et de la serrure égyptienne, que les siècles modernes avaient introduit de notables améliorations dans cette branche de la mécanique.

En 1699, le célèbre Papin, l'inventeur de la machine à vapeur, fabriqua une serrure d'une construction si singulière, que des serruriers fort habiles ne purent jamais parvenir à en faire l'ouverture, quoiqu'ils en eussent la clé, et, ce qui est plus extraordinaire encore, quoique l'on eût ouvert et fermé plusieurs fois en leur présence la cassette où était attachée cette merveilleuse serrure. Depuis Papin, un grand nombre de serrures, plus ou moins ingénieuses, ont été inventées.

Celle qu'on appelle *serrure de sûreté* ne date que de 1794; du moins ce ne fut qu'à cette époque que la serrure de sûreté put être confectionnée au prix des serrures ordinaires.

Le mécanisme de cette serrure mérite qu'on s'y arrête un moment. Dans les serrures ordinaires, le ressort est soulevé pour dégager le pène. Dans la serrure de sûreté qui nous occupe, il faut de plus un second ressort pour dégager un canon qui doit tourner avec la clé pour que celle-ci puisse agir; le trou de la serrure est rond et ne laisse passer que la tige de la clé dans laquelle le panneton se trouve renfermé, comme la lame d'un couteau à ressort l'est dans son manche. En pénétrant dans le canon renfermé dans l'intérieur de la serrure, la tige rencontre une dent triangulaire fixée au canon, et dont la pointe, introduite derrière le panneton, le force à tourner et à sortir par une fente antérieure au canon qui est du côté opposé au pène, en continuant d'enfoncer la tige. Pendant ce mouvement du panneton, la tige rencontre, du côté du pène, une pièce logée dans une fente postérieure pratiquée dans le canon; un ressort, armé d'une dent, appuyant contre la pièce, la force à rentrer dans le canon, qui se loge dans une encoche; cette encoche a été pratiquée dans une petite rondelle fixée sur le *palâtre*; la tige de la clé glisse le long de cette pièce, la dégage de l'encoche, et repousse le ressort ainsi que sa dent; c'est alors que le canon peut tourner librement, et que le panneton, tournant avec lui, agit comme à l'ordinaire.

L'inventeur de cette serrure se nommait Benoît Sabatier.

L'Académie des Sciences, après avoir examiné le travail de ce serrurier-mécanicien, trouva que l'idée principale en était entièrement neuve, et considéra la serrure-Sabatier comme très-supérieure à toutes celles qu'on avait perfectionnées ou imaginées jusque-là.

Quelques années plus tard, en 1799, un autre serrurier, Henri Kock, de Paris, fit connaître au public de nouvelles serrures de sûreté de son invention. Quant à leur structure, elles différaient absolument des anciennes serrures. Elles avaient, dit-on, la propriété de résister aux rossignols, crochets, passe-partout et autres instruments à l'usage des industriels qui vont recruter chaque année les prisons et les bagnes.

Ces inventions offraient un progrès réel, incontestable ; elles ne tenaient cependant pas exactement tout ce qu'elles semblaient promettre. C'est bien à tort que ces serrures inspireraient une parfaite sécurité ; car il suffit d'y introduire une clé quelconque, dont le panneton aura été recouvert de cire ou d'une autre matière molle pour s'assurer de la place où doivent être faites les encoches, afin d'être en état d'en pratiquer de semblables sur une fausse clé. Ce grave inconvénient, plusieurs serruriers ont cherché les moyens de le faire disparaître. De nombreux essais ont été plus ou moins heureux : « Il n'est peut-être pas de problème, dit M. de Moléon, qui ait autant exercé l'esprit et l'industrie des mécaniciens que celui-là. Les uns ont cru le résoudre en donnant aux serrures assez de force pour résister à la plus grande violence ; d'autres ont attaché aux serrures des fusils, des pistolets, des clochettes propres à

jeter l'alarme. D'autres, au moyen de mécanismes ingénieux, sont parvenus à rendre d'une extrême difficulté l'ouverture des serrures auxquelles ils les ont adaptés. » Ce
problème semble avoir été résolu depuis ; mais il faudra que
nous arrivions jusqu'à notre époque pour trouver l'habile
serrurier-mécanicien à qui la mécanique doit cette difficile
solution.

La science de la mécanique, appliquée à l'art de l'horlogerie, va nous révéler d'autres merveilles : toutefois remar-
quons, en passant, que l'horlogerie a trouvé dans la physique un puissant auxiliaire, qu'elle lui est redevable de ses
conquêtes les plus récentes, et que, grâce à cette science,
elle arrivera, peut-être dans un petit nombre d'années, à
un degré de perfection qui ne pourra plus être dépassé.
Je vais parler d'un horloger de notre temps dont la renommée est européenne.

C'était un des enfants de l'une de ces nombreuses familles protestantes que la révocation de l'édit de Nantes
avait contraintes de sortir de France. Ce fils de pauvres
exilés avait reçu le jour à Neufchâtel en Suisse. De bonne
heure il apprit qu'il ne devait compter que sur le produit
de son travail ; la ruine entière de sa famille lui offrait l'occasion, s'il voulait en profiter, de devenir lui-même l'artisan de sa fortune et de sa gloire.

Cependant les commencements de ce jeune homme sont
loin d'être d'un favorable augure. Rien n'annonçait en lui
des dispositions même ordinaires. On le met au collége,

il n'y apprend rien, et ses maîtres conçoivent une assez mauvaise opinion de son intelligence. Son beau-père, horloger, veut lui apprendre son métier, mais l'apprenti ne reçoit ses leçons qu'avec une répugnance extrême, et reste aussi nul dans l'atelier que sur les bancs du collége.

Heureusement une circonstance vint secouer pour ainsi dire ce génie si lent à s'éveiller. Il avait été transplanté de la maison paternelle chez un horloger de Versailles, homme de talent. De ce moment sembla commencer son existence intellectuelle. Il prit goût à son art; ses moyens se développèrent peu à peu; bientôt, avec une studieuse persévérance, ils se changèrent en une véritable habileté. Vint enfin l'expiration du temps de l'apprentissage; et comme le maître exprimait à l'élève la satisfaction que lui avaient donnée sa conduite et son travail, il fut frappé d'étonnement en entendant cette réponse :

— « Maître, j'ai une grâce à vous demander; je sens que je n'ai pas toujours bien employé le temps dont le produit devait vous indemniser des soins et des leçons que vous m'avez donnés; je viens donc vous supplier de me permettre de continuer de travailler encore trois mois chez vous sans salaire. »

Cette requête pleine de délicatesse établit une tendre affection entre le maître et l'élève. Mais à peine celui-ci était-il sorti d'apprentissage qu'il perdit sa mère et son beau-père, et se trouva seul avec une sœur aînée, chargé de pourvoir, par son travail, à la subsistance de deux personnes.

Cependant il éprouvait un vif besoin de compléter son instruction; il sentait que le secours des mathématiques lui était indispensable pour qu'il pût se perfectionner dans son art. Son courage fit face à tout; il travailla sans relâche pour sa sœur et pour lui-même, et il trouvait encore le moyen de suivre régulièrement un cours public que l'abbé Marie faisait alors au collége Mazarin. Le professeur ayant remarqué la ponctuelle assiduité du jeune horloger, en fit son ami, et se plut à le considérer comme son disciple bien aimé. Cette amitié, qui s'était formée sous les auspices de l'estime la plus vraie, de la plus affectueuse reconnaissance, contribua merveilleusement aux progrès de l'élève.

On ne saurait trop appeler l'attention des travailleurs sur la prodigieuse métamorphose qui s'opéra presque tout-à-coup dans notre jeune horloger. Il y a dans son exemple, qui d'ailleurs n'est point isolé dans l'histoire des arts, quelque chose de sympathique et d'encourageant, qui nous semble très-propre à provoquer, à entretenir dans les ateliers une émulation salutaire. On voit là une nouvelle preuve de la puissance de l'homme qui est armé d'une volonté courageuse. D'abord la lutte contre les difficultés semble dure, pénible, insoutenable; mais que l'on persévère un peu, et les obstacles tombent un à un, la carrière s'aplanit; puis les épines qui en défendaient l'approche finissent par faire place à de verdoyantes couronnes, récompense du travail et de la persévérance. Voyez la suite de l'histoire de notre studieux apprenti.

Bientôt ses idées s'étendent, son travail acquiert plus de précision ; un nouvel horizon semble s'ouvrir devant lui. D'habile ouvrier, il va devenir savant artiste. Quelques années encore, et l'auréole de l'illustration entourera le nom de Bréguet.

Quand la révolution éclata, Bréguet avait déjà fondé l'établissement qui depuis produisit tant de chefs-d'œuvre d'horlogerie et de mécanique. Sa réputation commençait à se faire jour. Les suffrages les plus honorables et les plus flatteurs lui étaient réservés.

Un jour, une montre qu'il avait faite tombe entre les mains d'Arnold, célèbre horloger anglais. Celui-ci l'examine avec étonnement; la simplicité du mécanisme, la perfection du travail le remplissent d'admiration. Lui, Anglais, il ne peut se persuader qu'une pièce aussi habilement exécutée soit le produit d'une industrie française. Cédant alors à l'amour de son art, il se met sur-le-champ en route pour Paris, sans autre but que de faire connaissance avec l'artiste français. Il arrive; et soudain ces deux hommes, qui ne se connaissaient point, se trouvent unis par une noble amitié; et, pour donner à son nouvel ami un touchant témoignage d'estime et d'affection, Bréguet veut qu'il emmène son fils; il le lui confie avec joie pour qu'il l'initie aux secrets de son art. Bel exemple de modestie et de confiance, digne d'être proposé aux hommes de talent, si souvent divisés par de jalouses et haineuses rivalités.

Le premier établissement de Bréguet fut détruit par l'orage révolutionnaire. Le grand artiste fut même forcé d'aller chercher un asile sur la terre étrangère. Là, de généreux secours le mirent en état de continuer, secondé par son fils, ses ingénieuses recherches sur son art. Enfin, après deux ans d'absence, revenu à Paris, il y ouvrit un nouvel établissement dont la prospérité ne fit que s'accroître de jour en jour jusqu'en 1823, époque où la France perdit cet homme qui avait illustré son industrie.

Bréguet était membre de l'Institut, ainsi que Ferdinand Berthoud, son digne émule. Il avait été nommé successivement horloger de la marine, et membre du bureau des longitudes.

Pour l'appréciation des travaux de Bréguet, je ne puis mieux faire que d'emprunter la plume du critique le plus savant et le plus judicieux des produits de l'industrie. « Le plus célèbre horloger, dit M. Charles Dupin, dont les découvertes honorent le demi-siècle dont nous écrivons l'histoire, est M. L. Bréguet, qui, dans cinq expositions consécutives, a mérité la récompense du premier ordre.

» Bréguet a perfectionné toutes les parties de son art; rien n'est plus délicat et plus ingénieux que son échappement libre à force constante; on lui doit un échappement appelé *naturel*, où l'huile n'est pas nécessaire, et dans le mécanisme duquel il n'entre pas de ressort; un autre mécanisme encore plus parfait est celui de l'échappement double, où l'on s'est pareillement affranchi de l'emploi de l'huile par la précision des contacts, et dans lequel la perte de force faite par le pendule est réparée à chaque vibration.

» Les montres marines ou chronomètres portatifs peuvent à chaque instant être changés de position, ne fût-ce que par les mouvements du roulis et du tangage des vaisseaux. Bréguet a conçu la pensée hardie de renfermer le mécanisme entier de l'échappement et du ressort dans une enveloppe circulaire, qui fait un tour entier de deux en deux minutes. Par là, toutes les inégalités de position sont, pour ainsi dire, égalisées dans ce court laps de temps; la machine même épuise toutes les anomalies de position, et les compense les unes par les autres; enfin, la compensation est produite, soit qu'on remue le chronomètre d'un mouvement continu quelconque, soit qu'on le tienne immobile dans une position inclinée ou droite.

» Bréguet a fait plus! il a cherché le moyen de conserver la régularité de ses chronomètres, même en supposant qu'ils éprouvassent un choc ou qu'ils tombassent par terre : tel est l'effet de son *parachute*. Un observateur anglais, le général Brisbane, ayant acquis un chronomètre de Bréguet, l'a soumis aux plus fortes épreuves en le portant sur lui, à cheval et pendant de longs voyages; en seize mois, le plus grand retard diurne n'a guère été que d'une seconde et demie, c'est-à-dire la 57,600ᵉ partie d'une révolution diurne.

» A l'époque où Bréguet obtenait ce beau résultat, un prix était proposé par le parlement d'Angleterre, avec la générosité britannique; la somme de 250,000 francs était promise à l'artiste qui ferait pour la marine un chronomètre dont le retard journalier n'excèderait pas deux secondes. Personne encore n'avait pu remporter ce prix, lorsque Bréguet dépassait toutes les conditions d'exactitude imposées par le programme, non pas seulement pour un chronomètre soigneusement posé dans une chambre de vaisseau, mais pour une montre de poche portée par un cavalier, et par un cavalier anglais, pour qui le simple trot d'un cheval est odieux.

» Pour l'avantage qui résulte d'un grand exemple, dit plus loin M. le baron Charles Dupin, nous sommes heureux de pouvoir dire que Bréguet a commencé par être *simple ouvrier*. C'est à cela qu'il a dû d'être le meilleur juge et le meilleur ami des bons ouvriers ; il les cherchait partout, même à l'étranger, les perfectionnait en grand maître, et les traitait en bon père ; ceux-ci lui devaient le bien-être, et lui leur dut l'accroissement de sa fortune et de sa gloire. Dès sa jeunesse, il a senti la nécessité d'apprendre les éléments du calcul et de la géométrie, pour les appliquer à son art ; puis il est devenu l'horloger des gouvernements et des rois. Pour suffire à toutes les demandes de l'opulence et du luxe, il a fallu qu'il découvrît l'art de créer, de multiplier des chefs-d'œuvre produits en fabrique, par une savante répartition du travail entre des mains plus ou moins capables. Il a fait aimer aux gens du monde, par l'élégance et la beauté d'aspect de ses ouvrages, leur premier mérite, l'extrême précision. Cette précision, il l'a

portée jusque dans le mécanisme des plus simples montres, qu'il a réduites à des proportions plus élégantes, à
des épaisseurs plus commodes, sans rien ôter à leur solidité.
A l'exemple de Lépine, il a remplacé les fusées par un jeu
de ressorts dont la force constante et modérée agit sans
complication avec des frottements plus doux et moins inégaux. Il fallait, dit à ce sujet un géomètre digne d'apprécier de tels perfectionnements, un talent ingénieux pour
inventer le mécanisme de la fusée, il fallait un talent parfait
pour la supprimer. »

La fin du siècle dernier vit aussi se perfectionner la
charpenterie et la menuiserie, ces deux arts *domiciliaires,*
qui consistent à tailler, assembler, façonner des pièces de
bois, de manière à les faire servir à la construction, à la
commodité ou à l'ornement des maisons et autres édifices.
Pour exceller dans l'un ou l'autre de ces deux arts, le
concours de la géométrie est indispensable. Aussi l'illustre
Monge crut-il devoir donner la théorie de l'art du charpentier dans son *Traité de la géométrie descriptive*; il disait
même assez souvent que si les circonstances avaient voulu
qu'il exerçât une profession mécanique, il aurait donné
sans hésiter la préférence à celle de charpentier.

Il est bon aussi que le menuisier-charpentier connaisse
les principes de la mécanique, soit pour évaluer approxi-
mativement la force des bois, les charges qu'ils auront à
supporter, soit pour composer des engrenages, s'il y a lieu.

Les annales de l'industrie conservent le souvenir de la

charpente qui formait la coupole de la halle aux farines de Paris, et qui fut dévorée par un incendie en 1802.

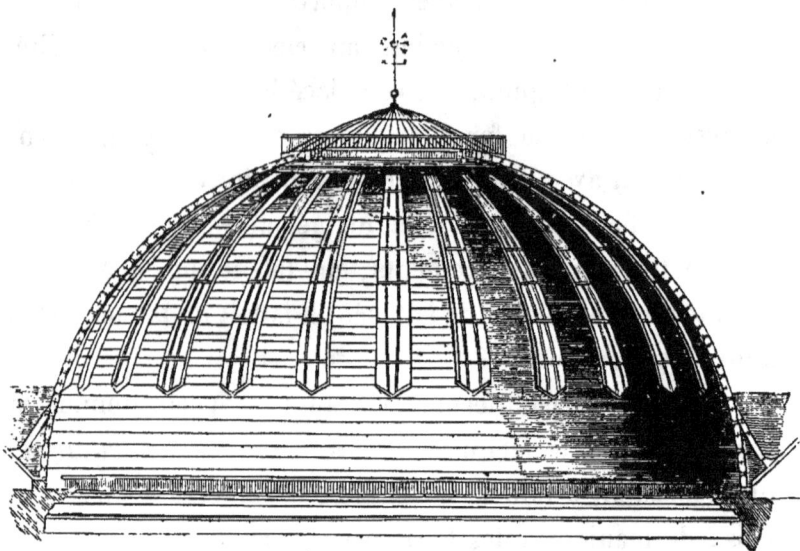

Cette coupole était un chef-d'œuvre. Elle avait été construite d'après un système de charpente très-ingénieux, de l'invention de Philibert Delorme, célèbre architecte sous le roi Henri II. Ce système offrait de grands avantages, principalement la légèreté des constructions et l'économie des bois, puisqu'il est possible, en l'adoptant, de former un toit immense avec des bois de petite dimension.

La plupart des historiens de Paris taisent le nom de l'habile constructeur de cette coupole; d'autres en attribuent tout l'honneur aux architectes Legrand et Molinos. Nous allons rectifier les faits, et rendre justice à qui de droit.

I.   22

Il s'agit d'un travail trop admirable pour que l'omission du nom de son auteur puisse être excusable. Cette coupole, percée de vingt-cinq rayons garnis de vitraux, produisait le plus grand effet, et paraissait d'une grandeur et d'une légèreté surprenantes. L'œil parcourait avec étonnement cette voûte immense de 198 pieds de développement dans sa montée, 377 de circonférence et 100 pieds de haut du pavé à son sommet. On ne concevait pas comment elle pouvait se soutenir ainsi découpée, et sur moins d'un pied d'épaisseur apparente.

Voici à quelle occasion fut construite la coupole de la halle aux farines. Le commerce des grains se plaignait depuis long-temps d'être resserré dans les galeries circulaires de cet édifice. Le vaste espace du centre était alors une cour découverte. Lors des fêtes qui eurent lieu à l'occasion de la naissance du Dauphin, fils de Louis XVI, une toile immense fut tendue au-dessus de cette cour, et à la clarté de l'illumination cette partie de la halle offrit un magnifique spectacle, qui frappa vivement deux jeunes architectes, Legrand et Molinos, récemment revenus de Rome. L'autorité conçut alors le projet de substituer à cette toile de la fête une couverture en charpente.

Mais, comme le fait remarquer M. Boileau, à qui nous empruntons ces détails, il fallait que cette toiture ne fût pas trop pesante pour les anciennes fondations et pour les constructions existantes. L'embarras était grand : comment trouver un charpentier, un menuisier qui fût capable d'exécuter heureusement un travail aussi difficile ? Une personne présente à la délibération des architectes leur dit qu'il n'y avait à Paris qu'un seul homme doué de l'habileté nécessaire pour réaliser leur projet. Quel était cet homme unique dans son art ? C'était le menuisier Roubo, auteur d'un traité

fort estimé sur l'art du menuisier. Sur cette indication, les architectes se rendent auprès de Roubo, et lui présentent leur requête. Celui-ci demande jusqu'au lendemain pour leur rendre une réponse. Le lendemain, il déclare avec assurance qu'il se charge de la construction de la coupole, mais à la condition qu'il sera libre de l'exécuter comme il l'entendra.

La condition est acceptée; Roubo se met à l'œuvre. Il renouvelle, en l'adoptant, la méthode employée par Philibert Delorme dans la construction du château de la Muette, méthode qui consiste, comme on l'a déjà vu, à substituer aux grosses pièces de charpente des planches de sapin posées de champ pour former des combles de toutes dimensions.

Je laisse parler ici M. Boileau, biographe de notre artiste, et menuisier comme lui :

« Enfin, après avoir lutté contre des difficultés de tous genres, retouchant lui-même chacune des innombrables pièces du monument, aidé du charpentier Albouy et de l'ouvrier serrurier Raguin, qui exécuta la lanterne en fer du couronnement de la coupole ; après cinq mois de travaux dirigés avec une telle surveillance qu'ils ne coûtèrent pas la vie à un seul homme, la coupole fut terminée le 31 janvier 1783. Elle présentait un diamètre de 39 mètres 50 centimètres, qui ne différait de celui du Panthéon de Rome que de 4 mètres environ. Lorsqu'on décintra cette immense voûte, Roubo, plein d'assurance dans les combinaisons calculées de son système, voulut rester sous la corniche de la plate-forme pour examiner si la charpente, abandonnée à elle-même, ferait quelque mouvement. Personne ne voulut partager ce qu'on regardait comme un péril. Les étais furent entièrement ôtés aux acclamations des nombreux spectateurs, et l'intrépide constructeur put s'assurer par ses propres yeux de la perfection de son œuvre. Les forts de la halle, émerveillés à la vue de leur nouveau magasin, coururent tirer le modeste Roubo de son lieu d'observation, et le ramenèrent chez lui en triomphe sur leurs épaules, au milieu de la foule qui se pressait pour voir l'homme auquel on devait une construction alors si nouvelle et si utile.

» Roubo, dans cette occasion comme dans toutes les autres, se montra aussi désintéressé qu'habile, en renonçant aux bénéfices auxquels il aurait pu prétendre comme entrepreneur, et ne voulant recevoir qu'une somme fixe pour la conduite des travaux. Son enthousiasme pour son art ne l'empêcha pas non plus de pressentir que, plus tard, de pareils travaux échapperaient à la menuiserie. L'ouvrier Raguin, lui parlant un jour de sa lanterne comme d'un morceau remarquable : « Tais-toi, lui dit Roubo, si j'avais » été serrurier, j'aurais voulu faire toute la coupole en fer! » Sa prévision fut réalisée vingt-huit ans après. »

Le succès et la réputation de Roubo sont une nouvelle preuve des ressources qu'on peut trouver dans une volonté forte soutenue par l'amour du travail. Né d'un compagnon menuisier sans intelligence et sans conduite, il avait été de bonne heure abandonné à lui-même. Mais sa vocation était réelle ; il comprit que, pour s'élever au-dessus des ouvriers vulgaires, il avait besoin d'une instruction qui lui manquait. Il se livra donc à l'étude avec zèle, bien qu'il fût entravé par mille difficultés. Le peu d'argent qu'on lui donnait pour sa nourriture, il l'employait souvent à acheter des livres et des modèles de dessin. Les plus rudes privations lui semblaient douces, pourvu qu'il lui fût permis d'étudier. Lorsqu'il commença à travailler comme compagnon menuisier, il était encore si pauvre, que, pendant les longues nuits d'hiver, pour veiller quelques heures plus tard dans la soirée, ou quelques heures plus tôt le matin, contraint qu'il était de recourir au mode d'éclairage le plus économique, il fut souvent réduit à ne faire usage que des restes de suif ou de graisse que l'on aurait jetés et qu'il s'empressait de recueillir.

L'ardeur du jeune Roubo ne pouvait demeurer longtemps stérile. Il fut remarqué par le professeur Blondel, neveu du célèbre architecte de ce nom. Dès-lors il eut un guide et un appui. Après lui avoir donné gratuitement ses leçons pendant cinq ans, après l'avoir soutenu, encouragé dans ses études et dans ses travaux, Blondel n'eut plus qu'à s'applaudir des glorieux succès de son élève, dont il était fier à bien juste titre.

La coupole de la halle aux farines a disparu, comme nous l'avons dit; mais il nous reste d'autres travaux qui attestent son talent, entre autres le berceau qui sert de couverture à la halle aux draps, l'escalier en acajou massif de l'hôtel Marbeuf, et surtout son *Art du menuisier*, où sont traités à fond les divers genres de menuiserie.

Mais les arts vestiaires, c'est-à-dire ceux qui s'occupent de la fabrication des étoffes dont se composent nos vêtements, viennent à leur tour réclamer notre attention. Il nous faut parler d'un chef-d'œuvre de mécanique auquel la ville de Lyon, cette antique cité depuis si long-temps célèbre par ses manufactures et par la perfection de leurs produits, doit en quelque sorte la régénération de son industrie.

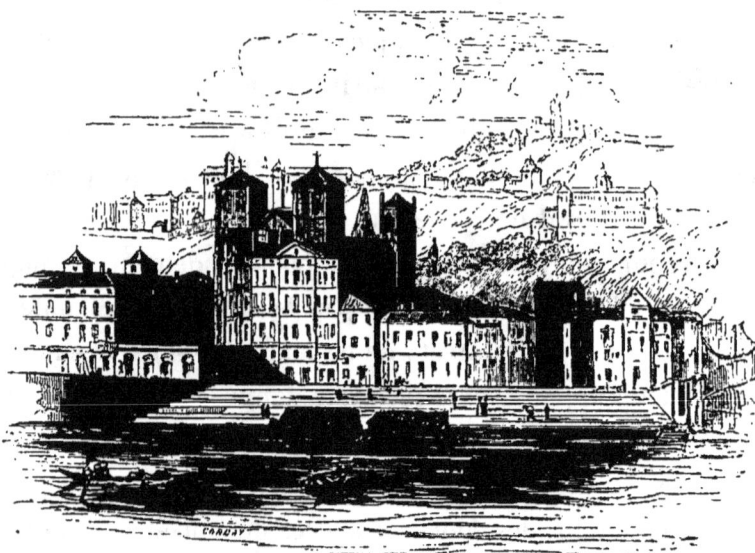

Avant la révolution, ainsi que le fait remarquer M. Charles Dupin, les industries qui devaient tendre à donner aux classes inférieures des vêtements sains, commodes, solides, agréables au toucher ainsi qu'à la vue, et pourtant économiques; ces industries étaient parmi nous dans un état d'enfance déplorable. On n'avait perfectionné que les objets de luxe destinés au vêtement et à l'ameublement des classes opulentes. La révolution renverse l'ancien régime ; mais, jalouse de compléter son triomphe, elle attaque, disperse, immole sans pitié tous les consommateurs des arts élégants. « La richesse, ajoute M. Charles Dupin, devient dèslors un crime, et soudain la somptuosité des vêtements disparaît pour ne plus révéler, disons mieux, pour ne plus dénoncer l'opulence. Tous les arts qui travaillaient à satisfaire le luxe sont attaqués ou proscrits en même temps, les ouvriers chassés de leurs ateliers, les chefs de fabrique ruinés ; les villes mêmes, telles que Lyon, où ces arts florissaient, subissent d'horribles malheurs, et les cendres de leurs métiers sont ensevelies sous les décombres des magasins et des ateliers incendiés. Les costumes éprouvent un changement universel : l'habit de cour est remplacé par la carmagnole, et le chapeau français par le bonnet d'esclave affranchi ; la soie fait place à la laine et le lin au coton. La poudre est bannie des coiffures par la disette et la peur ! C'est la seule œuvre de bon goût que produise la Terreur. »

Toutefois cet état anormal ne pouvait être de longue durée. Pour une nation comme la nôtre, le luxe est une nécessité impérieuse, je dirai même une condition de son existence. Le superflu des riches sert à faire travailler, à nourrir les pauvres. Aussi, dès les premiers jours du règne bâtard du Directoire, commença-t-on à voir reparaître dans les salons de la capitale des toilettes luxueuses, qui étalaient le faste de la richesse, en outrageant le bon goût et souvent la pudeur. On voyait dans les cours de nos petits gouvernants de grotesques imitations des anciens usages de la brillante cour de France. Les courtisans de nouvelle souche ne se distinguaient ni par l'exquise politesse, ni par l'aménité, ni par la grâce chevaleresque que l'on admirait si généralement dans l'homme de cour, aux beaux temps

de la monarchie française; mais, incapables d'en copier les belles manières, ils en reproduisaient ridiculement le costume.

Cependant l'industrie s'était ravivée peu à peu; les fabriques se relevaient; des perfectionnements se préparaient en silence.

Jacquard, enfant de Lyon, Jacquard, né dans un atelier, Jacquard, l'homme du peuple et le simple artisan, venait d'inventer cet admirable métier qui porte son nom, et qui le rendra long-temps vénérable chez tous les peuples industriels de l'Univers.

Ce bienfaiteur de l'atelier était né à Lyon le 7 juillet 1752. Son père était maître-ouvrier en étoffes de soie. Une partie de son enfance et les premières années de sa jeunesse se passèrent dans un atelier de reliure. Ce fut là que, comme apprenti, il apprit de bonne heure à aimer le travail, ce mobile de toutes les vertus, sans lequel il n'y a ni morale, ni honnèteté, ni prospérité possibles. Dès-lors il annonçait les dispositions les plus heureuses et un goût particulier pour la mécanique. La vue d'une machine du célèbre Vaucanson lui révéla, dit-on, son génie et sa vocation. Il avait sans doute deviné tout-à-coup son avenir et celui de la fabrique dont il allait devenir l'âme par ses ingénieuses inventions. Mais ses premiers essais furent accueillis par des tracasseries et des persécutions; destinée commune à la plupart des hommes de génie, qui souvent sont abreuvés de chagrin, en expiation sans doute de leur gloire.

Ces obstacles ne firent que redoubler l'industrieuse activité de Jacquard. Il parvint, non sans peine, appuyé par quelques industriels indépendants, à faire adapter à la fabrication des étoffes de soie, pour le dévidage et l'ourdissage, plusieurs mécanismes dont il était l'inventeur. Mais de nouvelles entraves, de nouvelles difficultés, disons-le aussi, de nouveaux dangers l'attendaient au moment de l'exhibition du fameux métier qui immortalisera sa mémoire. « Nouveau Galilée, dit un de ses biographes, Jacquard se vit persécuté de ses concitoyens, qui, au lieu de l'encourager, l'accablèrent de dégoûts, et menacèrent même, assure-t-on, ses jours. Lui, l'homme du peuple, fut aux yeux de la multitude passionnée, de la foule ignorante ou égarée, de l'égoïsme aveugle et sourd, un objet de haine et de réprobation. On fit passer Jacquard pour un ambitieux, un ennemi des travailleurs, de ses frères, des ouvriers en soie, dont son invention, disait-on, allait ruiner l'industrie et accroître la misère. Telles étaient les préventions sans nombre, les préoccupations fâcheuses, les dispositions hostiles qui devaient saluer l'apparition de l'œuvre la plus utile qu'ait créée le génie des arts, joint à celui de l'industrie.

» Aussi Jacquard, un instant découragé, désespérant de pouvoir se faire comprendre de la routine, de la passion ou de la haine, sembla-t-il renoncer pour quelque temps à son projet et à sa mission ; et, reléguant dans un grenier son mécanisme admirable, il appela de tous ses vœux des jours meilleurs, des jours qui lui permissent enfin de devenir, malgré eux, le bienfaiteur de ses concitoyens. »

Ce que n'affirme point le biographe que nous venons de citer n'est que trop vrai. Le métier de Jacquard fut brisé sur la place publique, et trois fois la vie de l'inventeur fut menacée. On s'obstinait à méconnaître les immenses avantages qu'apportait avec elle cette importante découverte, dont on faisait un crime à son auteur. Ainsi l'on n'avait égard ni à la diminution des bras à employer, ni à l'économie de main-d'œuvre, ni à l'allégement des souffrances des pauvres ouvriers *canuts* que l'ancien métier mettait pour ainsi dire à la torture. La jalouse malveillance ne voulait voir dans toutes ces améliorations qu'une perte de salaire pour le plus grand nombre, et ne manquait pas d'exploiter cette opinion. Les préjugés à l'égard de cette machine ne se dissipèrent que lorsque la France commença à éprouver

les effets de la concurrence étrangère. On adopta alors le
métier Jacquard, et c'est aujourd'hui le seul dont les ouvriers lyonnais fassent usage.

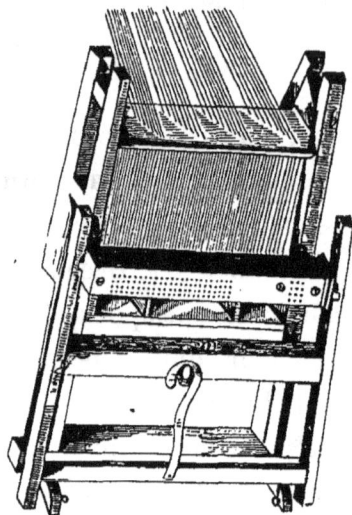

Jacquard était parvenu à perfectionner cet instrument
des ouvriers en soie, en combinant deux principes de mécanique qui, employés isolément, concouraient au même
but sans l'atteindre. Avant son invention, tous les fils qui
doivent se lever ensemble pour former les dessins des étoffes
brochées, étaient levés par des cordes que tirait un enfant
auquel le tisseur était obligé de les indiquer. L'appareil de
notre mécanicien soumit cette manœuvre à un procédé
mécanique régulier, tirant son mouvement d'une simple
pédale que l'ouvrier fait jouer très-aisément.

Même après son adoption dans les ateliers de Lyon, le métier Jacquard demeura long-temps ignoré dans les autres parties de la France. Ses succès furent lents et d'abord fort obscurs. De tels commencements, pour les choses vraiment utiles, sont presque toujours une garantie de prospérité. Mais le croirait-on? A l'exposition de 1804, cette invention, qui devait changer la face d'une foule d'industries, n'obtint qu'une médaille de bronze et une mention plus que modeste. Ce ne fut que dix-huit années plus tard qu'on lui rendit complète justice. « Nous avons vu, dit M. Charles Dupin, quelle humble mention obtint Jacquard, avec une médaille de bronze, pour l'admirable métier qui porte son nom. Depuis cette époque jusqu'à 1849, après toutes les difficultés, les refus, les critiques des fabricants, ce métier l'emporte à la fin sur les procédés coûteux, pénibles, insalubres même, qu'il remplace avec tant d'avantages. Le jury de 1849, en proclamant ce résultat, décerne à Jacquard la médaille d'or : la croix d'honneur complète la récompense. »

Aujourd'hui le mécanisme merveilleux inventé par Jacquard est adapté, non-seulement à la fabrication des étoffes de soie façonnées, mais encore à celle de toute espèce d'étoffes, de toute sorte de tissus.

Le mérite de Jacquard ne pouvait être égalé que par sa modestie et son désintéressement. Il négligea même d'exploiter les divers brevets d'invention qui lui avaient été accordés. Il ne retira aucun avantage de la découverte qu'il avait faite d'un procédé pour la confection des filets destinés à la pêche maritime. Et quand on lui parlait de ceux que sa découverte avait comblés des faveurs de la fortune, il avait coutume de répondre :

« Je ne m'en plains pas ; il me suffit d'avoir été utile à mes concitoyens, et d'avoir mérité quelque part dans leur estime. »

Parallèlement aux progrès des sciences, on peut citer les perfectionnements notables introduits dans la fabrication des instruments d'optique. Avant 1789, l'Europe entière demandait à l'Angleterre les instruments indispensables à l'astronomie et à la navigation. La France ne possédait en ce genre aucun artiste du premier ordre.

Cependant l'éveil avait été donné dans le monde savant.

Un musicien de régiment, le Hanovrien Herschell, devenu directeur d'orchestre à Bath, après avoir employé dix ans de loisir à construire des télescopes gigantesques et puissants, avait découvert, non pas un astre inconnu, mais la mobilité de cet astre, confondu précédemment avec les étoiles fixes. Herschell avait trôuvé non une comète, comme il le croyait d'abord, mais une planète, et la première que les hommes eussent aperçue au-delà du nombre de ces astres connus depuis l'antiquité la plus reculée. Un tel événement fit mieux apprécier la nécessité de donner à l'astronomie française des instruments en rapport avec l'état de la science. L'ingénieur-mécanicien Lenoir se distingua surtout par les améliorations et les perfectionnements qu'il introduisit dans ce genre de travaux. Ce fut lui qui obtint la récompense du premier ordre à l'exposition de 1798, pour les cercles répétiteurs portatifs. Aux expositions suivantes, il acquit le même avantage, soit pour de grands instruments d'astronomie, parmi lesquels était un beau cercle de Borda, soit pour d'autres instruments d'une rare précision.

Entrons maintenant dans la sphère des arts qu'on peut appeler *sensitifs*, puisqu'ils ont pour objet de flatter ou d'affecter quelqu'un de nos sens, et nous allons y rencontrer les noms de plusieurs hommes remarquables.

Sébastien Érard, en donnant à la France le bel instrument de musique connu sous le nom de piano, avait créé à lui seul une branche de commerce fort importante; et ses inventions lui assurent une place distinguée parmi les artisans illustres.

Avant son heureuse importation, l'épinette et le clavecin, avec leurs sons aigres et discordants, faisaient les délices des salons. Les premiers pianos d'Érard opérèrent une révolution au profit des oreilles sensibles au charme de l'harmonie musicale; et, comme l'a dit M. Castil-Blaze, le clavecin fut relégué dans les greniers, et n'en sortit que pour aller finir ses destinées au foyer domestique.

Sébastien Érard, né à Strasbourg en 1752, avait d'abord été destiné à l'architecture. Heureusement pour les amis de la bonne musique, il fut contraint, par des revers de fortune, de se faire artisan. Arrivé à Paris, à l'âge de seize ans, il se plaça chez un facteur de clavecin dont il devint bientôt le plus habile ouvrier. Étant sorti des ateliers de ce premier maître, un autre facteur, qui connaissait son talent, vint lui proposer, par un arrangement particulier, d'exécuter un instrument dont la construction exigeait des connaissances autres que celles qui présidaient à la fabrication des clavecins ordinaires. Mais il fut stipulé que le facteur mettrait seul son nom sur cet instrument. Quand le clavecin fut livré, l'amateur qui l'avait commandé, charmé de la perfection du travail, voulut s'assurer si le facteur en était réellement l'auteur, il vint donc à cet effet lui adresser certaines questions sur le mécanisme de l'instrument. Le facteur, pris au dépourvu, balbutia, ne sut que répondre, et fut forcé de convenir que le clavecin était l'œuvre d'un jeune homme nommé Érard.

La réputation d'Érard s'étendit bientôt après ce premier succès. La duchesse de Villeroy protégeait les arts parce qu'elle les aimait; elle voulut concourir aux progrès de notre jeune artiste. Ce fut dans son hôtel que celui-ci construisit son premier piano. Cet instrument, récemment inventé en Saxe par Silbermann, était alors presque inconnu en France. La duchesse de Villeroy, désirant avoir un piano, et un piano de fabrique française, demanda un jour à Sébastien Érard s'il se croyait capable d'en faire un. C'était une sorte de défi ; l'artiste, sûr de son talent, l'accepta sans hésiter ; et, peu de temps après, l'instrument était terminé. C'est ainsi, a dit un biographe, qu'une grande dame, une duchesse, et un mécanicien de vingt-cinq ans, donnèrent ce précieux instrument à notre patrie. Ce premier piano fut entendu dans le salon de madame de Villeroy, par tout

ce que Paris renfermait d'amateurs et d'artistes remarquables. Il produisit la plus vive impression ; et l'expérience ayant été faite pour constater sa supériorité, pour en comparer la qualité des sons avec ceux d'un excellent piano étranger placé dans un salon voisin, l'avantage resta au nouvel instrument français.

Dès ce moment, Sébastien Érard forma un établissement avec le concours de son frère, Jean-Baptiste Érard, et vit ses succès s'accroître d'année en année. Ses pianos se répandirent non-seulement en France, mais dans les Pays-Bas et dans plusieurs contrées de l'Allemagne. Dans la seule année 1799, un commissionnaire de Hambourg vendit plus de deux cents pianos d'Érard.

Entr'autres perfectionnements qu'il avait imaginés pour le piano, nous citerons celui qui avait pour objet de mettre tous les morceaux de musique au diapason des voix de peu d'étendue. Il eut l'idée de rendre mobile le clavier de l'instrument au moyen d'une clé qui le faisait monter ou descendre à volonté d'un demi-ton, d'un ton, ou d'un ton et demi. Ce procédé ingénieux d'Érard lui fut inspiré pour un piano qui lui avait été commandé par la reine Marie-Antoinette. Ce fut aussi dans ce même instrument qu'il fit le premier essai de *l'orgue expressif* par la seule pression du doigt, qui fait que l'on augmente ou diminue à volonté le son, et que l'on peut nuancer les inflexions comme le pourrait faire la voix la plus flexible.

« J'ai touché, dit Grétry dans ses *Essais sur la musique,* j'ai touché cinq ou six notes d'un buffet d'orgue qu'Érard avait rendues susceptibles de nuances; et sans doute le secret est découvert par un tuyau comme par mille. Plus on enfonçait la touche, plus le son augmentait; il diminuait en relevant doucement le doigt : *c'est la pierre philosophale en musique, que cette trouvaille.* La nation devrait faire établir un grand orgue de ce genre, et récompenser Érard, l'homme du monde le moins intéressé. »

Grétry traçait ces lignes en 1812 ; Érard n'était point encore à l'apogée de son talent. La belle et difficile invention de la harpe à double mouvement vint ajouter un brillant fleuron à sa couronne d'artiste ; elle seule suffirait pour rendre son nom illustre. Non-seulement Érard avait

donné aux formes de cet instrument plus de luxe et d'élégance ; ce fut lui aussi qui tripla sa richesse diatonique, par un jeu de pédales et de leviers savamment combiné pour correspondre, sur diverses cordes, aux mêmes sons de chaque octave.

Pourquoi la harpe, avec ses vibrations harmonieuses, avec son charme mélancolique, avec ses angéliques accords, n'est-elle pas cultivée à l'égal du piano? M. Charles Dupin va se charger de nous en expliquer la raison la plus capitale :

« Malgré de tels progrès, dit-il, cet instrument si coûteux, si facile à déranger au milieu du jeu par la rupture des cordes, cet instrument, qui pose pour ainsi dire théâtralement la femme appelée à s'en servir, qui met en relief, il est vrai, toute la beauté des mouvements et des formes, met aussi dans la plus déplorable évidence le bras, la main, le pied, la taille, qui ne sont point parfaits; et la coquetterie court un tel danger pour produire des sons toujours moins variés, moins multipliés dans un temps donné, que ceux du piano, dont le doigter est infiniment plus rapide. Aussi, la harpe devient-elle, chaque année, moins apprise et moins jouée : elle disparaît par degrés des concerts instrumentaux. Rarement elle accompagne les chanteurs et les cantatrices, dont la voix brille davantage avec l'accompagnement du piano, moins pénétrant, moins vibrant, moins humain que celui de la harpe. »

Quoi qu'il en soit, la gloire d'Érard n'a nullement à souffrir de cet abandon. Le succès de sa harpe à double mouvement a été surtout immense à Londres, où il avait formé un établissement florissant qui s'est soutenu, quoique créé par un Français. Enfin, son grand piano à double échappement, le dernier et le plus beau de ses ouvrages, mit le sceau à sa réputation. Il avait obtenu la médaille d'or à chaque exposition des produits de l'industrie nationale ; il fut le premier fabricant d'instruments de musique décoré de l'ordre de la Légion-d'Honneur. Il eut aussi l'inappréciable avantage d'être célébré par le poète de son temps. Tout le monde a retenu ces vers :

> Vainqueurs mélodieux des antiques merveilles,
> Quels accents tout-à-coup ont frappé mes oreilles !
> J'entends, je reconnais ces chefs-d'œuvre de l'art,
> Trésors de l'harmonie et la gloire d'Érard.

Bien plus : après sa mort, arrivée à l'âge de quatre-vingts ans (août 1831), ses ouvriers rendirent à sa mémoire un solennel et touchant hommage. Un buste de Sébastien Érard avait été exécuté au moyen d'une souscription qu'ils avaient

ouverte spontanément entre eux. Le jour de l'inauguration de ce pieux monument d'affection et de reconnaissance fut une véritable fête de famille.

C'est que Sébastien Érard avait su se faire adorer de ses ouvriers; c'est qu'il prenait part à leurs travaux, se réjouissait de leurs progrès; c'est qu'il les encourageait, les consolait dans leurs afflictions; c'est qu'il les aidait, non pas seulement de ses conseils dans les moments difficiles, mais encore de sa bourse, qui leur était toujours ouverte. C'est qu'il donnait des pensions de secours à des ouvriers âgés, infirmes et pauvres, et qu'il poussait la noble vertu du désintéressement jusqu'à aider les compagnons de ses travaux à fonder de grands établissements pour leur compte.

On calomnie trop souvent les ouvriers, en les accusant d'ingratitude. Les bons maîtres font les bons ouvriers. Si l'on pouvait voir à la tête de chaque fabrique et de chaque atelier des hommes du caractère d'Érard, on n'aurait plus besoin d'appeler, de souhaiter, de provoquer une foule d'améliorations dans le moral de la classe ouvrière; elles s'opèreraient d'elles-mêmes. De bons exemples et des procédés bienveillants, il ne faut pas autre chose pour gagner le cœur de l'homme du peuple, et s'assurer son affection et son dévouement.

Nous avons parlé des merveilles de Vaucanson. La fin du dix-huitième siècle vit apparaître des merveilles du même genre, plus surprenantes encore peut-être.

Quoique ces ouvrages ne soient guère que de pure curio-

sité, ils n'en sont pas moins en possession d'exciter vivement l'admiration des hommes. Platon rapporte qu'Architas
de Tarente était parvenu à faire un pigeon de bois qui
pouvait voler. Ce récit ne saurait paraître exagéré, d'après
ce qu'on a vu des automates de Vaucanson.

Il y a eu sans doute parmi ces prodiges de la mécanique
des tours de charlatans. Nous n'en citerons qu'un seul, qui
est très-curieux. C'est le fameux joueur d'échecs qui fit

tant de bruit en 1783. Il était l'œuvre de Kempelen, con-
seiller des finances de l'empereur d'Autriche. L'automate,
habillé en Turc, était devant un bureau de trois pieds et
demi qui portait sur quatre roulettes ; on le faisait mouvoir devant les spectateurs ; on l'ouvrait pour monter le
cylindre et les rouages qui faisaient mouvoir le bras du
joueur. Ce bras se levait lentement, avançait jusque sur la
pièce qu'il devait prendre, ouvrait les doigts pour la sai-

sir, l'enlevait, la transportait et la posait sur la case où elle devait être placée ; le bras se retirait et se reposait sur un coussin. A chaque coup de l'adversaire, l'automate remuait la tête, et parcourait des yeux tout l'échiquier ; lorsqu'il faisait échec, il inclinait la tête pour avertir le joueur. Si celui-ci avait fait une fausse marche, l'automate prenait la pièce et la remettait à sa place en branlant la tête. Il répondait aussi à toutes les questions qu'on lui faisait, au moyen d'un tableau des vingt-quatre lettres de l'alphabet qu'on plaçait devant lui, et sur lequel il indiquait successivement toutes les lettres qui formaient sa réponse.

Plus la mystification était forte, plus elle fit de dupes ; tant les esprits sont naturellement portés à croire au merveilleux. Une réflexion attentive aurait suffi pour faire soupçonner le charlatanisme. L'homme peut donner à une machine toutes les facultés analogues à celles des corps animés, mais non pas celles qui sont du domaine de l'intelligence humaine. Il déroberait plutôt le feu du ciel, comme le Prométhée de la fable.

Je vais parler d'un prodige plus réel et plus digne de foi. Il s'agit de machines imitant la voix humaine, cet admirable instrument de la pensée. Albert-le-Grand, dominicain et évêque de Ratisbonne, avait fait une tête d'airain qui prononçait des sons articulés. Le mécanicien de Kempelen, dont il vient d'être fait mention, avait fait voir aux membres de l'Académie des Sciences un automate qui articulait distinctement plusieurs phrases : *me ama, aimez-*

moi, madame, venez avec moi à Paris, etc., Kratzeinstein en avait fait un autre qui imitait les voyelles.

Puis vint l'abbé Mical, inventeur de plusieurs automates qui frappèrent d'étonnement. Il fit un groupe de figures qui jouaient de différents instruments de musique, et formaient un concert. Il présenta ensuite à l'Académie des Sciences deux têtes d'airain colossales qui prononçaient distinctement des phrases entières, et dont la voix forte et sonore imitait la voix humaine.

La France pouvait s'honorer de l'invention de l'abbé Mical. Ce devait être un chef-d'œuvre de mécanique, que ces automates imitant les articulations vocales. Mais le gouvernement d'alors (1784) ayant refusé d'en faire l'acquisition, le malheureux artiste, accablé de dettes et réduit à la misère, brisa son ouvrage dans un moment de désespoir.

« Ce bel ouvrage, a dit un homme de la science, a ré-

solu un grand problème ; savoir, si la parole pouvait quitter
le siége vivant que lui assigna la nature, pour venir s'attacher à la matière morte. Il y a aussi loin d'une roue et
d'un levier à une tête qui parle, que d'un trait de plume
au plus beau tableau. Vaucanson s'est arrêté aux animaux,
dont il a rendu les mouvements et contrefait les digestions ;
Mical s'est élevé jusqu'à l'homme, et a choisi dans lui l'organe le plus brillant et le plus compliqué. Il s'aperçut que
l'organe vocal était dans la glotte un instrument à vent qui
avait son clavier dans la bouche ; qu'en soufflant du dehors
en dedans, comme dans une flûte, on n'obtenait que des
sons filés ; mais que, pour articuler des mots, il fallait
souffler du dedans au dehors. En effet, l'air, en sortant de
nos poumons, se change en son dans notre gosier, et ce
son est morcelé en syllabes par les lèvres et par un muscle
très-mobile qui est la langue, aidée des dents et du palais.
Un son continu n'exprimerait qu'une seule affection de
l'âme, et se rendrait pour une seule voyelle ; mais, coupé
à différents intervalles par la langue et les lèvres, il se
charge d'une consonne à chaque coup, et se modifiant en
une infinité d'articulations, il rend la variété de nos idées.

» Sur ce principe, Mical appliqua deux claviers à ses
têtes ; l'un en cylindre, par lequel on n'obtenait qu'un
nombre déterminé de phrases, mais sur lequel les intervalles des mots et leur prosodie étaient marqués correcte-
ment ; l'autre clavier contenait, dans l'étendue d'un rava-
lement, toutes les syllabes de la langue française, réduites

à un petit nombre, par une méthode ingénieuse, particulière à l'auteur. Avec un peu d'habitude et d'habileté, on aurait pu parler avec les doigts comme avec la langue, et donner au langage de ces têtes la rapidité, le repos, et toute l'expression que peut avoir la parole lorsqu'elle n'est point animée par les passions. »

S'il faut en croire Montucla, auteur de l'*Histoire des Mathématiques*, les têtes parlantes de Mical furent vendues; mais il ne dit rien des acquéreurs. On ne conçoit pas que des hommes chargés de veiller aux intérêts de l'État aient été assez peu jaloux des progrès d'une science dont les combinaisons ont rendu de si grands services à tous les arts mécaniques et industriels, pour négliger de s'enquérir du sort de ces curieux automates.

Les anciens connaissaient l'art des signaux; ils employaient les feux, les phares, les torches, les étendards, pour annoncer promptement et au loin des événements arrivés ou prévus d'avance. Du temps de Polybe, les signaux étaient faits avec des torches ou des flambeaux. Plus tard, on se servit de bâtons ou de planches. Ces procédés étaient simples sans doute, mais le défaut de lunettes devait rendre très-courtes les distances entre les stations, et la plupart des signaux n'étaient visibles que de nuit. Parmi les modernes, les premiers essais télégraphiques connus sont ceux de Kircher, de Kesler, d'Amontons, de Gauthey, de Guyot et de Paulian. Mais leurs méthodes, plus ou moins ingénieuses, laissaient beaucoup à désirer.

Enfin, le physicien Claude Chappe inventa le télégraphe.

C'était une machine composée d'un long chàssis, garni de
lames à la manière des persiennes, tournant autour d'un
axe, et fixé sur un màt, qui lui-même roulait sur un pivot,
et se trouvait maintenu à la hauteur de dix pieds, par des
jambes de force, de manière à rendre visibles tous les
mouvements de la machine. Aux deux extrémités du chàssis
étaient deux ailes mouvantes, de moitié moins longues, et
dont le développement s'effectuait en divers sens par l'a-

nalyse des différentes inclinaisons de ces trois branches sur l'horizon ou sur le mât vertical, et des positions où elles se trouvaient les unes à l'égard des autres.

La première expérience officielle du télégraphe fut faite le 12 juillet 1793. Le succès fut complet; en treize minutes quarante secondes, à l'aide de cette machine, une dépêche put être transmise à la distance de quarante-huit lieues.

Le mécanisme du télégraphe est tel, que la manœuvre se fait sans peine et rapidement; c'est avec le secours de bons télescopes et de pendules à secondes, que se font les observations, et que se communiquent les avis d'une extrémité de la France à l'autre, souvent sans que les observateurs intermédiaires puissent déchiffrer le sens de la missive.

L'invention du télégraphe est surtout utile au gouvernement, qu'il instruit mystérieusement de tout ce qui peut l'intéresser. Des instruments pareils sont placés, de distance en distance, sur des lieux élevés, d'où les signaux peuvent être aperçus avec des télescopes. Qu'on juge de la prodigieuse rapidité des correspondances télégraphiques. On reçoit à Paris les nouvelles de Calais en trois minutes, par le moyen de trente-trois télégraphes; de Lille, en deux minutes, par vingt-deux télégraphes; de Strasbourg, en six minutes et demie, par quarante-quatre télégraphes; de Toulon, en vingt minutes, par cent télégraphes; de Brest, en huit minutes, par cinquante-quatre télégraphes; de Bayonne, en trente minutes, par Tours et Bordeaux. Beaucoup de nouveaux parvenus ne doivent leur fortune qu'aux communications officieuses de certains avis du télégraphe. Ceux-là, s'ils étaient capables d'une vraie reconnaissance, devraient ériger, en leur nom, un monument à la mémoire de Claude Chappe.

Vers 1798, le hasard procura une des découvertes les plus importantes qui aient été faites de nos jours.

Galvani, célèbre physicien de Bologne, disséquait un jour une grenouille, tandis qu'un de ses élèves s'occupait dans la même chambre d'expériences électriques, et tirait les étincelles du conducteur. Il remarqua tout-à-coup que les muscles de la grenouille, mis à nu, donnaient des signes

sensibles de mouvement, toutes les fois que les nerfs étaient en contact avec le scalpel, qui faisait alors l'office d'un conducteur métallique. Il varia ses expériences, dépouilla une autre grenouille, mit à découvert les nerfs qui descendent de l'épine du dos dans les jambes, les enveloppa d'une feuille d'étain, appliqua l'une des deux extrémités d'un compas ou d'une paire de ciseaux sur la feuille d'étain, et toucha de l'autre un point de la surface de la jambe ou de la cuisse de la grenouille. Chaque attouchement excitait des mouvements convulsifs dans les muscles, qui demeuraient immobiles lorsqu'on les touchait sans communiquer avec la feuille d'étain qui enveloppait les nerfs.

Galvani était doué d'une rare sagacité ; il saisit dans ce phénomène un principe nouveau ; il en fit sortir cette branche féconde de la physique à laquelle on a donné le nom de *galvanisme*. Sa première remarque fut que les convulsions des grenouilles n'étaient pas permanentes, que pour les provoquer il fallait que le vent ou une autre cause accidentelle fît toucher quelque point de leurs muscles à un instrument formé de deux métaux. Après des expériences variées, Galvani reconnut enfin que tout se réduisait à établir entre les muscles et les nerfs de la grenouille une communication par un arc métallique.

Le fluide galvanique, le plus puissant des agents que la nature emploie dans ses opérations à la surface de notre globe, venait d'être découvert. On verra plus tard cette découverte offrir d'immenses avantages, notamment pour la marine.

Peu après, un autre physicien italien, Volta, continuant les

expériences de Galvani, découvre que le contact même des
métaux était la circonstance jusqu'alors inaperçue qui dé-
terminait le développement subit de l'électricité. Il conçoit
alors l'heureuse idée de superposer des disques de zinc et
de cuivre, séparés deux à deux par des rondelles de drap
mouillé, qui est un excellent conducteur de l'électricité. De
cette manière, la quantité de fluide électrique produite par
le premier assemblage de métaux se transmet au second et
s'ajoute à celle qu'il produit : il en a donc deux fois plus; le
troisième, trois fois; et comme rien ne limite le nombre des
disques qu'on peut ainsi superposer, cet instrument puissant, qu'on a appelé *pile de Volta*, produit des courants

électriques continus dont l'énergie est incalculable. Les
effets chimiques de la pile de Volta sont merveilleux : elle
décompose l'eau, les oxydes, les acides, enfin tous les sels.
On voit par conséquent quelle influence elle peut exercer
sur un grand nombre d'arts mécaniques et industriels.

L'année même de la découverte du galvanisme (1798), le physicien Robertson ouvrit à Paris un spectacle aussi nouveau que surprenant et intéressant. C'était un jeu d'optique, à l'aide duquel, magicien sans sorcellerie, il évoquait sur la scène des spectres, des fantômes plus effrayants les uns que les autres. Ce spectacle fut appelé *Fantasmagorie*.

Nous emprunterons au *Dictionnaire de l'Industrie* la description de ce spectacle :

« Vous entrez dans une salle tendue de noir, où règne la plus grande obscurité ; en attendant que le spectacle commence, une lampe sépulcrale jette une faible lumière. Cette lumière s'éteint : le spectacle s'annonce par le bruit d'une pluie mêlée de grêle. On aperçoit successivement dans le fond du théâtre des parties lumineuses qui vous offrent l'image de personnages connus, tels que Rousseau, Voltaire, Mirabeau, etc. Il s'y passe aussi des scènes lugubres, telles que celle d'un squelette couché qui se dresse sur ses pieds et se promène sur le théâtre ; celle d'un tombeau qui s'ouvre et est foudroyé par le feu du ciel ; celle de la Nonne sanglante qui, la lanterne à la main, arrive du fond d'une longue galerie jusque sur le bord de la scène, etc. Ce spectacle, effrayant pour certaines personnes, est assez curieux pour l'homme instruit qui, dans ces tableaux magiques, reconnaît les lois de la catoptrique. Le huitième chapitre du dix-septième livre de la *Magie naturelle* de Porta contient différentes expériences qui appartiennent à la fantasmagorie et qui pourraient bien en avoir fourni l'idée. »

A la même époque (1799), une peinture d'un genre nouveau, agrandie par de savantes combinaisons d'optique, vint captiver les suffrages et l'admiration de la capitale de la France. C'était un vaste tableau circulaire, où l'œil du spectateur, embrassant successivement tout son horizon, et ne rencontrant nulle limite, y trouvait l'illusion la plus complète. On avait donné à ce tableau le nom de *Panorama*, de deux mots grecs qui signifient vue de la totalité, voir tout rassemblé sous un seul coup-d'œil.

Voici quelques détails sur la disposition d'un panorama. La toile sur laquelle sont appliquées les couleurs couvre les parois d'une tour de trois cents pieds de circonférence. Au centre de cet édifice s'élève une plate-forme, entourée d'une balustrade, et destinée à recevoir le public. La toiture disposée en forme de cône renversé laisse arriver la lumière par une ouverture annulaire. Un parajour projette sur les spectateurs une ombre ferme, ainsi que sur les corps qui les avoisinent, tandis que la lumière, tombant d'aplomb sur la peinture, éclaire tout ce qu'elle représente, réchauffe les ciels, les arbres, les personnages et jusqu'aux tons différents de l'orient, du midi et du nord, au moyen de l'ingénieux renversement des quatre points cardinaux dans l'intérieur de l'édifice. Dès les premiers pas qu'on fait dans un panorama, on est frappé d'une vue immense, mais confuse, et dont tous les points se présentent à la fois à l'œil ébloui ; mais insensiblement tous ces objets prennent leur position respective, et offrent un spectacle vraiment magique, car on se croit transporté au centre d'une ville ou au milieu d'un champ de bataille ; la peinture n'est plus une toile, œuvre de l'art, c'est la nature réelle, vivante, animée.

L'invention des panoramas était due à Robert Barker, natif d'Édimbourg, peintre de portraits. Ce fait est constaté par le brevet d'invention qui lui fut accordé à ce sujet, le 19 juin 1787. Ce ne fut qu'en 1791, c'est-à-dire quatre années après, qu'il fit, à Londres, l'ouverture du premier panorama offert à la curiosité publique. Ce panorama représentait une vue de la capitale même de l'Angleterre, de sorte que les spectateurs pouvaient tous juger du mérite de l'invention.

Ce nouveau genre de peinture fut importé en France,

vers 1799, par l'Américain Fulton, dont nous aurons à entretenir nos lecteurs au sujet d'une autre invention.

Ce fut un paysagiste français, nommé Prévost, qui fit

l'application la plus heureuse et le plus en grand qu'on ait réalisée en ce genre de peinture. *Paris* fut le premier tableau qui le fit connaître. Depuis cette époque, il en exécuta dix-sept autres, dans lesquels son talent grandit et se perfectionna par degrés. Les plus admirables de ses panoramas sont sans contredit ceux de Rome, de Naples, d'Anvers, de Londres, de Jérusalem et d'Athènes. C'est en travaillant à celui de Constantinople qu'il fut atteint de la maladie qui l'enleva aux arts en 1823.

Écoutons M. de Châteaubriant exprimant son admiration pour les travaux de ce consciencieux et habile artiste :

« On a vu à Paris, dit-il, les panoramas de Jérusalem et d'Athènes. L'illusion était complète : je reconnus au premier coup-d'œil tous les monuments, tous les lieux, et jusqu'à la petite cour où se trouve la chambre que j'habitais dans le couvent de Saint-Sauveur. Jamais voyageur ne fut mis à une si rude épreuve. Je ne pouvais m'attendre qu'on transportât Jérusalem et Athènes à Paris, pour me convaincre de mensonge ou de vérité. »

Prévost doit être en effet regardé comme un fidèle imitateur de la nature. C'est sur les lieux même qu'il allait copier les tableaux qu'il reproduisait ensuite avec une rare perfection. Les différents aspects de la campagne, la profondeur et la teinte variée des ciels suivant les pays qu'il veut peindre, l'exactitude scrupuleuse des détails, l'harmonie parfaite qui règne dans toutes ses compositions, leur donnent le caractère du vrai beau. Ainsi qu'on l'a remarqué, sa manière varie suivant les objets ou les sites qu'il veut représenter. Ainsi le ciel de Tilsitt n'est pas le ciel de Jérusalem ou d'Athènes; l'aspect nébuleux de Londres, la ville des brouillards, forme un contraste parfait avec celui de Naples, la ville du beau soleil. Il n'est pas jusqu'à la plaine de Wagram où la fumée de l'artillerie et de la mousqueterie, celle de l'incendie de plusieurs villages qui brûlent, se distinguent parfaitement des nuages qui parcourent le ciel, et des vapeurs brumeuses qui s'élèvent au-dessus du Danube. Le grand peintre David, en visitant un des premiers panoramas de Prévost, disait à ses élèves : « Messieurs, c'est ici qu'il faut venir étudier la nature. » Cet éloge est un résumé infiniment honorable de tout ce qu'on vient de lire sur les ouvrages de Prévost.

L'invention de Montgolfier, qui avait ouvert à l'homme une route au milieu des airs, n'était pas restée uniquement un objet de curiosité.

La première pensée de l'inventeur avait été d'employer des aérostats à pénétrer dans les places fortes bloquées. On essaya de se servir des ballons, dans les premières guerres de la révolution, pour éclairer les mouvements de l'ennemi, à l'approche de quelque bataille. Pendant la célèbre bataille de Fleurus, des bulletins attachés à de petits drapeaux descendaient d'un ballon de moment en moment, pour indiquer au général français les positions et les manœuvres de l'armée ennemie. On avait institué un corps d'*aérostiers*, qui marchait à la suite de l'armée du Nord.

L'illustre Malesherbes, ce sincère ami des arts et de la vertu, ce protecteur zélé de tout ce qui tendait à perfectionner ou à augmenter les créations de notre industrie, avait pris un vif intérêt aux expériences des frères Montgolfier. « Vous ne sauriez croire, disait-il un jour à Boissy-d'Anglas, combien je suis heureux de ce que la découverte de vos amis s'est faite en France ; je leur sais un gré infini que je n'oublierai jamais, de ce qu'ils l'ont enlevée à l'An-

gleterre, qui l'aurait faite tôt ou tard. C'est bien mieux
pour l'honneur national qu'une grande victoire sur mer. »

L'invention du parachute vint ajouter un nouvel intérêt
aux voyages aérostatiques. Plusieurs physiciens revendiquent l'honneur d'avoir imaginé cette machine préserva-
trice. Quoi qu'il en soit, ce fut l'aéronaute Garnerin qui,
pour descendre à la suite d'une ascension, se servit le
premier du parachute. Il chercha bientôt à corriger les

vacillations qui rendaient cette voiture fort dangereuse : il
y parvint en faisant faire au haut de son parachute une
ouverture circulaire.

« Le parachute, dit M. Charles Dupin, est une espèce de

voile circulaire dont la circonférence est tenue avec des
cordons équidistants, fixés par leur bout inférieur au con-
tour d'un nacelle en osier. Le centre de la voile est placé
sous le ballon, au-dessus de l'aéronaute. Un cerceau de
bois très-léger, ayant huit mètres de tour, est cousu concentriquement à la voile, dont les bords pendent verticalement au-dessous du cerceau. Quand on veut commencer
la chute, on coupe le retour de la corde qui suspend le
parachute; celui-ci descend d'abord avec toute la vitesse
d'un corps grave, inerte et ramassé sur lui-même. Bientôt
la vélocité de la chute accroît l'action de l'air sur les parties pendantes de la voile, parties qui se soulèvent et se
gonflent rapidement : la résistance de l'air sur cette voile
spacieuse ralentit de plus en plus la chute de l'aéronaute,
lequel finalement atteint sans danger la surface de la
terre. »

Le parachute n'est pas toujours un préservatif contre
les accidents qui mettent en péril la vie des aéronautes.
Dans ces dernières années, l'aéronaute anglais Cocking en
a fait la malheureuse expérience. Parti de Londres en
ballon, il avait voulu, à une certaine distance de cette capitale, tenter une descente à l'aide d'un parachute de son
invention. Il trouva la mort dans sa chute.

Vingt ans après les premières expériences aérostatiques,
deux hommes qui se sont illustrés par leurs travaux scientifiques, MM. Gay-Lussac et Biot, appliquèrent au service de
la science l'invention de Montgolfier. Ils firent deux ascen-

sions mémorables pour se livrer à des observations sur l'état électrique de l'air à de grandes hauteurs. Le premier s'éleva à 7000 mètres environ, et puisa, dans cette haute région, de l'air atmosphérique dont la composition se trouva la même que celle de l'air à la surface de la terre. Après la catastrophe tragique de Pilâtre-du-Rosier et de son compagnon Romain, après celle d'Arnold et de son fils, dont l'aérostat fut précipité dans la Tamise, il fallait plus qu'un courage vulgaire pour affronter résolument les périls de ces navigations aériennes.

En mettant au nombre des artisans illustres les auteurs d'inventions et de découvertes utiles à la pratique des arts mécaniques, nous ne sortons point de notre sujet. Dans un cadre aussi fécond que le nôtre, on n'a pas besoin, pour le remplir convenablement, de recourir au hors-d'œuvre et à la digression. Personne, sans doute, ne sera non plus disposé à se plaindre de voir figurer dans notre Panthéon, pour ainsi dire populaire, quelques hommes qui, par des fondations ingénieusement charitables, furent les amis sincères des classes pauvres et ouvrières, les bienfaiteurs de l'humanité. Hommage aux sublimes inventions de l'esprit! mais hommage également aux touchantes et utiles inventions du cœur!

Voici une institution qui revendique toute la reconnaissance des âmes douées de quelque sensibilité. Je veux parler de l'Institution des jeunes aveugles travailleurs, et du pieux et modeste philanthrope qui lui a donné naissance.

Valentin Haüy, frère du célèbre minéralogiste de ce
nom, assistait assidûment et avec sollicitude aux séances
si intéressantes que l'abbé de l'Épée consacrait à l'éducation des sourds-muets. Tout-à-coup une heureuse idée vient

le frapper. Ne serait-il pas possible d'entreprendre avec
succès pour les aveugles de naissance ce qu'on était parvenu à réaliser avec tant de bonheur pour les sourds-muets?
Pourquoi ne ferait-on pas aussi participer aux bienfaits de
l'instruction cette autre classe d'infortunés, laissée jusque-
là dans un triste abandon? Cette idée est à peine conçue,

que Valentin Haüy s'occupe avec ardeur de trouver les
moyens de la mettre à exécution, recherchant avec soin
dans la biographie de quelques aveugles-nés distingués
tous les moyens imaginés par eux pour mettre à leur portée les connaissances que peuvent acquérir tous ceux qui
jouissent du bienfait de la vue.

« L'aveugle, se dit-il, connaît les objets à la diversité
des formes ; il ne se méprend pas à la valeur d'une pièce
de monnaie ; pourquoi ne distinguerait-il pas un *ut* d'un
sol, un *a* d'un *f*, si ces caractères étaient rendus palpables ?
Ne serait-il donc pas permis d'espérer un résultat avantageux, en remplaçant par un signe en relief, offert au doigt
de l'aveugle, le signe qu'on trace simplement pour l'œil
du clairvoyant ? »

Cette théorie rapidement ébauchée, Valentin Haüy s'occupe aussitôt des moyens matériels de la mettre en pratique. Il se procure des lettres, des chiffres, rendus recon-
naissables au toucher, et cherche un élève pour faire les
premiers essais de sa méthode.

Un jeune aveugle nommé Lesueur, sans parents, sans
appui, mendiait à la porte d'une église. Haüy avait quelquefois questionné cet enfant, et lui avait trouvé une intelligence qui ne demandait qu'à être cultivée. Le jeune
Lesueur sera donc son premier élève. Il va trouver le petit
mendiant à la porte de Saint-Merry, lui explique son projet,
lui propose de venir demeurer chez lui, et s'engage à compenser de sa bourse ce qu'il lui ferait perdre ainsi des

produits de la charité publique. La proposition est acceptée, et le jeune aveugle, tout joyeux, suit son protecteur qui le guide vers son nouveau domicile.

Le zèle du bon instituteur ne resta pas long-temps sans récompense. Lesueur, au bout de six mois, savait lire et calculer avec ses doigts habilement exercés ; de plus il avait appris un peu de musique et de géographie. Un tel succès fit sensation. On témoigna au nouvel instituteur le désir de voir travailler son élève. Haüy devant lire, dans une séance académique, un mémoire sur les écritures des anciens, sur celles des peuples modernes et sur la manière de correspondre en chiffres, profita de cette occasion pour produire le jeune Lesueur devant le public. L'assemblée, qui était nombreuse et choisie, applaudit à l'intelligence de l'élève et au zèle du maître. La méthode inventée par Haüy fut admirée, encouragée. Douze jeunes aveugles, confiés à ses soins, composèrent un naissant institut, qui s'éleva sous les auspices de la Société philanthropique. C'était en 1784. Deux ans après, le nombre des élèves d'Haüy était plus que doublé. On voulut connaître à la cour les talents acquis par ces jeunes infortunés. Leur maître les conduisit à Versailles ; ils y excitèrent pendant quinze jours une admiration et un intérêt qui ne furent point stériles. Le roi prit l'établissement sous sa protection ; il fit des fonds pour qu'on pût élever à 120 le nombre des élèves, et donna au digne instituteur le titre de secrétaire-interprète du roi et de l'amirauté de France.

Mais la révolution vint compromettre le présent et l'avenir de cette institution ; elle retomba à la charge de son fondateur, qui, à force de sacrifices et de zèle, parvint à la soutenir, quoique bien déchue, au milieu des troubles de cette époque.

Enfin le Directoire replaça de nouveau l'établissement sous la protection du gouvernement, et les travaux qu'exige l'éducation des jeunes aveugles y furent repris avec activité, pour ne plus être interrompus.

Il n'est rien de plus intéressant que le spectacle de ces enfants chez qui le sens du toucher, perfectionné par une ingénieuse méthode, remplace si merveilleusement celui de la vue, qu'ils peuvent se livrer avec une facilité surprenante à l'étude de nos arts et de nos sciences. Les uns voyagent avec leurs doigts sur le globe géographique ; les autres lisent ou écrivent ; d'autres déchiffrent un morceau de musique, ou l'exécutent sur un instrument. Honneur,

gloire éternelle à l'homme dont la bienfaisante intelligence a su adoucir le malheur de leur naissance, en les dotant des précieux trésors de l'instruction !

Avant de terminer sa noble carrière, Valentin Haüy eut la satisfaction de fondèr à Saint-Pétersbourg et à Berlin des instituts semblables à celui de Paris. En témoignage de sa reconnaissance, l'empereur Alexandre le décora de la croix de Saint-Wladimir, et le retint onze ans dans ses états, s'estimant heureux de conserver auprès de lui un homme qui avait rendu un si grand service à l'humanité, en restituant, pour ainsi dire, aux aveugles-nés une partie des avantages dont la nature les avait privés. Le désir de revoir le sol natal ramena ce vertueux philanthrope en France en 1817, et il s'y éteignit en 1822, dans un âge très-avancé.

Quiconque a parcouru les environs de Clermont (Oise) n'aura pas manqué sans doute de faire un pélerinage à Liancourt, bourg si agréablement situé sur la pente d'une colline au pied de laquelle s'étend une vallée délicieuse, appelée la Vallée Dorée, à cause de la richesse de sa végétation et de la fécondité de son sol.

Mais ce n'est ni le beau site de Liancourt, ni le riant aspect de ses champs et de ses prairies qui attirent ainsi les pas du voyageur. Un motif plus puissant, celui d'une reconnaissante vénération, appelle dans ce lieu justement célèbre ; c'est qu'il fut long-temps témoin des bienfaits sans nombre de l'illustre La Rochefoucauld-Liancourt.

Avant la révolution, le château de Liancourt était majestueusement assis au milieu d'un paysage enchanteur. Ses jardins offraient tout ce que l'art et la nature peuvent produire de plus délicieux. De vastes promenades, des pièces d'eau, des cascades, contribuaient aux agréments de ce séjour. C'était là que le duc de La Rochefoucauld-Liancourt s'était plu à former des établissements de bienfaisance de plusieurs genres. Ayant recueilli, dans ses

voyages en Angleterre, les documents les plus propres à
améliorer l'agriculture, il s'était appliqué à en faire des
essais d'imitation.

Il avait donc fondé à Liancourt une ferme sur le modèle
des fermes anglaises; il y avait élevé avec succès de belles
races de bestiaux tirées de la Suisse et de l'Angleterre. Ce
fut aussi par son exemple et par ses soins qu'on vit se
naturaliser et se propager en France la culture des prairies
artificielles, culture si précieuse pour nourrir les bestiaux
pendant l'hiver.

Bien plus, La Rochefoucauld fonda dans son château

une école des arts et métiers pour l'instruction des fils
de pauvres militaires. En se promenant au milieu de
ces enfants, cet homme bienfaisant applaudissait aux succès des uns et encourageait les autres. Cette école fut en
quelque sorte le berceau de celle de Châlons-sur-Marne,
école pratique des arts et métiers, dans laquelle on prépare les élèves à l'exercice de plusieurs professions mécaniques, telles que l'ébénisterie, la menuiserie, les ouvrages de tour sur fer et sur bois, l'horlogerie, etc. On
sait que cette école, où la méthode analytique, le dessin,
les mathématiques sont la base de l'enseignement, a fourni,
depuis qu'elle existe, un grand nombre d'excellents ouvriers et chefs d'ateliers.

La Rochefoucauld-Liancourt avait aussi établi près de
son château trois manufactures importantes : l'une faisait
des cardes aussi belles que celles d'Angleterre ; la seconde était une filature de coton ; et la troisième, une fabrique de faïence. Ces manufactures occupaient trois cents
ouvriers. Dès l'année 1801, les cardes dont il avait introduit la fabrication mécanique en France, obtenaient, à
l'exposition des produits de l'industrie, la médaille de
bronze.

Exilé par les barbares séides du régime de la Terreur,
La Rochefoucauld-Liancourt fit tourner son exil au profit de
l'humanité. A son retour, la France reçut de lui un immense bienfait ; il rapporta pour toutes les classes de la
société le moyen de se préserver à l'avenir des ravages de

la petite vérole, qui moissonnait alors si cruellement les populations des villes et des campagnes. Il importait la vaccine, cette miraculeuse découverte que la Providence avait mise entre les mains de Jenner ; il ne négligea rien pour la propager, et rendit ainsi un service inappréciable aux générations nouvelles.

Depuis sa rentrée en France, le duc de La Rochefoucauld-Liancourt ne cessa pas un seul instant de s'occuper des moyens d'améliorer la condition des pauvres. Il répandait chez tous ses voisins les procédés de l'agriculture moderne, les aidait de ses conseils et de ses moyens, et s'efforçait de leur inspirer pour leur état l'amour qu'il éprouvait lui-même. En vain de brutales persécutions vinrent-elles l'entraver dans ses bonnes actions ; rien ne pouvait l'empêcher de faire le bien. Sa vie ne cessa d'être marquée, ainsi qu'elle l'avait été jusqu'alors, par une philanthropie éclairée.

Il fut l'un des principaux fondateurs de l'admirable institution de la Caisse d'Épargne et de Prévoyance, dont la classe ouvrière apprécie maintenant les avantages sur tous les points de la France. On était toujours sûr de voir le vénérable nom de La Rochefoucauld-Liancourt figurer en tête de toutes les associations qui avaient pour but de venir au secours des classes indigentes et laborieuses, soit en les éclairant sur leurs devoirs, soit en leur fournissant les moyens de diminuer leurs fatigues et d'augmenter leurs salaires, soit en leur apprenant que l'ordre et l'économie

peuvent être les uniques principes de leur bien-être. Les
ouvriers surtout eurent en lui un zélé bienfaiteur. Aussi,
quand il eut cessé de vivre, en 1827, des ouvriers de
Paris, parmi lesquels figuraient sans doute d'anciens élèves
de Liancourt, de Compiègne ou de Châlons, s'empressèrent de porter à bras son cercueil. C'est en le disputant,
au sortir de l'église, à des soldats qui le précipitèrent

dans la boue, que le peuple fit de nouveau l'essai de ses
forces, et préluda, pour ainsi dire, aux catastrophes
de 1830.

Une police ombrageuse et maladroitement tracassière
put troubler scandaleusement les funérailles du vertueux
duc de Liancourt ; mais rien ne pourra effacer le souvenir de

ses œuvres toutes populaires. La propagation de la vaccine, la création de la Caisse d'Épargne, la fondation de la Société pour l'Instruction élémentaire, l'établissement de l'École des Arts et Métiers de Liancourt, qui, en donnant naissance à plusieurs autres écoles publiques du même genre, a rendu de si grands services à l'industrie française : voilà des titres qui recommanderont éternellement sa mémoire à la reconnaissance des artisans et des classes pauvres, qu'il voulut toute sa vie améliorer par l'instruction, et soulager dans leurs misères par des institutions utiles.

C'est une pensée du même genre qui a illustré un peintre français, assez médiocre comme artiste, mais recommandable par le service signalé qu'il a rendu à la plupart des arts mécaniques. Ce peintre, mort au commencement de ce siècle, se nommait Bachelier.

Quoique l'œuvre qui fait sa gloire date déjà de près de quatre-vingts ans, comme elle s'est maintenue heureusement au milieu de nos bouleversements politiques, comme elle exerce toujours une salutaire influence sur un grand nombre de produits de l'industrie de notre capitale, j'aime à croire qu'on me pardonnera volontiers, en faveur d'un homme utile, quelques détails rétrospectifs.

Si vos affaires vous appellent quelquefois, à certaines heures de la matinée, dans le quartier populeux de l'École de Médecine, vous aurez infailliblement rencontré grand nombre de petits garçons, débouchant sur la place par des rues différentes, et se dirigeant avec plus ou moins

d'empressement vers la même maison. La plupart de ces
enfants portent sous le bras ou suspendus à leur cou par
une bandoulière des cartons à dessiner, dont ils se servent parfois en guise de bouclier pour parer les projectiles
qu'ils se lancent les uns aux autres. Ici ce sont deux petits

camarades cheminant paisiblement, les bras entrelacés,
l'un s'appuyant sur l'épaule de l'autre, et réciproquement.
Là, c'est un espiègle qui s'amuse à tracer une figure grotesque
sur un mur nouvellement blanchi. La toilette de ces enfants
n'est pas brillante ; mais comme toutes ces physionomies
sont franches et animées! A cette casquette négligemment
posée sur l'oreille, à cet air tant soit peu flâneur, à cette
allure capricieusement vagabonde, ne reconnaissez-vous pas
les enfants du peuple?

Oui, ce sont des enfants du peuple; ce sont les fils
d'estimables artisans; destinés eux-mêmes à devenir artisans à leur tour, ils vont à l'École de Bachelier, étudier

l'art du dessin qui doit servir à perfectionner leurs travaux.

C'est en faveur des ouvriers que Bachelier avait fondé,
en 1763, son école gratuite de dessin. Il consacra à cette
fondation environ 60,000 livres qu'il avait économisées sur
le fruit de son travail. On ne lui permit de faire l'essai de
cette école qu'à ses risques et périls.

Bachelier loua l'ancien collége d'Autun, rue Saint-André-
des-Arcs, et, en 1766, il ouvrit son école à quinze cents
élèves. Un an après, quand le succès ne fut plus douteux,
des lettres-patentes lui furent accordées, et le roi lui donna
mille louis pour l'acquisition et la disposition des bâtiments. Princes, courtisans, fermiers-généraux, hommes
du monde, tous voulurent imiter l'exemple du monarque,
et les souscriptions volontaires, jointes à un léger tribut
que les corps et métiers prélevèrent sur les maîtres et les
apprentis, formèrent un revenu de plus de 45,000 livres.
Ce fonds permit de donner à quinze cents élèves le degré
d'instruction suffisant.

« Si on calculait, dit un biographe, l'influence qu'a
exercée depuis plus d'un demi-siècle, sur les arts et métiers, cette école due à la sollicitude de Bachelier, il en
résulterait que peu d'hommes ont aussi bien servi leur
patrie. A ce seul titre, la mémoire de Bachelier mériterait
d'être honorée. »

Nous ajouterons que la manufacture de porcelaine de
Sèvres lui doit ses premiers progrès, qu'il la dirigea pen-

dant quarante-quatre ans, et y introduisit d'heureuses réformes au profit de l'art et du bon goût. Non-seulement il avait aidé Caylus à retrouver la peinture encaustique des anciens, mais encore il découvrit une autre espèce d'encaustique dont les Grecs se servaient pour enduire leurs statues de marbre, afin de les préserver des injures du temps.

Les annales de l'émigration française fournissent aussi quelques pages qui ne sont pas sans honneur pour l'industrie.

Parmi les nobles familles que les fureurs de la révolution avaient jetées loin du sol de la patrie, on pourrait en citer un grand nombre qui, dépouillées de toutes leurs richesses, sans asile, sans appui, sans secours, surent se créer de nouvelles ressources par le travail. On reconnut alors la justesse presque prophétique des solennels avertissements de Jean-Jacques Rousseau, de cet éloquent philosophe, si souvent traité de visionnaire, parce qu'il voulait que les riches fissent apprendre des métiers à leurs enfants.

« Vous vous fiez, avait-il dit, à l'ordre actuel de la société, sans songer que cet ordre est sujet à des révolutions inévitables, et qu'il vous est impossible de prévoir ni de prévenir celle qui peut regarder vos enfants. Le grand devient petit, le riche devient pauvre, le monarque devient sujet : les coups du sort sont-ils si rares que vous puissiez compter d'en être exempts? *Nous approchons de l'état de crise et du siècle des révolutions.* Qui peut vous répondre de ce que vous deviendrez alors? Tout ce qu'ont fait les hommes, les hommes peuvent le détruire; il n'y a de caractères ineffaçables que ceux qu'imprime la nature, et la nature ne fait ni princes, ni riches, ni grands seigneurs. »

Quand le moment critique arriva, il fallut bien se rendre à la trop cruelle évidence. Les plus sages surent trouver de la résignation et du courage, et firent tête à l'adversité. Des gentilshommes, accoutumés, dès leur enfance, à une vie molle et brillante, à tous les plaisirs de la société, ne craignirent point de ternir leur blason armorié en se livrant à des professions que, dans d'autres temps, ils eussent regardées comme bien au-dessous d'eux. C'est ce qui a fait dire au poète Delille, le compagnon et le chantre de leur exil :

> Combien l'Europe a vu d'illustres ouvriers
> S'exercer avec gloire aux plus humbles métiers !

Ainsi beaucoup d'émigrés enseignaient le dessin et la musique. D'autres apprenaient aux étrangers les principes de la littérature et de la langue française. D'autres avaient embrassé des professions mécaniques.

Ainsi deux jeunes époux, M. et madame de Latour-du-Pin, qui avaient vécu à la cour de France, qui étaient nés comblés des dons de la nature et de la fortune, qui avaient été élevés dans les habitudes du luxe et de la magnificence,

allèrent se réfugier en Amérique, et devinrent fermiers
sur les bords de la Delaware. M. de Latour-du-Pin, tour
à tour laboureur, bùcheron, architecte, maçon, se char-
geait de tous les travaux que nécessitaient l'embellissement
et l'exploitation de son pétit domaine. Madame de Latour-
du-Pin, métamorphosée en une intelligente et active ména-
gère, faisait elle-mème le pain de la maison, vaquait à
toutes les occupations domestiques, et portait au marché
d'Albany les légumes du jardin et les produits de la basse-
cour.

Ainsi l'on vit à Londres un maréchal-de-camp des armées du roi, M. de Caumont, d'une des plus nobles familles de France, apprendre le métier de relieur.

Ce ne fut pas à demi qu'il fit son apprentissage. En
déposant l'épée et le baudrier doré pour l'humble tablier
d'artisan, il voulait en quelque sorte ne point déroger. Il

avait l'ambition d'exercer sa nouvelle profession en homme de goût; il apprit donc à *débrocher* un volume, à le *battre* sur un bloc de pierre avec un marteau à tête convexe, ou à en passer les feuilles entre les cylindres d'un laminoir, à le coudre avec soin, à le couvrir et à l'*endosser*, à en rogner la tranche et à la couvrir d'une couleur quelconque ou d'une dorure, à révètir la première couverture, qui est de carton, tantôt de basane, tantôt de veau ou de maroquin, tantôt même de satin. En un mot, il s'instruisit à fond de tous les secrets de l'art du relieur, soit pour ce qui concerne le racinage ou la marbrure, soit pour l'impression des titres, soit pour l'exécution à froid des vignettes en creux qui ornent les reliures de luxe.

M. de Caumont avait pu admirer, dans d'autres temps, les riches ouvrages de reliure que nous ont laissés les siècles antérieurs à l'invention de l'imprimerie : ces livres d'Heures sur parchemin enluminé, avec leurs brillantes couvertures enchàssées de topazes et de rubis; ces précieux missels ornés de miniatures de l'art byzantin, tout étincelants d'émeraudes, ayant des fermoirs d'ivoire, d'or ou d'argent, avec l'améthyste au centre, enchàssée dans l'argent blanc et plat, selon l'*us* de saint Éloi, l'argentier et l'orfèvre du roi Dagobert.

Le but de notre artisan n'était pas d'atteindre à cette richesse dans l'art du relieur, mais d'y apporter plus d'élégance. Il y parvint; ses reliures, à la fois solides et légères, avaient une grâce et une élasticité qui leur donnaient un très-grand prix. En peu d'années, il était devenu un des plus habiles ouvriers dans son genre. C'était de son atelier que sortaient les reliures les plus estimées, et souvent les équipages des plus grandes dames de Londres s'arrêtaient à la porte de l'ancien seigneur français qui avait su ne pas déchoir en se faisant ouvrier.

Revenons dans la carrière des inventions. La période qui nous occupe, c'est-à-dire celle qui s'étend du commencement de la révolution à la première année du gouvernement impérial, fut très-féconde sous ce rapport. Nous en avons déjà cité des preuves assez étonnantes. Le sujet n'est point encore épuisé.

La lithographie, cette ingénieuse découverte qui a donné une rivale à la gravure, date de cette époque. « Au commencement de ce siècle, est-il dit dans le *Dictionnaire de la Conversation*, un homme ingénieux proposa un crayon ou une encre avec lesquels, en traçant sur une pierre toute sorte de dessins ou d'écritures, on pouvait obtenir avec netteté et en peu de temps plusieurs centaines d'épreuves donnant sur le papier le *fac-simile* de l'original. Cette heureuse découverte, qui devait presque faire une révolution dans les arts, ne fut acceptée d'abord qu'avec défiance ; on s'étonnait d'un pareil résultat ; la nature pâteuse du crayon, celle d'une encre dont on faisait alors un secret, semblaient déceler quelque charlatanisme.... Cependant la lithographie avançait rapidement vers le progrès, et bientôt rien ne s'opposa plus à sa marche. »

C'est à un pauvre choriste du théâtre de Munich, nommé Aloys Sennefelder, que revient toute la gloire de cette invention.

Le premier, il observa la propriété qu'ont les pierres calcaires de retenir des tracés par une encre grasse et de les transmettre dans toute leur pureté au papier appliqué par une forte pression sur leur superficie. Il reconnut en outre qu'on pouvait répéter le même effet en humectant la pierre, et en chargeant les mêmes traits d'une nouvelle dose de noir d'impression.

En 1800, Sennefelder obtint du roi de Bavière un privilége exclusif, pour l'exercice de son procédé, pendant l'espace de treize années, et forma à Munich un établissement lithographique.

Sennefelder avait découvert, en 1793, la lithographie en Allemagne. Peu après, cette invention fut introduite en France et en Angleterre par M. André de Francfort ; mais le manque de notions suffisantes pour la pratique de cet art l'empêcha de réussir chez nous dans les premiers moments. Ses débuts ne furent pas heureux. Il n'en fut pas de même en Angleterre ; cette découverte y obtint un grand succès.

Ce fut vers 1815 seulement que la lithographie fut transportée à Paris. Depuis cette époque, chaque année a vu apparaître des applications nouvelles de cet art si utile aux arts et à l'industrie. On est parvenu, au moyen de la lithographie, à reproduire, à l'instar de l'imprimerie, mais en écriture cursive, des copies d'un même écrit qu'il serait trop coûteux de transcrire à la main. On a pu exécuter aussi, à très-bas prix, des copies fidèles et pures des tableaux de nos grands maîtres. L'industrie manufacturière s'est à son tour emparée de la lithographie pour embellir une foule de produits ; elle l'a appliquée aux décorations de la poterie, de la faïence et de la porcelaine, aux dessins qu'elle transporte sur les tissus de tout genre, sur les cuirs, sur les bois, sur les métaux vernis, etc.

La France est redevable de cette utile importation à

M. le comte de Lasteyrie. Ce philanthrope éclairé, ayant
reconnu les immenses avantages de ce procédé, fit plu-

sieurs voyages à Munich, et réussit à former à Paris un
établissement qui devint la pépinière de nos premiers li-
thographes français. Quand nous arriverons à notre époque,
nous aurons des perfectionnements à signaler, des procédés
économiques à mentionner. Qu'il nous suffise de dire aujourd'hui que, lors même que la pureté et la vigueur ne se
retrouveraient pas dans la lithographie au même degré de
perfection que dans la gravure; lors même que la lithographie n'aurait, sous le rapport de l'art, presque aucun

des nombreux avantages qu'on ne peut lui contester, encore aurait-elle celui de reproduire avec la plus grande facilité, en tableaux ou dessins d'une exécution commune, mais frappante, une foule de détails qui sont du domaine des sciences et des arts.

La puissance de la vapeur de l'eau avait été jugée capable des effets les plus étonnants. Les lecteurs se souviennent de ce que j'ai dit sur ce sujet en mentionnant les recherches et les travaux des Salomon de Caus, des Papin, des Newcomen. Il était réservé à la science de maîtriser, de diriger cette force mystérieuse de la vapeur, de manière à lui faire rendre les services les plus importants à la navigation, par conséquent au commerce.

Plusieurs essais en ce genre avaient été tentés, avant que la navigation par la vapeur eût été entreprise en grand.

Le savant, l'illustre Arago n'hésite pas à regarder Papin comme le premier qui ait proposé de faire marcher les navires à l'aide de la machine à vapeur, quarante-deux ans avant Jonathan Hull, en faveur de qui les Anglais revendiquent l'honneur de cette découverte.

Les preuves que M. Arago cite à l'appui de son opinion nous semblent sans réplique. Le procédé que Papin avait indiqué pour transformer le mouvement rectiligne du piston en un mouvement de rotation continu, n'est pas inférieur à celui du mécanicien anglais. Quant à la substitution d'une roue à palettes aux rames ordinaires, elle remonte à l'année 1699 ; elle est due à un mécanicien nommé Du Quet.

Jonathan Hull cependant mérite d'être mentionné honorablement pour avoir indiqué des roues à palettes mues par une machine à vapeur, comme un moyen de faire marcher les navires sans vent et sans voiles.

Dès 1775, un des frères Périer avait fait construire un bateau à vapeur. C'était la première tentative de ce genre. Elle ne tarda pas à être suivie de plusieurs autres faites sur une plus grande échelle. En 1778, le marquis de Jouffroy fit naviguer un bateau à l'aide de la vapeur. En 1781, il répéta ses expériences avec un grand bateau de 46 mètres de longueur sur 5 mètres de largeur ; mais le marquis de Jouffroy ayant été forcé d'émigrer par suite des événements de la révolution, tous ces essais demeurèrent sans résultats.

En Angleterre, on fit aussi des expériences nautiques par le même moyen. En 1791, ce fut Miller ; en 1795, lord Stanhope. M. Symington, en 1808, navigua à l'aide de la vapeur dans un canal de l'Écosse.

Il était réservé au célèbre Fulton, dont il a déjà été fait mention à l'occasion du panorama, de faire voir à Paris, en 1803, le premier bateau à vapeur qui ait navigué sur la Seine. Peu d'années après, il contruisait à New-York un bateau du même genre, destiné au transport des hommes et des marchandises, et qui fit le voyage de cette ville à Albany. Ces premières constructions étaient loin d'être perfectionnées comme les élégants bateaux à vapeur, si nombreux aujourd'hui, qu'on voit dans les ports de notre capitale et sur les grandes rivières de France.

Cependant, malgré les améliorations introduites dans la construction des bateaux à vapeur, malgré l'invention de la soupape de sûreté, dont l'idée appartient encore à Papin, et qui est si utile pour prévenir souvent l'explosion de ces machines lorsque la tension de la vapeur se développe avec trop d'énergie; il reste encore à désirer que la théorie et l'expérience fournissent un moyen de maîtriser dans tous les cas la force élastique de la vapeur, dont les terribles effets n'ont que trop souvent entraîné de déplorables accidents.

La chimie, dont nous avons déjà raconté tant de prodiges, parvenait à extraire le sucre d'une humble plante bien négligée jusque-là. Je veux parler de la betterave.

Olivier de Serres, de son temps l'un des plus savants agriculteurs de France, est le premier qui, en 1599, ait parlé de cette plante qui venait d'être apportée d'Italie.

C'est Margraff, chimiste prussien, qui, vers 1747, ayant reconnu les propriétés de la betterave, commença des expériences à l'effet d'en extraire le sucre, ainsi qu'on peut le voir dans ses opuscules chimiques. Mais il ne sut pas tirer parti de cette découverte importante, qui ne reçut tout son développement que long-temps après lui.

Un demi-siècle s'était écoulé lorsque Charles-Frédéric Achard, autre chimiste du même pays, répéta avec succès les expériences de Margraff, en faisant usage de la même betterave (*beta cycla alba*), dont le caractère principal est d'être de la plus grande blancheur possible. S'il n'eut pas la gloire de l'invention, on ne saurait lui contester celle d'avoir exploité le premier les procédés de l'inventeur. Ce fut lui qui, en 1800, donna l'essor à la fabrication du sucre de betterave, dont nous avons vu depuis les immenses progrès.

Dès le mois de juillet de la même année (1800), l'Institut de France avait donné les plus grands éloges à cette invention prussienne, et déclaré qu'elle devait être d'une grande importance pour l'industrie nationale.

Afin de mettre à la disposition d'Achard les moyens d'exploiter plus en grand cette invention si productive, le roi de Prusse donna à ce savant chimiste la terre de Kunern, située dans le cercle de Breslau en Silésie. Achard y établit une fabrique de sucre de betterave, qui acquit un tel degré de prospérité lors du blocus continental, que, pendant l'hiver de 1811, elle fournissait trois cents livres de sucre par jour. Plus tard, il joignit à cette fabrique une école pour l'enseignement de cette nouvelle fabrication du sucre, et cette école fut fréquentée par un grand nombre d'étrangers.

Les procédés employés par Achard sont consignés dans plusieurs ouvrages qu'il a publiés sur la fabrication du sucre de betterave.

On sait que les produits de cette branche d'industrie peuvent aujourd'hui lutter sans grands désavantages avec ceux de l'Inde et des colonies; mais, pour parvenir à ces résultats, la science a dû faire de minutieuses recherches et de grands efforts. Il a fallu aussi encourager, stimuler dans nos provinces la culture de la betterave, principal et indispensable élément de cette fabrication.

M. C. Tollard aîné (article *Betterave* du *Dictionnaire de la Conversation*) revendique l'honneur de cette innovation agricole.

« Avant que la fabrication du sucre de betterave, dit-il, occupât en France tous les esprits, avant que le gouvernement en ordonnât la culture pour remplacer le sucre des colonies, j'avais, dès 1804, annoncé, dans mon *Traité des Végétaux*, la présence du sucre dans cette plante, et parlé des fabriques établies en Prusse par Achard, directeur de la classe de physique de l'Académie des Sciences de Berlin, et, à cette occasion, cet illustre savant m'ayant écrit, le 4 avril 1804, une lettre détaillée que je conserve, de sa terre de Kunern, près Steinau, en basse Silésie, où étaient ses cultures et sa fabrique, j'insérai des notes à ce sujet dans la *Bibliothèque physico-économique* et dans le *Journal des Propriétaires ruraux*. Ainsi, j'ai le premier en France indiqué et proposé la culture en grand de la betterave pour en obtenir du sucre, et, depuis ce temps, j'ai concouru de toutes mes forces à la propagation de cette culture à laquelle. j'ai toujours pris le plus vif intérêt. »

Voulez-vous vous former une idée de l'extension qu'a prise de nos jours cette industrie nouvelle ? Entrez dans quelqu'une de nos nombreuses sucreries : l'activité qui règne

dans leurs ateliers, la belle qualité de leurs produits, la continuité de leurs expéditions attestent assez leur progrès. Peut-être même serait-il temps de lui imposer des limites, de peur qu'une production excessive sans débouchés nouveaux ne devienne une véritable calamité pour les fabricants, et ne porte un coup mortel à un genre d'exploitation d'une utilité si générale.

Notre dessein n'est pas d'offrir à nos lecteurs de sèches tablettes chronologiques, dans lesquelles serait scrupuleusement et minutieusement observé l'ordre des dates pour les hommes comme pour les choses. Il n'entre pas non plus dans notre plan, ainsi que nous l'avons fait observer en commençant cet ouvrage, d'offrir un recueil de notices biographiques détaillées, commençant à la naissance d'un homme célèbre et se terminant exactement à sa mort. Dans l'un et l'autre cas, il eût été indispensable d'adopter une marche différente de celle que nous avons suivie. Voulant surtout passer en revue les illustrations de l'atelier, celles qui, par des inventions utiles ou des bienfaits mémorables, ont des droits sacrés à la reconnaissance et à la vénération des populations ouvrières, il nous a semblé plus opportun et plus intéressant de grouper dans des cadres synchroniques toutes ces figures remarquables à des titres divers, sans nous interdire cependant de jeter quelquefois un coup-d'œil en arrière ou même d'anticiper sur l'avenir, soit pour remonter à l'origine d'une découverte, soit pour en suivre les perfectionnements Tel est le but que nous avons l'ambition d'atteindre, tel est le plan que nous avons suivi jusqu'à présent et que nous suivrons fidèlement jusqu'à la fin de notre tâche. Revenons à nos récits.

Dans les dernières années du dix-huitième siècle et les premières du dix-neuvième, la République française existait encore, mais plutôt nominalement que de fait; sous la main puissante d'un grand homme qui avait révélé son génie extraordinaire par d'immortelles victoires, elle tendait visiblement à se *monarchiser*. Il y avait dans tous les esprits, fatigués des désordres et des malheurs causés par l'anarchie, un besoin de paix intérieure et d'ordre public qui promettait des jours prospères au commerce et à l'industrie.

De toutes parts les ateliers se rouvraient; des chants joyeux s'y mêlaient au bruit des limes mordant le fer ou

des marteaux tombant en cadence sur les enclumes so-
nores. Par suite du nivellement des conditions, opéré par
la Révolution, un nouveau genre d'architecture se mettait
en activité pour construire des habitations plus saines et
plus commodes pour tout le monde, et où les pauvres artisans pussent du moins loger leurs nombreuses et intéressantes familles.

« Le choix des matériaux, dit M. Charles Dupin, leur taille
soignée, leur appareillage précis, voilà ce qui révèle l'opulence des possesseurs. La petite propriété profite de ces progrès qu'elle suit de loin. Le goût est la richesse gratuite d'un
peuple civilisé; il peut embellir l'habitation la plus modeste.
Des ouvertures également espacées, également hautes, également larges, et bien proportionnées, ne coûtent rien de
plus que l'inégalité si bizarre de nos vieilles constructions
où rien n'est pareil, ni symétrique, ni rectiligne, ni régulier; le bon marché des vitrages permet de les avoir
moins exigus; on remplace le contrevent opaque et mal
commode par la persienne, plus légère et plus élégante;
on place dans l'intérieur l'escalier, que jadis on construi-
sait si souvent en dehors, et qui figurait sur la façade
villageoise comme l'oblique galon sur les manches du ser-
gent. Au lieu d'enterrer le rez-de-chaussée, ce qui le rendait obscur, humide et malsain, on l'exhausse; en un mot,
sans accroître la dépense, on assainit, on éclaire, on em-
bellit les moindres habitations. Le paysan même est entraîné par ce progrès; il a fini par concevoir l'utilité d'une

fenêtre et d'un vitrage si long-temps remplacé, même dans les villes chez les artisans, comme un progrès notable, par l'humble papier huilé. Dans beaucoup de localités, le paysan s'accoutume à couvrir en tuiles son habitation; il commence à carreler ou du moins à paver sa chambre; l'escabeau fait place à la chaise; l'armoire en noyer n'est plus l'unique meuble du fermier; le laboureur, petit propriétaire, a conquis ce luxe; il conçoit l'utilité, le *confort* d'une alcôve, et beaucoup d'autres améliorations. »

Toutes ces améliorations ne s'introduisirent que par degrés, mais assez rapidement. Il en fut de même pour l'embellissement de l'intérieur des maisons. La menuiserie, la serrurerie et d'autres arts se mirent à l'œuvre

pour les ornements d'intérieur. On étira les métaux, on plia les feuilles de tôle en cylindres, en moulures de toute espèce. On fit en métal toutes sortes de meubles. On fabriqua en fonte de fer, en stuc, en mastic, des corniches, des frises, des colonnes, des chapiteaux, etc. Le goût du luxe et du bien-être était descendu dans toutes les classes.

Dans le même temps de grands travaux, commencés sous l'ancienne monarchie, étaient repris et poussés avec vigueur.

Louis XVI, dans la pensée de donner à la ville de Cherbourg une haute importance comme place de guerre, comme port militaire et ville de commerce, avait fait commencer des travaux immenses dans cette localité. La proximité du cap de la Hogue, en rappelant le souvenir de l'antique *Coricillum,* ajoutait le plus puissant intérêt à ces travaux. Mais, à l'approche de la tempête révolutionnaire, ils furent tout-à-coup interrompus.

Il s'agissait de donner à cette ville déjà fortifiée et commerçante deux ports entièrement séparés l'un de l'autre, l'un réservé aux navires du commerce, l'autre aux bâtiments de l'État. Il s'agissait surtout de former une digue capable de protéger le mouillage de la rade. La construction de cette digue présentait de si grandes difficultés qu'on la regardait avec raison comme une entreprise gigantesque. La profondeur des eaux dans les plus basses mers de l'équinoxe semblait rendre impossible son exécution.

Mais l'homme de génie et de puissante volonté, qui disait et qui prouva tant de fois par ses actions, que le mot *impossible* ne devait pas être français, résolut de réaliser les grands travaux projetés. C'était au commencement de 1803. Le héros d'Italie et d'Égypte n'était encore que premier consul de la République française. Sur le plan de l'ingénieur Cachin, il ordonna la construction du port de Cherbourg, à cinquante pieds de profondeur au-dessous des hautes marées, pour y recevoir les plus gros bâtiments de guerre.

Cet ordre est à peine donné, que de nombreux ouvriers sont déjà en train de le mettre à exécution. Des cônes en charpente, de 69 pieds de hauteur, de 60 de diamètre à leur sommet et de 140 pieds à leur base, sont employés pour commencer la construction de la digue. Ces cônes, remplis de pierres, sont coulés à fond, et les intervalles comblés en pierres perdues. D'abord renversés par les efforts de la mer, c'est à force de pierres accumulées qu'ils ont pu résister à la violence des tempêtes. Cette masse, qui préserve des lames les vaisseaux mouillés dans la rade, se compose de cinq cent mille toises cubes de pierres perdues et de blocs énormes de granit et de grès, tirés de la montagne du Roule. L'objet de cette digue est de rompre l'effort des vagues et des courants pour procurer du calme dans l'intérieur, et de défendre la partie de la rade qui se trouve hors de la portée de l'artillerie des forts.

Il serait trop long d'énumérer les travaux faits à Cherbourg depuis cette époque. Ils sont immenses, et il en reste encore à exécuter. La rade offre maintenant un très-bon mouillage; elle est défendue par trois forts : le Fort

Royal, le Fort d'Artois et celui de Querqueville. Le port
de commerce est très-commode ; c'est là que se réfu-
gient tous les caboteurs qui naviguent dans ces parages.

Quant au port militaire, il est défendu par une enceinte
bastionnée avec un fossé en partie à sec. Creusé dans le
roc du Galet, il présente un avant-port, où, même pendant la mer basse, les vaisseaux ont 25 pieds d'eau. Les
navires y arrivent en tout temps, y stationnent en sûreté
et sont constamment à flot dans tout état de marée. Il est
entouré des magasins et des bâtiments relatifs au service,
et peut contenir trente vaisseaux de ligne.

Mais nous avons hâte de parler de quelques hommes de
la science qui ont rendu de grands services à l'industrie
et à l'humanité tout entière, principalement à la grande
famille des artisans.

D'abord, c'est Guyton de Morveau qui, par l'admirable découverte des propriétés du chlore, parvient à détruire les odeurs funestes et le danger que produisent les matières animales ou végétales en putréfaction. Les procédés de Guyton de Morveau avaient pour objet de désinfecter les hôpitaux et les prisons; maintenant on les étend aux simples habitations, aux ateliers, aux manufactures qui produisent des odeurs funestes à la santé ou nauséabondes.

Berthollet, autre chimiste, disciple et collaborateur de Lavoisier, a marqué sa place dans les annales de l'art du teinturier, en indiquant le moyen de teindre par l'acide muriatique oxigéné.

Mais il rendit un service encore plus signalé à l'industrie. Il était alors directeur des teintures aux Gobelins, et fort occupé de recherches sur les procédés relatifs à un art aussi étendu. Ce fut au milieu de ces travaux qu'il trouva l'une des plus belles et des plus utiles applications de la chimie moderne aux arts, en décrivant les moyens de blanchir les toiles par le moyen du chlore.

« Les toiles, dit M. Gaultier de Claubry, sortant des mains de l'ouvrier qui les a tissées, présentent une teinte plus ou moins sensible; pour recevoir des couleurs brillantes qui n'en éprouvent pas d'altération, il faut que cette teinte ait disparu, et que le tissu soit amené au blanc parfait. Un seul moyen était alors mis en usage pour le produire, l'exposition sur le pré; la matière colorante, décomposée par l'action de la lumière et de l'humidité, était enlevée par des lessives convenables, mais ce procédé était long et exigeait de grandes surfaces de terrain. Berthollet trouva le moyen de le remplacer par un autre tout chimique, qui est maintenant généralement répandu. »

. Ce procédé de blanchiment a été employé aussi à la préparation de la pâte du papier, à laquelle il donne un éclat que l'on pouvait à peine obtenir par les moyens employés jusque-là.

Berthollet unissait à une haute capacité scientifique un

caractère noble et énergique. M. Pariset raconte, dans l'éloge qu'il a consacré à ce grand chimiste, un trait qui

mérite en effet d'être cité. Pendant la Révolution, alors
qu'il fallait obéir sous peine de mort aux moindres ordres
des hommes de sang qui s'étaient constitués les tyrans de
la France, Berthollet fut chargé d'examiner de l'eau-de-vie
qu'on prétendait empoisonnée. Le savant, n'ayant rencontré dans cette liqueur aucune substance nuisible, consigna
dans un rapport le résultat de ses essais favorables au
fournisseur. Mais comme on voulait perdre cet homme,
et qu'il était accusé par des hommes qui ne voulaient que
s'emparer de ses richesses, ce rapport n'était point de nature à les satisfaire. Ils mandèrent donc Berthollet pour
l'interroger à ce sujet. Ses réponses furent parfaitement en
harmonie avec son rapport.

— Es-tu sûr de ce que tu dis? lui demandèrent ces
hommes avec férocité.

— Très-sûr, répondit le savant d'un ton calme.

— Ferais-tu sur toi l'épreuve de cette eau-de-vie?

Pour toute réponse, Berthollet en but tranquillement
un verre.

— Tu es bien hardi, reprit l'un des interrogateurs.

— Moins que je ne l'étais en écrivant mon rapport, ré-
pliqua tout aussitôt le courageux chimiste.

Ce fut dans les dernières années du dix-huitième siècle
que la science vint offrir au monde le moyen de combattre
la petite vérole, cet horrible fléau qui décimait chaque
année les populations des villes et des campagnes, sévis-
sant avec plus de fureur encore contre les classes nécessi-

teuses, privées des soins que peut permettre la fortune ou l'aisance.

L'inoculation de la petite vérole était déjà un grand bienfait, puisqu'elle rendait beaucoup moins redoutables les effets de cette cruelle et hideuse maladie; mais la vaccine, en offrant la possibilité de la bannir tout-à-fait du milieu de nous, tenait en quelque sorte du prodige.

Dans plusieurs provinces de l'Angleterre, renommées par la fertilité de leurs pâturages, notamment dans le comté de Glocester, les vaches sont sujettes à une éruption de boutons, ou pustules irrégulières, qui se manifestent au pis de ces animaux. On avait fait la remarque que ces boutons se communiquaient aux filles de basse-cour chargées du soin de traire les vaches qui en étaient infectées. On avait également remarqué que les personnes qui avaient contracté cette irruption cutanée étaient toujours préservées de la contagion de la petite vérole. Toutefois cette croyance ne passait que pour une tradition populaire.

Le docteur anglais Jenner crut devoir soumettre ce fait à des expériences pour en constater la valeur. Un grand nombre d'individus qui, plus ou moins long-temps auparavant, avaient pris la vaccine en soignant les vaches, furent inoculés par le médecin anglais selon le mode ordinaire, et aucun d'eux ne put en contracter la contagion. La bénignité de la maladie, chez les personnes qui l'avaient reçue ainsi de l'animal même, le détermina à l'inoculer à différents sujets qui ne l'avaient jamais eue; et ces

individus, soumis ensuite à l'inoculation variolique ordinaire, n'en éprouvèrent, comme les premiers, aucun effet
sensible. « Ces expériences, disent les auteurs du *Nouveau
Dictionnaire des Origines*, furent répétées à Londres ; de
nombreuses inoculations de vaccine furent faites sur des
sujets de différents âges, et furent couronnées d'un succès
complet. »

Ainsi, la vaccine était découverte, et son efficacité mise

hors de doute. Ainsi c'était en extrayant le virus des pustules d'un pis de vache, que Jenner avait trouvé le remède
préservatif de la petite vérole.

La renommée de cette intéressante découverte arriva bientôt à Paris ; de nouvelles expériences eurent lieu ; la vaccine
se propagea, et dans l'espace de trois ou quatre ans, de 1798
à 1802, elle avait fait le tour de l'Europe et pénétré dans

l'Asie. Bientôt les poètes célébrèrent à l'envi ce nouveau
bienfait de la Providence. Les amateurs de beaux vers ont
retenu les suivants qui contiennent tout à la fois un éloge
vrai de la vaccine et un utile avertissement adressé aux
familles et aux gouvernements :

> Prévenez le malheur que ma muse déplore,
> Votre jeune famille avec moi vous implore ;
> Vous, simples villageois, d'éternels préjugés,
> De fantômes, d'erreurs, d'ignorance assiégés,
> Hâtez-vous, le temps fuit et l'enfance succombe :
> De vos fils au berceau ne creusez pas la tombe ;
> Et s'il faut quelque jour que vous pleuriez leur mort,
> Qu'au moins leur souvenir ne soit pas un remord.
>
>   Et vous qui des États portez le poids immense,
> Monarques, achevez ce qu'un sage commence !
> En veillant sur nos jours faites chérir vos droits ;
> Aux bienfaits du génie associez les rois ;
> Que, dans chaque cité, le prévoyant hospice
> Offre à l'art de Jenner un asile propice ;
> Qu'instruit par vos leçons, le prêtre des hameaux
> Décide enfin le pauvre à fuir un de ses maux ;
> Et que le monstre impur, comme la lèpre immonde,
> Avec son masque affreux disparaisse du monde.
>
>   SOUMET.

L'Angleterre n'a pas seule la gloire d'avoir découvert la
vaccine. Rabaud-Pommier, frère de Rabaud-Saint-Étienne,
ministre protestant, avait eu la première notion de cette
précieuse découverte avant que les Anglais eussent rien observé à ce sujet. Quoi qu'il en soit, Jenner a toujours

l'honneur d'avoir, par ses expériences, constaté l'efficacité de la vaccine, et de l'avoir mise le premier en pratique. Bienfait immense, dont l'importation et la propagation en France sont dues, ainsi que nous l'avons déjà dit, au zèle éclairé, à la vertueuse philanthropie de La Rochefoucauld-Liancourt! Bienfait merveilleusement providentiel, qui dérobe à la mort ou à de hideuses infirmités les générations appelées à nous remplacer, qui double les populations auparavant décimées par un fléau destructeur, et rend par conséquent d'éminents services à l'agriculture et à l'industrie, en leur conservant des milliers de bras sains et vigoureux que ne sauraient rebuter les travaux les plus rudes!

Si nous tournons un instant nos regards vers l'agriculture, cet art qui fournit la principale nourriture de l'artisan, nous avons à rendre un juste hommage à la mémoire de Brémontier, physicien et naturaliste. On lui est redevable de la fixation des sables et de la plantation des dunes du golfe de Gascogne. Il inventa des procédés ingénieux pour arrêter la marche progressive des montagnes mobiles de sable qui menaçaient d'envahir de proche en proche tous les champs cultivés et de les frapper de stérilité. Il sut aussi fertiliser ces terres sablonneuses et les rendre propres à la végétation.

Peu de temps après la mort du malheureux Louis XVI, notre agriculture et notre industrie commençaient à jouir d'une pacifique conquête faite sur un pays voisin. Je veux parler de ces mérinos d'Espagne, à la toison si riche et si belle, dont les troupeaux, durant la belle saison, paissent en liberté dans les pittoresques montagnes de l'Ibérie.

Le gouvernement espagnol ne permettait pas au commerce d'exporter des béliers et des brebis de la race pure des mérinos. Ce n'était donc qu'à grand'peine, et seulement comme objet de curiosité que Louis XVI avait pu obtenir quelques individus de cette espèce précieuse, qui furent placés dans la terre royale de Rambouillet. « C'est de là, dit M. Charles Dupin, que sont sortis les premiers animaux de cette espèce livrés à l'économie particulière. Chose étrange ! pour propager avec plus de rapidité les élèves de ce troupeau, l'on proposait aux agriculteurs de leur confier sans rétribution les plus beaux béliers ; mais les agriculteurs ne mettaient aucun prix à ce qu'on leur offrait sans exiger un prix. On résolut enfin de *vendre* les animaux disponibles ; dès cet instant, ils furent recherchés, et la valeur s'en accrut avec rapidité. »

Daubenton, l'illustre collaborateur de Buffon, mérite une reconnaissance éternelle pour les services qu'il rendit à la France, en faisant éclore, pour ainsi dire, cette nouvelle branche d'industrie, aujourd'hui la source de tant de richesses. Je laisse parler le savant que je viens de citer tout à l'heure :

« De 1766 à 1800, dit-il, Daubenton se délasse en quelque sorte de ses grands travaux d'anatomie comparée, en se livrant à l'élève des bêtes à laine de race espagnole Il en étudie l'hygiène, la nourriture, le parcage, la propagation, et le croisement avec nos brebis indigènes ; il découvre l'affinement des toisons par la continuité des soins les plus éclairés, appliqués aux races pures ; il invente un micromètre, pour mesurer les proportions de finesse des toisons les plus délicates ; voilà les travaux du savant. Il s'adresse aux propriétaires, il leur ouvre sa bergerie de Montbard, qui devient une école de bergers ayant pour maître un professeur de génie. Il présente ses produits aux plus habiles fabricants de tissus, afin de leur prouver, comme premier succès, que les laines espagnoles ne dégénèrent pas pour être produites sur le sol français : il faut dix-sept ans, à lui, Daubenton ! avant qu'il obtienne de nos manufacturiers une simple expérience, en 1783, pour démontrer ce fait si précieux à la France, mais que repoussaient des préjugés opiniâtres. Le savant va plus loin ; il affirme que, par ses méthodes, les bêtes à laine de race mérinos procurent des toisons plus fines et plus égales que les plus beaux produits des races léonaises : il faudra quarante ans encore avant que l'industrie française admette cette vérité comme un fait incontestable.

» L'infatigable Daubenton ne suspend ses études les plus profondes qu'afin d'écrire, en faveur de l'agriculture, des instructions populaires qui démontrent tous les avantages qu'offre l'élève des mérinos purs ou métis, soit pour leurs produits directs, soit pour aider aux assolements d'une culture perfectionnée. Il rédige des manuels élémentaires en faveur des simples bergers, de ces hommes dont l'intelligence et les soins exercent tant d'influence sur la prospérité des troupeaux.

» Sous la Convention nationale, lorsque Daubenton eut besoin d'une carte de sûreté pour rester en paix le plus utile des citoyens, il l'obtint à titre de berger. Sept ans plus tard, lorsque le premier consul voulut composer un sénat conservateur, où l'on devait entrer sans autres droits que ceux des grands services rendus à la patrie, il alla chercher Daubenton à sa bergerie, pour le placer à côté des généraux, des magistrats et des savants les plus illustres de cette époque. Certes ! l'émule de Buffon aurait pu s'asseoir au sénat français, comme le chancelier d'Angleterre à la chambre des lords, sur le sac de laine, symbole des richesses indivises des arts manufacturiers et de l'agriculture. »

Dans les périodes suivantes, j'aurai plus d'une fois occasion de signaler les développements merveilleux de l'industrie créée pour ainsi dire par Daubenton.

L'année 1802 vit mourir un célèbre horloger, Jean-Baptiste Lepaute. Disons quelques mots de cette famille d'illustres artisans, qui brille au premier rang dans les fastes de la grande horlogerie civile.

Jean-André Lepaute, le frère aîné de celui que je viens de citer, né à Montmédy en 1709, s'était rendu de bonne heure à Paris, où il s'était lié d'amitié avec le géomètre Clairaut et l'astronome Lalande. Il exécuta, en 1753, pour le palais du Luxembourg, la première horloge horizontale qu'on eût vue jusqu'alors. On a donné ce nom aux horloges dont la cage est couchée et dont les roues sont placées les unes à la suite des autres. Il inventa l'échappement à chevilles, qui passe pour un des meilleurs, et présenta, en 1754, au roi Louis XV, une horloge qui n'avait qu'une seule roue.

On cite aussi de lui une horloge dont le pendule était entretenu en mouvement par les impulsions qu'il recevait des queues des marteaux lorsque l'horloge sonnait. Les oscillations du pendule faisaient marcher les aiguilles. Dans son *Traité d'Horlogerie*, il donne la description d'une horloge qui n'a jamais besoin d'être remontée ; et toutefois ce n'est pas un mouvement perpétuel dans la stricte acception du mot. Un courant d'air faisait tourner un moulinet, lequel imprimait le mouvement à un engrenage qui remontait le poids de l'horloge. On cite encore son horloge qu'il appelait *polycamératique*, parce qu'elle donnait l'heure dans les divers appartements d'une maison. Jean-André Lepaute rendit de grands services à son art ; il fut du petit nombre des artistes qui savent joindre à la pratique les théories des sciences physiques et mathématiques.

Quant à Jean-Baptiste Lepaute, il fut le compagnon assidu des travaux de son frère, et continua ses succès. Son

ouvrage le plus renommé est la belle horloge de l'Hôtel-
de-Ville de Paris qui passe pour un chef-d'œuvre.

L'art de l'horlogerie lui est redevable de l'heureuse idée
de pratiquer les trous destinés à recevoir les pivots des
arbres des roues dans des bouts de cylindres qu'il appelait
des *bouchons* et qui entrent à vis dans les barres formant
la cage d'une horloge, de sorte qu'en dévissant ces bouchons, on a la faculté d'enlever telle roue que l'on veut
sans déplacer ni démonter la cage.

Un autre artiste, qui fut l'émule de Bréguet, mérite, à
plusieurs titres, de figurer dans notre galerie; c'est Ferdinand Berthoud, qui a transmis à ses descendants sa
science et son talent. Suisse de naissance, et destiné par
sa famille à l'état ecclésiastique, il fut entraîné vers l'art
de l'horlogerie par son goût particulier, et vint, jeune
encore, à Paris pour s'y perfectionner dans la pratique de

son art et dans l'étude de la mécanique. C'était vers le milieu du dernier siècle. Dès-lors la France devint pour lui une seconde patrie.

Ferdinand Berthoud est le premier qui ait solidement établi la théorie des machines destinées à mesurer le temps relativement à l'usage civil, à l'astronomie et à la naviga-tion. Son *Essai sur l'Horlogerie* et son *Traité des Hor-loges marines* sont des monuments précieux pour l'indus-trie nationale.

Ses horloges marines furent éprouvées par Borda et plu-sieurs autres savants, qui vérifièrent qu'elles faisaient con-naître la longitude en mer à un quart de degré ou cinq lieues au plus, après une traversée de six semaines. On a pu remarquer aussi que l'explosion des canons ne trou-blait pas la régularité de leur mouvement. Ferdinand Berthoud, membre de l'Institut comme Bréguet, contribua comme lui au progrès des sciences, soit par ses découvertes, soit par ses belles expériences.

Cet horloger illustre avait formé un élève digne de lui. C'était son neveu, Louis Berthoud, qui remporta le prix de l'Institut, en 1799, au sujet d'un chronomètre à division décimale du temps. Il fabriquait des chronomètres dont la précision et la beauté étaient appréciées de tous les savants. Aussi ce savant artiste obtint-il, avec le titre d'horloger de la marine, la mission de former des élèves dans son art. Plus tard, les fils de Louis Berthoud prouveront, par leurs succès aux expositions de l'industrie, qu'ils sont loin d'avoir dégénéré.

Rien ne fait tant d'honneur aux arts que l'hérédité du talent et de la gloire dans les familles. J'en ai déjà cité plusieurs exemples. La fin du dernier siècle m'en offre encore un dans l'histoire de l'horlogerie, que je me garderai bien de passer sous silence.

Reportons-nous à l'année 1686. A cette époque naquit à Tours Julien Leroy, qui, dès sa plus tendre enfance, fit paraître un goût décidé pour la mécanique. Il avait à peine treize ans qu'il fabriquait de lui-même de petits ouvrages d'horlogerie. Quelques années après, il se rendit à Paris pour se perfectionner dans la théorie et dans la pratique de son art. Ses succès ne tardèrent pas à le faire distinguer dans sa profession. Jusque-là les Anglais avaient été nos maîtres dans l'art de l'horlogerie. Mais bientôt les inventions et la perfection de ses montres leur prouvèrent qu'on pouvait les égaler.

Graham, le plus célèbre horloger de Londres, rendit justice au talent de l'horloger français, et dit en examinant une de ses montres à répétition : « Je souhaiterais d'être moins âgé, afin de pouvoir en faire sur ce modèle. »

Voltaire disait un jour à l'un des fils de Julien Leroy : « Le maréchal de Saxe et votre père ont battu les Anglais. »

Il faut ajouter à la louange de Julien Leroy qu'il était bienfaisant, qu'il aimait à cultiver les talents naissants parmi ses ouvriers, qu'il leur ouvrait sa bourse, et que lorsqu'il était satisfait de leurs travaux, il avait coutume d'en porter le prix fort au-delà de leurs espérances.

Après lui, son fils aîné Pierre Leroy, formé par son exemple et par ses leçons, fut couronné par l'Académie des Sciences pour ses montres marines, aussi remarquables par leur précision que par leur simplicité. « Nous devons à Pierre Leroy, dit un savant, d'avoir trouvé le premier l'échappement libre à détente et les balanciers compensés, d'avoir démontré la possibilité d'obtenir l'isochronisme des vibrations du balancier à spirale, d'avoir découvert et signalé les effets de la résistance d'un air plus ou moins dense sur la marche des chronomètres. »

Ce sont les travaux ingénieux de tous ces immortels artistes qui inspiraient à Delille quelques-uns des beaux vers dans lesquels il a célébré plusieurs des inventions des arts appliquées aux besoins de l'homme.

> L'ombre, le sable et l'eau lui mesuraient les jours,
> Un balancier mobile en divise le cours ;
> Des rouages savants ont animé l'horloge ;
> Et la montre répond au doigt qui l'interroge.
> Quel Dieu sut mettre une âme en ces fragiles corps ?
> Comment sur le cadran qui cache leurs ressorts,
> Autour des douze sœurs qui forment sa famille,
> Le temps, d'un pas égal, fait-il marcher l'aiguille ?
> Art sublime, par lui la durée a ses lois,
> Lés heures ont un corps et le temps une voix.

Depuis l'invention d'Argand de Genève, l'art du lampiste avait reçu de grands perfectionnements.

Je trouve d'abord le thermolampe de Lebon, qui date de 1799, et qui, deux ans après, valut à son inventeur la médaille d'or à l'exposition des produits de l'industrie. Lebon avait trouvé le moyen de condenser en quelque sorte la flamme produite par la combustion ordinaire, de manière à la rendre assez vive pour suffire à l'éclairage d'un appartement, d'un vestibule ou d'un escalier.

Comme le fait observer M. Charles Dupin, Lebon pratiquait à sa manière l'éclairage obtenu par la combustion du gaz hydrogène carboné, éclairage employé plus tard sur la voie publique, et dont nous aurons occasion de parler.

Après le thermolampe se présente la lampe *docimastique*,

ou fontaine de feu, propre à la soudure des métaux, à la manipulation du verre et aux essais minéralogiques. Cette invention était due à Bortin.

Jusque-là, pour alimenter les lampes d'huile, on était obligé de placer le réservoir au-dessus du bec, ce qui avait l'inconvénient de produire une ombre gênante. Il y avait donc lieu à un perfectionnement ayant pour objet de faire disparaître ce désagrément, et d'épargner à la main de l'homme le soin fastidieux d'amener fréquemment à la hauteur convenable l'huile destinée à alimenter la lampe. Il s'agissait de trouver un niveau constant, afin que l'intensité de la lumière fût toujours la même.

Carcel, dont le nom, comme celui de Quinquet, jouit d'une célébrité universelle, fut le premier qui, vers 1800, construisit une lampe dont la flamme répandait de la lumière de tous côtés sans aucune ombre. L'inventeur obtint ce résultat au moyen d'un mouvement d'horlogerie caché dans l'intérieur de la lampe.

L'invention de la lampe-Carcel est basée sur le principe que si le réservoir d'huile se trouvait dans le pied de la lampe, on pourrait, en faisant jouer de temps en temps une petite pompe, faire monter une quantité suffisante de liquide autour de la mèche. « Un rouage animé par un ressort, est-il dit dans le *Dictionnaire de la Conversation*, et que l'on remonte comme une horloge, fait fonctionner deux pompes qui élèvent constamment jusqu'au bec une quantité surabondante d'huile. Ce rouage marche pendant 8, 10 heures sans qu'on ait besoin de le remonter. Il y a lieu de penser que si l'inventeur de ce mécanisme avait vécu plus long-temps, il aurait successivement apporté à sa découverte les divers perfectionnements dont elle est susceptible, et que l'usage lui aurait signalés. Il se serait sans doute attaché à en réduire surtout le *prix de revient ;* car, aujourd'hui encore, la lampe qui porte son nom, fabriquée par les exploitateurs de son brevet, est d'une acquisition fort coûteuse. »

Quoi qu'il en soit, la lumière d'une lampe-arcel est tellement vive que l'œil ne saurait la fixer sans danger, ou du moins sans fatigue. C'est pourquoi on l'a environnée tantôt d'un garde-vue en gaze, tantôt d'un globe en verre dépoli, et plus tard d'une enveloppe cylindrique ou prismatique de porcelaine, dans laquelle on a fait des empreintes de bas-reliefs en creux, de telle sorte que la lumière, en traversant la porcelaine, produit des ombres harmonieuses assez semblables à celles d'une gravure à la manière anglaise.

Carcel eut des rivaux dans les frères Girard, qui arrivèrent au même résultat que lui, par une application ingénieuse de la fontaine hydrostatique.

Pendant que ces inventions venaient enrichir le domaine de l'industrie, nos armées, défendant avec une énergie héroïque le territoire de la République française, répondaient par des victoires aux attaques incessantes d'une coalition formidable. Pourtant ces braves soldats, ces régiments de héros qui volaient si gaîment à la mort, étaient dans un dénûment absolu des choses les plus indispensables.

Dans nos camps, l'enthousiasme patriotique tenait lieu

de tout, et donnait la force de supporter les plus dures privations. Le chant inspiré de la *Marseillaise* remplissait toutes les âmes d'une généreuse ardeur. La gloire semblait indemniser de tous les sacrifices. Courir à l'ennemi, le repousser ou le battre : telle était la pensée qui fermentait dans tous les rangs. Le jeune homme devenu soldat, souvent malgré lui, par la loi de réquisition, rivalisait de zèle avec l'enrôlé volontaire. Des soldats, à peine sortis de la première adolescence, devinant leur génie sur les champs de bataille, acquéraient en quelques rapides campagnes le grade de général, et maniaient le commandement avec une habileté peu commune, unissant à une prudence réfléchie l'intrépide courage de la jeunesse. Combien de héros d'alors eussent pu dire comme celui de Corneille :

> Je suis jeune, il est vrai ; mais aux âmes bien nées
> La valeur n'attend pas le nombre des années.

Cette jactance dramatique ne convenait point à nos guerriers de cette valeureuse époque. C'étaient des hommes de cœur et d'actions, et non pas de ces hommes de paroles vaines et fanfaronnes comme nous en avons tant vu depuis. Souvent ils manquaient de pain, souvent ils n'avaient que des lambeaux pour habits ; mais ils n'en portaient pas moins la tête haute, leurs mains n'en tenaient pas moins ferme leurs armes terribles, et ils n'en comptaient pas plus les ennemis qu'ils avaient à combattre.

Maintes fois, dans ce temps-là, les bivouacs de nos armées offrirent un spectacle grotesque et sublime tout à la fois. On vit des soldats, profitant d'un moment de loisir, occupés à réparer des chaussures auxquelles il ne restait qu'un simulacre d'empeigne et de semelle, tandis que des sentinelles, traînant fièrement à leurs pieds de gros et lourds sabots, faisaient leur faction, l'arme au bras, avec une mine aussi martiale que s'ils eussent pu faire parade d'un brillant uniforme.

Le gouvernement avait un vif désir de pourvoir à des besoins si urgents; mais le moyen d'y parvenir n'était point à sa disposition. Pour entretenir de chaussures les nombreuses armées disséminées sur tous les points de la République, il aurait fallu fabriquer des quantités de cuir tout-à-fait en disproportion avec les procédés employés jusque-là pour leur préparation. Plus d'une année était nécessaire pour fournir la matière première destinée à cet usage. Et cependant il fallait à tout prix des chaussures pour nos soldats.

Armand Seguin fut, sous ce rapport, la providence du gouvernement républicain. A force de recherches, il découvrit un mode de tanner les cuirs, qui réduisait à un mois la durée de cette fabrication si longue auparavant. Quoique son procédé laissât beaucoup à désirer pour la qualité des produits, il procura néanmoins de grands avantages par son application.

La science s'occupait aussi avec sollicitude des moyens d'adoucir le sort de quelques-uns de nos soldats mutilés par la guerre. Des bras artificiels étaient imaginés par l'art de la mécanique pour remplacer ceux qui avaient été dévorés par le feu de l'ennemi, ou qui étaient tombés sous le fer salutaire d'un habile opérateur.

Ces essais n'avaient pas précisément le mérite de l'invention ; mais on ne saurait leur contester ceux de l'intention et de l'utilité.

Dès 1761, le mécanicien Laurent ou plutôt Laurens, fils d'un simple éclusier de Bouchain, devenu célèbre par des prodiges de mécanique, et qui devait tout à son génie, car il manquait presque entièrement d'instruction, avait donné un mémorable exemple de cette heureuse application de son art. Déjà Laurens avait fait exécuter dans les provinces de Flandre et de Hainaut des desséchements re-

connus jusqu'alors impraticables ; déjà il avait facilité la
navigation de la Scarpe, et construit sur les autres rivières
des écluses plus commodes. Il avait aussi inventé la machine connue sous le nom de *grand puits*, dont on se
servit en Bretagne pour purger à la fois les mines de
toutes leurs eaux incommodes et en extraire les métaux.
La jonction de l'Escaut et de la Somme présentait des difficultés insurmontables : Laurens avait conçu le projet de
les vaincre, en creusant un canal souterrain de trois lieues
d'étendue, dont le niveau devait rejoindre l'Escaut à qua-
rante-cinq pieds au-dessus de sa source, et la Somme à
quinze pieds au-dessous de son lit. On devait encore à cet
habile homme la belle cascade de Brunoy et celles de
Chanteloup.

Mais je dois mentionner surtout ici le bras que Laurens
fit pour un soldat invalide, et à l'aide duquel celui-ci put
écrire en présence du roi et lui présenter un placet, quoiqu'il ne lui fût resté que quatre à cinq pouces du bras
gauche, et rien du droit.

Les travaux de Laurens ont été célébrés dans une épître
que lui adressa l'un de nos plus illustres poètes, et dans laquelle nous trouvons, relativement au bras mécanique, cette
touchante apostrophe à l'invalide mutilé :

> Tu sentis le pouvoir de ses mains bienfaisantes ;
> Tu les mouilles encor de tes larmes touchantes,
> Infortuné mortel ! heureux dans ton malheur,
> Par ses rares talents, plus encor par son cœur !

Je crois voir le moment où, des traits de la foudre,

Tes bras au champ de Mars furent réduits en poudre ;

Je crois te voir encor, meurtri, défiguré,

Traînant le reste affreux de ton corps déchiré,

Te montrer tout sanglant à sa vue attendrie :

La pitié qui lui parle enflamme son génie.

O prodige ! ton bras reparaît sous sa main,

Ses nerfs sont remplacés par des fibres d'airain.

De ses muscles nouveaux essayant la souplesse,

Il s'étend et se plie, il s'élève et s'abaisse.

Tes doigts tracent déjà le nom que tu chéris :

La nature est vaincue, et l'art même est surpris.

Long-temps avant le mécanicien dont je viens de parler, on avait déjà vu d'heureux essais en ce genre. Ambroise Paré, le célèbre chirurgien du seizième siècle, parle dans un de ses ouvrages de figures, de bras et de mains artificiels en fer battu. Je lis aussi dans un des éloges de Fontenelle : « Sur la réputation du P. Sébastien Truchet, Gunterfield, gentilhomme suédois, vint à Paris lui redemander, pour ainsi dire, ses deux mains, qu'un coup de canon lui avait emportées : il ne lui restait que deux moignons au-dessus du coude. Il s'agissait de faire deux mains artificielles, qui n'auraient pour principe de leur mouvement que celui de ces moignons, distribué par des fils à des doigts qui seraient flexibles. On assure que l'officier suédois fut renvoyé au P. Sébastien par les plus habiles Anglais, peu accoutumés cependant à reconnaître aucune supériorité dans notre nation. Une entreprise si difficile, et dont le succès ne pouvait être qu'une espèce de miracle, n'effraya pas tout-à-fait le P. Sébastien. Il alla même si loin, qu'il osa exposer aux yeux de l'Académie et du public *ses études*, c'est-à-dire ses essais, ses tentatives, et différents morceaux déjà exécutés, qui devaient entrer dans le dessein général. Mais feu Monsieur eut alors besoin de lui pour le canal d'Orléans, et l'interrompit dans un travail qu'il abandonna peut-être sans beaucoup de regret. En partant, il remit le tout entre les mains d'un mécanicien, dont il estimait le génie, et qu'il connaissait propre à suivre ou à rectifier ses vues. C'est Duquet, dont l'Académie a approuvé différentes inventions. Celui-ci mit la main artificielle en état de se porter au chapeau de l'officier suédois, de l'ôter de dessus sa tête et de l'y remettre. Mais cet étranger ne put faire un assez long séjour à Paris, et se résolut à une privation dont il avait pris peu à peu l'habitude. Après tout cependant on avait trouvé de nouveaux artifices, et passé les bornes où l'on se croyait renfermé. Peut-être se trompera-t-on plutôt en se défiant trop de l'industrie humaine qu'en s'y fiant trop. »

A l'époque de nos grandes guerres de la République, cette utile invention se reproduisit, mais avec des perfectionnements.

En 1798, Thévenin obtint une médaille du Lycée des Arts pour l'invention d'une main artificielle imitant parfaitement les mouvements d'une main naturelle et dont l'extrémité des doigts était garnie de boutons mobiles qui, légèrement pressés, faisaient mouvoir des ressorts indiquant au moignon le degré de pression que les doigts opéraient sur l'objet saisi.

En 1801, Bernard, maître d'écriture à Paris, inventa un bras artificiel supplémentaire, dont l'ingénieux mécanisme donnait, à l'homme sans bras qui s'en servait, la facilité d'écrire et de tailler ses plumes. Un invalide, qui avait laissé ses deux bras sur le champ de bataille, fit

l'expérience de ce bras en présence d'une nombreuse assemblée. Il écrivit, tailla ses plumes avec tant de succès que tous les spectateurs étaient dans l'admiration.

Les progrès de la minéralogie, de la physique et de la chimie avaient préparé et assuré ceux des arts céramiques, c'est-à-dire ceux qui produisent pour les constructions la brique, les tuiles, etc., et, pour une foule d'usages domestiques, les objets de poterie. Vers la fin du siècle dernier, un potier très-habile, nommé Fourmy, s'efforça de perfectionner la poterie commune en obtenant un tissu moins poreux, un vernis entièrement terreux, et fusible comme s'il était plombifère. Il réussit quant aux qualités, mais en élevant les prix ; il n'en fallut pas davantage pour empêcher que les produits de sa nouvelle industrie ne devinssent populaires.

On vit, à l'exposition de 1802, un très-grand ouvrage en terre cuite, façonné à la manière de la plastique grecque et romaine. C'était la lanterne de Démosthène, rotonde

corinthienne, élégante et légère, qui fut placée peu de temps après dans le parc de Saint-Cloud.

La navette volante, cet instrument de tisserand, qui sert à porter et à faire courir le fil, la soie, la laine, entre les fils de la *chaîne*, avait été inventée depuis plus d'un demi-siècle ; mais l'emploi s'en était peu répandu. Les tisserands de coton, aussi bien que ceux de laine, étaient dans l'usage de jeter la navette à travers le tissu, et quand la pièce excédait trois pieds en largeur, il fallait à chaque métier deux hommes, dont l'un jetait la navette de droite à gauche, et l'autre de gauche à droite. John Kay inventa, pour jeter la navette, un procédé très-simple et très-ingénieux ; c'était la navette volante. A l'aide de cette navette, le tisserand pouvait faire deux fois autant d'ouvrage qu'il en faisait auparavant, et même il avait la facilité de tisser des étoffes de toutes les largeurs, sans qu'il eût besoin d'aucun secours. La navette volante fut d'abord employée dans quelques manufactures de laine, et ce ne fut que long-temps après qu'on commença à l'introduire dans la fabrication du coton, qui avait été si peu importante jusque-là, qu'elle n'excitait nullement l'attention publique.

Sous le ministère de Necker, Delasalle, manufacturier de Lyon, inventeur de perfectionnements, ayant obtenu l'autorisation de placer ses machines au château des Tuileries, y disposa des navettes volantes très-supérieures à celles en usage, pour faire de la gaze et d'autres étoffes de toute largeur. Le manufacturier Delasalle fut récompensé de ses services par une pension et par le cordon de l'ordre de Saint-Michel. Toutefois, c'est à tort qu'on lui a fait honneur de la découverte de la navette volante, puisque l'Anglais John Kay l'avait fait connaître dès 1738. L'esprit national ne doit pas s'aveugler au point de nier la vérité. Delasalle ne pouvait inventer ce qui existait avant lui. Mais, pour être juste à son égard, on doit dire qu'il inventa d'utiles perfectionnements.

Plus tard, en 1801, parurent les frères Bauwen, de Passy, avec une nouvelle navette volante, qui fixa l'attention des hommes de l'art. Le gouvernement français favorisa l'établissement de ces industrieux fabricants, en y appelant des ouvriers de toutes les manufactures de France.

Deux noms, qui se rattachent à deux inventions dont j'ai déjà entretenu nos lecteurs, se trouvent associés pour l'invention d'un nouveau bélier hydraulique. Montgolfier, l'un des auteurs des premiers aérostats, et les frères Argand, imaginèrent un bélier hydraulique dont l'effet. est d'élever les eaux des rivières par le moyen de la vitesse du courant; leur pente naturelle suffit, sans roues, ni pompes, ni autres machines proprement dites. Cette machine, l'une des moins dispendieuses qu'on ait pu imaginer, valut le prix décennal aux inventeurs.

L'auteur de l'*Introduction* du *Dictionnaire des Découvertes en France de 1789 à la fin de* 1820, dit en parlant de cette invention : « Le bélier hydraulique, autant par son ingénieuse construction que par les services qu'il rend aux arts et à l'économie rurale, est digne d'occuper le premier rang parmi les découvertes modernes. »

Montgolfier fit la première application de cette machine à sa papeterie de Voiron, en Dauphiné.

La seule condition indispensable à l'emploi du bélier hydraulique, c'est une chute d'eau suffisante; car, ainsi qu'on l'a remarqué, elle peut mettre à profit le plus mince filet d'eau pour produire avec le temps les plus grands effets. Sa principale qualité est d'employer avec économie la force motrice d'une chute d'eau à faire remonter une partie de ce liquide à une hauteur considérable; et par suite elle peut mettre en jeu un mécanisme quelconque. En un mot, le bélier hydraulique joint à l'avantage d'utiliser et de distribuer à volonté, avec abondance et continuité, les eaux dont on peut disposer, à celui d'être la machine la moins coûteuse en ce genre.

Pour donner une idée de la composition et du jeu du bélier hydraulique, j'emprunterai la description qu'en a donnée M. des Genevez dans le *Dictionnaire de la Conversation*.

« L'eau, dit-il, est reçue au sommet de sa chute dans un tuyau, incliné pendant la plus grande partie de sa longueur, puis horizontal. Ce tuyau, fermé à son extrémité

inférieure, se nomme le *corps du bélier ;* la portion horizontale est la *tête du bélier.* Sur la tête du bélier sont per-
cés deux orifices sur lesquels s'appliquent exactement des
soupapes, dont l'une, dite *soupape d'écoulement,* se ferme
de dedans en dehors, et l'autre, appelée *soupape d'ascension,* s'ouvre et se ferme en sens contraire. Celle-ci est
surmontée d'un tuyau nommé *tuyau d'ascension.* Ce sont
deux boulets creux retenus par des muselières qui servent
de soupapes. La soupape d'écoulement est ouverte ; l'eau
en descendant avec une certaine vitesse, s'échappe d'abord
par cet orifice, puis le ferme bientôt par son choc et se
trouve arrêtée ; mais comme elle ne peut perdre tout d'un
coup la vitesse qu'elle avait acquise dans sa chute, elle
réagit sur les parois du canal, soulève la seconde soupape
et s'introduit dans le tuyau d'ascension. En s'élevant, elle
perd graduellement sa vitesse et sa force ; les boulets re-
tombent par leur propre poids, l'un sur la muselière,
l'autre sur l'orifice d'ascension ; l'eau cesse d'entrer dans
le tube d'ascension et recommence à s'échapper par l'o-
rifice d'écoulement ; une soupape est fermée, l'autre ouverte, et les mêmes effets se renouvellent à intervalles
sensiblement égaux. L'eau qui est chassée dans le tuyau
d'ascension s'arrêterait chaque fois que la soupape retombe,
si l'on n'avait soin de rendre le mouvement d'ascension
continu, en plaçant au-dessus de cette soupape un réservoir d'air. Lorsque le coup de bélier lance l'eau dans ce
réservoir, l'air qui s'y trouve est comprimé contre les pa-

rois, et lorsque la soupape retombe, l'air, tendant à reprendre son volume, fait ressort contre la surface de l'eau, et la force à passer dans le tuyau d'ascension, qui s'embouche au bas du réservoir. Ainsi l'eau s'élève sans interruption, tantôt par le choc du bélier, tantôt par l'élasticité de l'air. »

Jusqu'en 1799, on avait fabriqué le papier d'après les anciens procédés ; mais ce travail des hommes ne pouvait produire que des quantités très-limitées de papier, sous des dimensions peu étendues et par plusieurs opérations successives.

Vers cette époque, Louis Robert, mécanicien dans le

joli bourg d'Essone, situé près de la ville de Corbeil, inventa une mécanique propre à faire, sans ouvriers, du papier d'un grandeur indéfinie.

Voici une description sommaire de cette machine ingénieuse : « La pâte de papier préparée par le travail à la pile, dit M. Gaultier de Claubry, tombe par un conduit dans une grande cuve en bois, dans laquelle un arbre armé de bras, et pourvu d'un mouvement de rotation, l'agite continuellement ; elle s'y mêle avec la matière destinée à la coller, et en sort par une ouverture qui la verse sur une toile métallique destinée à retenir les parties grossières et à laisser seulement passer la matière très-divisée en suspension dans l'eau ; celle-ci s'écoule sur une toile mécanique sans fin roulant sur des rouleaux, qui retient la pâte et ne laisse passer que l'eau ; pour favoriser cette séparation, la toile est animée d'un mouvement de va-et-vient ; l'eau ruisselle au-dessous et se perd ; la feuille vient passer devant une étoffe de laine sans fin, sur laquelle elle se colle, et qui la conduit jusqu'à des cylindres, sur chacun desquels elle passe pour arriver à la fin sur un tambour où elle s'enroule, et que l'on remplace par un autre quand il est assez chargé. C'est toujours avec un nouvel intérêt et un sentiment d'admiration, que l'on voit en quelques instants le chiffon, trituré à la pile, s'écouler sur la toile qui le sépare de l'eau, et former une feuille d'une longueur indéfinie, qui peut être employée immédiatement après avoir été séchée, ce à quoi l'on parvient facilement, en faisant passer de la vapeur dans le manchon sur lequel elle est enroulée. »

Ce mode de fabrication du papier est un perfectionnement d'une immense utilité. Les machines peuvent fournir

des quantités de papier qui étonneraient, sous des dimensions très-grandes et d'une longueur indéfinie, et qui,
dans une seule opération, peuvent être livrées à la consommation.

Nous avons mentionné les débuts de l'imprimerie avec
les Guttemberg, les Laurent Coster, les Fust, les Schœffer.
Depuis le quinzième siècle, cet art, qui honore à un si
haut degré le génie et la patience de ses inventeurs, avait
fait de rapides progrès. L'imprimerie s'enorgueillira éternellement des travaux de plusieurs familles qui composent
en quelque sorte le corps de sa haute noblesse. Ce ne sera
point un hors-d'œuvre d'en faire ici une sorte de dénom-
brement. Certes, il nous faut signaler, dans les fastes de
l'imprimerie, des artisans dont l'illustration est incontestable.

Voici d'abord cet Alde-Manuce, le chef célèbre de la famille d'imprimeurs de ce nom, qui acquit une si grande
renommée dans l'enfance de l'art. Nul ne contribua autant
que ce savant homme à la perfection de l'art typographique. Par son infatigable persévérance à déchiffrer les
manuscrits qui devaient servir de base à ses éditions, par
sa patience à conférer les textes, à suppléer aux omissions
des copistes, par le goût éclairé avec lequel il choisissait
celles des diverses leçons qui lui semblaient mériter la
préférence, il contribua d'une manière directe et immé-
diate aux progrès de l'esprit humain et de la civilisation.
Ce fut lui qui, le premier, imprima le grec et sans beau-

coup d'abréviations. Son édition des *OEuvres d'Aristote*,
qu'il publia à Venise, de 1495 à 1498, sera toujours regardée comme un curieux monument typographique. On ne
connaissait jusque-là que le format in-folio, format essen-
tiellement incommode ; Alde-Manuce eut l'heureuse idée
de lui substituer l'élégant et commode in-octavo. Il avait
imaginé aussi un caractère semblable à l'écriture, qui reçut le nom d'*Aldino* de celui de son auteur. Ce caractère,
qu'on assure être une imitation de l'écriture de Pétrarque,
était bien supérieur au lourd gothique.

Alde-Manuce était véritablement une espèce de prodige
dans un siècle où l'on sortait à peine de la barbarie, à une
époque où les connaissances littéraires étaient le privilége
d'un petit nombre d'hommes studieux. Son zèle pour le
travail était également merveilleux. Dans la crainte d'être
troublé dans ses études par les oisifs dont les villes sont
remplies, il avait mis à la porte de son cabinet un avis
dans lequel ceux qui venaient l'interrompre étaient invités
à ne l'entretenir que de choses nécessaires, et à se retirer
dès qu'il les aurait satisfaits.

Qui ne connaît aussi le nom d'Elzevir ou plutôt d'Elze-
vier, sous lequel se sont immortalisés tant d'imprimeurs
de Leyde et d'Amsterdam? Les bibliophiles n'oublieront
jamais que c'est à cette illustre famille que la république
des lettres est redevable d'éditions d'auteurs classiques,
qui sont de vrais chefs-d'œuvre de typographie. Quelle
élégance, quelle délicatesse dans leurs petits caractères !

Quelle perfection dans la plupart des livres sortis de leurs presses, livres qui ont le double avantage de satisfaire également l'esprit et les yeux par l'agrément et la correction !

Et cette savante et nombreuse famille des Estienne, dont s'enorgueillit à tant de titres la presse française, combien de droits imprescriptibles n'a-t-elle pas acquis à l'estime des savants et à la reconnaissance de la postérité? Depuis Henri Estienne, premier du nom, mort en 1520, celui qu'on peut regarder comme l'inventeur de l'*errata,* jusqu'à Antoine Estienne, qui mourut à l'Hôtel-Dieu de Paris en 1674, cette famille ne cessa de fournir des typographes de la plus haute distinction, qui surent ennoblir leur art par une connaissance parfaite des langues et des belles-lettres.

Robert Estienne, le plus illustre de tous, savait le latin, le grec et l'hébreu. C'est de lui que l'historien de Thou a dit : « La France doit plus à Robert Estienne pour avoir perfectionné l'imprimerie qu'aux plus grands capitaines pour avoir étendu ses frontières. » On rapporte que, pour rendre ses éditions plus correctes, il en faisait afficher les épreuves, et qu'il récompensait généreusement ceux qui y découvraient quelque faute. Parmi ses belles éditions, on distingue celle de la Bible en hébreu, celle du Nouveau Testament en grec, dans laquelle il ne se trouve qu'une seule faute d'impression, un simple déplacement de lettres, et celle de son *Thesaurus linguæ latinæ.* Robert Estienne avait joui de la protection du roi François Ier, quoiqu'il fût partisan des opinions religieuses de Calvin ; mais, sous le règne suivant, ayant été persécuté pour ces mêmes opinions, il se retira à Genève, où il mourut en 1559.

« Les Estienne, a dit un biographe, se sont placés à la tête des premiers imprimeurs du monde, par la beauté et la correction de leurs éditions. Les hommes les plus savants et même les plus illustres de leur temps ne dédaignaient pas de corriger leurs épreuves, et Maittaire, cet érudit annaliste de l'imprimerie, a écrit leur histoire. »

Les Barbou, avec leurs belles éditions des auteurs classiques, et Christophe Plantin, avec sa magnifique Bible, dite *Polyglotte,* firent aussi beaucoup d'honneur à l'art typographique. Ce dernier, mort en 1589, avec le titre d'archi-imprimeur du roi d'Espagne, n'avait rien négligé pour porter l'imprimerie à un haut degré de perfection. Il ne regardait point à la dépense quand il s'agissait de se procurer les plus beaux caractères et les plus savants correcteurs. On prétend même qu'il employait des caractères d'argent.

Dans le siècle dernier, l'Italie donna le jour à un homme qui sut égaler la gloire du célèbre Alde-Manuce. Cet homme était Bodoni, qui s'est immortalisé par ses belles et solides éditions des classiques grecs et latins. Travaillant à Rome, dans l'imprimerie *de Propagandâ fide,* notre artiste, très-jeune alors, conçut la pensée de donner à la typographie une nouvelle impulsion, et de lui faire faire des progrès analogues à ceux qu'avaient faits la peinture et la statuaire.

Quelques années après, il avait fondé, à Parme, l'imprimerie qui a porté son nom.

C'est de là que sortaient tant de livres admirables, où la beauté et l'éclat des caractères, l'élégance dans la distribution des pages et des matières, la pureté du papier et surtout la correction du texte, le disputent aux productions typographiques les plus estimées.

Bodoni surveillait lui-même la fonte des caractères qu'on devait employer dans son établissement ; il en calculait avec soin la dimension pour que l'effet général fût satisfaisant à l'œil. Unissant la science à l'habileté, il revoyait lui-même avec le plus grand soin les épreuves de ses éditions, et, lorsqu'une faute d'impression se glissait dans un livre qui devait porter son nom, c'était pour lui le sujet d'un véritable chagrin, tant il était jaloux de la réputation de son imprimerie, et passionné pour la perfection de son art.

Dans le cours du dix-huitième siècle, un nouvel art vint offrir à la typographie de nouveaux avantages, des avantages qui devaient, dans certains cas, étendre singulièrement son utilité. Je veux parler de la stéréotypie, c'est-à-dire de l'art de convertir en formes solides les planches composées avec des caractères mobiles.

On a lieu de croire que les premiers essais de l'imprimerie furent de vrais stéréotypes, produits avec des planches solides, sur lesquelles se trouvaient gravés en relief tous les caractères compris dans la page. Mais aujourd'hui on ne reconnaît pour stéréotypes que les impressions faites avec des planches coulées sur des pages composées de caractères ordinaires ou de caractères en cuivre gravés en creux au lieu d'être en relief.

Dès 1735, l'imprimeur Walleyre avait fait usage, en France, des planches stéréotypées coulées. C'est donc à tort qu'on a voulu faire honneur de l'invention de ce procédé typographique à Williams Ged, orfèvre à Édimbourg. Lorsque, en 1739, ce dernier, devenu imprimeur, stéréotypa son *Salluste*, il ne fit que perfectionner les premiers essais pratiqués en France.

Mais cet art laissait encore beaucoup à désirer sous plusieurs rapports, lorsque Firmin Didot, par des procédés

de son invention, parvint à lui donner une impulsion plus brillante et surtout plus utile. Ces nouveaux perfectionnements datent de 1797.

Le mode de stéréotypage qu'inventa Firmin Didot fut d'abord appliqué, et avec un incontestable succès, aux tables logarithmiques de Gallet, devenues par ce moyen de la plus rigoureuse exactitude. Notre habile typographe exécuta, par le même procédé, les grandes tables décimales du cadastre dressées par une armée de calculateurs sous la direction de M. de Prony. Plus tard, Firmin Didot, perfectionnant encore son invention, imagina un nouveau mode de stéréotypage plus simple, au moyen duquel il exécuta les éditions des classiques français qui propagèrent dans toute l'Europe le goût et l'étude de notre littérature, et qui sont connues sous le nom de stéréotypes, nom qui leur fut donné par Firmin Didot lui-même et qui est passé dans la langue.

Ce n'est pas là le seul service que Firmin Didot ait rendu à la typographie. L'invention d'élégants caractères imitant l'écriture lui fit beaucoup d'honneur. Pour parvenir à ce résultat, il avait imaginé de partager et de combiner les diverses parties des lettres et des groupes de lettres, de manière qu'au moyen d'un moule penché on ne pût apercevoir le point de jonction de ces lettres, et des parties de lettres entre elles.

Son père, Ambroise Didot, à qui l'on doit l'invention de la presse à un seul coup et celle du système des points

typographiques, lui avait légué un bel héritage de gloire.
Firmin Didot eut à cœur de l'enrichir encore. Ce fut avec
des caractères gravés et fondus par lui, que Pierre Didot,
son frère et son émule, imprima un magnifique Racine,
qui fut proclamé par un jury *le plus beau monument typo-*
graphique de tous les lieux et de tous les âges. Enfin la
science géographique n'oubliera point les heureux efforts à
l'aide desquels il sut donner aux cartes plus d'intérêt et
de clarté.

Quoique passionné pour son art, Firmin Didot trouvait
encore le temps de se livrer avec succès à des travaux littéraires du premier ordre. Aussi disait-il à ses amis :

Je sers tantôt Vulcain et tantôt les neufs sœurs.

Dans sa paisible retraite du Mesnil, située dans le voisinage de Dreux, où reposent ses restes justement vénérés,

cet homme studieux se délassait de ses occupations de la ville par la douce culture des lettres. Et certes, quoique placé bien haut dans la hiérarchie typographique, on peut dire, en lisant ses ouvrages, qu'il s'est élevé au même niveau dans la hiérarchie littéraire. La place de Firmin Didot était marquée à l'Académie française par l'opinion du public éclairé. Mais on sait qu'il faut autre chose que du mérite pour se faire ouvrir les portes du Sanhédrin académique. Toujours est-il que bien peu des membres qui le composent pourraient présenter des titres aussi solides, aussi brillants que ceux de Firmin Didot.

Sa traduction en vers des Bucoliques de Virgile, celle des Idylles de Théocrite, de Bion et de Moschus, celle de Tyrtée et de quelques poésies d'Anacréon et de Sapho, attestent une connaissance approfondie de ces poètes de l'antiquité, et une habileté souvent merveilleuse à en reproduire les beautés dans notre langue. Sa tragédie d'*Annibal* offre des traits qui ne seraient pas indignes du grand Corneille; sa tragédie d'*Inès de Castro* a fait oublier celle de Lamotte, à laquelle elle est si supérieure, et sous le rapport de la composition et sous celui de la pensée et du style. Il serait facile d'étendre encore cette riche énumération; mais notre œuvre n'est point une œuvre consacrée à la littérature. Nous revenons donc à l'artisan illustre, et nous allons mettre le lecteur à portée d'apprécier Firmin Didot sous ce rapport, comme il mérite de l'être.

Voici un fragment d'une lettre intéressante qu'il adressait à M. Ambroise Firmin Didot, l'un de ses dignes fils, voyageant alors dans la Troade et dans la Grèce :

« J'attends ton retour avec assez d'impatience. Je veux que tu contribues à l'exécution d'un travail qui doit faciliter sous un rapport l'instruction des jeunes gens, et pour un prix très-modique. Car il ne faut pas borner nos travaux à perfectionner l'art sous le rapport du luxe ; il faut surtout le faire servir à l'utilité générale. J'ai gravé et fondu avec soin les caractères des éditions du Virgile et de l'Horace, grand in-folio, imprimées par Pierre Didot, mon frère, ainsi que les caractères de l'édition du Camoens, grand in-quarto, que je viens d'imprimer ; mais je crois avoir été plus utile au public, quand je lui ai donné une collection de tables de logarithmes, qui offrent dès à présent, et offriront toujours, et à un tel nombre qu'on le voudra, des exemplaires absolument exempts de fautes ; quand j'ai imaginé le procédé des éditions stéréotypes, faites pour entretenir et propager le goût des bonnes études dans tous les genres ; et quand j'ai exécuté typographiquement des caractères d'écriture sans aucune interruption dans les liaisons, et surtout l'écriture cursive, dite anglaise, qui avaient été gravés et fondus sans succès en Angleterre, procédé par lequel seront répandus avec profusion des modèles d'écriture qui tomberont nécessairement, et sans frais, dans les mains des enfants pauvres. Il est sans doute plus difficile encore d'exécuter typographiquement les cartes de géographie, et personne, je crois, ne contestera ce que j'avance, surtout s'il faut exécuter ces cartes de manière à compenser à peu près les avantages d'une belle gravure en taille-douce. Je crois être sûr d'y réussir, et j'attends ton retour pour commencer ce travail. . . . .

. . . .

» Je vois avec plaisir que tu désires, à ton retour, t'occuper de la gravure des caractères orientaux. Nous n'examinerons pas si ce travail doit avoir des avantages sous le rapport du commerce; il suffit sans doute qu'il puisse te faire honneur sous le rapport de l'art, et contribuer à augmenter ton goût pour l'étude des langues savantes. Et puisses-tu porter dans l'impression de ce genre d'ouvrages la correction que François-Ambroise Didot, ton aïeul, et Pierre Didot, ton oncle, ont portée dans les éditions des auteurs français et latins qu'ils ont soignées. »

De telles paroles n'ont pas besoin de commentaires; le savoir, la modestie de Firmin Didot, son désintéressement, son zèle pour son art et pour l'utilité publique s'y peignent tout entiers.

Un autre imprimeur se fit un nom dans l'art de la stéréotypie vers 1802. C'était Herhan. Ses procédés étaient différents de ceux de Firmin Didot, et ses éditions stéréotypes, quoique répandues à très-grand nombre dans le commerce, ne sauraient être comparées, sous le rapport de l'exécution, à celles de son habile rival.

C'est également de notre période révolutionnaire que

date le premier établissement de l'uniformité des poids,
des mesures et des monnaies.

« Un petit nombre d'unités de mesure, par la fréquence
et l'universalité de leur emploi, doivent, dit M. Charles
Dupin, être établies avec le concours de l'autorité publique.
Telles sont les mesures des distances et des longueurs, des
superficies et des volumes ; telles sont les mesures de pe-
santeur ou du poids des corps ; telles sont les mesures de
la valeur vénale, c'est-à-dire les monnaies ; telles sont les
mesures du temps.

» Ces mesures fondamentales avaient été fixées pour
nous sous le règne de Charlemagne ; la taille élevée de ce
prince avait, assure-t-on, fourni l'unité de longueur ap-

pelée *la toise*, et les subdivisions auxquelles on donné les noms *du pied* et *du pouce*.

» Après la mort de ce monarque, le pouvoir suprème tombant entre des mains débiles, la rébellion déchira l'empire. Tout ce qui portait le caractère de l'unité disparut du territoire français, fractionné, morcelé par l'anarchie féodale. Chaque province, dominée par un grand vassal, eut sa monnaie particulière ; chaque district, possédé par un vavasseur ou vassal secondaire, eut ses mesures locales.

» Il est aisé de concevoir combien le commerce général du royaume eut à souffrir d'une telle incohérence de mesures qui différaient par les dénominations, par la base ou l'unité, par le fractionnement des subdivisions.

» Un pareil inconvénient devenait plus grave lorsque la monarchie conquérait de nouveau ses domaines, lorsque les relations mercantiles devenaient plus étendues et plus multipliées à l'intérieur ainsi qu'au dehors.

» Aussi, quand le règne de Louis XI eut abattu les grands vassaux et ramené presque toute l'ancienne France sous l'autorité d'un seul trône, les états-généraux, convoqués peu d'années après, sous Louis XII, firent entendre le vœu de réformer les mesures et les monnaies, afin qu'un système unique et régulier s'étendît à tous les pays qui composaient le royaume.

» Mais tel était le malheur de la France, avec ses pouvoirs sans pondération, qu'au temps même des meilleurs princes, les vœux des états-généraux étaient oubliés aussitôt que reçus par la cour.

» Il fallut la Révolution de 1789, pour que ces états, devenus assemblée constituante, fissent plus qu'émettre une stérile doléance sur un intérêt aussi grave que l'uniformité des mesures et des monnaies.

» Cette assemblée consulta directement l'Académie des Sciences, qui répondit deux fois à cet appel par l'organe de ses membres les plus illustres : c'étaient Borda, Condorcet, Lagrange, Laplace, Lavoisier, Monge, etc.

» Ils posèrent les vrais principes sur le titre et l'alliage dans les monnaies. Ils établirent la nécessité d'une subdivision parfaitement uniforme, pour les mesures de toute espèce ; ils proclamèrent l'avantage d'établir cette subdivision suivant la progression décimale de notre arithmétique.

» Élevant leurs pensées vers le plus haut degré d'utilité que puisse atteindre un système de mesures, ils voulurent que tout dérivât d'une base unique, puisée dans la nature et parmi ses éléments invariables, afin qu'on pût la mesurer elle-même avec une extrême approximation, et la retrouver dans tous les siècles. »

Après bien des hésitations, on convint de prendre pour base la circonférence d'un méridien terrestre. Bientôt on se mit à l'œuvre, d'après un décret de l'Assemblée Nationale. C'était en juin 1792. Les obstacles de toute nature, qui naissaient de l'esprit du temps et de l'ignorance du peuple, n'arrêtèrent point les académiciens.

Voici, entre beaucoup d'autres, une petite anecdote qui peut trouver place ici :

L'astronome Méchain, l'un des savants chargés de mesurer la méridienne, traversait Essonne, à quelques lieues de Paris, lorsque l'autorité municipale du pays, escortée de ses agents, vint l'arrêter. Le motif de son arrestation

était bien étrange. Figurez-vous qu'on avait pris ses instruments pour des moyens mystérieux de contre-révolution. Ce ne fut qu'à grand'peine qu'il obtint sa liberté pour se rendre à la partie méridionale de l'arc qu'on devait mesurer.

Peu après, la barbarie, la plus odieuse barbarie sembla vouloir rétablir son règne en France. L'Académie des Sciences ainsi que les autres Académies furent supprimées, les écoles de tout genre cessèrent de répandre l'instruction

parmi les familles des villes et des campagnes ; on eût dit
qu'on n'avait d'autre but que d'élever des générations de
sauvages et de cannibales.

Cette situation déplorable, cet état de crise ne pouvait
durer. La Convention elle-même s'efforça de remédier à
un pareil désordre. Après la mort de Robespierre, elle
s'occupa aussitôt de mesures réparatrices. Une école centrale des travaux publics fondée à Paris, des encouragements accordés aux artistes et aux gens de lettres, la création d'écoles normales destinées à former des professeurs,
l'établissement d'écoles primaires dans toute la France,
étaient des preuves manifestes d'un retour vers la civilisation. L'Institut de France avait remplacé les anciennes
Académies, et les savants les plus illustres avaient été appelés à en faire partie. Ce fut alors que le nouveau système des poids et mesures, dont j'ai parlé plus haut,
commença à s'implanter dans l'enseignement public, et
à s'introduire, quoique très-lentement, dans les relations
commerciales.

D'autres institutions utiles devaient encore surgir de
cette époque orageuse, notamment le Conservatoire des
Arts et Métiers.

En 1775, le célèbre Vaucanson avait jeté les premiers
fondements de ce musée industriel et artistique ; à sa mort,
il avait légué au roi, par testament, la collection entière
de ses machines déposées à l'Hôtel de Mortagne.

Mais ce ne fut que dans les dernières années du siècle,

et depuis la translation de cet établissement dans l'ancienne abbaye Saint-Martin, que le Conservatoire des Arts et

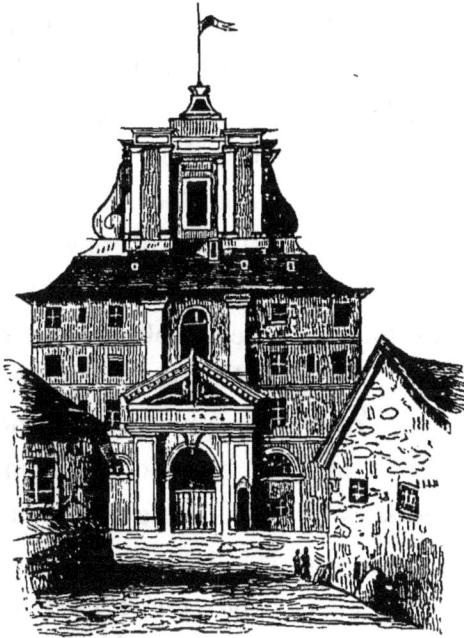

Métiers fut régulièrement organisé. On sait que cet établissement est destiné à recevoir les modèles en grand ou en petit, et, à leur défaut, en plans et dessins, des machines, appareils, instruments, outils, etc., employés aux opérations de l'agriculture, des fabriques, et en général de tous les arts industriels. Quant au but de leur réunion dans un seul local, il n'est autre que de les y faire servir à l'enseignement, au progrès et au développement de l'industrie.

Le Conservatoire des Arts et Métiers ne fut point tout d'abord ce qu'il est de notre temps. Dans les premiers temps, il fut meublé des machines ou modèles ramassés de tous côtés. La Révolution et les désordres qu'elle avait causés permirent de fouiller dans diverses collections particulières, dont les dépouilles enrichirent le nouvel établissement. On y transféra la collection qu'avait formée anciennement l'Académie royale des Sciences, d'objets analogues extraits de dépôts particuliers, ou que l'odieuse loi des confiscations avait mis à la disposition du gouvernement. On y joignit aussi ceux dont l'acquisition avait été faite tant en France qu'à l'étranger, et ceux offerts par des artistes, lorsqu'ils avaient été jugés dignes d'y être admis. C'est là qu'on voit aussi le cabinet du physicien Charles, qui était le premier de l'Europe. On y dépose également les modèles des inventeurs qui se font breveter d'invention pour leurs découvertes; mais ces derniers ne sont offerts à la curiosité publique qu'à l'expiration des priviléges.

Combien cette antique et célèbre abbaye de Saint-Martin a changé de face, depuis sa fondation au onzième siècle! Qu'est devenue la tour des grosses cloches qui appelaient à grand bruit les fidèles aux offices? Et son grand portail, œuvre d'architecture du temps de Henri Ier, qui pourrait dire aujourd'hui l'histoire des pierres qui le composaient? Le temps a détruit tout cela. Au dix-huitième siècle, cette église fut réparée et décorée d'une nouvelle façade. La Révolution en a fait un dépôt de machines!

Jetons un coup-d'œil rapide sur les salles ou galeries du Conservatoire des Arts et Métiers. Les unes occupent le rez-de-chaussée, les autres le premier étage.

La première salle, qui faisait autrefois partie de l'église, contient des instruments aratoires, des moulins à bras, la voiture qui servit à transporter, de Marly à Paris, les beaux chevaux en marbre qui décorent l'entrée des Champs-Élysées, et beaucoup d'autres machines.

Une autre salle est remplie de modèles et de machines destinées spécialement à l'hydraulique et à l'agriculture; ce sont des serpes, des pioches et autres outils, des moulins de toute espèce, tant à eau qu'à vent, des pompes, des appareils pour chauffer et cuire les aliments. Voilà une troisième salle où sont rangées des machines à carder, tisser, filer, une autre machine propre à diviser les peaux suivant leur épaisseur, etc. Plus loin sont exposées les machines de force, telles que balanciers à frapper les monnaies, machines à fendre les roues, machines à faire la chaîne dite à la Vaucanson, à tailler des vis, des laminoirs, etc.

Les modèles de machines de toute espèce se trouvent dans les vastes salles du premier étage. Ce sont des usines en petit, des dévidoirs, des métiers à bas, des pièces de serrurerie, des modèles de vaisseaux. On y voit encore, en miniature, des ateliers de certains artisans, du menuisier, du serrurier, du potier et de plusieurs autres. Madame de Genlis avait fait exécuter ces modèles pour l'éducation des princes de la famille d'Orléans. La plus belle pièce de toutes ces collections est, sans comparaison aucune, le tour à guillocher de l'infortuné Louis XVI; il est impossible d'imaginer rien de mieux travaillé que cette machine.

Il ne faut pas oublier la bibliothèque de cet établissement qui est ouverte deux jours par semaine, le jeudi et le dimanche, pour que les ouvriers puissent en jouir. Elle contient principalement les ouvrages nationaux et étrangers les plus rares, et les plus propres à diriger ceux qui se livrent à l'étude des arts mécaniques. L'importance et l'utilité du Conservatoire des Arts et Métiers se sont accrues graduellement d'année en année. De grandes améliorations se sont introduites successivement. J'en indiquerai quelques-unes qui compléteront la statistique sommaire de cet établissement devenu si précieux.

Long-temps ce Conservatoire resta fort au-dessous de sa destination. Les collections n'y étaient point renouvelées ; la bibliothèque ne s'ouvrait que pour les personnes munies de permissions du directeur ; il y avait des démonstrateurs de machines qui ne faisaient point de démonstrations ; il s'y trouvait une seule école d'arithmétique et de dessin élémentaire pour les enfants près d'arriver à l'adolescence, et rien de plus. Tout cet ordre de choses a disparu pour faire place à un ordre meilleur. Les objets trop vieux et qui n'étaient plus d'aucune utilité ont été remplacés par des machines, instruments et appareils, d'une date et d'une application plus récentes ; on y voit un grand nombre de modèles, exécutés sur une échelle assez étendue, des machines les plus nouvelles qui ont figuré dans les expositions. La bibliothèque a, comme je l'ai déjà dit, ses jours d'ouverture publique. La petite école s'est agrandie ainsi que son enseignement qui, outre l'arithmétique et les éléments du dessin, embrasse aujourd'hui les premières notions de la géométrie, la géométrie descriptive avec ses applications à la charpente et à la coupe des pierres, le dessin des machines et celui des ornements et de la figure.

Des cours publics, qui ont exercé une salutaire influence sur les travaux industriels, ont été établis dans cette maison, et sont les rendez-vous habituels des artisans désireux de s'instruire et de se perfectionner dans la théorie et la pratique de leurs métiers. De savants professeurs, amis sincères des arts populaires et de ceux qui les cultivent, professent la mécanique, la chimie appliquée aux arts, la physique et la démonstration des machines, l'économie industrielle. Au nombre de ces professeurs, il est de notre devoir de citer particulièrement M. le baron Charles Dupin et M. Blanqui aîné, qui les premiers se distinguèrent par leur zèle pour l'instruction de la classe ouvrière, et qui savent toujours, par l'intérêt de leurs leçons, captiver l'attention de leur auditoire. Mais ces détails nous ont reporté vers notre époque; il faut revenir sur nos pas, pour compléter l'esquisse des grands travaux industriels, pendant la période républicaine.

La construction des ponts allait commencer à s'enrichir en France d'une nouvelle ressource plus durable que celle de la charpente, celle de l'emploi du fer pour la formation des arches ou travées des ponts.

C'est à l'Angleterre qu'appartient le mérite d'avoir exécuté la première construction en ce genre. Les Anglais construisirent, en 1793, sur la rivière de Warmouth, le premier pont en fer coulé et forgé dont parlent les annales de l'industrie. Néanmoins l'invention de ce nouveau procédé semble bien appartenir à la France. On raconte qu'un peintre lyonnais du dernier siècle aurait conçu, le premier en Europe, le projet d'un pont de fer dont la longueur devait être de 254 pieds et la largeur de 18 pieds 6 pouces. Ce pont était destiné à n'avoir qu'une seule arche, et devait occuper à Lyon l'emplacement de celui de Saint-Vincent qu'on y voit aujourd'hui. Ce projet, dit-on, serait resté sans exécution. Il en fut de même d'un projet de pont de fer, présenté, en 1783, au roi Louis XVI, par M. Vincent de Montpetit.

Mais l'exemple des Anglais ne fut pas stérile pour la France. En 1799, l'ingénieur Brullé commença la construction du pont d'Austerlitz, sur la Seine, à Paris. Ce

pont ne fut terminé que quelques années après, sous la direction de M. Lamandé, inspecteur divisionnaire des ponts-et-chaussées. Il est composé de cinq arches de 32 mètres 50 centimètres d'ouverture chacune. Ses voûtes sont formées de voussoirs en fer coulé, liés entre eux par des plates-bandes en fer forgé. Il supporte le passage des plus lourdes voitures.

Dans le même temps, de grands travaux de canalisation intérieure étaient continués ou entrepris. Les canaux de Saint-Quentin, du Midi, de Carcassonne, de Toulouse, de Bourgogne, du Rhin au Rhône, de l'Escaut et de la Meuse, de la Meuse au Rhin, occupaient un grand nombre de travailleurs poussant les constructions avec activité.

Le canal de l'Ourcq a droit à une mention toute spéciale. Cette construction avait été indiquée par Léonard de Vinci, durant le séjour de ce grand artiste à la cour de François Ier. Elle fut commencée en partie sous Louis XIII. L'année 1804 en vit reprendre les travaux, qui ne furent terminés que long-temps après.

La prise d'eau de ce canal dans l'Ourcq est à Mareuil; son développement est de 24 lieues, sa pente de 31 toises; il est creusé dans la terre sans revêtement de construction, sans saz ni écluses. Il reçoit les eaux de la Beuvronne, de la Thérouanne, de la Collinance, de la Gergonne et de l'Ourcq, et amène en 24 heures dans le bassin de la Villette, à 83 pieds au-dessus des plus basses eaux de la Seine, une masse de 672,000 muids d'eau. Ses constructions furent exécutées sous la direction de M. Girard, ingénieur en chef des ponts-et-chaussées. « C'est un modèle de petite navigation convenablement employé, a dit M. Ferry; mais il n'encouragera pas les applications que l'on pourrait en faire dans des circonstances moins favorables, en des lieux où l'on ne serait pas aussi fortement secondé par l'autorité suprême; on craindra de rencontrer des difficultés morales et administratives qui retardent l'exécution, de ne pouvoir compter sur l'exactitude des devis, et de s'exposer à des frais hors de proportion avec les bénéfices présumés. L'histoire de ce canal est très-instructive, surtout en comparant les faits qu'elle révèle à ceux de la construction du canal entre le lac Érié et l'Hudson, dans l'état de New-Yorck, canal à grande navigation, de 60 lieues de biefs, terminé en neuf ans, et qui a moins coûté dans un pays où la main-d'œuvre est très-chère, qu'un travail équivalent en France et en Angleterre. »

Le bassin de la Villette, qui reçoit au nord le canal de l'Ourcq, ne fut achevé que sous l'Empire. Destiné à servir

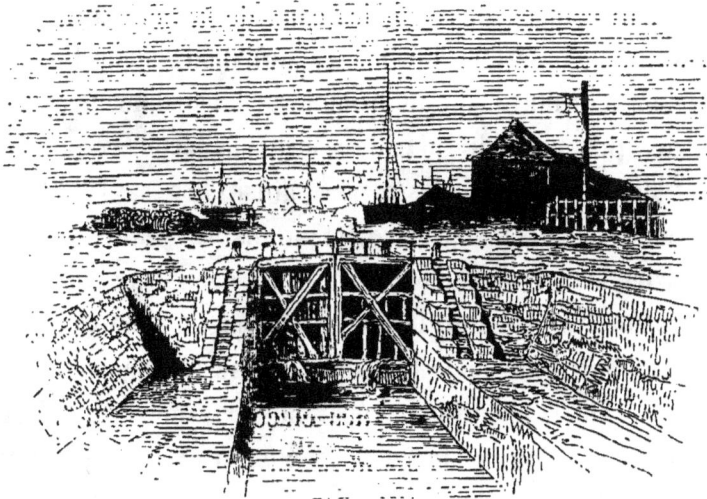

de port au canal, de réservoir pour les eaux de Paris, d'intermédiaire pour la navigation de Seine en Seine par les canaux Saint-Martin et Saint-Denis, ce bassin est d'une grande importance, comme utilité et comme ornement. Il a la forme d'un parallélogramme revêtu de maçonnerie. Ses bords sont plantés d'arbres. Dans la belle saison, de légères embarcations glissent en grand nombre sur cette belle nappe d'eau ; c'est un lieu très-commode et très-sûr pour une navigation d'amateur. Durant les froides journées de l'hiver, des nuées de patineurs sillonnent dans tous les sens le bassin du canal avec la rapidité de l'oiseau. Pendant toute l'année, il est le centre d'un commerce actif avec Rouen et le Hâvre, ainsi qu'avec les départements du nord-est.

Un savant illustre, qui sut être manufacturier et homme d'état, Chaptal, eut une grande part, non-seulement aux découvertes et perfectionnements qui distinguent les dernières années de la République, mais encore au vigoureux élan que prit notre industrie nationale à cette époque.

Cet homme, né chimiste pour ainsi dire, avait cultivé avec amour sa science favorite ; dans sa jeunesse, tous ses loisirs lui étaient consacrés ; il en parlait avec un enthousiasme que ses auditeurs ne pouvaient s'empêcher de partager, avec une lucidité, une justesse d'expression qui, sans qu'il le soupçonnât, répandaient autour de lui des connaissances dont il ne faisait encore provision que pour lui seul. « Mais plus il apprenait, dit un de ses biographes,

plus il éprouvait le besoin d'apprendre encore davantage,
et pour le satisfaire, il vint à Paris. » Plus tard, une
chaire de chimie ayant été fondée à Montpellier, Chaptal
fut nommé professeur, et son cours attira de nombreux
auditeurs. Ses *Éléments de Chimie* ne tardèrent pas à lui
mériter une réputation européenne.

Dès cette époque (c'était avant la Révolution), Chaptal

ROUGET.

s'attachait spécialement à diriger les sciences vers leurs
applications, et l'influence de son enseignement fut assez
remarquable pour lui valoir, à l'âge de trente ans, la dé-

coration de Saint-Michel, à laquelle on joignit des titres de noblesse. Quelque temps après, devenu possesseur d'un héritage de cent mille écus, par la mort d'un de ses oncles, célèbre médecin, que la population de Montpellier avait surnommé *le guérisseur*, Chaptal, en position de fortifier l'enseignement des arts chimiques en joignant l'exemple au précepte, éleva des manufactures de produits chimiques dont l'industrie française était encore fort mal pourvue.

Au moment de la crise révolutionnaire, Chaptal voulut partager les souffrances et les périls de sa patrie; cependant trois états, l'Espagne, le royaume de Naples et les États-Unis d'Amérique, le sollicitaient vivement de suivre le mouvement de l'émigration, et lui offraient un asile honorable. Le vertueux Washington le pressentit à ce sujet avec une généreuse cordialité. La reine de Naples écrivit de sa propre main au professeur de chimie. De son côté, le gouvernement espagnol voulait se charger de tous les frais d'établissement de nouvelles manufactures. Chaptal refusa tout.

Appelé à Paris par le comité de salut public en 1793, il y devint le collaborateur des Berthollet, des Monge, des Guyton de Morveau, et fit partie de cette réunion d'hommes éminents qui contribua si puissamment à sauver la France. Désormais Paris devait être le théâtre des talents de Chaptal; il s'y fixa en 1798, et s'appliqua à fonder de nouvelles manufactures de produits chimiques dans le voisinage de la capitale.

Bientôt Chaptal commence à se montrer sous un autre aspect. François de Neufchâteau, ministre digne d'un temps meilleur, veut célébrer le sixième anniversaire de la Révolution, en faisant un appel à l'industrie française. C'était la première exposition proprement dite des produits de nos manufactures. Mais, comme tout avait été arrêté et organisé à la hâte, 110 industriels seulement, appartenant tous au département de la Seine ou aux localités les plus voisines, se rendirent au rendez-vous, de sorte que cette solennité de l'industrie fut bien mesquine sous tous les rapports ; elle eut du moins l'avantage d'indiquer la route et de donner l'élan.

Voici ce que dit à ce sujet, dans son *Introduction*, le judicieux rapporteur du jury central de l'exposition de 1834 :

« Dans l'enceinte du Champ-de-Mars, où fut jurée la liberté, des portiques s'élèvent afin de recevoir les chefs-d'œuvre des arts utiles. Les citoyens contempleront les

LOUISE. V.

produits que la France peut déjà présenter, et ceux qu'elle peut offrir encore à l'admiration publique.

» L'exposition de l'an VI (1798) méritait, en effet, d'être étudiée par l'observateur, et pour ce qu'elle présentait, et pour ce qu'elle ne pouvait plus présenter.

» On .n'y voyait pas de soieries, mais déjà la filature du coton s'y faisait remarquer. Déjà M. Denys de Luol (Seine-et-Oise) exposait des cotons filés à tous les degrés, depuis le plus commun jusqu'au N° 110. Ce fabricant prenait place parmi les douze citoyens auxquels le jury décernait la distinction du premier ordre.

» Il y a, ce me semble, toute une révolution révélée par ce fait, qu'au lieu des brocarts, des satins et des dentelles, le tissu qui fixe l'attention et mérite la récompense, à la fin de l'an VI, c'est la coiffure domestique du ci-devant tiers-état, le bonnet de coton, tel qu'on le faisait avec des fils préparés à l'Épine, près d'Arpajon; puis les velours de coton, tels qu'Amiens savait déjà les tisser.

» Les juges de ce concours étaient dignes d'inaugurer les grandes solennités de l'industrie française; ils avaient choisi Chaptal pour rapporteur.

» Bientôt une révolution nouvelle dans l'État en prépare une autre dans l'industrie. Le 18 brumaire an VIII, comme une aurore, a lui sur la France. Le Directoire n'est plus : un Consulat trop peu durable commence, et l'Empire se prépare.

» En échange des libertés, disons mieux, de l'anarchie,

le génie du siècle donne à la patrie l'ordre au dedans, la victoire au dehors; il appelle à lui les hommes dont les talents mis en œuvre concourent à la grandeur de son règne. Chaptal sera chargé des prospérités de l'intérieur : jamais choix ne fut plus heureux.

» Dans un trop court ministère, en trois années seulement, ce qu'a fait le Colbert du dix-neuvième siècle pour l'industrie française, agriculture, fabriques et commerce, est immense. Il a montré le bien que peut produire, dans un tel emploi, la réunion si rare du génie des sciences avec l'art d'administrer.

» La France a vaincu l'Europe continentale : ce n'est point assez. Un peuple insulaire domine sur les mers à l'aide de son commerce et de ses arts productifs : c'est par l'industrie qu'il faut lutter contre ses destinées : voilà le problème que le premier consul propose à son savant ministre.

» Un premier appel est fait aux fabricants français vers le milieu de l'an IX. Dès la fin de cette année, une seconde exposition publique a lieu dans l'enceinte du Louvre, sous des portiques élégants préparés pour cette fête encore consacrée à l'anniversaire d'une république dont la perte est déjà rêvée par un génie auquel, de toutes parts, l'adulation offre un pouvoir absolu qui le perdra....

» . . . . . Avant la Révolution comme au sortir de la Révolution, les lainages les plus fins n'étaient fabriqués qu'avec des toisons étrangères. Mais, dès l'an IX, l'in-

dustrie française, par les soins de Chaptal, présente à la
France d'admirables tissus faits avec la laine des troupeaux
espagnols naturalisés en France, et des tissus très-remarquables faits avec la laine française améliorée par l'alliance
des mérinos. Un portique spécial est consacré, dans la cour

du Louvre, à ces conquêtes de l'agriculture et des arts
manufacturiers. Les citoyens sont appelés à reconnaître
par leurs propres yeux que déjà nos matières premières
égalent celles de l'Espagne. »

Là ne se bornent pas les soins de Chaptal : à sa voix,
le mécanicien anglais Douglas est venu d'Angleterre s'établir à Paris. En deux années cet artiste fournit à seize départements plus de 340 machines pour le filage et le tissage
de la laine. Aussi, dès l'an X (1802), grâce aux encouragements de l'illustre Chaptal, une nouvelle exposition des
produits de l'industrie met en évidence les progrès tou-

jours croissants de nos manufactures. Là paraissent de
très-beaux tissus destinés pour le Levant ; là se font admirer les chefs-d'œuvre des fabriques de Lyon ; des broderies
de soie et d'or sur mousseline, dignes de rivaliser avec les
plus belles broderies de l'Orient ; des velours de soie teints
en écarlate nuancée, qu'on n'avait pas pu précédemment
obtenir sur ce genre de tissus ; des taffetas et des satins
sans envers et d'une grande largeur ; des soieries brochées
comparables pour la perfection à la broderie faite à l'aiguille.

« On répète, avec une affectation méprisante pour la
France, dit M. Charles Dupin, que l'objet unique admiré
par Fox dans l'exposition de l'an X était notre *eustache* à
deux sous. Fox aurait pu réserver son suffrage pour les
draps communs de Castres, dont les prix descendaient
depuis 18 francs jusqu'à 1 franc le mètre ! ce qui les
rendait propres aux classes moyennes et surtout aux classes
inférieures. »

Faut-il d'ailleurs tenir quelque compte d'un sarcasme
évidemment inspiré par la jalousie ? L'ambitieuse Angleterre, éternelle ennemie de la France en dépit de tous les
traités, devait voir dans tous ces perfectionnements merveilleux une atteinte portée à sa suprématie industrielle ;
elle devait déjà pressentir le blocus continental, et sa fierté
alarmée croyait s'en venger d'avance par un dédain qui
n'était qu'affecté, par une amertume trop injuste pour
porter coup.

Notre expédition d'Égypte, qui nous rapporta des lauriers, mais des lauriers stériles politiquement parlant, ne
fut pas sans résultats sous le rapport industriel.

Ceux de nos lecteurs qui sont nés à la fin du siècle dernier se souviennent de cette troupe étrangère venue en
France sur les pas et dans les rangs de notre armée d'expédition. Il me semble voir encore cette belle compagnie
de mamelouks, au costume si pittoresque et si imposant,

avec ses turbans majestueux, ses vestes brillantes, ses
pantalons larges, ses sabres à la turque, ses pistolets et
ses poignards. C'était une belle et brave troupe, digne de
marcher à l'ennemi côte à côte avec nos vaillants esca-
drons français. Elle apparaissait dans l'élite de notre armée
comme un glorieux trophée de nos lointains exploits. Eh

1.   40

bien ! à la suite de ces Égyptiens à la face basanée s'était introduite en France une industrie nouvelle qu'on pouvait considérer comme une conquête, et qui recueillit de nombreux suffrages lors de l'exposition de 1802. Je veux parler de l'imitation des châles de cachemire, commencée avec la laine d'Espagne, par les Ternaux et leurs associés, Jobert Lucas et madame Recicourt. Decrétot exposa des cachemires fabriqués avec la laine de Vigogne.

Pendant les trois années de son ministère qui furent si bien remplies, Chaptal restaura la belle fabrique des Gobelins tombée en décadence pendant la Révolution. Parmi les autres services qu'il a rendus à l'industrie, il ne faut pas omettre que c'est à lui que la fabrication des vins est redevable des lumières de la théorie. Il avait indiqué les meilleurs moyens pour en accroître les qualités : quelques demi-kilogrammes de sucre ou de cassonade, ou de substance sucrée, extraite de la fécule, peuvent sans aucun inconvénient rendre très-supportable un hectolitre de vin qui, sans ce correctif, eût été vert et privé de montant. Voilà comme la science parvient à corriger les imperfections de la nature.

Douze ou quinze années d'un ministère aussi éclairé, aussi intelligent que celui de Chaptal, eussent suffi pour doubler en quelque sorte les ressources de la France. Bien peu de ministres ont mérité un pareil éloge.

Quel pas immense ont franchi l'industrie et le commerce depuis 1789 ! Que d'étonnantes inventions ! Combien de changements nous avons eu à indiquer dans cette période toute d'innovation! Que de noms illustres se pressent dans cette rapide revue! Chaque science, chacun des arts mécaniques et industriels fournit ses célébrités. La foule en est si grande qu'on est forcé de ne signaler que les hommes qui marchent dans les premiers rangs, de même qu'après une action d'éclat, pour rendre hommage à la valeur d'un régiment, il suffit d'inscrire dans les bulletins les noms de ceux qui l'ont conduit au combat.

En moins de quinze années, la science et la plupart des arts et des métiers, qu'elle a l'honneur d'éclairer de ses lumières, viennent d'enfanter d'admirables prodiges, qui eussent été regardés comme impossibles dans les siècles antérieurs, et qui obtiendront, chez tous les peuples, les hommages de la postérité.

En moins de quinze années aussi, la France vient de subir de sanglantes et bien cruelles épreuves, terrible enfantement d'une liberté qui, à peine née, doit périr de ses propres excès. Nous avons dit un mot de la situation de la patrie à cette fatale époque. Partout des proscriptions, des massacres, des scènes de désordre, et suivant l'énergique expression d'un philosophe de nos jours, « partout on entendait comme le sourd craquement de l'édifice social ancien qui s'écroulait de toutes parts. Les ruines tombaient dans le sang, et le sang ensuite venait inonder les ruines. » Quelle série de scènes horribles dont on voudrait pouvoir effacer le souvenir ! Quelle terreur règne autour de ces

formidables artisans de la Révolution, prenant hardiment
la société comme un bloc de marbre informe, d'où ils veulent tirer la statue qui leur est jadis apparue au travers
des nuages d'une imagination décevante! On avait renversé
l'antique monarchie avec tous les priviléges groupés autour
d'elle, et l'anarchie lui avait succédé, l'anarchie et ses
désastreuses conséquences. A la place d'un roi, à qui l'on
ne pouvait reprocher qu'un excès de bonté, et qu'on avait
assassiné comme tyran, s'élevaient, altérés de pouvoir et
de carnage, des centaines de tyrans qui régnaient, à
l'aide de la guillotine, sur des populations fanatisées ou
terrifiées.

« On avait aboli toutes les lois, dit M. Ballanche, et
l'on croyait qu'il n'y avait qu'à faire de nouvelles lois. On
prétendait créer la société, comme si auparavant la société
n'eût pas existé. L'expérience, les siècles, les traditions,
tout disparaissait pour faire place à je ne sais quoi qui
dormait dans le chaos des rêveries humaines, dans les
fougueuses conceptions de la vanité affranchie de tout
frein. Il ne s'agissait plus d'interroger avec prudence et
sagesse le passé, et d'en obtenir des enseignements pour
l'avenir ; il ne s'agissait pas même de la seule France ;
toutes les proportions étaient agrandies tout-à-coup; l'horizon n'avait plus de bornes connues, et l'artisan le plus
dépourvu de toute instruction ne savait parler que d'organiser le genre humain. »

Des mains audacieuses et fermes de la Convention Nationale, les rênes de l'État étaient tombées aux mains débiles et impuissantes du Directoire. La République française aux abois, malgré le succès de ses armées, sentait qu'elle ne pouvait trouver son salut que dans l'unité d'un pouvoir énergique. Comme l'ancienne Rome, aux jours de péril imminent, elle éprouvait la nécessité d'un dictateur; elle ne trouva qu'un maître absolu. Mais c'est là un grand fait historique qui appartient à une autre époque.

Ici se termine la première période que j'avais indiquée en commençant mon esquisse historique des héros de l'industrie, des gloires de la fabrique et de l'atelier. On a vu toutes les merveilles qui ont surgi au milieu de nous, malgré les horribles déchirements sous lesquels la France était menacée de périr. Maintenant la France, de qui les blessures semblent avoir doublé l'énergie, va nous montrer de nouvelles palmes cueillies dans le champ des arts quoique troublé sans cesse par le retentissement des batailles. Un génie exceptionnel, un génie du premier ordre, d'une vaste portée, d'une puissance entraînante, d'une volonté qui commande l'obéissance, a saisi d'une main glorieuse et forte les rênes de l'État, et se prépare à lui imprimer une grandeur d'un caractère tout nouveau. Moderne Charlemagne, il étonnera le monde par les grandes choses de son règne. Sa noble ambition voudra vaincre les nations étrangères, non-seulement au jeu sanglant des combats, mais encore dans l'arène pacifique des arts. Le même jour, dans son camp, il saura organiser la victoire, faire des lois, fonder des fabriques. Déjà je vois l'aigle, symbole de ses hautes destinées et de sa force, étendre majestueusemeut ses vastes ailes sur l'horizon, et planer avec un juste orgueil sur les trophées de la guerre et de l'industrie, pour la première fois réunis.

L'EMPIRE.

1804.

LE TRONE

La période qui vit surgir l'empire français du milieu des ruines sanglantes de l'ancienne monarchie présente un phénomène qui semble tenir du prestige, et qui, à l'instar de toutes les choses merveilleuses, excitera toujours au plus haut degré les sympathies et l'admiration des peuples.

L'empire, avec sa physionomie à part, avec sa taille de colosse, avec ses dix années plus remplies que bien des siècles, apparaît aujourd'hui dans l'histoire comme une de ces pyramides granitiques qui s'élèvent avec majesté au sein des sables de l'Égypte, indestructibles monuments contre lesquels s'émousse sans cesse la faux du temps !

Tout l'univers sait le nom du héros de cette époque monumentale. A l'heure qu'il est, ce nom préoccupe encore vivement les esprits dans les plus hautes régions du monde politique. Dans tous les temps, ce nom exercera une influence pour ainsi dire magique, sous le chaume comme dans l'atelier ; parce que, dans tous les temps, les enfants du peuple se souviendront avec un juste orgueil des prodigieux exploits de cet illustre capitaine, comme eux, enfant du peuple, qui, enchaînant les factions, imposant sa loi aux nations vaincues, sut s'élever un trône au-dessus de tous les trônes de l'Europe, et faire luire sur la France une gloire toute nouvelle, une gloire à laquelle il avait associé tous les hommes de cœur, dignes descendants des antiques Gaulois ; une gloire en quelque sorte plébéienne d'origine, mais noble, pure, éclatante, et dont il est peu de familles françaises qui ne puissent revendiquer une part.

Cette gloire était comme le patrimoine de tous, du pauvre plus encore que du riche ; il ne fallait que du courage et du mérite personnel pour y prétendre et pour la partager. Voilà surtout ce qui explique l'action presque contagieuse que son souvenir exercera toujours sur les masses ; voilà ce qui doit puissamment contribuer à éterniser sa mémoire ; voilà enfin pourquoi les hommes du peuple ne connaîtront jamais rien de plus héroïque que les grandes batailles de l'empire, de guerriers plus braves que les soldats de la grande armée.

L'homme extraordinaire qui fut l'âme de cette mémorable époque était né à Ajaccio en Corse; il eut pour père un gentilhomme obscur et pauvre, et reçut de lui le nom de Bonaparte, et de ses parrain et marraine, celui de Napoléon, deux noms sous lesquels il s'est immortalisé tour à tour, d'abord comme général, ensuite comme empereur.

Ce nom de Napoléon, qui veut dire *lion du désert*, et qui par cela même semblerait symbolique, résume admirablement toutes les grandeurs de l'empire.

On rapporte une anecdote de l'enfance de Napoléon
Bonaparte, qu'on a pu regarder depuis comme un pronos-
tic de son merveilleux avenir. Napoléon, dans les premières
années de son enfance, avait pour unique instituteur un
de ses grands oncles, archidiacre d'Ajaccio, qui l'aimait
singulièrement. Un jour, dans la maison du bon archidiacre, une poutre se rompt et tombe avec fracas. Tout le
monde prend la fuite avec effroi, hors un enfant qui était
là, et qui, loin de chercher à éviter le péril, s'élance, par
un étrange instinct, et raidit ses jeunes bras pour recevoir
et soutenir la poutre affaissée. — « Bien, dit alors le vieil-
lard en embrassant le petit Napoléon, tu seras le soutien
de ma maison. »

Peu de temps après, le vénérable archidiacre, étant à son
lit de mort, disait aux jeunes frères Bonaparte qui lui demandaient sa bénédiction : — « Il est inutile de songer à
la fortune de Napoléon, il la fera lui-même. Joseph, tu es
l'aîné de ta maison, mais Napoléon en est le chef. Aie soin
de t'en souvenir. »

Cette prédiction, on sait comment elle s'est réalisée. A
l'âge de trente ans, Napoléon Bonaparte était non-seulement le chef de sa famille, mais encore l'arbitre suprème
de l'Europe. Ses victoires en Italie, son aventureuse mais
brillante expédition d'Égypte, les glorieux traités de Campo-
Formio (1797) et d'Amiens (1802) lui avaient frayé la route
du pouvoir. Nommé consul à vie de la république française
le 2 août 1802, moins de deux années après il se faisait

décerner le titre d'empereur des Français, et se posait comme le fondateur d'une dynastie nouvelle à laquelle il n'a manqué que la consécration du passé pour s'assurer l'avenir.

Je n'ai point à raconter les grands événements de cette vie si prodigieuse de l'homme du Destin. Ces détails, d'ailleurs si intéressants, m'éloigneraient trop de notre sujet. Mais qu'on nous pardonne de faire halte un moment devant le piédestal du héros qui, dans les temps modernes, sut être tour à tour et César et Charlemagne.

« Tout est homérique, a dit un éloquent biographe, tout est fatal, tout est prodigieux dans cette grande vie, pour qui contemple son cours, depuis l'île où fut son berceau, jusqu'à celle où gît son sépulcre; astre éclatant et terrible qui, pour remplir l'Orient et l'Occident, se lève du sein des mers, et retourne s'y abîmer! Cependant, ici le merveilleux est dans la vérité : cette destinée extraordinaire s'est accomplie au milieu de nous; sa carrière fut un drame qui nous a tous eus pour acteurs ou pour témoins. Mais les acteurs, mais les témoins de ces événements historiques veulent-ils en essayer le récit, on croit voir se dérouler devant soi une immense épopée. La figure de Bonaparte se dessine au milieu des premiers souvenirs de mon enfance; je suis de ces générations qui ont mûri au soleil de ses prospérités; à l'heure de ses revers, je l'ai vu dans ces marches fatales où il reculait de bataille en bataille sous le poids du monde soulevé; et, quand il me faut évoquer tous ces noms d'Arcole, du Caire, de Marengo, d'Austerlitz, d'Iéna, de Friedland, de Somo-Sierra, de Wagram, de Mojaïsk, au bruit desquels notre jeunesse s'écoula, me voici près d'écrire en tête de mes chapitres : chants de la jeunesse et des commencements de Napoléon Bonaparte, chant des campagnes d'Italie, chant de la guerre d'Égypte, chants du consulat, de l'empire jusqu'à son apogée, de l'empire jusqu'à sa chute; chants de l'île d'Elbe, des cent jours, de Sainte-Hélène enfin! C'est l'Iliade des gloires modernes de la France; c'est une Odyssée comprenant toutes les nations et tous les rivages. Mais quelle fiction égalerait les faits en prodiges! ils portent en eux si bien le sceau de la grandeur que l'admiration s'éveille sans le secours de l'illusion. La proximité ne nuit pas au prestige. Napoléon eut la rare fortune de paraître un géant aux yeux même de ses contemporains. Il l'est resté pour les juges les plus sévères de sa vie. »

Capitaine, conquérant, législateur, Napoléon joignit encore à ces hautes qualités si rarement réunies l'art si difficile d'administrer un vaste empire. Il n'oubliait pas, au bruit de ses victoires, l'industrie de la France; son génie savait découvrir et suivait, avec un saint orgueil, les développements vitaux des manufactures et des ateliers. Les deux expositions qu'il avait ordonnées, pendant son consulat, la première en 1802, la seconde en 1803, avaient attesté, dès les premiers moments, sa sollicitude pour la prospérité du commerce de la France.

Bientôt, lorsqu'il pose sur son front la couronne impériale, il veut, dans l'intérêt de l'industrie française autant que dans celui de sa politique, donner à son couronnement une solennité propre à mettre en évidence et son pouvoir souverain, et les ressources de la France.

Cette cérémonie grandiose, dans laquelle figurait, au grand étonnement des peuples, l'illustre Pie VII, le successeur de saint Pierre, donna un vigoureux élan à nos manufactures. Elle offrait, en effet, le spectacle magnifique et luxueux d'une cour formée comme par enchantement. Le nouvel empereur, frappé de cette pensée, qu'un peuple grand et riche a besoin des arts qui conviennent à l'opulence, pour faire exister l'immense partie du peuple que n'emploie pas l'agriculture, avait voulu que tous les fonctionnaires des divers ordres concourussent à ranimer les belles industries qui jadis florissaient à Lyon, à Tours et dans Avignon. De là tant de costumes riches et variés, admirables sous le rapport du goût et de l'élégance, tous parfaitement appropriés aux divers ordres de la nouvelle hiérarchie gouvernementale, tous attestant la renaissance et les progrès des arts vestiaires, et relevant encore la pompe de cette solennelle intronisation. Toutes ces choses avaient été réglées d'avance et avec mûre réflexion par le chef suprême de l'état. Pour achever la conquête des esprits et des cœurs, il était important de fasciner les regards de la multitude par une scène imposante qui mit en relief, dès les premiers instants, la puissance et la splendeur du trône impérial.

Cette journée du 2 décembre 1804 occupe une grande place dans les annales de la révolution française.

Ceux de nos contemporains qui aujourd'hui ont vécu un demi-siècle se souviennent de l'enthousiasme spontané avec lequel le peuple salua la brillante aurore du nouveau règne. Quel élan, quelle joie dans toutes les classes intéressées au rétablissement de l'ordre! C'était une fête véritablement populaire. Les ouvriers principalement, ces hommes laborieux, si utiles à la prospérité de l'industrie, faisaient éclater de vifs transports.

C'est que, parmi les hauts dignitaires de cette cour improvisée sur les champs de bataille, ils pouvaient citer beaucoup d'hommes nés comme eux dans l'obscurité, beaucoup d'hommes qui, élevés dans les travaux de l'atelier, étaient pour ainsi dire leurs anciens camarades.

Ainsi l'ouvrier des faubourgs et l'homme du peuple se rappelaient avec un légitime orgueil le modeste point de départ de chacun de ces grands personnages revêtus d'or et de broderies, tout chamarrés de cordons et d'insignes militaires ou civils, portant avec aisance le manteau de cour et le chapeau à plumes ondoyantes, tous décorés des titres de princes, de ducs, de comtes, titres rajeunis de la vieille monarchie, qui étaient en quelque sorte les certificats de leur gloire. Les héros composant cette jeune noblesse impériale, éclose à la chaleur du canon et sous le feu de la mitraille, avaient pour la plupart porté l'humble veste du travailleur avant d'endosser l'uniforme du soldat. Gloire à eux! ils étaient bien les enfants de leurs œuvres.

C'était Eugène Beauharnais, le Bayard de nos jours, lui qui avait quitté le tablier d'apprenti menuisier pour venir si noblement réclamer l'épée de son père, noble officier-général mort sur l'échafaud révolutionnaire; lui que Napoléon, touché de son amour filial, s'était plu à reconnaître pour son fils adoptif; lui qui bientôt allait être vice-roi d'Italie.

C'était Joachim Murat, l'héroïque sabreur, cet enfant d'un aubergiste de la Bastide près de Cahors, qui, devenu maréchal de l'empire, prince, grand-amiral, grand-duc de Berg et beau-frère de l'empereur, était destiné à s'asseoir sur le trône de Naples pour son malheur et pour celui de la France.

C'était Augereau, l'ancien maître d'armes, le fils d'une fruitière du faubourg Saint-Marceau, cité à juste titre comme l'une de nos plus brillantes fortunes militaires. La glorieuse part qu'il avait prise à la journée de Lodi, à celle de Castiglione, au passage du pont d'Arcole, l'avait placé au premier rang parmi les généraux de la république, et lui avait mérité le grade suprême de maréchal de l'empire et la dignité de duc de Castiglione.

On y voyait aussi Michel Ney, qui, sorti d'une famille obscure de Sarrelouis, avait su, comme on dit, trouver dans sa giberne son bâton de maréchal. Déjà duc d'Elchingen, il devait conquérir plus tard, non-seulement le titre de prince de la Moskowa, mais un titre plus honorable encore, décerné surtout par l'empereur Napoléon, je veux dire celui de *brave des braves*, qu'il conservera dans l'histoire.

Dans cette cérémonie du sacre figurait encore, entre beaucoup d'autres illustrations militaires, le maréchal prince de Ponte-Corvo, vingt années auparavant simple soldat dans un régiment d'infanterie, aujourd'hui roi de Suède et de Norwége sous le nom de Charles-Jean XIV. Il était issu d'une famille plébéienne du Béarn, et s'était illustré sous le nom de Bernadotte.

Enfin, pour terminer cette brillante énumération qu'il serait facile de rendre beaucoup plus longue, arrêtons-nous au célèbre maréchal Lannes, duc de Montebello, qui appartient plus intimement à notre sujet.

Fils d'un simple garçon d'écurie, Lannes, natif de Lectoure, avait passé, comme apprenti, les premières années de sa jeunesse chez un teinturier d'Auch. C'est de là qu'il était parti, le mousquet sur l'épaule, pour arriver aux plus hautes dignités de l'empire.

On a conservé, et je consignerai ici deux traits qui font également l'éloge de son esprit et celui de son cœur.

Étant déjà au faîte des honneurs militaires, et allant prendre le commandement d'un corps d'armée en Espagne, il eut à traverser son pays natal. Beaucoup d'autres, par vanité, eussent préféré faire un détour pour ne pas se retrouver face à face avec d'anciens camarades dont la présence eût été importune; ou bien, inspirés plus sottement encore, peut-être n'eussent-ils voulu reparaître au milieu de leurs connaissances d'autrefois qu'en étalant avec une morgue insolente un faste qui n'impose pas toujours en pareille circonstance. Le maréchal duc de Montebello se montra vraiment digne de son élévation en tenant une conduite tout opposée. Aussi a-t-il laissé dans cette visite des souvenirs qui ne s'effaceront jamais de la mémoire du peuple d'Auch.

Au moment d'arriver aux portes de la ville, ses regards s'arrêtent par hasard sur un charretier occupé à entasser des cailloux sur le bord de la route. Il reconnaît aussitôt dans cet homme un de ses anciens camarades d'enfance. Il fait arrêter sa voiture, met pied à terre, et, s'avançant vers le charretier, il lui dit en patois :

— Eh bien ! poltron, ne valait-il pas mieux aller croiser la baïonnette avec les Autrichiens que de faire ton diable de métier ? Tu ne me reconnais pas peut-être ?.... Regarde-moi, voyons ! y es-tu maintenant ?.... Allons donc ! tope-là.

Et, en prononçant ces paroles du ton le plus affectueux, le maréchal de France, le duc de Montebello, le grand capitaine, le noble ami de Napoléon, pressait de sa main la main calleuse du charretier, qui ouvrait de grands yeux d'étonnement.

— Ah çà ! reprit le maréchal, il me semble que tu n'as pas fait de brillantes affaires. Puisque tu n'aimes pas l'odeur de la poudre, le commerce te convient-il? oui, n'est-ce pas? alors je me charge du reste.

Le lendemain même, grâce aux soins généreux de Lannes, le pauvre charretier se trouvait possesseur d'un fort joli établissement.

Arrivé à Auch, le duc de Montebello avait à essuyer le feu de toutes les visites officielles. Toutefois, sa première pensée fut pour le teinturier Dulau, son ancien patron, qu'il fit mander en descendant de voiture. Il conversait avec ce brave homme lorsqu'on introduisit les autorités civiles et militaires, ayant à leur tête le préfet du département, qui venait offrir au maréchal un dîner d'apparat. Le brave teinturier, un peu troublé par la vue de tous ces costumes de cérémonie, et craignant d'être importun, voulait se retirer; mais Lannes, passant son bras sous le sien, l'en empêcha, et s'adressant au magistrat qui venait de lui parler :

— Monsieur le préfet, lui dit-il, j'accepte avec plaisir le dîner que vous m'offrez, mais à la condition d'amener avec moi le digne homme que je vous présente.

Ajoutons, pour compléter ce récit, que, pendant toute la soirée, le maréchal combla d'attentions son ancien maître. Nos aristocrates du jour blâmeront sans doute en eux-mêmes une reconnaissance aussi démonstrative; ils diront qu'un maréchal de France est tenu de garder son rang, qu'il ne doit pas s'abaisser..... S'abaisser! J'en appelle à toutes les âmes bien nées, n'est-ce pas s'élever véritablement que s'abaisser de la sorte?

Aussi ce noble caractère avait-il fait chérir Lannes de toute l'armée, depuis le dernier des soldats jusqu'à l'empereur. La douleur générale le prouva bien lorsque l'intrépide maréchal reçut le coup mortel sur le champ de bataille d'Essling. Napoléon courut au funèbre brancard sur lequel

gisait tout mutilé son illustre lieutenant; il se précipita sur le sein de son ami que la perte de sang avait fait évanouir. « Lannes, s'écria-t-il, Lannes, reviens à toi, c'est ton ami ! c'est l'empereur ! c'est Bonaparte ! c'est ton ami ! » Le duc de Montebello ouvrit les yeux, reconnut Napoléon, et leurs sanglots se confondirent. « Dans quelques heures, dit Lannes d'une voix expirante, vous aurez perdu l'homme qui vous a le plus aimé. »

Cet homme, qui ne rougissait point d'avoir été apprenti teinturier, avait toujours eu le courage de dire la vérité à l'empereur. Il était le digne Héphestion de cet autre Alexandre. Il méritait bien les honneurs qui lui furent décernés au Panthéon le 6 juillet 1810.

J'ai déjà dit que la cérémonie du couronnement de Napoléon avait servi à mettre en évidence les ressources de la France industrielle. La formation de la nouvelle cour ouvrait de grands débouchés aux produits des fabriques.

Les expositions dont il a été parlé dans la période qui précède celle-ci avaient fait connaître de grands perfectionnements dans la plupart des arts mécaniques. L'administration éclairée de Chaptal n'avait pas peu contribué à préparer, à assurer ces heureux résultats ; et, pour dire la vérité tout entière, l'habile ministre de l'intérieur avait eu le bonheur de trouver un puissant secours, pour opérer le bien, dans la volonté fécondante du premier consul.

Cette opinion, que d'ailleurs on n'a jamais contestée, se manifeste bien clairement dans ce passage de M. le baron Charles Dupin : « Quelle époque glorieuse, dit le savant académicien, que celle où l'homme supérieur qui plaçait le titre de membre de l'Institut avant son titre de général, parcourait avec ses illustres amis, Berthollet le chimiste, Monge le géomètre, et le ministre Chaptal, les ateliers et les grandes manufactures de Paris, de Rouen, de Lyon, de Milan, de Bruxelles, de Liége et d'Aix-la-Chapelle ; excitait partout le besoin du progrès ; avec son regard d'aigle, pénétrait jusque dans les mystères de la production industrielle ; avec sa parole incisive et mémorable, éveillait les esprits, stimulait l'indolence, et donnait à l'éloge le parfum de la gloire! Rencontrait-il sur sa route un homme rare, un Ternaux, créateur de nombreux et beaux établissements, il détachait sa croix d'honneur pour la poser de sa main sur le cœur de l'industriel, en présence de ses milliers

d'ouvriers. Voilà comment le grand homme honorait à la fois les sciences, les arts et le peuple. Heureux qu'il eût été, si plus tard son ambition ne l'avait pas emporté loin de ce peuple et de ses intérêts, pour chercher en des guerres sans bornes le tombeau de sa fortune et de sa dictature. »

Les premières années de l'empire, brillante continuation du consulat, furent des années prospères pour le commerce et l'industrie de notre capitale et de nos provinces. Quoi-

que la guerre forçât la France d'entretenir des armées
nombreuses, comme la guerre ne cessait de couronner les
entreprises belliqueuses de Napoléon et accroissait de jour
en jour sa puissance, comme chacun avait foi dans son
génie et dans sa fortune, une activité prodigieuse se faisait
remarquer dans nos villes manufacturières et dans nos ateliers de tout genre.

De toutes parts se développaient, comme par enchantement, des germes féconds de prospérité. Le nombre de nos
fabriques de draps commençait à s'augmenter, avec celui
des métiers et des ouvriers occupés. L'aisance, plus généralement répandue, influait nécessairement sur la consommation intérieure, particulièrement en lainages moins grossiers. Les toiles de coton se multipliaient sans qu'on cessât
d'employer les chanvres et les lins de notre sol. Des machines ingénieuses portaient la filature de coton au plus
haut degré de fin. Le gouvernement avait proposé le prix
d'un million à l'inventeur d'un mécanisme qui perfection-
nerait la filature de lin autant que celle de coton, et qui
diminuerait ainsi le prix de la main-d'œuvre nécessaire à
l'emploi de nos matières premières.

C'était là un des heureux fruits de l'ordre, rétabli d'a-
bord dans les diverses branches de l'administration de l'état,
ensuite dans l'immense majorité des esprits, si long-temps
égarée par des théories politiques plus ou moins subver-
sives. L'érection du trône impérial semblait ajourner indéfiniment les espérances des partis. Tandis qu'au dehors

nos valeureux soldats, sous leur chef jusque-là toujours
invincible, gagnent des batailles, prennent des villes fortes,
conquièrent des royaumes, font et défont des rois, au dedans nos ouvriers font résonner l'enclume, liment le fer et
l'acier, façonnent le bois, tissent le chanvre et le lin, travaillent la laine et la soie, inventent de nouveaux procédés,
les uns plus ingénieux, les autres plus expéditifs ou moins
dispendieux. Chaque artisan a repris sagement l'esprit de
son état, qui est toujours le meilleur esprit, sans contredit, dans l'intérêt de la société comme dans l'intérêt de
l'individu. Plus de ces assemblées populaires, plus de ces
clubs ouverts au profit des passions mauvaises, et dans
lesquels l'intrigue de bas étage, la fainéantise, le bavardage
jouaient un rôle si ignoble et si funeste en même temps.
On ne recherche plus les journaux que pour y lire les victorieux bulletins de la grande armée. Les Brutus de faubourg, les Scœvola de cabaret, les Catilina d'estaminet,
ont changé tout-à-coup de langage ; ils exaltent à l'envi les
exploits du grand empereur. Toutes ces métamorphoses ont
été opérées comme par enchantement. Les femmes, suivant
aussi le mouvement général, sont revenues presque spontanément à leurs travaux, à leurs occupations domestiques,
aux paisibles et douces habitudes qui font le plus puissant
charme de leur sexe. Toutes raffolaient du héros qui pré-
sidait aux destinées de l'empire ; elles faisaient éclater pour
lui, en toute occasion, l'enthousiasme de l'admiration. Il
n'était point à craindre qu'il se rencontrât au milieu d'elles

une seule Charlotte Corday ; quelques années avaient suffi

pour faire disparaître complètement cet ardent fanatisme républicain qui avait armé l'héroïque et intéressante vierge de Saint-Saturnin du couteau dont elle poignarda Marat, d'exécrable mémoire.

Enfin la liberté, ou plutôt l'odieuse tyrannie qui avait trop long-temps usurpé son saint nom, fatiguée de ses ignobles excès, de ses hideuses et sanglantes orgies, s'était endormie dans le sein de la gloire ; et la France, sous la main puissante qui la dirigeait, avait repris l'attitude noble et digne d'une nation vraiment souveraine, et commençait à juste titre à se regarder en quelque sorte comme la métropole du monde entier, soit qu'on considérât la force de ses armes ou l'excellence, le bon goût et la perfection des produits de ses manufactures.

De magnifiques encouragements donnés aux créateurs d'industries utiles, de riches récompenses instituées pour provoquer, pour soutenir l'émulation et la persévérance des inventeurs, exerçaient une salutaire influence sur les travaux des diverses fabriques.

A la voix de Napoléon, le bel art de la mosaïque, inventé par les Grecs et pratiqué depuis par les Italiens, prenait rang parmi les industries françaises. Pour la naturaliser chez nous, l'empereur fait venir de Rome l'artiste Belloni, et lui confie la direction d'un atelier de mosaïque. Là, l'habile Italien forme de jeunes aveugles à pratiquer cette industrie, qui, par cela même, devient plus intéressante. On n'employait pas dans cet établissement de petits cubes de marbre comme on en voit dans quelques mosaïques de l'antiquité, mais on faisait usage d'émaux, tels qu'on en voit dans quelques mosaïques gothiques.

Vers le même temps, une nouvelle espèce de faïence, connue vulgairement sous le nom de *terre de pipe*, prenait un grand développement de fabrication en France. Cette faïence, à pâte plus fine que celle de la fabrique de Sceaux, avait été apportée dans notre patrie immédiatement après la paix d'Amérique. Un Anglais nommé Hall fut le premier qui la fabriqua dans sa manufacture de Montereau. A l'une des premières expositions, il obtint une des douze récompenses du premier ordre décernées aux grands progrès de l'industrie; et dès lors des fabriques analogues s'établirent successivement à Paris, à Choisy, à Chantilly, à Creil, puis à Toulouse et à Sarreguemines, et quelques-unes d'elles offrirent des perfectionnements que nous mentionnerons avec plaisir lorsque nous traiterons de la période qui suit celle de l'empire.

Le nom de Ternaux, que nous avons déjà cité incidemment, rappelle une des plus grandes notabilités industrielles de notre temps.

Sous le consulat, cet industrieux manufacturier relevait à peine de la ruine sa fabrique ainsi que la fortune de sa famille; et, dès 1801, il avait déjà replacé au premier rang les draps de Sedan, de Reims et de Verviers; déjà cinq mille ouvriers avaient été rendus à la production perfectionnée dans ses superbes manufactures.

Bien plus, l'infatigable Ternaux, admirablement secondé

F.GRENANSt

par son frère, obtenait un nouveau titre à la reconnaissance nationale, en faisant venir à grands frais et en
essayant d'introduire en France des chèvres du Thibet. Il
affranchissait ainsi notre pays, en parvenant à imiter les
châles précieux de l'Inde, d'un tribut très-onéreux qu'il
avait jusque-là payé aux royaumes de l'Asie.

On voit qu'il s'agit ici des cachemires français, si perfectionnés et si communs aujourd'hui.

« Quels étaient donc, a dit un observateur parfois caustique, quels étaient donc les châles qui, vers la fin du siècle dernier, couvraient les épaules et la poitrine de nos petites maîtresses? Des fichus de mousseline unie ou imprimée, des écharpes en soie, soie et coton, en gaze à bordure satinée, et plus tard des mouchoirs carrés ou longs, mais étroits, en laine assez grossière, unie ou à petits bouquets. C'est avec de pareilles guenilles, dont la plus distinguée ne valait pas un louis, et qu'on n'oserait pas aujourd'hui offrir à une servante, à une revendeuse, que se couvraient en grelottant nos élégantes qui sortaient du bal. Ces châles ne pouvaient guère les préserver du froid, avec leurs robes légères à la grecque, à manches courtes et collantes, sans doublure, sans corset, sans jupon et quelquefois sans chemise. Mais il était alors du bon ton de se geler, de n'être pas vêtues en public. Les pelisses, les manchons étaient oubliés ou mangés par les teignes; les manteaux encore inconnus. Le petit châle tenait lieu de tout pour le dehors. La douillette ouatée était réservée pour le boudoir, pour le coin du feu. Quelques femmes prudentes l'endossaient pourtant en revenant de soirée. »

A cette époque, les châles de Cachemire n'étaient connus en France que de réputation et d'après les récits des voyageurs. Les femmes de nos ambassadeurs et de nos consuls en Orient, qui recevaient de ces châles en présent, les conservaient comme des objets de pure curiosité. On avait même généralement assez peu d'estime pour ces produits de l'industrie asiatique. On raconte qu'en 1788 des dames, auxquelles on avait fait hommage de vrais châles-cachemires, les dédaignèrent au point de les regarder comme de la serge, bonne tout au plus à doubler des robes. D'autres en firent des redingotes de chambre, des dressoirs sur lesquels on repassait le linge, des tapis de pieds, etc.

Mais une révolution totale fut opérée sur ce point, comme nous l'avons déjà dit, par notre célèbre expédition d'Égypte. De retour de cette plage lointaine, nos guerriers firent mieux connaître les châles de l'Inde, en introduisirent la mode.

Cette révolution toute pacifique contribua puissamment aux progrès de l'industrie, et donna naissance à de nouvelles manufactures dont le nombre s'est si fort multiplié depuis dans toute la France. L'exposition de 1801 montra les premiers essais de châles, imitation cachemires de l'Inde. Ces premiers essais étaient bien loin de la perfection. Les châles de Vienne, plus brillants et imprimés à six ou sept couleurs sur un tissu de coton à fond croisé, stimulèrent les fabricants français, qui parvinrent à les imiter.

Enfin, l'exposition publique de 1806, au palais Bourbon, montra un châle de cinq quarts carrés, à bordure de dix-huit lignes, orné d'une rosace au milieu, et un châle long soie et laine, fond blanc, avec bordure de neuf lignes, et aux deux extrémités des palmes hautes de neuf pouces. On chercha dès lors à perfectionner la filature des laines, et les manufacturiers français ne craignirent pas d'exposer des capitaux immenses à perfectionner, à varier, à multiplier les produits d'une branche d'industrie qui s'était emparé de la mode.

A la tête de toutes les fabriques de ce genre se trouvait celle de Ternaux, qui se faisait remarquer par l'étonnante

supériorité de ses châles, auxquels on donna le nom du fabricant.

Ce ne fut toutefois qu'après bien des recherches et des sacrifices que Ternaux parvint à obtenir ces brillants résultats.

Le cachemire de l'Inde, ornement des lascives bayadères, parure des bramines, et qui souvent se roule en turban autour de la tête d'un officier moghol ou mahratte, avait excité un vif engouement parmi nos dames françaises. Mais on ignorait le secret de sa fabrication ; on ne savait pas quelle était la matière primitive de ce précieux tissu. On se demandait et l'on se demande encore si c'était la laine des moutons ou le poil de quelques espèces particulières de chèvres et de chameaux. C'est là une question sur laquelle les historiens, les érudits, les voyageurs, les fabricants ne sont point d'accord. « Tout ce qui concerne la fabrication des châles de Cachemire, dit l'auteur cité plus haut, le mécanisme de la filature et du tissage, la forme des métiers, les procédés relatifs à la nuance des couleurs, à la symétrie du dessin, des fleurs, des palmes, tant pour le fond que pour les bordures, est encore un mystère non moins impénétrable que celui de la matière primitive, et que n'ont pu découvrir ni Bernier, Forster et Legoux, qui ont visité le Cachemire, ni les voyageurs plus modernes qui ont parcouru l'Inde ; aucun d'eux, à la vérité, n'y a mis d'importance, parce qu'il n'était pas du métier. Ce qu'il y a de positif, c'est que les plus grands et les plus beaux châles, surtout les longs, sont faits par deux ouvriers et en deux morceaux joints ensemble par une reprise fort adroite, ainsi que les larges et superbes bordures qu'on y adapte. »

Ce fut la noble ambition d'égaler la perfection de ces tissus de Serinagor qui poussa plus tard Ternaux à faire les plus grands sacrifices pour naturaliser en France les chèvres du Thibet, espèce répandue depuis les frontières de la Chine jusqu'à la mer Caspienne, et qui est pourvue du précieux duvet qu'on croit le plus propre à la fabrication des châles de l'Inde. Mais cette spéculation du fabricant français ne réussit point. Les chèvres dites du Thibet

donnaient à peine trente sous de duvet par an, ce qui était loin de dédommager de ce que coûtait leur entretien. On fut obligé d'y renoncer, et de tirer directement de la Russie le duvet de ces chèvres, qui a contribué à rendre si parfaite la fabrication de nos châles.

Depuis lors, les produits de nos manufactures non-seulement ont presque égalé en finesse ceux qui viennent de l'Inde, mais encore les ont surpassés par l'élégance et la variété des dessins. Hâtons-nous de dire aussi qu'ils coûtent dix ou douze fois moins cher que ces châles, et qu'à cet égard les dernières expositions de l'industrie ont dû convaincre les plus incrédules.

Pour compléter l'éloge de Ternaux, nous citerons ce passage du *Nouveau Dictionnaire des origines, inventions et découvertes*, article MÉRINOS, lequel est extrait lui-même du *Dictionnaire des découvertes en France* :

« Ternaux créa les étoffes dites *mérinos* et les véritables cachemires, à la fabrication desquels il ne put parvenir qu'après de longues recherches sur l'origine inconnue de la matière filamenteuse employée pour fabriquer ces précieux tissus. Les tentatives de Ternaux dans ce genre de travail furent si heureuses qu'il surpassa les fabriques de l'Inde, soit pour le tissu, soit pour le broché. »

Ternaux mérita la médaille d'or, récompense du premier ordre, dans six expositions consécutives. Il encourageait efficacement toutes les améliorations industrielles, et concevait le commerce avec la même étendue que la production. Il y avait à Cadix, à Livourne, à Naples, à Saint-Pétersbourg des comptoirs fondés par lui et dépendants de sa maison centrale. Ses produits étaient supérieurs à ceux des autres peuples européens, sans en excepter les Anglais. L'exportation des produits des fabrications qu'il a créées surpasse aujourd'hui la valeur de dix millions, c'est-à-dire qu'elle est plus que décuplée depuis 1814. Enfin Ternaux a eu la gloire d'être signalé comme celui de tous les industriels français qui a le plus augmenté la richesse nationale, le bien-être des classes inférieures et le revenu du trésor public.

Voici un court fragment de M. Blanqui aîné qui vient

confirmer pleinement ce que nous venons de dire touchant l'influence de Ternaux sur notre industrie et notre commerce. Quoique le nom de ce grand fondateur de fabriques ne soit point articulé dans ce passage, son éloge s'y trouve implicitement, car c'est à ses travaux qu'il est juste d'attribuer l'honneur des immenses résultats signalés dans les lignes suivantes :

« Il convient de remarquer, dit le savant professeur du conservatoire des arts et métiers, que la majeure partie de nos exportations se compose de cette immense variété d'articles de fantaisie ou de goût qui, pour être au-dessous du premier rang dans la nomenclature industrielle, n'en figurent pas moins de la manière la plus honorable parmi les sources de nos richesses. Qui ne connaît aujourd'hui, par exemple, la haute réputation de nos châles, rivaux de ceux de l'Inde, sur lesquels ils l'emportent par l'égalité du tissu, la finesse de la matière, et souvent par la solidité des couleurs? Il y a moins de trente ans cette belle industrie existait à peine, et ses produits s'élèvent déjà à plus de vingt-cinq millions. La contrebande nous a fourni les premiers modèles, et bientôt nos fabricants pourront braver la contrebande. Les noms des Denéirouse, des Gaussen, des Hébert, ont acquis dans ce genre une renommée européenne, et l'Angleterre, si fière de ses tissus, est forcée de reconnaître ici la supériorité des nôtres. Aussi nous considérons la fabrication des châles comme entièrement nationalisée et *spécialisée* en France. Nos dessinateurs n'auront pas peu contribué à sa fortune, et c'est une des plus brillantes conquêtes qui aient enrichi la France depuis le commencement du dix-neuvième siècle. »

Parmi les grands travaux publics exécutés durant les premières années de l'empire, les plus étonnants, sans contredit, eu égard aux difficultés vaincues, sont les routes du Mont-Cenis et du Simplon, qui furent construites d'après le hardi projet de l'ingénieur Céard.

Les mouvements stratégiques de nos armées victorieuses pendant les immortelles campagnes d'Italie avaient fait sentir l'importance et la nécessité de ces immenses travaux. A cette époque, le Mont-Cenis et le Simplon n'étaient encore que sillonnés de sentiers pratiqués par les gens du pays. Napoléon parla; et les plus magnifiques routes qui aient jamais existé s'ouvrirent devant les voyageurs émerveillés.

J'emprunterai à l'*Annuaire du bureau des longitudes*, pour l'an 1809, quelques détails qui pourront donner une idée de ces routes admirables, dans lesquelles la nature et l'art frappent tour à tour l'imagination.

« Dans la traversée du Mont-Cenis, il a fallu, depuis le pont de Lanslebourg jusqu'au point culminant, près de la Ramasse, s'élever de six cent quatre-vingt-douze mètres sur une longueur horizontale et directe de deux mille huit cent cinquante-cinq mètres. Six rampes en lacet ont réduit cette chute abrupte à une pente douce que les voitures de toutes grandeurs peuvent monter et descendre

facilement en parcourant dix mille deux cent douze mètres.
La descente totale, du côté de Suze, est de mille quatre
cent cinquante mètres sur une longueur horizontale et
directe de dix-sept mille huit cent soixante-six mètres ; la
longueur parcourue le long des rampes est de vingt-cinq
mille six cent soixante-trois mètres. Ce revers méridional,
quoique sa déclivité ne soit pas si forte, a offert des difficultés au moins égales à celles du revers septentrional. Le
chemin total parcouru entre Lanslebourg et Suze, qui est
de trente-cinq mille huit cent soixante-quinze mètres,
n'excède que d'un peu plus du cinquième de sa longueur
l'ancien chemin praticable aux seules bêtes de somme, qui
était de vingt-sept mille neuf cent cinquante-six mètres.
Un vaste hospice a été construit sur le plateau du mont,
et l'on a pris d'efficaces mesures pour établir une population près de cet hospice.

» L'état barbare où se trouve la plus grande partie de
l'ancienne route qui traverse le département du Mont-
Blanc, et qui est non-seulement incommode, mais encore
dangereuse en plusieurs points, étant incompatible avec
les superbes travaux du Mont-Cenis, on reconstruit cette
route sur de nouveaux tracés, partout où ils sont nécessaires : on a reconnu que le passage des *Échelles*, si pom-
peusement vanté, et que les voitures les plus légères ne
peuvent cependant gravir qu'avec des suppléments d'atte-
lage, pouvait être remplacé par une galerie souterraine qui
en ferait disparaître toutes les difficultés.

» En partant de Glitz, du côté de la France, pour traverser le Simplon, on s'élève de treize cent quatre mètres jusqu'au point culminant où il a été ordonné de construire un hospice, en parcourant une longueur inclinée de route de vingt-deux mille cinq cents mètres, la longueur horizontale directe étant de dix mille quatre cent quatre-vingt-dix mètres. Le village de Simplon, qu'on trouve à neuf mille trois cents mètres du côté de l'Italie, est plus abaissé que ce point de cinq cent cinquante-deux mètres. Les travaux d'art en murs de soutènement, en ponts et en galeries souterraines, sont plus considérables sur cette route que sur celle du Mont-Cenis. »

Tandis que s'exécutaient ces grands travaux, dignes d'être comparés aux monuments les plus merveilleux des anciens, l'esprit militaire se propageait de plus en plus dans la nation au bruit de nos victoires. On n'entendait dans tous les ateliers que récits animés de batailles et de combats. Loin de redouter l'heure qui devait les appeler sous les drapeaux, les jeunes ouvriers se faisaient une fête d'aller bientôt cueillir leur part des lauriers réservés aux braves, et, comme pour se préparer d'avance aux habitudes militaires, ils se redressaient fièrement, portaient la casquette sur l'oreille, et cherchaient à se donner de petits airs de conquérant.

Le jour du départ arrivé, le conscrit, au comble de ses vœux et impatient de voler à la gloire, ainsi que le disent tous les refrains des chansons de l'empire, s'empressait de

se dérober aux douloureux embrassements de sa famille,
et se pavanant en idée sous l'uniforme, sous le casque
de dragon ou sous le bonnet à poil du grenadier, il allait
prendre congé de ses compagnons d'atelier. Ceux-ci ne
manquaient point de boire à la santé et à la prospérité du
héros futur; beaucoup d'entre eux, les plus jeunes surtout,
enviaient son sort et son costume; et tous, pleins de l'enthousiasme belliqueux qu'entretenaient alors les glorieuses
nouvelles du théâtre de la guerre, ils entouraient leur
brave camarade et lui formaient une sorte de cortége triom-
phal jusqu'à la barrière.

BETHUNE

Ces scènes d'adieux se renouvelaient fréquemment,
comme on le sait; elles offrirent, jusqu'aux dernières
années de l'empire, le même entrain, la même ardeur
patriotique, le même dévoûment, mais plus particulière-

ment dans les classes ouvrières, qui d'ailleurs s'étaient accoutumées à regarder le *métier de soldat* comme un sûr moyen de parvenir.

Il fallait voir comme l'air des camps et l'odeur de la poudre métamorphosaient en quelques mois nos jeunes hommes si amoureux de la gloire guerrière! Nouveaux Sargines, il ne leur fallait pas long-temps pour se façonner à toutes les exigences du métier des armes. Ils couraient au feu comme à une occasion de plaisir. Partis jeunes conscrits pour une campagne, ils en revenaient vieux par l'expérience. De nombreuses conjonctures mettaient en évidence la capacité et la bravoure, et presque toujours la capacité et la bravoure sortaient des rangs obscurs de la classe ouvrière. Combien de nos officiers les plus intrépides, combien de nos généraux les plus habiles de cette brillante époque avaient débuté dans la vie par le rôle d'apprenti dans quelqu'un des ateliers de nos faubourgs!

Les guerres de ce temps - là moissonnaient un grand nombre d'hommes. Mais qu'importe la mort aux héroïques recrues de nos villes et de nos campagnes? A les voir marcher gaîment à l'attaque d'une redoute meurtrière, ou soutenir le choc d'une puissante charge de cavalerie, ne dirait-on pas qu'elles se croient invulnérables? Quand on entend les dramatiques récits des grandes expéditions de l'empire, quand on se représente ces colonnes autrichiennes, prussiennes et russes, enfoncées et détruites presque en un instant, quand on voit les places les mieux fortifiées céder en quelques jours aux efforts de nos armes, on serait tenté de penser que les troupes françaises, alors si formidables, n'étaient composées que de soldats depuis long-temps aguerris. Eh bien! non; il n'y avait là que la jeunesse de nos fabriques et de nos ateliers; jeunesse ardente, intrépide, souvent téméraire, qui, trois ou quatre années auparavant, jouait encore aux billes ou à la toupie sur les places publiques. Actuellement elle faisait des parties bien autrement intéressantes au jeu terrible des batailles. Devant elle se dressait la merveilleuse échelle de l'avancement, qui excitait et entretenait sa noble émulation. La croix d'honneur et l'épaulette, récompenses du mérite et de la bravoure, étaient le double point de mire de l'ambition de nos jeunes troupiers.

Et lorsque, après une de ces campagnes rapides qui nous ouvraient les portes de Berlin ou de Vienne, le jeune militaire, profitant d'une courte halte de la victoire, pouvait aller passer quelques jours sous l'humble toit qui l'avait vu naître, combien il était glorieux de reparaître au milieu des siens revêtu des insignes du commandement! Oh! alors éclatait spontanément une touchante ovation de famille. Le jeune officier avait la joie de recevoir les félicitations naïves de tous ses parents; il les pressait tour à tour contre son cœur avec une franche effusion, et s'empressait de répondre à leurs affectueuses caresses. C'était une tendre sœur qui lui témoignait son attachement; c'était un jeune frère qui se haussait sur la pointe des pieds pour atteindre

à sa décoration ; puis, sa bonne mère accourait se précipiter dans ses bras, tandis que son vieux père, respec-
table artisan du temps passé, réclamait son tour avec une
bonhomie toute patriarcale.

De tels tableaux d'intérieur se reproduisirent souvent,
sous le règne de Napoléon, dans les familles intéressantes de nos ouvriers. On se laisserait aller facilement au
plaisir d'en indiquer tous les détails ; mais l'espace nous
manque, et notre sujet nous rappelle.

A cette époque apparut sur l'horizon des arts un célèbre
mécanicien qui a mérité depuis d'être surnommé le *Vaucanson allemand*. C'était Léonard Maetzel, né à Ratisbonne
en 1776. Il vint à Paris en 1808, et provoqua l'étonnement général par ses chefs-d'œuvre de mécanique.

On a voulu quelquefois reléguer parmi les fables la plupart des merveilles que rapportent les historiens en mentionnant certaines machines artificielles. Mais, quand on a pu voir quelques-uns des automates de Vaucanson et les têtes parlantes de Mical, on a moins de répugnance à se montrer crédules.

Par exemple, après le canard qui mange et qui digère ; après le joueur de flûte qui ravit par sa brillante exécution tous ceux qui l'écoutent, on aurait mauvaise grâce à révoquer en doute l'existence de cet Androïde qu'avait construit, dit-on, le célèbre Albert-le-Grand, de manière que cet automate ouvrait la porte de la cellule de ce savant, et saluait de quelques sons la personne qui entrait. On peut appliquer même réflexion à cette mouche de fer, fabriquée par Jean Muller ou *Regiomontanus*, de Kœnigsberg. Cette mouche volait autour d'une chambre, et allait ensuite se percher sur le doigt de son maître, d'où elle était partie. Les historiens font mention d'un arbre d'or de l'empereur Théophile, lequel arbre était chargé de petits oiseaux qui produisaient un ramage semblable à celui des rossignols. Enfin, le roi Théodoric écrivant à Boëce, qui faisait des machines artificielles, s'exprimait ainsi :

« Par ton art, les métaux mugissent, les oiseaux chantent, les serpents sifflent, et tu sais donner aux animaux une harmonie qu'ils n'ont pas reçue de la nature. »

Les récits des historiens peuvent sans doute avoir exagéré le mérite que supposent tous ces prodiges de la méca-

nique. Mais ce qu'on a vu de nos jours autorise à en
regarder le fond comme très digne de foi.

Témoin la fameuse mécanique musicale que Léonard
Maelzel fit admirer aux Parisiens en 1808.

Cette mécanique avait reçu de son inventeur le nom de
panharmonicon. Elle était mue uniquement par des ressorts.
On trouva qu'elle rendait parfaitement le son de tous les
instruments à vent, et même avec une sûreté, avec une
perfection que l'art, malgré les efforts des plus grands
maîtres, n'a pu atteindre encore.

Les instruments dont se compose le *panharmonicon* sont
la flûte (*flauto picciolo*), la clarinette, le hautbois, le
basson, le cor, le trombone, le serpent et la trompette. Il
faut ajouter les timbales, grosse caisse, cymbales, trian-
gle, et tout ce qui constitue l'artillerie musicale. On voit
que le nom de *panharmonicon* explique très-bien la nature
et les fonctions de cette mécanique.

Méhul, Chérubini, Pleyel et d'autres maîtres, émerveillés de cette prodigieuse création de la mécanique, s'empressèrent de témoigner leur estime particulière à l'auteur, en lui offrant des morceaux de musique de leur
composition. Le panharmonicon exécuta la symphonie
militaire d'Haydn, un écho composé exprès par Chérubini,
une marche française et une suite de danses allemandes.

« Il n'est guère possible, a dit un écrivain, qu'une réunion de musiciens rende des pièces d'harmonie avec plus
de précision, avec des nuances de *piano* et de *forte* plus

exactement déterminées et plus invariablement fixées. Il n'y a pas seulement illusion ; on entend le son véritable des instruments eux-mêmes. L'exécution de la trompette a surtout étonné un virtuose, et ne saurait aller plus loin. Ce qui fait le principal mérite de cette mécanique, c'est que l'auteur a su trouver pour chaque instrument une embouchure propre à sa nature, et qui en même temps répond avec la plus grande perfection à la faculté des organes humains. »

Avec son panharmonicon, Maelzel fit voir un automate représentant, en grandeur naturelle, un trompette du régiment des cuirassiers autrichiens de l'archiduc Albert de

Saxe-Teschen. Cet automate sonnait toutes les manœuvres de la cavalerie, et accompagnait le piano.

Plus tard, l'habile mécanicien a rendu un grand service à la science musicale en inventant l'ingénieux instrument auquel on a donné le nom de *métronome*.

Je vais essayer de donner à nos lecteurs une idée de l'utilité et du mécanisme de cet instrument. On sait que, pour indiquer les divers degrés de vitesse du mouvement, on a depuis long-temps adopté en musique des mots empruntés de l'italien; mais comme les compositeurs n'ont pas tous employé la même marque pour le même mouvement, et que plusieurs ont attaché diverses intentions à la même marque, il en résulte que l'exécutant doit nécessairement errer au milieu de tant d'opinions, ou se voit obligé de donner à ces mots une interprétation arbitraire.

Cet inconvénient était grave; le *métronome* de Maelzel a réussi pleinement à le faire disparaître. La pièce principale de cet instrument est un balancier, dont les degrés de vitesse, ralentis ou accélérés, suivant l'allongé ou le raccourci, sont marqués par les numéros d'une échelle; ces numéros indiquent le nombre de vibrations du balancier dans une minute, et font voir la proportion existante entre les degrés de l'échelle. Ainsi, la vitesse des vibrations dépendant de la longueur du balancier, si l'on donne à une de ces vibrations la valeur d'une note quelconque, le mouvement sera d'autant plus lent qu'on aura plus allongé le balancier, *et vice versâ*.

Dès que le métronome fut bien connu, c'est-à-dire lorsque son mérite eut été constaté par l'expérience, les compositeurs les plus renommés de Paris, Berton, Boiëldieu, Catel, Paër, Chérubini, Hérold et plusieurs autres, appréciant la simplicité et la précision du métronome, signèrent l'engagement de marquer désormais leurs compositions d'après le système métronomique. La renommée de cet instrument ne tarda pas à se répandre dans toute l'Europe, et Maelzel obtint des brevets d'invention, non-seulement en France, mais encore en Angleterre, en Autriche et en Bavière.

On a vu aussi à l'exposition du Louvre, en 1823, des figures parlantes extrêmement curieuses, qui avaient été exécutées par l'inventeur du panharmonicon et du métronome.

Tels sont les titres de Maelzel à l'immense réputation qu'il s'est faite comme mécanicien. Mais, il ne faut pas se le dissimuler, s'il n'eût fait que ses automates, quelque curieuses que soient les combinaisons à l'aide desquelles se meuvent ces machines, il serait aujourd'hui presque oublié. Son panharmonicon même, malgré tous les éloges qu'il lui mérita des hommes de la science musicale, n'aurait pas été suffisant pour perpétuer son nom dans la postérité. Qui se souvient aujourd'hui de Corneille Drebbel? Et pourtant cet homme, d'un esprit inventif, avait fabriqué un instrument de musique qui s'ouvrait seul au lever du soleil, et qui jouait de lui-même tant que le soleil était sur l'horizon; lorsque le soleil ne paraissait point, et qu'on voulait entendre cet instrument, il suffisait d'échauffer le couvercle de l'instrument, et il commençait à jouer comme si le soleil eût brillé. C'était en quelque sorte une imitation du prodige de la statue de Memnon, si célèbre dans les fastes de l'ancienne mythologie grecque. J'ajouterai encore un exemple. Au rapport de quelques historiens, lorsque Henri III, frère de Charles IX, roi de France, eut été élu roi de Pologne, et qu'il fit son entrée à Cracovie, les Polonais s'empressèrent de lui témoigner leur joie par des fêtes magnifiques, dans lesquelles se fit remarquer un chef-d'œuvre de mécanique. Partout où le roi passa, il fut suivi et pour ainsi dire escorté par un aigle blanc fait avec tant d'art, qu'il ne cessa de voler en battant des ailes au-dessus de la tête du jeune monarque. Certes, il y avait quelque chose de merveilleux dans cette machine volante; et pourtant, qui pourrait nous dire aujourd'hui le nom de celui qui l'avait conçue et fabriquée avec tant d'habileté?

C'est que la curiosité seule ne suffit pas pour immortaliser le nom d'un inventeur. Au contraire, quelque simple que soit une invention, si elle est utile aux hommes, bien certainement elle sera consacrée par un durable souvenir, à moins qu'elle n'ait pris naissance dans des siècles de barbarie. La tradition a recueilli avec reconnaissance les noms de Guillaume Beuckels et de Jean Rouvet, parce que le premier créa l'art de saler et d'encaquer les harengs, parce que le second fut inventeur du flottage des bois. L'histoire n'oubliera jamais le modeste Jacquard, qui, par l'ingénieux mécanisme du métier qui porte son nom, a contribué à la prospérité de l'une de nos plus riches industries. De même, Maelzel devra l'immortalité à son métronome ; quand même le système musical serait entièrement bouleversé par quelques-unes de ces révolutions qui viennent parfois troubler les régions où s'exerce l'esprit humain, son nom conservera toujours une place dans les annales de la science.

Nous rencontrons dans cette période un célèbre fondateur d'importantes manufactures qui, par les services qu'il rendit au pays, sollicite notre attention et la reconnaissance de l'industrie française. Je veux parler d'Oberkampf.

Né à Weissenbourg en 1738, Oberkampf avait fait l'apprentissage de l'art de fabriquer des toiles peintes auprès de son père, homme inventif et laborieux qui avait établi une manufacture à Aarau, en Suisse, où il avait été naturalisé, en récompense des services rendus par lui à cette localité. Sous un maître aussi habile, le jeune homme acquit des connaissances précieuses, qui plus tard devaient assurer sa renommée et sa fortune.

A cette époque, on ne connaissait en France que les indiennes et les toiles de coton de Perse, qui étaient d'un prix fort élevé. La prohibition la plus sévère repoussait les toiles imitées provenant d'autres pays ; l'intérêt de la culture du lin et du chanvre et celui de la préparation de la soie étaient les principaux motifs allégués contre cette branche d'industrie. Il fallait un génie aussi persévérant que celui d'Oberkampf pour triompher de ces obstacles.

Plein de son projet de fonder une fabrique, Oberkampf se met en route pour Paris avec une modique somme de six cents francs, fruit de ses économiés. Il n'avait alors que dix-neuf ans. Après bien des démarches et des sollicitations, il obtient, en 1759, la permission de former un établissement, et tout aussitôt il se met à l'œuvre.

Il avait remarqué dans les environs de Versailles une contrée déserte située dans la vallée de Jouy. C'est là qu'il jeta les fondements de sa manufacture de toiles peintes. Un immense marécage rendait ce lieu fort malsain; d'ingénieux travaux le desséchèrent et en firent un séjour agréable et salubre. Dans les commencements, Oberkampf, réduit aux seules ressources qu'il trouvait en

lui-même, vivait seul dans une petite maison de paysan,

remplissant tour à tour les fonctions de dessinateur, de fabricant de formes, d'imprimeur et de peintre. Mais bientôt sa solitude se peupla d'une manière surprenante. Il forma d'habiles élèves qui le secondèrent dans ses travaux : peu à peu son exploitation s'agrandit et prospéra ; des milliers d'ouvriers et d'industriels vinrent y apporter leur travail et leur talent ; et, malgré les persécutions et les tracasseries auxquelles Oberkampf était en butte, il eut l'honneur d'affranchir la France, par l'exhibition de ses produits, du tribut considérable qu'elle payait à l'étranger.

D'année en année, la manufacture de Jouy recevait de notables accroissements. Oberkampf entretenait en Angle-

terre, en Allemagne et même aux Indes et en Perse, des agents qui lui procuraient toutes les connaissances tech-

niques relatives aux secrets de son art, surtout à la teinture.
On parvint à faire à Jouy des toiles peintes transparentes
pour stores de fenêtres, coloriées et dessinées à la manière
des anciens vitraux des églises, et qui, frappées par la
lumière, faisaient un effet merveilleux.

Avant l'explosion de la révolution, Oberkampf était déjà
en possession d'un renom immense. Le roi Louis XVI,
pour le récompenser d'avoir créé une branche d'industrie
si intéressante, voulut lui conférer des titres de noblesse ;
mais Oberkampf eut la sage modestie de refuser un honneur qui ne pouvait qu'éveiller l'envie. Pendant la terreur,
ce ne fut pas sans peine qu'il échappa à la proscription et
à la mort.

A l'exposition de 1806, Oberkampf obtint la médaille
d'or. Les fabriques de toiles peintes de l'Alsace ne venaient
encore qu'en seconde ligne.

Napoléon, dont la grande pensée embrassait tout ce qui
pouvait contribuer à la prospérité de son empire, n'eut
garde de négliger le mérite éminent d'Oberkampf.

Déjà, pendant une tournée qu'il avait faite dans les
villes industrieuses de l'ouest et du nord de la France,
surpris de se trouver partout au milieu des fabriques fondées par Ternaux, le grand empereur s'était écrié avec
admiration : « Mais, monsieur Ternaux, je vous trouve
donc partout avec vos travaux. »

Quand il visita la manufacture de Jouy, il détacha sa
propre croix pour en orner la poitrine d'Oberkampf. A

une seconde visite, il lui adressa ces paroles remarqua-
blement flatteuses : « Vous, comme fondateur de Jouy, et
moi, comme empereur, nous faisons aux Anglais une
guerre acharnée ; vous les battez avec l'industrie comme
je les bats avec les armes. Cependant, il faut l'avouer,
votre mode de guerroyer vaut mieux que le mien. »

Dans ce temps-là même, Oberkampf était occupé de la
recherche des moyens d'imiter les Anglais en employant
des machines à filer et à tisser le coton ; ce fut l'origine
de la filature de coton d'Essonne, la première qui fut établie en France.

En 1790, le conseil-général du département de l'Oise,
reconnaissant des services rendus par Oberkampf, avait
décerné une statue à cet illustre fabricant ; mais celui-ci,
modeste comme il l'avait été du temps de Louis XVI, ne
voulut jamais qu'on la lui élevât. Sous l'empire, il refusa
également la dignité de sénateur qui lui était offerte de la
part du chef de l'État.

Les derniers jours d'Oberkampf furent empoisonnés par
le chagrin. C'était en 1815. Son industrie eut beaucoup
à souffrir des excès des armées étrangères. Il gémissait
lorsque ses promenades dans les environs si pittoresques
de sa fabrique ne lui offraient plus que le morne silence
de la misère et du désespoir, au lieu de la vie et du mouvement que son industrieuse activité y faisait régner naguère. Ses ateliers étaient fermés ; des ouvriers, qui ne les
avaient pas quittés depuis soixante-un ans, demandaient

du travail et du pain. — « Ce spectacle me tue », disait

le vénérable Oberkampf, et, en effet, il mourut au mois d'octobre 1815.

L'industrie créée en France par Oberkampf s'est développée avec une rare fécondité. Un grand nombre d'établissements se formèrent sur le modèle de la fabrique de Jouy. On évalue de deux à trois cent mille les ouvriers employés dans ces manufactures de toiles peintes. Sur une valeur de soixante millions de matières premières brutes, la France eut un bénéfice de deux cent quarante millions. Actuellement, l'on imprime sur les toiles de coton les dessins les plus riches, les plus variés, les plus délicats ; on combine jusqu'à trois et quatre couleurs offrant des nuances habilement diversifiées. L'exportation des toiles peintes est devenue pour la France l'objet d'un commerce considérable. Les toiles peintes ont l'avantage de servir pour les tentures, pour les rideaux, les draperies, les divans, fauteuils, etc. De nos jours, la totalité des cotons peints que nous vendons à l'étranger surpasse cinquante-trois millions par an. Tout cela est l'œuvre du génie d'Oberkampf.

A l'imitation d'Oberkampf et de Ternaux, d'autres manufacturiers créaient des industries nouvelles ou introduisaient de notables perfectionnements.

En 1806, les fabriques de Saint-Quentin et de Tarare obtenaient des médailles d'or pour la fabrication des mousselines. Leurs succès étaient une conquête industrielle extrêmement remarquable, car cette industrie présente, comme on sait, les plus grandes difficultés du tissage des cotons.

La ville de Lyon, si long-temps souffrante sous la hache et la mitraille du gouvernement révolutionnaire, avait repris son rang parmi les cités manufacturières de France. Et, grâce à la protection et aux encouragements du chef de l'État, les jours de prospérité lui étaient revenus.

A l'exposition de 1806, on put admirer la richesse et la beauté des soieries de Lyon, surtout des velours et des satins.

Quels merveilleux progrès avaient faits la culture de la soie et l'art de la façonner, depuis l'introduction en Europe de ce précieux produit du pays des Sères!

Ce né fut qu'au vi⁰ siècle de l'ère chrétienne qu'eut lieu

cet événement si remarquable dans les annales de l'industrie ; jusque-là on n'avait point encore connu dans nos contrées européennes la véritable nature de la soie. Les Romains eux-mêmes, ces anciens maîtres de l'univers, avaient long-temps ignoré les usages auxquels on pouvait appliquer ce fil fin et léger. Aussi, chez eux, la soie se vendit-elle pen-dant plusieurs siècles au poids de l'or.

Dans l'introduction de son *Dictionnaire universel de la géographie commerçante*, le consciencieux Peuchet raconte d'une manière intéressante les circonstances vraiment cu-rieuses de l'origine de la culture de la soie en Europe :

« L'empereur Justinien, dit-il, désirant affranchir le com-merce de ses sujets des exactions des Perses, s'efforça, par le moyen de son allié le roi chrétien d'Abyssinie, d'enlever aux Perses une partie du commerce de la soie. Il ne réus-sit pas dans cette entreprise, mais, au moment où il s'y attendait le moins, un événement imprévu lui procura jusqu'à un certain point la satisfaction qu'il désirait.

» Deux moines perses ayant été employés en qualité de missionnaires dans quelques-unes des églises chrétiennes, qui, comme le dit Cosmas, étaient établies en différents endroits de l'Inde, s'étaient ouvert un chemin dans le pays des Sères, ou la Chine. Là, ils observèrent les tra-vaux du ver à soie, et s'instruisirent de tous les procédés par lesquels on parvient à faire de ses productions cette quantité d'étoffes dont on admirait la beauté. La perspec-tive du gain, ou peut-être une sainte indignation de voir

des nations infidèles seules en possession d'une branche
de commerce aussi lucrative, leur fit prendre sur-le-champ
la route de Constantinople.

» Là, ils expliquèrent à l'empereur l'origine de la soie

et les différentes manières de la manufacturer et de la préparer. Encouragés par ses promesses libérales, ils se char-
gèrent d'apporter dans la capitale un nombre suffisant de
ces étonnants insectes aux travaux desquels l'homme est
si redevable. En conséquence, ils remplirent de leurs œufs
des cannes creusées en dedans; on les fit éclore dans la
chaleur d'un fumier; on les nourrit des feuilles d'un
mûrier sauvage, et ils multiplièrent et travaillèrent comme
dans les climats où ils avaient attiré pour la première fois
l'attention et les soins de l'homme.

» On éleva bientôt un grand nombre de ces insectes

dans les différentes parties de la Grèce, et surtout dans le Péloponèse. Dans la suite (en 1130), et avec le même succès, la Sicile essaya d'élever des vers à soie, et fut imitée, de loin en loin, par les différentes villes d'Italie. Il s'établit dans tous ces endroits des manufactures considérables, dont les ouvrages se faisaient avec la nouvelle soie du pays. On ne tira plus de l'Orient la même quantité de soie; les sujets des empereurs grecs ne furent plus obligés d'avoir recours aux Perses pour s'approvisionner, et il se fit un changement considérable dans la nature des rapports commerciaux de l'Europe et de l'Inde. »

De l'Italie et de l'Espagne, la culture de la soie et l'art de la travailler passèrent dans les provinces méridionales de la France. En 1470, des manufactures de soieries furent établies par Louis XI dans la ville de Tours; mais les ouvriers qu'on employait dans ces fabriques venaient de l'Italie, et même de la Grèce. Henri IV, à son tour, établit des manufactures de soie au château des Tuileries, et à celui de Madrid, près de Paris. Ce prince fut aussi le fondateur des premières manufactures de soie de Lyon. Il avait traité avec des entrepreneurs qui se chargeaient d'élever des vers à soie, dont on allait chaque année chercher les œufs en Espagne.

Dans l'intérêt de cette industrie, dont il prévoyait les riches développements, Henri IV fit planter des mûriers blancs et élever des pépinières de vers à soie dans les environs de la ville de Lyon.

Plus tard, vers le milieu du dix-septième siècle, Octavio Ney, négociant de Lyon, trouvait le secret de donner du lustre aux soies, ce qu'on appelle leur donner l'eau. Vers 1717, Jurines, maître passementier de la même ville, inventait un métier très-commode pour la fabrication des étoffes; et, dans la même période, une mécanique fort ingénieuse ayant pour objet de rendre moins pénible le métier des tireuses de corde, était imaginée par un fabricant nommé Falcon.

Par suite de l'impulsion puissante donnée par Napoléon, d'autres perfectionnements, d'autres inventions vinrent apporter leurs secours aux fabriques d'étoffes de soie.

En 1806, Gensoul, de Lyon, recevait la récompense du premier ordre, pour l'invention d'un procédé de chauffage à la vapeur de l'eau contenue dans les bassins où sont mis les cocons pour être filés. Non-seulement ce procédé est économique sous le rapport du combustible, mais encore il a l'avantage de contribuer à conserver l'éclat et la beauté de la soie.

A la même exposition, les manufacturiers Dugaz, de Saint-Chamond, obtenaient aussi la médaille d'or pour leurs rubans unis, damassés, de satin, de velours, etc., et, outre cet honneur, ils pouvaient citer avec un juste orgueil les paroles du rapport du jury central dans lesquelles il était dit de leurs produits : « Ces rubans ont paru faits pour effacer ceux que l'Angleterre était en possession de fournir jusqu'ici. »

Dans le même temps, le manufacturier Bonnard assurait
à la fabrication du crêpe et du tulle de soie une supériorité incontestable. Rien ne surpasse la perfection de son
tulle à double nœud, à maille fixe, qui ne coule pas au
sec, ni par le blanchissage, qui peut être lavé sans se
gonfler, et devient plus beau qu'il n'était du premier blanc.

Dans le nombre des ouvrages en soie qui furent exposés
alors, on remarqua les perfectionnements de la soierie
brochée, perfectionnements tels que celle-ci rivalisait avec
la broderie faite à l'aiguille.

Citons encore les travaux de Bontems, de Paris, qui
sut imiter les madras, tissus de soie et de coton ; ceux de
Leblanc Paroissien, de Rouen, qui, à l'aide d'une simple
manivelle, était parvenu à rendre la tonte des draps plus
facile, plus rapide et plus régulière. A Louviers, Marzeline
imagina de lainer les draps par un mécanisme très-avan-
tageux de rotation continue. Pouchet, l'ingénieux Rouen-
nais, reçut deux fois la médaille d'or pour avoir perfectionné les mécanismes nécessaires au cardage, au filage,
au tissage du coton. Enfin, une autre industrie recevait
une impulsion nouvelle : c'est la fabrication du filet par la
mécanique, pour laquelle Buron avait inventé une machine qui fut appréciée.

Tandis que nos fabricants, stimulés par les regards de
Napoléon, augmentent chaque jour les richesses industrielles de la France, nos armées continuent à prouver aux
puissances coalisées les ressources inépuisables de leur va-

leur. Durant ce règne prodigieux de dix années, qu'on appelle l'empire, on rencontre le grenadier français, le sac sur le dos, sur toutes les routes de l'Europe. On le prendrait pour un autre Ahasvérus, avec cette différence qu'il marque chacun de ses pas par une victoire, et qu'il fait respecter l'aigle impériale depuis le Tibre jusqu'au Danube, depuis l'Èbre jusqu'au Wolga.

A l'ombre de ces triomphes, les fabriques françaises trouvent des débouchés de plus en plus étendus. « L'Europe entière, dit M. Charles Dupin, accepte, ou de force, ou de gré, la prohibition absolue des produits de la Grande-

Bretagne. Celle-ci déclare pour toute l'Europe le blocus continental. Un seul potentat, l'empereur de Russie, contraint par sa noblesse, refuse bientôt de maintenir inviolable la prohibition des marchandises anglaises; de là, les prétextes d'une guerre où les éléments ayant lutté contre nous, l'armée de Napoléon, victorieuse de l'Europe, fut anéantie par la disette et le froid. »

Quand on traite de la partie scientifique de l'industrie, l'équité commande qu'on repousse bien loin cet esprit d'étroite nationalité qui élève des barrières entre tous les peuples. La science doit être cosmopolite; ses conquêtes sont pour ainsi dire une propriété commune. Tout le monde en jouit, et les hommes qui s'occupent du bien-être de leurs semblables, qui consacrent leur génie, leurs veilles, leur existence à de belles et utiles inventions; ces hommes-là, dis-je, ont droit au respect et à la reconnaissance du monde entier.

Qui pourrait, par exemple, nous faire un reproche d'avoir ouvert notre galerie des *Artisans illustres* à l'Écossais James Watt, à l'Anglais Humphry Davy? De tels noms ne sont-ils pas aussi populaires dans nos contrées continentales que dans la Grande-Bretagne? Assurément, il serait presque stupide de les omettre dans un livre tel que celui-ci, et, ce faisant, on peut dire sans hyperbole que ces noms célèbres s'y feraient remarquer par leur absence même.

L'Institut de France professait les mêmes sentiments sur

ce sujet, et elle le prouva en 1808, en appelant James Watt à prendre place parmi ses huit associés étrangers.

James Watt, né en 1736, à Greenoch, en Écosse, fut

d'abord simple ouvrier chez un fabricant d'instruments de mathématiques, à Londres. Sa débile santé l'ayant forcé de revenir dans sa terre natale, il se fixa à Glascow, et il était à peine âgé de vingt ans, lorsqu'il obtint le titre de fabricant d'instruments de physique de l'université de cette ville.

Mais là ne devait pas se borner le mérite de James Watt. D'habile ouvrier, il s'élève au rang d'ingénieur du premier ordre. D'importants travaux de canalisation répandent sa réputation dans toute l'Angleterre. Enfin, une découverte de la plus haute importance vient lui assurer une gloire impérissable comme mécanicien.

James Watt avait été chargé par hasard de réparer un modèle de machine à vapeur, construite d'après le système de Newcomen, et destinée à l'instruction des étudiants du collége d'Oxford. Ce fut pour lui l'occasion de chercher les défauts de cette machine, ainsi que les moyens de les faire disparaître, en inventant de nouveaux mécanismes, en perfectionnant ceux qui existaient déjà.

D'après le système de Newcomen, il y avait une grande déperdition de chaleur, par suite de l'injection d'eau froide destinée à condenser la vapeur. Watt imagina un moyen de condenser complétement la vapeur dans la machine atmosphérique de Newcomen, sans refroidir en même temps le cylindre. Il inventa le *condenseur séparé*. D'autres heureux essais suivirent bientôt; ainsi, il ajouta à la machine un appareil de pompe mis en mouvement par la machine elle-même, et qui épuisait d'air et d'eau le condenseur à mesure que la condensation de la vapeur tendait à s'y accumuler.

Pour donner une idée de l'importance des modifications successives apportées par Watt dans la construction de la machine de Newcomen, il suffirait d'articuler en somme le résultat immédiat de ces perfectionnements; c'était une économie de combustible évaluée à soixante-quinze pour cent.

Malgré de tels avantages, il est à présumer que les découvertes de Watt seraient demeurées enfouies dans son atelier, sans l'assistance intelligente et généreuse de Mathieu Bolton, l'un des premiers manufacturiers de Birmingham. Watt, peu communicatif, peu répandu dans le monde, poussant la modestie jusqu'à la timidité et la sauvagerie, n'était point capable de faire valoir et de propager ses inventions. Mathieu Bolton devina son génie, et, se rendant un compte exact de la portée des travaux du mécanicien, il vint sans crainte mettre toute sa fortune à sa disposition.

Bolton avait dépensé, en établissement d'ateliers et de fonderies, une somme de 1,250,000 fr., qu'il n'avait pas même encore songé à effectuer des rentrées. Bien plus, pour assurer un grand succès à la machine de Watt, il livra gratuitement ces appareils à ceux qui en voulurent; il se chargea de les faire monter et de les entretenir à ses frais, ne demandant pour toute indemnité qu'un tiers de l'argent économisé sur le combustible.

Des conditions si libérales firent généralement adopter les machines nouvelles dans les exploitations des mines, et les bénéfices des deux associés furent immenses.

Encouragé par de tels succès, Watt poursuivit ses recherches avec un zèle digne de son génie. Ce qu'il cherchait principalement, c'était la solution du problème de l'application générale de la vapeur. Il mit donc tous ses soins à construire une machine au moyen de laquelle la force motrice de la vapeur pût être appliquée à un usage mécanique quelconque.

C'est de cette manière qu'il parvint graduèllement à créer la véritable machine à vapeur, et à en faire entre les mains de l'homme une puissance continue, uniforme, constante, divisible à l'infini, susceptible d'être multipliée de même, et applicable à toute espèce de manufactures.

James Watt, quoiqu'il n'eût reçu ni instruction ni fortune de ses parents, était devenu par le travail un des hommes les plus instruits de l'Angleterre. Tout en continuant, tout en perfectionnant les essais de Salomon de Caus, de Papin et de Newcomen, il sut conquérir le titre d'inventeur, en plaçant d'une manière absolue la puissance de la vapeur sous la dépendance de l'homme. Il mourut en 1819, âgé de quatre-vingt-quatre ans.

Humphry Davy n'aurait inventé que la lampe de sûreté si précieuse pour les classes d'ouvriers que leur condition destine aux travaux des mines, qu'il n'en serait pas moins digne de l'éternelle reconnaissance des vrais amis de l'humanité.

On sait que dans les mines de charbon de terre il se développe fréquemment des vapeurs susceptibles de s'enflammer avec explosion. Malheur aux ouvriers qui se trouvent dans la mine, lorsque le gaz, se dégageant des crevasses où il a séjourné, se mêle avec l'air atmosphérique que contient la mine! Alors, s'il rencontre les travailleurs avec leurs lampes allumées, il s'enflamme tout-à-coup avec une détonation terrible, mutile, déchire, brûle les malheureux mineurs qui se trouvent sur son passage, et renverse toutes les constructions environnantes, quelle que soit leur solidité.

Ce fut le désir de mettre un terme à ces terribles accidents qui suggéra à Davy, célèbre physicien et chimiste anglais, l'heureuse idée de la lampe dont je viens de parler.

Dans cette vue, il visita soigneusement les mines. Après avoir constaté que l'hydrogène carboné dont se compose le gaz inflammable ne faisait point détonation lorsqu'il était mêlé avec moins de six et plus de quatorze fois son volume d'air, il reconnut en outre que les toiles métalliques dont le diamètre des mailles était assez petit, avait la propriété de ne point se laisser traverser par la flamme, et qu'enfin un mélange d'air et d'hydrogène carboné, fait dans des proportions convenables pour opérer la détonation, n'éclaterait cependant point s'il était renfermé dans un tube d'un petit diamètre, et d'une longueur proportionnée.

Par suite de ces observations, Davy construisit une lampe toujours ouverte pour le passage de la lumière, et fermée pour la flamme des explosions ; ce qu'il obtint en entourant le corps d'une lampe ordinaire d'un grillage en toile métallique. L'expérience a prouvé que cette enveloppe, cette sorte de cage métallique est impénétrable à tout courant de gaz inflammable ; celui-ci peut se répandre en brûlant autour de la flamme de la lampe, il peut même finir par l'étouffer, mais il ne peut traverser la toile métallique. .

Le hasard n'eut aucune part à cette importante découverte ; ce fut une connaissance approfondie de la propagation et de la distribution de la chaleur qui rendit seule cet éminent service à l'humanité.

« Cette lampe, plus merveilleuse que la lampe enchantée

d'Aladin, dit un auteur, a déjà sauvé la vie à des milliers
de mineurs. L'illustre inventeur donna encore plus de
lustre à sa belle découverte; il aurait pu tirer un parti
très-lucratif de sa lampe de sûreté; mais, dans l'intérêt
de l'humanité, il fit généreusement le sacrifice de ces
avantages. »

Humphry Davy avait commencé à peu près comme James
Watt; comme lui il avait connu la misère, comme lui aussi
il sut réparer par le travail et par des efforts de génie les
torts de la fortune. Peu de temps après la mort de son
père, qui laissait une pauvre veuve et cinq orphelins,
Humphry Davy, l'aîné de ces derniers, était entré en apprentissage chez un pharmacien de Penzance, sa petite

ville natale, située dans le comté de Cornwall. Mais, doué d'un esprit original, fantasque, ami de l'indépendance, notre apprenti n'étudiait les sciences qu'à sa manière, de sorte qu'un peu plus tard, l'apothicaire, qui était incapable de le comprendre, ne demanda pas mieux *que d'être débarrassé d'un aussi pauvre sujet.*

Figurez-vous cependant que ce *pauvre sujet* avait déjà à cette époque fait de la manière la plus étonnante des expériences d'un haut intérêt. Privé de tout moyen d'acheter des instruments, tout ce qui lui tombait sous la main lui en tenait lieu. Des pipes cassées, des tubes de verre lui servaient d'appareils; il avait fait d'une seringue une machine pneumatique. Ce fut avec un pareil laboratoire qu'il procéda à l'analyse du gaz renfermé dans certaines plantes aquatiques qu'on appelle *fucus.*

Et pourtant le jeune Humphry n'avait rencontré que des causes de découragement dès le début de sa carrière de chimiste. Son génie naissant avait été méconnu, dédaigné, rebuté. Il fallait une vocation comme la sienne pour triompher de tous ces dégoûts, pour y puiser même une nouvelle force.

Voici, à ce sujet, une anecdote que M. Ferry a consignée dans le *Dictionnaire de la Conversation,* à l'article Davy.

« Un chimiste renommé, le fils de l'illustre Watt, vint loger chez la mère de Davy. Le timide jeune homme ambitionnait l'honneur de s'entretenir avec un hôte aussi savant ; mais il fallait se mettre en état de lui parler de chimie :

le traité de Lavoisier, traduit en anglais, fut mis entre ses mains; en deux jours, l'ouvrage entier fut appris, commenté, modifié suivant des vues nouvelles; et l'adolescent, qui savait à peine préparer un opiat, se présenta comme un hardi novateur dans une science que l'on regardait comme peu susceptible de perfectionnements ultérieurs. La discussion fut vive; M. Watt ne démêla point ce que l'on pouvait attendre d'un homme, qui, à dix-huit ans, loin des sources d'instruction, avait appris tant de choses qu'il exposait avec une admirable clarté. Humphry ne trouva donc pas dans l'hôte de sa mère un Mécène disposé à seconder l'élan de son génie; mais l'impulsion était communiquée, elle ne demeura point sans résultat. »

Ce *pauvre sujet*, comme disait l'apothicaire de Penzance, devint un professeur de la plus haute distinction. La société royale de Londres l'admit parmi ses membres; l'Institut de France lui décerna un prix, au plus fort de la guerre entre les gouvernements anglais et français. Le prince régent nomma Davy chevalier, puis l'éleva à la dignité de baronnet.

Enfin, lorsque cet homme illustre mourut en 1829, il avait eu l'honneur de remplacer le célèbre Joseph Banks à la présidence de la société royale de Londres.

Humphry Davy avait fait d'immenses travaux qui contribuèrent aux progrès de la science. Ses découvertes des propriétés du chlore et de la décomposition des terres par le galvanisme ont opéré dans les sciences chimiques la plus étonnante des révolutions qu'elles ont subies. Ses essais sur la respiration de plusieurs gaz firent connaître des vérités importantes et nouvelles. Malheureusement ils furent funestes à leur auteur, car on a lieu de penser qu'ils altérèrent sa constitution naturellement faible, et accélérèrent sa mort si prématurée.

Avant de revenir à nos illustrations nationales, rendons encore hommage à un autre Anglais, savant et ingénieux, qui mérite une honorable mention dans ce livre pour les essais, perfectionnements et inventions dont sa carrière fut remplie.

Charles, comte de Stanhope, l'un des membres les plus distingués de la chambre haute du parlement britannique, fut en outre un des esprits les plus industrieux de son époque. A peine âgé de dix-huit ans, il avait remporté le prix proposé par la Société des arts et des sciences de Suède, sur la vibration du pendule. Les phénomènes de la foudre et les moyens d'en prévenir ou d'en détourner les effets furent long-temps l'objet de ses recherches et le sujet de ses expériences. Il s'occupa aussi de perfectionner les *machines arithmétiques*, que plusieurs hommes de génie avaient imaginées, et le résultat de ses travaux fut une invention vraiment admirable.

« Une de ces machines, qui est de la grandeur d'un volume in-octavo, dit un biographe, sert à faire, avec une exactitude parfaite, les opérations les plus compliquées de l'addition et de la soustraction. A l'aide de l'autre, à peu près de la grandeur d'une table à écrire, on peut résoudre sans efforts toutes les difficultés de la multiplication et de la division. S'il arrive que l'opérateur manque d'attention et se trompe, un ressort, qui fait partir une petite boule d'ivoire, l'avertit de son erreur. »

Le comte de Stanhope est l'inventeur d'une presse d'imprimerie qui porte son nom, et qui a fait une espèce de

révolution en typographie. Cette dernière invention, qui date de 1815, ne précéda que de bien peu de temps la mort de l'inventeur, qui eut lieu le 13 septembre de l'année suivante.

Ce ne fut qu'en 1820 que la presse en fer dite Stanhope fut importée d'Angleterre en France. Plusieurs habiles mécaniciens en firent aussitôt des imitations. La presse Stanhope de M. Bresson fut remarquée; mais elle n'a été reproduite qu'un petit nombre de fois. On fait un cas tout particulier des Stanhopes confectionnées par MM. Gavaux et Thonnelier.

On doit encore à lord Stanhope des améliorations dans

la composition de plusieurs instruments de musique ; un nouveau procédé pour couvrir les maisons avec un composé de goudron, de craie et de sable, qui a peut-être donné l'idée de l'asphalte et du bitume d'aujourd'hui ; une nouvelle manière de brûler la chaux, de manière que le ciment qui en résulte est beaucoup plus dur que le ciment ordinaire.

On ne peut parler du progrès des sciences mathématiques sous l'Empire sans répandre des éloges et quelques lauriers sur la mémoire d'un homme qui leur rendit d'éminents services.

C'est Gaspard Monge, cet illustre fils d'un petit marchand forain de Beaune, qui, à travers de nombreux obstacles, sut devenir un de nos plus grands géomètres, obtenir les honneurs dus au génie, et conserver, dans cette élévation, une candeur et une noblesse de caractère qui ne l'honorent pas moins que ses grands travaux.

Cet homme, né pour donner une nouvelle impulsion aux sciences mathématiques, avait d'abord été placé, à l'école royale de Mézières, parmi les conducteurs de travaux et les appareilleurs, humble condition que plus tard madame Rolland prétendait ravaler dédaigneusement jusqu'à celle de simple maçon.

Quoi qu'il en soit, ce simple maçon ne devait pas tarder à donner des enseignements au monde savant.

Bientôt le génie de Monge se fait jour de lui-même; le savant Nollet, si connu par ses *Recherches physiques*, et le célèbre Bossut, alors professeur de mathématiques, veulent avoir pour suppléant le modeste appareilleur. Bientôt notre jeune savant devient professeur en titre, et prélude à sa gloire en découvrant les éléments de l'eau, comme Lavoisier, Cavendish et Laplace, dont il ignorait complètement les travaux. Appelé à Paris, le mérite de Monge semble s'agrandir encore sur un si grand théâtre; l'Académie des sciences lui ouvre ses portes (1780); trois ans après il succède à Bezout dans la chaire d'examinateur des élèves de la marine.

Au commencement de la révolution, Monge, investi presque malgré lui des fonctions de ministre de la marine, met les immenses ressources de son savoir au service de son pays, et déploie une surveillance active et énergique dont les heureux effets se firent sentir dans tous les ports de France.

Forcé de se démettre du ministère par suite des intrigues des partis, Monge ne reste pas long-temps sans trouver l'occasion d'être utile à sa patrie. Une formidable coalition menace les frontières de la France ; mais les canons, le salpêtre, la poudre nous manquent pour nous défendre. Monge prouve ce que peuvent les sciences appliquées aux besoins de l'homme ; il découvre un procédé nouveau pour le raffinage du salpêtre ; il fait substituer, dans la fonte des canons, le moulage au sable au moulage en terre ; il invente un nouveau système de forerie plus expéditif que l'ancien, et forme un grand nombre d'élèves dans l'art de faire des canons.

Après la révolution, ou du moins après ses plus terribles orages, Monge est mis à la tête de l'institution créée sous le nom d'*école normale* ; il composé son livre immortel de la *statique* ; il prend une part active à la fondation de l'école polytechnique, dont il fut un des plus illustres professeurs ; il fait partie de l'expédition d'Égypte, comme savant et comme officier, et revient ensuite prendre sa place au milieu de ses élèves chéris.

Le titre de comte de Péluse, ville antique dont il avait exploré les ruines en Afrique, la sénatorerie de Liége, le cordon de grand-croix de la Légion-d'Honneur, la dé-

coration de l'ordre de la Réunion, furent les récompenses
que Napoléon voulut accumuler sur la tête de son vieil
ami ; elles semblaient encore au-dessous des longs et brillants services rendus au pays par le modeste Monge. Mais
celui-ci ne tenait que très-peu de compte de ces grandeurs.
Il resta le même, ainsi que le dit un de ses biographes,
l'homme simple, bon, aimant; l'homme de science et
d'étude, de travail et d'enseignement. Cet homme d'élite
fut enlevé à la France et aux sciences, dont il était une
des plus belles gloires, le 28 juillet 1818.

Monge, en créant la géométrie descriptive, a répandu
de vives lumières sur l'art des constructions, depuis celle
des fortifications jusqu'à celle de la demeure civile la plus
humble. Il avait su faire descendre ces sciences de la hauteur de leurs spéculations à des applications directement
utiles aux hommes. Il s'était également occupé de l'art de
la coupe des solides dans un traité intitulé la *Stéréotomie*.

Je terminerai cette esquisse bien imparfaite par un de
ces traits nombreux dans la vie de Monge, qui montre dans
tout son jour la délicatesse et la beauté de son âme.

Monge venait de succéder à Bezout comme examinateur
des élèves de la marine. Le maréchal de Castries, alors
ministre, voulait que le nouveau professeur refît le cours
élémentaire de mathématiques de son prédécesseur; Monge
s'y refusa opiniâtrément, alléguant pour raison que Bezout
n'avait laissé à sa veuve que ses ouvrages pour toute ressource, et qu'il ne voulait pas priver de pain la femme

d'un homme qui avait rendu de grands services aux sciences et à l'état. Admirable désintéressement, qui ne trouve
que trop rarement des imitateurs dans ce siècle de vil
égoïsme et de rapace cupidité !

La période impériale fut une époque de renaissance pour
l'art de l'orfévrerie, cet art qui, par la richesse de ses tra-

vaux, concourt si bien à la pompe des cérémonies religieuses, à l'embellissement des appartements et des tables.

L'art de l'orfèvre apparaît avec plus ou moins de perfection chez tous les peuples qui ont connu le luxe et l'o-
pulence. Dès la plus haute antiquité, on connaissait des
procédés pour travailler l'or et l'argent, ainsi que l'attestent les récits de la Bible et quelques descriptions d'Ho-

mère, de Virgile, et des autres poëtes de ces âges reculés.

Suivant Goguet, la composition du bouclier d'Achille, telle que l'a détaillée l'antique Homère, ne permet pas de douter qu'au temps de la guerre de Troie l'orfévrerie ne fût parvenue à un grand degré de perfection chez les peuples de l'Asie. L'Écriture parle d'un artiste nommé Béséléel, lequel, à l'aide d'un heureux génie, avait fait tous les ornements du tabernacle dans le temple de Jérusalem. Parmi les artistes en orfévrerie qui se distinguèrent à Rome, l'histoire a conservé le nom d'un Praxitèle, contemporain de Pompée, et qu'il ne faut pas confondre avec le célèbre sculpteur d'Athènes. Le Bas-Empire eut aussi ses ouvrages d'orfévrerie; mais le mauvais goût avait déjà fait invasion dans les arts, et l'on ne retrouvait plus dans ces productions le dessin si gracieux et si naturel des anciens.

Au moyen-âge, la piété des fidèles favorisa singulièrement les progrès de l'orfévrerie. Quoi de plus délicat que le travail de ces châsses, de ces reliquaires, de ces vases et autres ornements d'église qu'on fabriquait dans les différents siècles de cette époque religieuse! « Quand on étudie les arts et l'industrie au moyen-âge, dit M. Capefigue, que de chefs-d'œuvre ne découvre-t-on pas! Quel fini de ciselure et de gravure! Qui pourrait lutter avec l'orfévrerie placée sous la légende de saint Éloi? »

Ainsi, ce saint Éloi, que l'ignorance ne connaît que par quelques chansons grotesques, se distingua au septième siècle par une rare habileté dans l'art de travailler l'or et l'argent. Le roi Clotaire II, l'ayant chargé de faire un siége ou trône qui fût digne de la magnificence royale, on remit au jeune orfèvre la quantité d'or qui avait été jugée nécessaire pour l'exécution de ce travail. Mais Éloi, avec la matière qu'on lui avait fournie, fit, au lieu d'un seul trône, deux trônes de forme pareille, également bien travaillés, également magnifiques. L'artiste ne pouvait prouver d'une manière plus éclatante, non-seulement son talent, mais encore sa scrupuleuse probité. Ce fut l'origine de la fortune d'Éloi. Il devint trésorier de la couronne, se distingua dans plusieurs négociations qui lui furent confiées, embrassa la prêtrise, et fut élu évêque de Noyon. Après sa mort, arrivée le 1er décembre 659, il dut à ses vertus et à ses bienfaits d'être mis au nombre des saints.

Dans une édition manuscrite de l'office de ce saint, le pieux évêque est représenté debout, en chape, la mitre en tête, tenant d'une main la crosse épiscopale, et bénissant de l'autre le fourneau allumé de sa forge. Une enclume est devant le fourneau, et, sur l'enclume, un compas et un marteau; hommage naïf rendu à la noblesse des arts utiles.

Les annales du moyen-âge semblent avares des noms des pieux artistes qui sanctifiaient leurs loisirs à l'ornement des églises. C'est à grand' peine que l'on découvre, au huitième et au neuvième siècle, ceux de deux chanoines de Sens, Bernelin et Bernuin, qui construisaient une table d'or enrichie de pierreries gravées et d'inscriptions.

Sous le règne de Philippe-le-Hardi, à la fin du treizième siècle, un orfèvre, nommé Raoul, renommé pour le talent qu'il montrait dans son art, fut anobli. Ce furent les premières lettres d'anoblissement délivrées, en France, à la classe industrielle.

En l'an 1330, l'orfèvrerie fut érigée en corps par Philippe de Valois, qui lui donna des statuts et des armoiries consistant en une croix d'or dentelée en champ de gueules, accompagnée de deux couronnes et de deux coupes aussi d'or, à la bannière de France en chef.

Plus tard, le roi Jean Ier permit au corps de l'orfévrerie de construire une chapelle sous les nom et invocation de saint Éloi.

Sous François Ier parut le Florentin Benvenuto Cellini, artiste du premier ordre, qui donna à l'orfévrerie un lustre qu'elle n'avait pas eu jusque-là, et qui n'a jamais été égalé depuis.

François Ier avait une grande admiration pour les talents de Benvenuto Cellini, et le combla de bienfaits. Mais cet artiste était d'un orgueil déraisonnable. Il ne put supporter les dédains et les insolents procédés de la duchesse d'Étampes, dont le crédit était tout puissant à la cour, et quitta la France, où il vivait heureux, pour retourner dans sa ville natale, où il mourut, en 1570, dans un état voisin de la misère.

Benvenuto raconte dans ses mémoires la circonstance pour laquelle il quitta la cour de François Ier. Il avait exé-

cuté un petit vase d'argent, d'un travail exquis, qu'il voulait donner à la duchesse d'Étampes, et qu'il s'empressa de
lui porter, sur l'avis que cette favorite s'était trouvée offen-
sée de ce que, dans une visite faite par le roi à l'hôtel de
Nesle, ce prince avait pu admirer sans elle les divers modèles préparés pour le château de Fontainebleau.

« Je pris, dit Benvenuto, le beau petit vase que j'avais
fait pour elle, pensant par ce
moyen regagner ses bonnes
grâces. Je le portai donc avec
moi. J'en parlai à une de ses
femmes, et je le lui fis voir...
Cette femme me fit des caresses infinies, et me dit qu'elle
allait dire deux mots à Madame, qui n'était pas encore
habillée. Elle se rendit près
de sa maîtresse, qui lui répondit avec humeur : *Dites - lui
d'attendre*. Je l'entendis, je
m'armai de patience, ce qui
m'est très-difficile, et j'atten-
dis, sans m'impatienter, jus-
qu'après son dîner. Comme il se faisait tard, la faim me
fit tant mettre en colère que je n'y pus résister; je lui
donnai mille malédictions du fond de mon cœur; puis je
sortis. J'allai voir le cardinal de Lorraine, à qui je fis pré-

sent du vase, et je le priai d'une seule chose, qu'il me maintînt dans les bonnes grâces du roi.

« Le cardinal me répondit que cela n'était pas nécessaire, mais qu'il le ferait avec plaisir quand l'occasion s'en présenterait; puis, il appela son trésorier et lui parla à l'oreille. Celui-ci attendit que je fusse sorti de chez le cardinal; puis, il me dit : *Venez avec moi, je vais vous donner un verre de vin.* »

L'animosité de la duchesse d'Étampes poursuivit sans relâche Benvenuto Cellini. Cette favorite altière se disait quelquefois : « Comment! je gouverne le monde, et un homme de rien tel que celui-là ne fait pas de cas de moi! » François Iᵉʳ avait accordé à notre artiste la possession et la seigneurie du château de Nesle; la duchesse obtint du roi l'installation dans une partie des bâtiments d'un distillateur qui lui avait fait présent de plusieurs eaux de senteur d'une grande vertu pour lui rendre la peau lisse. Cellini repoussa cette invasion par la violence; il en rendit compte au roi qui se prit à rire et lui fit expédier une seconde donation sans réserve du château de Nesle. Enfin la duchesse, déterminée à nuire à Benvenuto Cellini, s'efforça de le faire passer auprès du roi pour un ennemi du saint rosaire, ce qui était un crime irrémissible alors.

Benvenuto Cellini avait exécuté en France de grands travaux, tels que le projet de fontaine dont la figure principale, représentant François Iᵉʳ sous la figure du dieu

Mars, avait cinquante-quatre pieds de haut. On avait aussi de lui un Jupiter d'argent qui lui valut mille écus d'or, les ornements de la porte de Fontainebleau, et plusieurs autres ouvrages. De tout cela il ne nous reste que la figure en bronze d'une nymphe, bas-relief qui a été recueilli dans notre beau Musée du Louvre.

Quant aux vases, salières d'or, et autres objets d'orfévrerie dus au talent de Benvenuto, tous ces chefs-d'œuvre sont devenus la proie des révolutions. On cite cependant comme conservés, et existant encore au Belvédère, à Vienne, une salière d'or représentant la *Terre* et l'*Océan*, et les quatre heures du jour, que ce grand artiste exécuta pour François Ier, et dont Charles IX fit présent à l'archiduc Ferdinand d'Autriche.

Dans nos temps modernes, on ne compterait pas beaucoup d'artistes qui aient joui d'une renommée aussi brillante que Cellini. Il est regardé comme le type perpétuel de l'artiste par excellence. Aussi M. du Sommerard, juge très-compétent en matière d'art, dit-il de lui : « Ce colossal Benvénuto Cellini est aussi parfait dans l'exécution de ses bronzes gigantesques que dans le travail microscopique du fermail de la chape de Clément VII. » Ce fermail d'or ciselé était orné de pierres fines et de sculptures en basrelief et en bosse.

Le règne de Louis XIV, si fécond en talents de tous genres, eut dans l'orfévrerie des artistes très-distingués.

Jean Varin, graveur et orfèvre, natif de Liége, mourut

à Paris en 1672. Il était directeur du balancier des médailles et des jetons.

Claude Ballin, qui lui succéda en cette qualité, mérita par ses travaux les suffrages du cardinal de Richelieu, puis ceux de Louis XIV. C'est en copiant les tableaux du Poussin qu'il avait perfectionné son goût pour le dessin. A peine âgé de dix-neuf ans, il avait exécuté quatre grands bassins d'argent, où les quatre âges du monde étaient représentés d'une manière admirable. Le cardinal de Richelieu, émerveillé de ces chefs-d'œuvre de ciselure, les acheta et demanda à Ballin quatre vases à l'antique pour accompagner les bassins.

Ballin exécuta pour Louis XIV des tables d'argent, des

guéridons, des canapés, des candelabres, des vases, et autres travaux analogues. La première épée d'or et le premier hausse-col que porta ce prince avaient été ciselés par Ballin. On estimait surtout les bas-reliefs dans lesquels Ballin avait représenté les songes de Pharaon.

Tous les ouvrages de Claude Ballin se distinguaient par une beauté, par une délicatesse infinies. Malheureusement pour l'art et pour la gloire de l'artiste, Louis XIV fut obligé de se priver de ces chefs-d'œuvre pour fournir aux dépenses de la longue et désastreuse guerre de la succession. La révolution anéantit plus tard plusieurs morceaux qui restaient de cet artiste, tant à Paris qu'à Saint-Denis et à Pontoise.

L'art de l'orfévrerie, en tant qu'art, n'a rien de commun avec la plupart de ces professions mécaniques dans lesquelles un long exercice et la routine finissent par faire acquérir une sorte d'habileté qui suffit pour donner un certain renom.

Pour exceller dans l'orfévrerie, il faut du génie comme pour exceller dans la peinture, dans la statuaire, dans l'architecture. On n'est toujours qu'un orfévre vulgaire, si l'on ne sait pas bien modeler et surtout très-bien dessiner. L'orfévre qui aspire à la gloire d'artiste, qui a l'ambition d'éclipser tous ses rivaux, est obligé de connaître parfaitement les principes de la perspective et de l'architecture, de savoir donner à ses ouvrages de justes proportions dans le choix des formes qu'il compose, sans les charger d'ornements superflus. Il doit les décorer d'une manière agréable, et n'offrir à l'œil qu'une imitation exacte des productions de la nature et des formes géométriques.

Mais, par suite de la valeur métallique des matières employées par l'artiste-orfèvre, son esprit doit toujours être tyrannisé par une pensée pénible, amère, décourageante; par cette pensée divinatrice qui lui fait voir, dans un avenir plus ou moins prochain, ses chefs-d'œuvre réduits en lingots par un stupide vandalisme ou une ignorante cupidité.

Sous ce rapport, Claude Ballin eut plus de bonheur que Benvenuto Cellini. Si ses ouvrages, dans lesquels il avait réuni les grâces modernes à la beauté de l'antique, furent sacrifiés aux pressantes nécessités de l'État, du moins ils ne disparurent pas tout entiers. Launay, neveu de Ballin par alliance, excellent orfèvre et habile dessinateur, dessina la plupart des ouvrages de son oncle avant leur destruction.

Après Ballin, il faut citer Pierre Germain, habile ciseleur et orfèvre du roi, qui mourut en 1682, à l'âge de trente-cinq ans; il excellait dans les arts du dessin et de la gravure.

Le ministre Colbert, qui appréciait et encourageait son talent, le chargea de ciseler des dessins allégoriques sur les planches d'or destinées à servir de couverture au recueil contenant l'histoire des conquêtes de Louis XIV. Tous les connaisseurs admirèrent ce travail précieux, qui valut à Pierre Germain de magnifiques récompenses.

Cet artiste, moissonné à la fleur de son âge, a laissé aussi des jetons et des médailles, où sont représentés les

plus mémorables événements du règne illustre sous lequel il vivait.

La grande réputation de Pierre Germain fut continuée avec éclat par son fils aîné, Thomas Germain, qui, pendant un long séjour en Italie, s'était perfectionné dans le dessin et dans l'orfévrerie.

Plusieurs de ses chefs-d'œuvre enrichissaient déjà le palais de Florence lorsqu'il revint se fixer à Paris. Dès lors, il travailla pour toutes les cours de l'Europe. Le roi Louis XV fut tellement satisfait de l'exécution d'un soleil donné à la cathédrale de Reims le jour de son sacre, qu'en récompense il accorda à l'habile orfèvre un logement dans les galeries du Louvre.

Tous les gens de l'art s'accordent à reconnaître que les

ouvrages sortis de l'atelier de cet excellent maître res-
pirent le génie et le bon goût.

Thomas Germain avait été élu échevin de Paris en 1738 ;
il mourut le 14 août 1748. On avait construit sur ses dessins une superbe église à Livourne, et celle de Saint-Louis
du Louvre, à Paris.

Les dix-septième et dix-huitième siècles ont produit
plusieurs autres orfèvres distingués, entre autres Jean Bour-
quet, Briceau, Pierre Barrié, Jean Bernhidi, du Caurroy,
et Aurelle Meissonnier, mort à Paris en 1750 ; ce dernier
était peintre, architecte, sculpteur et orfèvre.

Lors de l'établissement du consulat, il ne restait en
France que très-peu de vestiges de l'orfévrerie de l'ancien
régime : ou elle avait passé dans les pays étrangers avec
l'émigration, ou elle avait été fondue dans les creusets de
la Terreur. Le nouveau gouvernement rendit la vie à cet
art indispensable à la majesté des cours.

Cette industrie reparut avec la supériorité qui la distinguait dans les siècles précédents. On admira le beau service
de vermeil exécuté par un orfèvre nommé Auguste, à l'occasion du sacre de Napoléon.

Jean-Baptiste-Claude Odiot, le même qui, le 30 mars
1814, défendit vaillamment Paris à la tête de la seconde
légion de la garde nationale, le même que le pinceau d'Horace Vernet a mis en évidence dans son magnifique tableau
du combat de Clichy, se montra, sous l'empire, le digne
successeur des Ballin, des Launay, des Germain. Ses tra-

vaux lui firent en peu de temps une réputation européenne.
A toutes les expositions des produits de l'industrie française, il obtint constamment la récompense du premier
ordre. Il sortit de ses ateliers un grand nombre de services
de table qui se faisaient autant remarquer par le fini du
travail que par l'élégance des formes.

Parmi les ouvrages capitaux qui ont assuré à M. Odiot la
première place sans contredit parmi les orfèvres de notre époque, je citerai la magnifique toilette du prix de 800,000 fr.,
dont la ville de Paris fit hommage à l'impératrice Marie-
Louise, en 1810; le berceau du roi de Rome, offert éga-

lement par la ville de Paris, en 1811 ; le service de la prin-
cesse polonaise Braniska, du prix de 300,000 fr.; un
déjeuner de la plus gracieuse exécution dont la ville de
Paris fit hommage à la duchesse de Berri, à la naissance
du duc de Bordeaux ; un encrier représentant Apollon
et les neuf Muses, que Louis XVIII envoya au pape
Pie VII, et qui fit l'admiration de tous les artistes de
Rome ; une Vierge d'argent pour Notre-Dame de Paris ;
une statue en argent d'Henri IV enfant, d'après Bosio ;
enfin, un magnifique service du prix de 800,000 fr., pour
le roi de Naples Ferdinand Ier.

M. le baron Charles Dupin parle avec les plus grands
éloges des chefs-d'œuvre de M. Odiot père. « Ils repro-
duisent, dit-il, avec un rare bonheur d'appropriation, les
formes les plus pures des vases antiques. Ils ne sont pas
moins remarquables pour le savant ajustage des pièces.
Cet art consciencieux, d'autant plus parfait qu'il dérobe
mieux aux regards ses raccordements et ses jointures,
permet de réunir à l'élégance une solidité précieuse, même
aux yeux de la richesse, quand elle s'applique à d'admirables produits dont elle assure la durée.

» L'artiste que nous signalons, ajoute M. Dupin, avait
réalisé l'heureuse pensée d'exécuter en bronze, et de
grandeur naturelle, les modèles de ses œuvres les plus
remarquables. Il a fait présent de cette collection au musée
de la chambre des pairs. Si Benvenuto Cellini avait eu la
même prévoyance, et s'il avait eu la même générosité pour

Rome ou pour Florence, sa patrie, les musées des Médicis auraient conservé des œuvres à jamais regrettables, dont il ne reste aujourd'hui que de pâles descriptions. »

A l'exception du ruban de la Légion-d'Honneur, qu'il avait si bien mérité, et que Louis XVIII plaça sur sa poitrine en 1814, M. Odiot père n'a reçu du gouvernement aucune de ces distinctions honorifiques qui ne sont que trop souvent le partage des favoris et des intrigants. Mais, avec des titres comme les siens, il est aisé de se consoler d'une pareille exclusion. Sa couronne d'artiste, les médailles d'or que lui ont obtenues ses travaux, sont infiniment au-dessus de toutes les faveurs de cour.

Au commencement de cet ouvrage, il a été dit un mot de la manufacture royale de porcelaine de Sèvres. Je dois y revenir pour mentionner de notables perfectionnements.

« C'est à Sèvres, dit M. Capefigue, que Colbert établit

une vaste manufacture où se modelèrent les vases antiques,
les urnes à la façon chinoise ou d'Allemagne; on y copia
les peintures les plus admirables; les chasses dans les bois,
des batailles, des fleurs naturelles et purpurines; cinquante
ouvriers sont convoqués des diverses parties de l'Europe;
tout y est soumis à un réglement, à des épreuves : la terre,
l'eau qu'on emploie dans la confection. La porcelaine de
Sèvres acquit bientôt cette renommée qui la fit européenne;
le roi l'envoyait en cadeau de cour en cour; elle était
comme une gracieuseté d'ambassade, comme un présent à
la suite des traités. La manufacture de Sèvres fut un sujet
d'orgueil pour Louis XIV. »

Napoléon ne montra pas moins de sollicitude pour la
prospérité de ce bel établissement, dont il confia la direction au savant minéralogiste Brongniard. En 1804, la
fabrication de la porcelaine tendre fut tout-à-fait abandonnée à Sèvres. Il faut le dire néanmoins, et M. Brongniard l'a très-judicieusement remarqué, il avait fallu plus
de recherches et même plus de génie pour composer cette
porcelaine artificielle par des moyens compliqués et délicats, que pour obtenir la porcelaine dure, laquelle résulte
du simple mélange de deux matières naturelles, le kaolin
et le feldspath.

Après cette réforme, le nouveau directeur de la manufacture de Sèvres s'occupa surtout à perfectionner les pâtes
de la porcelaine dure, en leur procurant une finesse, une
blancheur qu'elles n'avaient pas eues jusque-là. En 1806,

la porcelaine de Sèvres fut embellie par le superbe vert de chrôme, métal dont Vauquelin venait de faire la découverte.

On doit surtout à la savante direction de M. Brongniard les progrès de la peinture sur verre perfectionnée par la chimie, peinture absolument nouvelle, dont les effets sont combinés avec le système de verres rajustés au moyen de plomb pour certains accessoires, à la manière de la renaissance.

Ce fut sous l'empire qu'on commença à peindre de vrais

sujets d'histoire sur porcelaine, et d'orner ainsi les grands vases faits avec cette matière. On appela en France, en 1811, le peintre Van-Os, pour peindre les fleurs sur porcelaine, et cet artiste fit faire les plus grands progrès à cette partie, tant par la richesse de ses nuances que par la beauté de ses couleurs. On connaît les belles peintures sur porcelaine exécutées par Drolling, Langlacé, George, Constantin et surtout madame Jaquotot. Cette partie de l'art semble être parvenue à son apogée.

C'est ce qui fait dire à M. le baron Charles Dupin :

« Avec la peinture sur porcelaine, telle qu'on l'a perfectionnée de nos jours, on peut désormais traduire en pages inaltérables, et dans toute leur beauté, les tableaux des grands maîtres, tableaux qui dépérissent en peu de siècles lorsqu'ils sont peints sur le bois ou sur la toile. C'est à l'alliance de la minéralogie, de la chimie et des beaux arts qu'on doit ce précieux résultat d'un genre incomparablement moins dispendieux, plus fidèle et plus délicat que les imitations de la mosaïque. »

L'art de la sculpture a été également d'un grand secours à la manufacture royale de porcelaine de Sèvres, sous le rapport de l'élégance et de la beauté des formes. M. Fragonard père, à qui l'on doit de si admirables plafonds, n'a pas peu contribué de nos jours à faire obtenir les plus heureux perfectionnements en ce genre. Il suffit de rappeler à cet égard la plupart de nos expositions des produits de l'industrie.

En effet, la manufacture de porcelaine de Sèvres est

redevable au talent de cet habile artiste d'un grand nombre de compositions remarquables. Nous donnons ici un souvenir d'un des ouvrages les plus parfaits qui aient été exécutés d'après lui.

Les figures de ce surtout, qui se compose de beaucoup d'autres pièces, avaient été exécutées en sculpture avec le plus grand soin par M. Fragonard lui-même. On regrette qu'en cela les manufactures particulières de porcelaine n'aient pas suivi l'exemple de la manufacture royale. Ce n'est qu'en employant des artistes d'un mérite réel qu'on parviendrait à assurer en France, à cette belle industrie, une incontestable supériorité, surtout pour ce qui est du domaine du bon goût.

Les travaux de Sèvres ont provoqué néanmoins une heureuse émulation. Un habile fabricant de porcelaine, M. Dilh, obtint la médaille d'or pour la beauté de ses porcelaines et le bon goût de ses formes. Il avait déjà reçu, en 1798, l'une des douze récompenses du premier ordre pour des tableaux de porcelaine peints avec des couleurs de sa composition, et qui n'éprouvaient aucun changement par la cuisson. Ce célèbre fabricant avait aussi trouvé des moyens de vaincre les difficultés spéciales de cuire et de préserver des couleurs appropriées à la peinture sur des glaces dont la longueur et la largeur vont jusqu'à dix-huit décimètres. Cette opération nécessitait des procédés particuliers d'application. L'artiste peignait le même objet sur deux glaces, de telle sorte qu'en les juxtaposant, les deux peintures se couvraient mutuellement, et doublaient ainsi la vigueur de leurs contours et la force de leurs teintes.

En 1810, l'administration municipale de la ville de Paris arrêta qu'il serait établi cinq abattoirs pour remplacer les tueries des bouchers. C'était un véritable bienfait pour la capitale, sous le double rapport de la salubrité et de la sûreté des habitants. Pour mettre le lecteur en état d'apprécier les avantages de cette innovation, j'emprunterai au *Tableau de Paris*, par Mercier, la description détaillée des inconvénients et des dangers que présentaient les anciennes tueries.

« Elles ne sont pas hors de la ville, ni dans les extrémités, elles sont au milieu. Le sang ruisselle dans les rues, il se caille sous vos pieds, et vos souliers en sont rougis. En passant, vous êtes tout-à-coup frappé de mugissements plaintifs. Un jeune bœuf est terrassé, et sa tête armée est liée avec des cordes contre la terre ; une lourde massue lui brise le crâne ; un large couteau lui fait au gosier une plaie profonde ; son sang, qui fume, coule à gros bouillons avec sa vie. Mais ses douloureux gémissements, ses muscles qui tremblent et s'agitent par de terribles convulsions, ses débattements, ses abois, les derniers efforts qu'il fait pour s'arracher à une mort inévitable, tout annonce la violence de ses angoisses et les souffrances de son agonie. Voyez son cœur à nu qui palpite affreusement, ses yeux qui deviennent obscurs et languissants. Oh ! qui peut les contempler ! qui peut ouïr les soupirs amers de cette créature immolée à l'homme !

» Des bras ensanglantés se plongent dans ses entrailles fumantes ; un soufflet gonfle l'animal expiré, et lui donne une forme hideuse ; ses membres partagés sous le couperet vont être distribués en morceaux, et l'animal est tout à la fois enseigne et marchandise.

» Quelquefois le bœuf, étourdi du coup et non terrassé, brise ses liens, et furieux s'échappe de l'antre du trépas ; il fuit ses bourreaux, et frappe tous ceux qu'il rencontre, comme les ministres ou les complices de sa mort; il répand la terreur, et l'on fuit devant l'animal, qui, la veille, était venu à la boucherie d'un pas docile et lent. Des femmes, des enfants qui se trouvent sur son passage sont blessés, et les bouchers qui courent après la victime échappée sont aussi dangereux dans leur course brutale que l'animal que guident la douleur et la rage.

» Ces bouchers sont des hommes dont la figure porte une empreinte féroce et sanguinaire, les bras nus, le cou gonflé, l'œil rouge, les jambes sales, le tablier ensanglanté; un bâton noueux et massif arme leurs mains pesantes et toujours prêtes à des rixes dont elles sont avides. On les punit plus sévèrement que dans d'autres professions, pour réprimer leur férocité, et l'expérience prouve qu'on a raison. »

Tel fut l'état des *tueries* jusqu'au moment où l'on jugea convenable de rejeter aux extrémités de la ville ces foyers d'infection, et le spectacle de scènes aussi dégoûtantes. Il fut résolu que l'on construirait cinq abattoirs; ce sont ceux qu'on voit aujourd'hui dans le voisinage de quelques barrières de Paris, et qui sont connus sous les noms d'abattoirs de Montmartre, de Ménilmontant, de Grenelle, de Monceaux et de Villejuif.

C'est là que sont amenés les bœufs, veaux, moutons destinés à la consommation de Paris. Ces abattoirs sont dans des emplacements aérés; leurs dimensions ont été déterminées d'après les besoins des divers quartiers auxquels ils correspondent. Leur construction, parfaitement

appropriée à la destination toute spéciale de ce nouveau
genre d'édifices, fait honneur à l'intelligence et au goût
de l'architecte, M. Happe, qui a eu l'art d'introduire, dans
ces monuments d'utilité publique, une grande, belle et
commode distribution des diverses parties, jointe à la con-
cordance et à la variété pittoresque des masses.

Dans ces immenses boucheries, les bouchers *abattent*
tout le bétail qu'ils achètent, le partagent pour la consommation journalière, mettent leurs cuirs en réserve
et fondent leur suif avant de le livrer au commerce. L'é-
tablissement des abattoirs est d'un grand avantage pour
les fabriques de produits chimiques, tels que la gélatine,
le bleu de Prusse, la colle forte, l'huile de pied de bœuf,
par suite de la facilité avec laquelle on recueille dans ces
vastes laboratoires toutes les matières animales.

« On s'est appliqué, en formant ces établissements, disent les auteurs du *Nouveau dictionnaire des Origines*, à allier l'utile à l'agréable. Le coup-d'œil qu'ils présentent est à la fois sévère et imposant, et on n'a négligé aucune commodité, aucune précaution pour atteindre le but qu'on se proposait. L'ensemble de chaque édifice se compose de plusieurs pavillons construits à peu de chose près sur le même plan. L'enceinte est fermée par des grilles qui défendent les issues et préviennent les accidents qui pourraient résulter de la fuite des bœufs manqués. La totalité des bâtiments est d'ailleurs entourée d'une haute muraille. Les pavillons où l'on tue les bestiaux sont divisés en espaces parfaitement égaux, dont le nombre est en rapport avec celui des bouchers de Paris, qui, d'après le règlement, doivent avoir chacun leur *échaudoir*.

» Chaque échaudoir a deux portes ouvrant sur deux cours opposées. Un côté sert à faire entrer la bête vivante, l'autre à la sortir pour la porter à la boucherie. On a pratiqué, dans les échaudoirs, des cuves qui sont destinées à recevoir le sang des animaux, que l'on recueille pour divers usages, et des robinets qui donnent toute l'eau nécessaire pour les lavages, et qu'on alimente à l'aide de machines à vapeur très-ingénieuses. On a établi dans d'autres corps de bâtiments des bergeries en nombre égal à celui des échaudoirs. Il y a également des écuries destinées à renfermer les bœufs et les veaux jusqu'au moment de leur exécution. D'autres locaux séparés sont assignés pour la fonte des suifs et pour d'autres préparations animales. L'administrateur et les employés attachés à l'abattoir habitent le pavillon principal. Enfin, de vastes greniers bien aérés sont établis au-dessus des bâtiments, afin que les bouchers puissent y déposer les peaux pour les faire sécher, et jusqu'à ce qu'ils les aient vendues. »

Des hommes d'un mérite éminent et long-temps éprouvé, habiles exécuteurs de la pensée du maître, dirigeaient alors le vaste ensemble des travaux publics et des industries particulières. A Chaptal avait succédé, comme ministre de l'intérieur, M. de Champagny, duc de Cadore, qui fut remplacé, en 1809, par le comte de Montalivet.

Ce dernier ministre surtout eut de fréquentes occasions de faire apprécier sa rare intelligence et son zèle pour la gloire industrielle de la France. A l'exemple de l'empereur, il encourageait, il honorait les auteurs de découvertes nouvelles, les fabricants célèbres de l'époque. Tous ses actes décelaient le patriotisme le plus pur, le plus éclairé. Il avait la noble ambition de contribuer aux progrès de l'industrie nationale et de marquer son passage aux affaires par des services réels et mémorables.

Il serait difficile d'énumérer ici tous les travaux qui, de 1809 à 1812, émanèrent de l'administration de M. de Montalivet. Des canaux creusés, des routes entretenues, des ponts construits, des monuments de tout genre, les uns projetés ou commencés, les autres achevés : tels sont les

souvenirs qu'il a laissés de son brillant ministère dans un
grand nombre de localités. L'embellissement de Paris fut
principalement l'objet de sa sollicitude, de son activité infatigable. On sait que Napoléon voulait faire de cette grande
cité la plus belle des capitales de l'Europe. Son ministre
mit tout en œuvre pour réaliser ses vues. Plusieurs quartiers furent assainis; de nouvelles fontaines jaillirent sur
les places publiques; les abattoirs, dont je viens de parler,
remplacèrent les ignobles et dégoûtantes tueries; des arcs-
de-triomphe, des greniers d'abondance, des entrepôts pour
le commerce, furent mis en construction; notre magnifique
monument de la Bourse sortit de ses fondements; enfin
ces quais, dont l'étranger admire aujourd'hui l'immense
et pittoresque prolongement, datent en réalité du ministère de M. de Montalivet, sinon pour l'exécution, du moins
pour la conception des plans.

Au milieu de tous ces travaux si divers et de beaucoup
d'autres non moins intéressants pour l'industrie, le ministre de l'empereur, doué d'une puissance de travail extraordinaire et d'une étonnante capacité, qui lui permettait
de saisir un vaste ensemble sans rien omettre de ses moindres détails, sut rendre au pays les plus éminents services
par son attention vigilante à pourvoir au service des sub-
sistances, cette partie si importante et quelquefois si difficile de l'administration intérieure. « Ce ministre, a dit
M. Tissot, embrassait les différentes parties de son administration et portait dans toutes l'influence d'un esprit

judicieux, pénétrant et plein de ressources. Ses circulaires,
sa correspondance de tous les jours avec les autorités, les
projets de décrets proposés par lui et convertis en lois,
forment encore aujourd'hui la jurisprudence administrative
du ministère. Ses exposés de la situation intérieure de la
France pendant les brillantes années de l'empire, resteront
comme de vastes et fidèles tableaux d'une époque où le
génie d'un grand homme faisait, ordonnait et obtenait des
prodiges. »

Le 15 août 1810, eut lieu, au bruit des acclamations
du peuple de Paris, la solennelle inauguration de la colonne
de la place Vendôme. Ce gigantesque monument, élevé à
la gloire de la grande armée, avait été commencé le 25
août 1806, sous la direction de MM. Lepère et Gondouin,
architectes du premier mérite. Les canons pris aux Autrichiens dans la brillante et rapide campagne de 1805, four-
nirent les bronzes de cette glorieuse colonne, lesquels ne
pesaient pas moins de 900,000 kilogrammes.

On ne peut nier que la colonne de la place Vendôme ne
soit un majestueux souvenir du génie belliqueux de l'époque
napoléonienne. C'est une belle imitation en bronze de la
fameuse colonne Trajane à Rome. Elle a deux cent dix-huit
pieds de haut, y compris son piédestal, dont la hauteur est
de vingt-un pieds et demi. Son diamètre est de douze pieds,
et toute sa surface, y compris le piédestal, le chapiteau
et son amortissement, est revêtue de fortes lames de bronze
chargées de bas-reliefs. Ceux du piédestal représentent des

trophées d'armes ; les autres qui vont s'élevant en spirale jusqu'au faîte du monument offrent l'histoire monumentale de la campagne victorieuse, à l'occasion de laquelle fut érigée cette colonne.

Le fût est entouré et orné de deux cent soixante-quatorze plaques, si artistement adaptées , qu'il est impossible d'en apercevoir les joints. Quant à l'idée de revêtir un noyau de pierre d'une enveloppe de bronze, on assure qu'elle avait déjà été mise en œuvre à Constantinople, sous le Bas-Empire. On a justement reproché à l'alliage du bronze de n'être pas satisfaisant ; le secret de cette composition, bien connu des anciens, et retrouvé sous Louis XIV, ne put être saisi par les fondeurs de la colonne de la place Vendôme ; il y a trop d'étain dans la partie inférieure, et pas assez vers le haut ; ce qui a causé nécessairement une disparate de couleur dans la hauteur du monument.

Les bas-reliefs du piédestal sont ornés des armures et des costumes des divers peuples vaincus par Napoléon ; les chiffres des empereurs d'Autriche et de Russie figuraient d'abord sur un grand nombre de schakos ou d'autres objets d'équipement ; mais la paix ayant été faite avec la Russie avant l'inauguration du monument, les chiffres d'Alexandre disparurent, et ceux de l'empereur François furent seuls maintenus.

Copie fidèle de la colonne Trajane, celle de la place Vendôme est d'ordre toscan. Le tailloir porte une galerie, du milieu de laquelle s'élance une espèce de cippe couvert d'un hémisphère ; c'est la continuation du fût de la colonne. Le soubassement en marbre blanc ayant éprouvé, par l'effet de l'intempérie des saisons, des dégradations considérables, on a dû le remplacer en 1835 par un nouveau soubassement en granit de Corse, qui ne se compose point de plusieurs rangs de marches ou de degrés, comme le précédent. C'est une sorte de socle ou plinthe que l'on croirait d'une seule pièce, tant les pierres en sont bien assemblées; trois gradins taillés dans la masse du socle conduisent à la porte d'entrée.

La colonne de la place Vendôme, depuis son érection, s'est ressentie des révolutions politiques. Monument de la victoire, elle éprouva, en 1814, les avanies de la défaite. Les cohortes des puissances alliées, qui venaient d'envahir la France, en arrachèrent violemment la statue colossale de Napoléon qui semblait régner sur le monde du sommet de cette colonne triomphale. En insultant à l'image du héros, ces barbares croyaient faire descendre le grand homme de son piédestal aussi facilement qu'ils l'avaient renversé de son trône. Mais la postérité s'est chargée de leur prouver l'inanité de leurs efforts. Le temps, qui détruit toutes les choses de ce monde, non-seulement respecte les gloires légitimes, mais encore les sanctionne, les consolide, et se plaît à les transmettre aux générations étonnées.

On ne pouvait demander au gouvernement de la restauration qu'il relevât la statue d'un homme qu'elle regardait comme un usurpateur. Mais c'était un devoir pour le gouvernement issu de la révolution de juillet, et, nous le savons, c'est de bonne grâce et avec empressement qu'il a su l'accomplir. La statue du moderne Charlemagne a repris sa place sur la colonne. Ce n'est plus, comme dans l'origine, un guerrier demi-nu, couronné de lauriers, s'appuyant de la main droite sur son épée et portant dans la gauche un globe surmonté de la Victoire. Aujourd'hui,

Napoléon, l'homme du siècle, est représenté d'une manière plus conforme à la vérité historique. On a eu le bon goût de restituer au héros le costume qu'il affectionnait, avec lequel il gagna tant de batailles, et qu'une chanson de notre Béranger a rendu si populairement célèbre. « Aujourd'hui, comme le remarque fort bien l'auteur d'un livre (1) publié tout récemment, le Napoléon de la place Vendôme est bien ce même Bonaparte au petit chapeau, à la capote grise, que connaissent grands et petits, jeunes et vieux, hommes d'ignorance et hommes de science. Il est lui par la mise, il est lui par le maintien, il est bien lui jusque dans son regard, qui semble continuer une idée interrompue. »

Jetons maintenant un coup-d'œil sur quelques-unes de nos manufactures; nous allons voir qu'elles ne sont point demeurées stationnaires sous l'empire.

Et d'abord voici les manufactures de Sedan et d'Abbeville, où, grâce à l'introduction des machines, on commençait à obtenir plus de perfection dans les produits. Un immense avantage résultait nécessairement de l'emploi de ces mécaniques substituées aux anciens procédés et aux travaux à la main; outre une plus grande régularité pour les tissus, il y avait encore économie pour le travail.

Voici encore les fabriques d'Amiens, la belle ville qu'arrose la Somme, et qui est fière, à si juste titre, de sa ma-

(1) *Études physiologiques sur les grandes métropoles de l'Europe occidentale.* — PARIS. — Par Gaëtan Niépovié.

gnifique cathédrale, le plus admirable monument religieux

que possède la France. Là, on a porté au plus haut degré de perfection les casimirs français, de telle sorte qu'ils ne redoutent plus la concurrence étrangère. Les velours de coton réclament le même éloge. C'était à cette époque que le premier fabricant d'Amiens, M. Gensse-Duminy, introduisait en France la fabrication du *patent-cord*, étoffe que l'Angleterre vendait exclusivement et à des prix exorbitants.

A l'instar de la fabrique de Jouy, il s'était établi dans le département du Haut-Rhin des manufactures de toiles peintes qui répandaient l'aisance dans ces contrées, et promettaient déjà les plus heureux résultats. Dès 1806, de brillantes destinées industrielles avaient été promises aux fabriques de Mulhausen par le jury d'exposition. En décernant à MM. Dolfus-Mieg la médaille d'argent pour la beauté des couleurs et le choix des dessins, le rapporteur avait ajouté : « Tous les fabricants de toiles peintes de Mulhausen doivent voir dans cette médaille une preuve de l'estime du jury, qui a examiné leurs productions avec soin, et les a trouvées belles, soignées et dignes de la confiance du consommateur. » Plus tard, nous verrons cinq fabricants de cette même ville de Mulhausen obtenir la médaille d'or.

Avec le luxe, les blondes et les dentelles avaient repris faveur et donné naissance ou rendu la vie à des fabriques célèbres. C'étaient Alençon, Chantilly, Bruxelles, qui brillaient au premier rang ; puis venaient avec distinction le Puy, Arras, Valenciennes, Douai et autres villes. Elbeuf, dès son début, s'était créé, pour ses tissus, une vaste spécialité, en mettant ses produits à la portée des moyennes fortunes, et surtout en perfectionnant leurs qualités sans en hausser les prix. Les fabriques de toiles de Flandres et de Courtrai conservaient leur ancienne renommée, tandis que celles des Côtes-du-Nord, de la Sarthe et de la Mayenne se faisaient remarquer par la solidité, par le bon

marché et quelques autres qualités spéciales. Cambrai,
Valenciennes et Saint-Quentin, si remarquable par l'originalité des ornements qui décorent la façade de son hôtel-

de-ville, continuaient à fabriquer des linons et des batistes
d'une perfection qui ne laissait rien à désirer. Cette dernière ville, où l'on met en œuvre le quarantième des cotons
que la France reçoit annuellement, s'enrichissait d'ateliers

pour les apprêts à donner aux étoffes, et qui occupent seuls aujourd'hui près de sept cents ouvriers.

Je n'omettrai point de signaler les heureux efforts tentés pour naturaliser en France le ver qui produit la soie blanche.

On n'élevait jusqu'alors dans nos contrées que le ver qui fabrique la soie jaune ordinaire; mais on ne pouvait faire usage de cette soie, pour les tissus blancs, qu'après l'avoir soumise à des opérations qui en diminuaient nécessairement la solidité. Roard, manufacturier et savant chimiste, imagina des perfectionnements dans les procédés employés pour blanchir la soie jaune. Mais le blanc obtenu par le mode de son invention s'altérait à la longue et reprenait une teinte jaunâtre.

Le seul moyen d'obvier à cet inconvénient était d'élever le ver originaire de la Chine, qui donne de la soie d'une parfaite blancheur, et qu'à raison de son origine on nomme soie *sina*. Déjà on avait fait des essais pour introduire en France la culture de cette espèce de ver. Mais, au milieu des troubles de la révolution, cette culture avait été presque entièrement abandonnée.

Le gouvernement impérial, éclairé par le comité consultatif des arts et manufactures, remit en honneur l'éducation de cette espèce si précieuse de ver à soie, et offrit des récompenses à ceux qui favoriseraient sa propagation. Vers la même époque (1808), la société d'encouragement proposait un prix de 2,000 fr. pour les propriétaires qui entreprendraient avec plus d'étendue cette nouvelle culture. Cette sollicitude produisit des résultats avantageux. Depuis lors, la culture de cette précieuse chrysalide s'est étendue de plus en plus; elle a fini par donner des fils dont les prix sont plus élevés que ceux de la soie jaune ordinaire, et qui sont néanmoins fort recherchés par le commerce, ce qui n'a pas été un médiocre encouragement pour les cultivateurs de l'espèce nouvelle de ver à soie.

On ne peut le nier, le tissage des soieries a dû des perfectionnements notables aux machines nouvelles qui ont paru au commencement de notre siècle. Les anciennes machines, ainsi que le fait remarquer M. le baron Charles Dupin, dans son livre intitulé : *Progrès de l'industrie française*, avaient d'abord l'inconvénient d'une grande complication : elles étaient embarrassées par une multitude de cordes et de pédales; leur mise en action nécessitait le concours de plusieurs individus ; c'étaient ordinairement des enfants, et surtout de jeunes filles qui faisaient ce travail; durant toute leur journée, elles étaient contraintes à garder des attitudes pénibles qui déformaient leurs membres délicats, et qui souvent leur faisaient contracter des infirmités mortelles.

Tous ces dangereux inconvénients ont disparu depuis l'adoption du mécanisme inventé par Jacquard, dont le nom est aujourd'hui si justement populaire, comme on a pu le voir plus haut, dans l'hommage que nous avons rendu à la mémoire de cet homme éminemment utile.

Parmi les machines propres à rendre plus facile et plus parfait le tissage des différentes étoffes de soie, de chanvre, de laine ou de coton, il faut surtout mentionner celle de l'invention du mécanicien Briard, de Rouen, machine ingénieuse, qui, du nom de son inventeur, a reçu le nom de *briarde*.

Dès les premières années de l'empire, l'art de fondre et de façonner le bronze vint au secours de la mode et du luxe, soit pour la décoration des appartements, soit pour celle des services de table.

Il ne s'agit point ici des grands et hardis travaux dont Jean-Balthazar Keller possédait le secret, lorsque, avec quatre-vingt mille livres pesant de métal, il coulait d'un seul jet la magnifique statue de Louis XIV, qui fut érigée sur la place Vendôme, ou lorsqu'il fondait la belle statue dite du Rémouleur, qu'on voit encore aujourd'hui au jardin des Tuileries.

La révolution, en disséminant les grandes fortunes, avait ouvert de nouvelles voies à l'art de fabriquer les bronzes. Si, avec l'orfévrerie, il était quelquefois appelé à satisfaire les exigences d'un luxe splendide, il avait aussi très-souvent à répondre aux demandes d'une économique élégance. Il lui fallut fréquemment rivaliser avec l'art de fabriquer les porcelaines et les cristaux. Sur les tables, dans les salons, dans les boudoirs, dans les chambres à coucher, les bronzes, sous mille formes différentes, vinrent ajouter leurs prestiges à la somptuosité des autres décorations.

Ce n'était plus l'époque où des statues en bronze, placées sous de brillants vestibules, faisaient en quelque sorte les honneurs des hôtels des grands seigneurs de l'ancienne cour. Mais on commençait à voir poindre la mode de ces statues en miniature, si jolies, si gracieuses, si élégantes, auxquelles, de nos jours, on a donné le nom de *statuettes*, et dont l'habile et modeste Antonin Moine nous a donné et

nous donne encore de temps en temps de si admirables modèles.

Sans doute, le bon goût a eu quelquefois à déplorer, dans les ouvrages en bronze, des aberrations bien malheureuses; sans doute, on a pu critiquer chez plusieurs fabricants des vases, des lustres, des pendules surtout qui n'étaient que des répétitions de sujets incessamment reproduits ; sans doute on a pu blâmer ces lourdes branches dont on surcharge disgracieusement les candélabres anti- ques, si sveltes, si élégants, ainsi que ces surtouts de table, où l'on retrouve éternellement la même donnée : de mesquines corbeilles de fleurs, supportées par des figures plus mesquines encore. Néanmoins, grâce aux beaux résultats obtenus par d'habiles fondeurs, grâce à la perfection de la mise en œuvre du bronze par plusieurs ar- tistes français, jusqu'ici nos produits en ce genre ont tou- jours été regardés comme supérieurs par les autres peuples. Et cette supériorité, il faut le reconnaître dans l'intérêt de l'art, est due principalement à la beauté des sculptures, à l'élégance des formes, au goût parfait d'un ensemble har- monieux. Ce point important mérite toute l'attention de nos fabricants de bronze, qui sont jaloux de la perfec- tion et de la prospérité de leur belle industrie.

Jusqu'à ce jour, l'industrie française s'est montrée hors de pair dans la mise en œuvre des bronzes, soit pour les arts utiles, soit pour les beaux-arts. Paris surtout a excellé constamment dans ce genre de fabrication, sans avoir eu à craindre la rivalité d'aucune fabrique européenne. Mais, qu'on y prenne garde! insensiblement l'insouciance et le mauvais goût pourraient nous faire perdre cet antique avantage.

L'artiste qui, sous le gouvernement impérial, soutint avec le plus d'honneur l'ancienne renommée de nos bronzes de luxe, fut sans contredit le célèbre Ravrio. On verra tout à l'heure que ce n'était pas là son seul titre aux éloges de la postérité.

Antoine-André Ravrio, né à Paris en 1759, était le fils d'un maître-fondeur qui se rattachait à la famille Riésener si avantageusement connue par ses succès dans les arts libéraux et industriels. Se destinant à la profession de bronzier-doreur, il voulut étudier à fond toutes les parties de son art. Il avait moulé chez son père; il dessina et modela à l'Académie, et apprit à ciseler sous les plus habiles maîtres. Aussi ne tarda-t-il pas à se faire une réputation européenne par la perfection de ses ouvrages dans lesquels on admire tour à tour une exquise pureté de dessin, un style plein de noblesse et de simplicité, des compositions ingénieuses, de belles imitations de l'antique, et une sûreté de goût qui ne s'est jamais démentie.

A sa rare habileté pour la fabrication des bronzes, Ravrio joignait des connaissances variées et étendues, un esprit aimable et piquant, et les qualités d'un excellent cœur. Dans ses moments de loisir, il se plaisait à cultiver la poésie légère, et les heureuses inspirations de sa muse badine attestent que, s'il eût pu donner plus de temps à ses gracieuses compositions lyriques, il aurait aisément pris place parmi nos poètes de *genre* les plus distingués. Presque toutes les pièces qui composent ses deux volumes de poésies diverses font preuve d'une facilité surprenante, d'un naturel charmant, d'une gaîté entraînante; le sentiment et l'esprit s'y disputent la palme.

Mais laissons le poète pour revenir à l'artiste, et citons un trait qui ne recommande pas moins sa mémoire que les plus magnifiques produits de son art.

Avant de clore sa laborieuse et brillante carrière, Ravrio eut une de ces nobles et belles inspirations du cœur qui valent mieux que tous les chefs-d'œuvre du talent et du génie. Plein d'une tendre sollicitude pour les anciens compagnons de ses travaux, il fonda un prix pour récompenser l'auteur d'un procédé propre à préserver les ouvriers doreurs des dangers inséparables de l'emploi du mercure.

Écoutons à ce sujet les paroles de M. Ch. Dupin, qui ne nuiront point à l'éloge de Ravrio.

« Un artiste célèbre, dit-il, qui cultiva les arts sous deux époques différentes puisqu'il naquit en 1759 et mourut en 1814, M. Ravrio, produisit tour à tour les bronzes à formes fatiguées du siècle de Louis XV et les bronzes classiques de l'empire. Il termina quarante ans de travaux par une action qui fut encore un progrès pour les arts, un bienfait pour l'humanité. Son testament portait un legs de 3,000 francs à l'auteur d'un procédé qui ferait cesser les terribles conséquences de la dorure des métaux. L'ancien procédé causait, en effet, des infirmités déplorables et la mort prématurée des ouvriers. Peu de temps après, le prix fut remporté par M. d'Arcet, aujourd'hui membre de l'Académie des Sciences ; son ingénieux fourneau d'appel entraîne complètement les émanations mercurielles, autrefois si fatales aux doreurs. »

J'ajouterai, pour l'instruction des lecteurs, que le procédé de M. d'Arcet, d'une extrême simplicité, consiste à exécuter toutes les opérations de la dorure sous une hotte dont la ventilation est déterminée par un fourneau d'appel, qui ne change rien au travail ordinaire des ouvriers.

Malheureusement l'esprit de routine fait trop souvent négliger par les ouvriers les avantages qui résultent de l'invention de M. d'Arcet. Malgré les prescriptions de l'autorité, malgré l'obligation imposée à tous les doreurs de construire des forges salubres, malgré l'entretien si économique des fourneaux d'appel, on persiste à dorer de la même manière qu'on le faisait autrefois ; aussi la plupart des ouvriers doreurs continuent-ils à être exposés à de graves accidents, à des maladies incurables et souvent mortelles. Qu'on juge des dangers qu'ils peuvent courir : M. Gaultier de Claubry rapporte qu'il y a une quinzaine d'années trois ouvriers périrent, à Turin, en travaillant, dans l'intérieur d'un atelier, sur une pièce trop volumineuse pour être placée sous la cheminée.

Pour donner une idée des bronzes que fabriquait Ravrio, nous donnons ici le dessin d'un riche candélabre sorti de

ses ateliers. Ce candélabre, ciselé et entièrement doré or mat, était destiné à porter vingt-deux bougies. La statue *lampadophore* avait trois pieds de haut. La hauteur totale du candélabre était de sept pieds. Les ouvrages de Ravrio servent aujourd'hui à caractériser les bronzes du temps de Napoléon.

A cette même époque, un autre enfant de Paris, Michel Brézin, habile fondeur, rendait d'éminents services à l'artillerie de nos armées victorieuses. C'était de ses fonderies que sortaient la plupart des canons qui allaient foudroyer les Autrichiens, les Prussiens et les Russes. Brézin était parvenu à forer des canons sur bateaux placés devant le quai des Augustins. Cette opération s'effectuait par le moyen d'un très-ingénieux mécanisme mis en mouvement par le courant de l'eau. Plus tard, l'industrieux mécanicien perfectionna son invention et réussit à pratiquer le forage des pièces et leur ciselage extérieur par l'application du même procédé.

Michel Brézin acquit une immense fortune qu'il dut autant à son travail qu'aux circonstances ; mais ce qui est bien plus digne de fixer l'admiration des hommes, c'est qu'il voulut disposer de cette fortune en faveur des ouvriers *qui l'avaient aidé à la gagner.* Ce sont les termes mêmes de son testament. Pour réaliser cette philanthropique pensée, qui lui vint un peu tardivement, il consacra à sa mort, arrivée en 1828, un capital de près de cinq millions à la fondation d'un hospice destiné à recevoir trois cents vieillards, de soixante ans d'âge, ayant exercé quelqu'une des professions qui avaient un rapport plus ou moins direct avec celle qui l'avait enrichi lui même. Cet asile de l'indigence, d'après la volonté expresse de Brézin, est appelé *l'hospice de la Reconnaissance.* Il est établi dans la maison de campagne du fondateur, désignée par le nom de *le Petit-l'Étang*, dans la commune de Garches, arrondissement de Versailles. C'est là, c'est dans une campagne délicieuse, où tous les besoins de la vie sont prévus, que trois cents vieillards finiront doucement leur carrière.

« Honneur, dirons-nous avec M. Ch. Durozoir, honneur à l'homme dont les dernières pensées conçurent et développèrent le plan de ce vaste établissement. Industrie, voilà tes prodiges! Par toi, un simple ouvrier peut aussi, comme Louis XIV, fonder ses *Invalides.* L'administration des hospices, que le testament de Brézin a exclusivement chargée de la désignation de tous les ouvriers appelés à jouir de son bienfait, a, pour accomplir ses volontés dans toute leur étendue, porté ses choix non-seulement sur des serruriers-mécaniciens, mais encore sur des commis de forges, des tourneurs sur fer, cuivre et bois, des foreurs de canons et autres métiers analogues. »

Les travaux de l'agriculture, malgré la permanence de l'état de guerre pendant le règne de Napoléon, ne furent pas aussi négligés qu'on pourrait se l'imaginer. Des agronomes industrieux et zélés s'occupèrent avec sollicitude des moyens d'améliorer la culture des champs et de répandre plus d'aisance parmi les populations rurales. Dans plusieurs provinces de France, notamment la Flandre, l'Artois, la Picardie, la Normandie, l'Ile-de-France, l'Alsace, il se forma des fermes qui devinrent assez rapidement belles et florissantes, grâce au régime intelligent qu'on y avait établi.

On ne pouvait mettre le pied dans ces propriétés sans y reconnaître les effets salutaires de l'ordre. Le plus ordinairement elles offraient d'abord une grande cour carrée, dans laquelle s'élevaient des pyramides de fagots et de hautes meules de paille entourées par des écuries, des étables et des hangars, sous lesquels étaient rangés les chariots, charrues, herses, rouleaux et autres instruments aratoires; non loin de là on apercevait le toit à porcs et le poulailler, à la porte duquel le coq vigilant se tenait comme une senti-

nelle. Au centre de tout cela se montrait, avec une sorte d'orgueil, le corps de logis principal habité par la famille du fermier. Quel aspect différent de celui que présentent

encore beaucoup de métairies du Berri et du Languedoc!
Un carré de terre en friche et sans clôture, une chétive
masure dont le rez-de-chaussée est occupé par les granges
et les étables, tandis que l'unique étage au-dessus est habité pêle-mêle par les individus des deux sexes composant la
famille; puis, autour de cet antre presque inabordable, des
tas d'immondices et de fumier infect, ou des mares d'eau
croupie dans lesquelles des oies ou des canards prennent
leurs ébats en glapissant, pendant que quelques poules af-
famées gloussent en becquetant la terre.

A l'époque où furent proposés les prix décennaux (1810),
une mention honorable fut accordée à un agronome distingué, M. Bonneau, de la Brosse (Indre), pour la ferme
expérimentale qu'il avait établie et dans laquelle il avait
tout créé. Dans cette ferme, qui est sans doute le premier
essai de ferme-modèle, rien n'avait été abandonné à l'a-
veugle routine; la science avait réglé les expériences; on
y employait de nouveaux engrais combinés d'après les connaissances chimiques et l'étude de la végétation. Par une
juste application de la géométrie et des lois du mouvement
à la charrue, on avait obtenu une économie de temps et
une grande perfection dans le labourage des terres. Chaque jour on faisait de nouvelles expériences sur les moyens
d'améliorer les troupeaux et de naturaliser les races étrangères. De nouveaux procédés avaient remplacé ou venaient
modifier les anciens, dans le but d'augmenter tous les
revenus d'une ferme. Dans cette belle exploitation, des

prairies artificielles rapportaient une double récolte, en même temps qu'elles procuraient au sol le repos nécessaire, si l'on veut que plus tard il donne de riches moissons de céréales.

Ce sont les établissements de ce genre qui ont le plus puissamment contribué au perfectionnement des outils et instruments qui servent à la culture des terres, tels que les charrues, les herses, les coupe-racines, les extirpateurs, les rayonneurs, et même la simple charrette, dont

l'office habituel est de transporter les fruits, légumes et autres denrées au marché de la ville voisine. Combien d'autres améliorations n'aurons-nous pas à mentionner encore, lorsqu'il sera temps de parler de la ferme-modèle de Roville!

Durant les guerres de la république et de l'empire, qui avaient privé en quelque sorte la France de toutes les denrées coloniales, l'indigo devint fort rare et d'une cherté excessive. Il fallut y renoncer et revenir à la culture du pastel, plante bisannuelle, à la tige velue et rameuse, qui s'élève à trois pieds de hauteur. Long-temps avant la découverte de l'indigo, le pastel, ainsi que le remarque Chaptal, était cultivé dans toutes les contrées de l'Europe. On en tirait un excellent fourrage pour les bestiaux pendant l'hiver. Mais, c'était moins comme fourrage qu'on le cultivait aussi généralement, que comme élément de la seule couleur bleue solide que l'on connût avant le dix-septième siècle. Deux cent mille balles de coque de pastel étaient exportées chaque année pour la teinture, par le seul port de Bordeaux.

Dès les premiers moments de l'apparition de l'indigo en Europe, on avait prévu tout le tort que cette production des Indes devait faire au pastel, puisque, dégagé de toute matière étrangère au principe colorant, l'indigo présente, sous le même poids, environ cent soixante-quinze fois plus de matière colorante que les coques de pastel. Henri IV, qui prévoyait l'abandon du pastel, l'une des principales branches de l'agriculture française, voulut arrêter le mal dès son début; et, par un édit de 1609, prononça la peine de mort contre ceux qui emploieraient *cette drogue fausse et pernicieuse appelée Inde.* Les gouvernements de Hollande, d'Allemagne et d'Angleterre imitèrent cette sévérité, quoiqu'ils n'y eussent pas le même intérêt que la France, mais la prohibition ne fut maintenue qu'en Angleterre.

Le moment arriva où les prévisions d'Henri IV ne furent que trop complètement justifiées. Nos bâtiments, retenus dans les ports par la crainte d'être la proie des Anglais, maîtres de la mer, ne purent plus aller chercher l'indigo, et nous n'avions plus le pastel pour le remplacer. Dans cet état de détresse et de privation, le gouvernement français fit un appel aux savants pour essayer de tirer de notre sol les ressources que nous avions trouvées jusque-là en Amérique. Bientôt on parvint à fabriquer, avec le pastel, de l'indigo d'une belle qualité. Trois grands établissements furent formés, aux frais de l'État, pour l'exploitation de cette industrie. Ces établissements prospérèrent pendant plusieurs années, mais, par suite des changements politiques opérés en 1815, ils ont été abandonnés.

Un habile teinturier d'Albi, nommé Rouquès, maintint seul un établissement de ce genre qu'il avait formé, et, pendant dix années, n'employa pas, dans sa teinture, d'autre indigo que celui qu'il préparait lui-même avec le pastel.

L'art de l'opticien, cet art dont les premiers essais remontent au treizième siècle, et sont attribués, tantôt à Alexandre de Spina, de Pise, tantôt au célèbre moine Roger Bacon; cet art, si précieux pour la plupart des sciences, et si utile à l'humanité, qui a inspiré de si belles inspirations à Métius, à Galilée, à Corneille Drebbel, à Kepler, à Newton et à d'autres illustres savants, fut cultivé chez nous avec tant de succès, dès les premières années de l'empire, qu'il forma bientôt l'une des branches les plus intéressantes et les plus belles de l'industrie nationale.

Ce n'est pas, comme beaucoup de personnes pourraient le penser, ce n'est pas une profession vulgaire que celle de l'opticien. Elle exige les facultés de l'artiste, et maintes fois la capacité du savant. Il faut autre chose que de la routine et de la pratique pour exécuter avec habileté les instruments dont les physiciens, les astronomes, les ingénieurs, les marins se servent constamment dans leurs opérations. « Il n'y a peut-être pas, dit un savant, de profession qui exige des connaissances plus variées que celle d'opticien ; car, pour l'exercer avec succès, il faut savoir limer, tourner, souder, souffler le verre, au besoin en polir les surfaces, qu'elles soient planes, convexes ou concaves, et donner à ces dernières le degré de courbure qui leur convient. Les opticiens ayant été de tout temps en rapport avec des mathématiciens, des astronomes, des physiciens habiles, leur profession a dû nécessairement se distinguer parmi celles qui ont pour objet le travail des verres, des métaux, etc. ; plusieurs d'entre eux se sont fait, par leurs découvertes, une réputation qui les a placés à côté des savants les plus distingués. »

Nous aimons à signaler, dans la période de l'empire, les brillants débuts de l'un de ces artistes privilégiés, dont le renom s'est naturalisé depuis dans toutes les régions du monde civilisé. Il est, en effet, bien peu de personnes,

même dans les classes tout-à-fait étrangères aux travaux
de la science, qui n'aient entendu parler de l'ingénieur
Chevallier, de son célèbre thermomètre et de ses observations météorologiques si exactes et si intéressantes.

Jean-Gabriel-Augustin Chevallier, né à Mantes (Seine-
et-Oise), en 1778, manifesta de très-bonne heure une
irrésistible vocation pour l'art qu'il a cultivé avec tant
d'honneur. Il en reçut les premières notions, pour ainsi
dire, sur les genoux de son grand-père maternel, François Trochon, ingénieur-opticien fort recommandable, et

lieutenant-conseiller du roi en l'élection de Mantes et de Meulan.

Les progrès du jeune Chevallier furent rapides; mais, animé de la noble ambition de se distinguer dans la carrière qu'il s'était ouverte, il ne négligea rien pour élargir le cercle des connaissances qui pouvaient le plus favoriser le développement de son génie, et lui assigner une place parmi les opticiens du premier ordre. Ainsi donc, il étudia les éléments de la science météorologique sous le savant Savinien Leblond, professeur de mathématiques des enfants de France, qui l'honora de son amitié. Ainsi, plus tard, formé par les leçons du célèbre Assier-Péricat, il acquit une habileté peu commune dans l'art si difficile de fabriquer avec précision les instruments de physique et de mathématiques. C'était en quelque sorte une véritable conquête de l'industrie nationale, car, jusque-là, ce genre de fabrication, d'une importance capitale pour une foule d'opérations scientifiques, avait été presque exclusivement exploité en France par des artistes venus de l'Italie.

Témoin des premiers succès de Chevallier, et digne appréciateur de ses travaux, l'illustre astronome Lalande encouragea ses heureux essais de perfectionnement, et dès ce moment ce fut à lui seul qu'il voulut confier le soin de fabriquer les instruments à son usage. Notre jeune artiste obtint aussi les encouragements du savant Alexis-Marie de Rochon, membre de l'Institut, directeur de l'observatoire de Brest et inventeur du micromètre de cristal de roche ; et, plus tard, l'estime et la confiance de Fourcroy, de Chaptal, de Baumé, de l'immortel Cuvier et des savants chirurgiens Boyer, Pelletan et Tenon.

Dès 1796, M. Chevallier, à peine âgé de dix-huit ans, succédait à son grand-père dans son établissement situé dans la tour de l'horloge du Palais-de-Justice.

L'habile opticien ne tarda pas à appeler la renommée sur cet établissement, qu'on peut appeler séculaire (puisqu'il a été fondé par sa famille en 1740), et certainement le plus ancien de ce genre qui existe aujourd'hui, non-seulement en France, mais encore dans toute l'Europe.

C'est dans cette tour gothique, noir débris de l'ancien Paris, que, depuis plus de quarante années, M. Chevallier se livre avec zèle à toutes les opérations de son art. C'est là que sont ses magasins, ses ateliers, ses laboratoires; c'est là aussi qu'on voit son thermomètre, si souvent consulté, qui indique à tous venants le degré exact de la température.

Depuis le jour de son installation dans ce vénérable monument des siècles féodaux, les travaux de M. Chevallier offrent une suite non interrompue d'inventions remarquables et d'ingénieux perfectionnements. En 1801, c'est le baromètre mécanique, mentionné honorablement par le Lycée des Arts; en 1806, ce sont des instruments d'aréométrie, qu'il confectionna de concert avec le chimiste Cadet-Devaux. Vers le même temps, il faisait connaître ses lunettes à double foyer, dites *jumelles*, qui sont aujourd'hui à l'usage de tout le beau monde. Plus tard, en 1821, il publiait les lunettes isoscentriques, dont l'éminente supériorité fut constatée par le baron de Wenzel, habile oculiste, et qui méritèrent les éloges de la Société royale académique des sciences.

En 1822, voici les lunettes de spectacle acliniques; en 1823, le polymètre chimique et l'alambic pour l'essai des vins, en société avec Descroizilles, de l'Académie de Rouen; en 1825, les verres doubles azurés isochrones;

en 1829, le microscope Selligue, approuvé par l'Académie des sciences; en 1835, les jumelles centrées, d'une commodité si incontestable pour regarder des deux yeux en même temps les objets éloignés. On sait que le mécanisme des jumelles centrées permet d'ajuster les deux corps des lunettes à l'écartement convenable à la configuration particulière de l'œil.

En 1839, M. Chevallier obtenait à l'Athénée des Arts le maximum des récompenses pour le nouveau microscope pancratique, qu'il a exécuté d'après les dessins du professeur Alexandre Fischer, de Moscou. Cet instrument, d'un très-petit volume, a l'avantage inappréciable de redresser les objets et d'être à grossissement variable, sans qu'on soit obligé de changer les lentilles, comme avec les autres microscopes.

Enfin, en ce moment même (1840), il vient de publier, de concert avec M. Quevenne, pharmacien en chef de l'hospice de la Charité, le *Lacto-densimètre-Quevenne*, instrument qui a pour objet de faire apprécier la qualité du lait, et d'y signaler toute falsification.

Parmi les inventions que je viens d'indiquer, il en est une qui est particulièrement digne de la reconnaissance de toutes les personnes opérées de la cataracte ou affectées de myopie; je veux parler des lunettes bleues isochrones, qui offrent sans contredit le moyen le plus efficace de remédier aux inconvénients d'une mauvaise vue, sans la fatiguer ni l'affaiblir.

Là ne se bornent point encore les services rendus par M. Chevallier à la science et à la société. Avant lui, les observations météorologiques étaient fort négligées. Il est le premier qui en ait fait l'objet de constantes études. Il les suit et les publie chaque jour, depuis quarante ans, pour le climat de Paris. C'est à son exemple qu'on fait aujourd'hui de semblables annotations sur tous les points de la France.

Je n'omettrai point de mentionner l'échelle optique inventée par M. Chevallier en 1811. A l'aide de cet instrument des plus ingénieux, et dont les médecins oculistes les plus habiles ont préconisé l'intéressante découverte, on peut établir avec précision la différence des deux ministres de l'organe de la vue, et ramener la même vision dans deux yeux inégaux, au moyen de verres de foyers différents.

Quant aux nombreux instruments d'optique et de physique, que M. Chevallier livre habituellement au commerce, tout le monde connaît l'excellence de leur qualité comme de leur exécution ; en 1823, le savant Arago les a couronnés de ses éloges publics, et M. le baron Ch. Dupin, juge si compétent et si difficile, leur a rendu complète justice dans le rapport du jury central sur l'exposition de 1834.

Non content de pratiquer son art avec un talent remarquable, l'ingénieur Chevallier a voulu encore en consigner les règles dans différents ouvrages théoriques, fruits de sa longue et intelligente expérience. Tels sont : 1° une *Instruc-*

tion sur les cadrans solaires, horizontaux et universels ; 1805, in-8° ; 2° le *Conservateur de la vue*, savant et utile ouvrage, qui compte quatre éditions : il était dédié au roi de Westphalie, qui témoigna sa gratitude à l'auteur, son ingénieur-opticien, en lui envoyant une bague de très-grand prix, enrichie de diamants ; 3° *De l'usage des lunettes ;* 1814, in-8° ; 4° *Essai sur l'art de l'ingénieur en instruments de physique expérimentale en verre ;* 1819, in-8° : cet ouvrage, enrichi de quinze planches, traite de tout ce qui a rapport à la construction et à la perfection des divers instruments de physique en verre ; il offre en outre

une théorie neuve et complète de l'aréométrie et de ses différentes applications aux sciences et aux arts chimiques ; 5° *Instruction sur les paratonnerres ;* 1825, in-8° ; 6° enfin,

un grand nombre de mémoires et lettres scientifiques,
insérés dans les journaux à diverses époques.

Avec de pareils titres, il n'est point étonnant que M. Chevallier ait obtenu les honneurs les plus distingués auxquels
puisse prétendre un artiste. Plusieurs sociétés académiques,
notamment l'Athénée des Arts, la société des sciences
physiques de France, la société impériale des naturalistes
de Moscou, la société impériale agronomique de la même
ville, l'Académie royale des sciences de Metz, celle d'A-
miens, etc., etc., sont fières de le compter parmi leurs
membres ou correspondants. Des décorations d'ordres français et étrangers lui ont été décernées en divers temps,
ainsi que des médailles dans trois expositions consécutives.
Sous l'empire, l'ingénieur Chevallier fut plusieurs fois
honoré des éloges de Napoléon, pour la perfection de ses
instruments de physique. Il était à cette époque le fournisseur ordinaire du mobilier de la couronne impériale; ce
fut en cette qualité qu'il expédia un grand nombre d'instruments pour le palais de Rome. Sous la restauration, son
mérite le fit nommer opticien du roi et des princes, et
ingénieur des pages de la chambre; le roi Louis XVIII,
qui faisait grand cas de son talent, le reçut plusieurs
fois en audience particulière. Enfin, il est encore aujourd'hui opticien du roi, et continue à s'occuper toujours activement des travaux et des études qui ont fait sa
gloire.

Nous ajouterons quelques mots sur l'honorable caractère

de l'ingénieur Chevallier. Doué d'un cœur noblement désintéressé, il se plaît à encourager, à récompenser le zèle
et le talent parmi les artistes qui le secondent dans ses
travaux; bien différent en cela de ces industriels égoïstes
qui ne tiennent compte que de leurs bénéfices, et ne savent
s'enrichir qu'en rapinant sans cesse et sans remords sur
le modique salaire des journaliers qu'ils occupent. M. Chevallier est, à l'égal de Sébastien-Érard, le type des bons
maîtres; ses rapports de tous les instants avec ceux qui
l'entourent sont pleins d'affabilité, d'une douce et con-
ciliante bonhomie. Aussi, quelle émulation parmi tous
ses travailleurs! comme chacun s'efforce d'atteindre à la
perfection qu'il désire dans l'exécution de tous ses ouvrages! Il ne faut que mettre le pied dans ses ateliers et
dans ses magasins pour voir combien il est aimé et res-
pecté de ses ouvriers et de toutes les personnes qu'il emploie. On dirait une grande, intelligente et laborieuse
famille, toujours heureuse d'exécuter ponctuellement les
ordres de son chef, toujours heureuse de lui prouver son
zèle et son affection.

Parmi les notabilités industrielles qui contribuèrent le
plus à la prospérité du commerce français sous l'empire,
il est un homme qui, par la hardiesse de ses entreprises
et l'importance de leurs résultats, est digne de fixer notre
attention, au même titre que les Oberkampf et les Ternaux. Cet homme est le célèbre Richard-Lenoir, dont le
nom sera long-temps cité avec une respectueuse reconnais-

sance dans un grand nombre d'ateliers du faubourg Saint-
Antoine.

François-Richard, dit Richard-Lenoir, né le 16 avril
1765, au Trélat, petit village du Calvados, sortait d'une
famille de pauvres fermiers. Doué d'une imagination active
et inventive, il manifesta, dès ses plus tendres années,
un penchant décidé pour les spéculations. A peine âgé de
douze ans, il élevait des pigeons qu'il vendait ensuite.
Mais le seigneur du lieu mit fin à la prospérité de son

colombier, en le forçant d'interrompre son commerce.
Richard vendit tous ses pigeons, et cette vente lui ayant
procuré une somme de quarante-deux francs, il profita
de cette bonne aubaine pour s'acheter des *souliers ferrés;*
jusque-là, il n'avait porté que des sabots comme tous ses
camarades.

Au commerce des pigeons, succéda celui des chiens de
belle race, et les bénéfices de Richard le mirent en position
d'avoir une garde-robe très-bien montée, de sorte qu'il
était un des plus richement habillés de son école. Puis,
comme il avait appris rapidement à lire et à écrire, il fut
chargé, pendant quelque temps, de tenir le registre du marché de bestiaux, qui était ouvert, tous les mercredis, à Vil-
liers-le-Boccage.

Mais, tourmenté sans doute par le génie des affaires et
par le désir de faire fortune, voilà qu'il quitte la maison
paternelle à l'âge de dix-sept ans, riche en linge et en
nippes, mais n'ayant que douze francs dans sa bourse. Il
s'arrête d'abord à Rouen, et se place chez un marchand
de rouennerie; mais au lieu d'être employé comme commis, ce qui lui aurait procuré l'avantage d'apprendre le
commerce, le jeune Richard a la douleur de se voir assu-
jetti aux fonctions de la domesticité. A la fin, révolté de
tant d'exigence, il sort de cette maison et se fait garçon
limonadier dans le but d'amasser une somme suffisante
pour venir à Paris.

Un an après, nous le voyons dans cette capitale, luttant contre les mécomptes qui attendent presque toujours un débutant. Il sert, pendant une année, comme garçon dans un café de la rue Saint-Denis; il amasse dans cette maison un capital de mille francs, et forme le projet d'entreprendre un petit négoce. Puis, louant une chambre au cinquième étage, rue Saint-Honoré, dans le voisinage des piliers des Halles, il achète avec son petit pécule quelques pièces de basins anglais, alors nouvellement connus en France, et va les colporter dans les grandes maisons; six mois n'étaient pas écoulés, que Richard avait gagné six mille livres; et, après une année de travail, inventaire fait de son petit commerce, il se trouvait possesseur de vingt-cinq mille livres.

La révolution survint, et, à part quelques incidents sans importance, elle n'arrêta point le jeune Richard dans ses opérations. Il continua à placer ses marchandises, loua un vaste magasin rue Française, et fit de si heureuses spéculations, qu'il ne tarda pas à devenir acquéreur du beau domaine de Fayt, près de Nemours. Dès les premiers symptômes de la terreur, il eut le bon esprit de suspendre son commerce, qui ne lui offrait plus d'espoir de sécurité. Il régla donc ses comptes avec un associé qu'il avait pris, et partit pour aller revoir sa famille, qui habitait alors le village d'Épinay.

L'arrivée de Richard fut une sorte de providence. A peine avait-il franchi le seuil de la maison de son père, que des huissiers se présentèrent pour une saisie.

Le vieux Richard s'était porté caution d'un receveur des
tailles, qui s'était enfui avec la caisse. Le fils paya tout
sur-le-champ, et fit voir que les douze francs qu'il avait
emportés dix ans auparavant avaient fructifié entre ses
mains.

Après avoir consacré deux mois à ses parents, Richard
vint reprendre son commerce à Paris, et s'occupa con-
curremment de celui de lapidaire, qui lui rapporta de
grands bénéfices. Bientôt le hasard le mit en relation avec
un jeune négociant nommé Lenoir-Dufresne; ils étaient en
concurrence pour l'achat d'une pièce de draps anglais. Ils
furent si satisfaits l'un de l'autre, que l'acquisition se fit
en commun, et qu'ils formèrent bientôt après une association qui ne put être dissoute qu'à la mort de Lenoir-
Dufresne. Le magasin des deux nouveaux associés attira
tellement la foule des acheteurs, qu'au bout de six mois
leurs ventes montaient à quinze cents francs par jour,
et l'année n'était pas encore révolue, que leur recette quo-
tidienne s'élevait à quatre mille francs. Enfin, quand ils
firent leur inventaire, quatorze mois après leur établissement, ils trouvèrent que les six mille francs qu'ils avaient
mis en caisse leur avaient produit un bénéfice net de cent
douze mille francs. C'était principalement sur les marchandises anglaises qu'ils avaient obtenu ce brillant résultat.

« Le moment était arrivé, dit un biographe bien informé,
où Richard allait devenir le fabricant de ces mêmes tissus
cotonniers qui avaient fait l'objet capital de ses spécula-

tions. Plus ces tissus occupaient l'activité de son esprit
comme marchand, et plus il devait chercher avec ardeur
le secret de leur fabrication. Le hasard le lui révéla. Pendant une absence de Lenoir, il s'amusa à défiler quelques
étoffes anglaises, il en pesa les fils, et reconnut avec surprise qu'une pièce de huit aunes, et du prix de quatre-
vingts francs, ne pesait que huit livres, et ne coûtait que
douze francs de matière première; par conséquent, soixante-
huit francs restaient pour la main-d'œuvre. Ce fut un trait
de lumière. Mais, comment se procurer facilement la matière
première? car l'Angleterre avait l'entrepôt général du
coton; elle le récoltait, le filait, le manufacturait. La difficulté était sérieuse, l'esprit commercial devait la sur-
monter. »

Dès-lors, Richard a conçu la pensée toute patriotique
d'affranchir la France de l'espèce d'impôt que l'Angleterre
levait sur elle. Électrisé par cette noble pensée, il triomphe
des objections de son associé, qui lui donne carte blanche,
et tout aussitôt il se met à l'œuvre.

Ses deux premiers métiers furent établis dans une guin-
guette de la rue de Bellefond; des basins anglais furent les
premières pièces qu'on y fabriqua. Ce fut Lenoir qui trouva
le secret du gaufrage. Il fallait une filature pour soutenir
et accroître la prospérité de la nouvelle industrie. Richard
se fit construire, à prix d'or, vingt-deux *mull-jenny*, avec
les cardes à tirages et lanternes, et les fit monter dans un
vaste et bel hôtel de la rue de Thorigny, au Marais. Les

produits des fabriques de Richard se vendaient rapidement, parce qu'on les croyait de véritables marchandises anglaises. Forcé d'augmenter chaque jour le nombre de ses travailleurs, manquant d'ateliers pour utiliser leurs bras, et sûr d'ailleurs de la bienveillance du premier consul Bonaparte, Richard vint s'emparer un jour, presque militairement, des bâtiments abandonnés de l'ancien couvent de Bon-Secours, situé rue de Charonne, et remplit de ses ouvriers et de ses métiers les salles de cette maison, qu'il avait fait réparer comme par enchantement. Le premier consul, instruit de l'invasion de Richard, voulut voir son nouvel établissement, admira l'activité qui y régnait de toutes parts, assista à toutes les opérations du blanchissage des cotons, et témoigna sa vive satisfaction aux deux associés, en leur accordant l'ancien couvent de Trénelle, situé en face de celui de Bon-Secours.

Alors, la manufacture créée par Richard prit cet immense développement qui la distingua entre toutes les autres; alors se réalisèrent ces prodigieux bénéfices qui s'élevaient chaque mois à la somme de quarante mille francs.

Cependant, aiguillonnés par de si merveilleux succès, Richard et Lenoir redoublent d'activité pour étendre encore leurs travaux. Bientôt trois cents métiers sont montés dans différents villages de la Picardie, quarante à Alençon, cent *mull-jenny* et plus de deux cents métiers de tisserands dans l'abbaye de Saint-Martin, près de Luzarches. Puis, un atelier est établi dans l'abbaye des Bénédictines d'Alençon, et cet atelier est destiné aux filles publiques détenues à la prison de la ville. Un autre établissement prend naissance dans l'abbaye d'Aulnay, et ne tarde pas à occuper plus de six cents ouvriers.

Après la mort de son associé Lenoir (1806), qui fut un grand deuil pour les populations pauvres du faubourg Saint-Antoine, Richard, qu'on n'appela plus que Richard-Lenoir, poursuivit sa grande œuvre avec le même zèle, fonda des filatures à Caen et à l'Aigle, établit une fabrique d'impressions à Chantilly, entreprit la culture du coton. On a calculé que ses bénéfices donnaient, à cette époque, au moins douze cent mille francs par an. Richard-Lenoir était parvenu à l'apogée de sa prospérité. En 1810, le nouveau droit dont fut frappée l'introduction du coton porta le premier coup à ses établissements. La réunion de la Hollande à la France vint compliquer ses embarras financiers. Vainement Napoléon lui fit-il avancer par le trésor une somme de quinze cent mille francs; vainement Richard-Lenoir métamorphosa-t-il ses filatures de coton en filatures de laine. Les désastres de 1813, et surtout l'ordonnance du 25 avril 1814, qui supprimait entièrement et sans indemnité les droits sur les cotons, frappèrent à mort l'industrie de Richard-Lenoir. Ce généreux manufacturier, qui avait occupé vingt mille ouvriers dans des temps malheureux, fut complétement ruiné.

Richard-Lenoir avait reçu la décoration de la Légion-d'Honneur de la main même de l'empereur. Il était membre

du conseil des fabriques et manufactures, et faisait partie
d'un comité des fabricants et filateurs de Paris. Nommé
colonel de la huitième légion de la garde nationale le 8
janvier 1814, il s'était distingué à la défense de la capitale,
autant par sa courageuse conduite que par la généreuse
humanité avec laquelle il sut pourvoir au soulagement des
blessés.

C'est l'année dernière, le 19 octobre 1840, que cet honorable citoyen, d'un génie si industrieux et si actif, a cessé
d'exister, à l'âge de soixante-dix-huit ans.

« Ses obsèques, dit un de ses biographes, furent célébrées le 20 octobre, avec une pompe toute populaire.
Le convoi, parti de la maison mortuaire, faubourg Montmartre, était formé d'un innombrable concours d'ouvriers
qui grossissait à chaque pas. Arrivé à la fabrique de Bon-
Secours, le cortége s'arrêta, selon l'expresse volonté du
défunt, qui avait voulu se trouver une dernière fois parmi
les travailleurs dont il avait été le père et l'appui. Au
centre de ce magnifique établissement, les ouvriers avaient
élevé un monument d'une simplicité pleine de grandeur.
Au-dessus du buste de Richard-Lenoir, on voyait une
statue de Napoléon; sur la face antérieure du piédestal,
étaient inscrits ces mots : *L'empereur prête quinze cent
mille francs à Richard-Lenoir.* Sur la face postérieure :
*Richard-Lenoir marche à la défense de Paris, à la tête de
vingt mille ouvriers fédérés.* »

Avant de clore la période de l'empire, et d'assister, pour

ainsi dire, aux funérailles de cette grande époque, je crois devoir conduire un moment nos lecteurs dans ces formidables galeries mortuaires qu'on nomme Catacombes, immense ossuaire souterrain dans lequel reposent trente ou quarante générations.

Les grands travaux auxquels donna lieu l'établissement des Catacombes, travaux qui ne furent achevés que dans les années 1810 et 1811, avaient eu un commencement d'exécution en 1786, 1787 et 1788. C'était le lieutenant-général de police Lenoir qui avait suggéré l'idée de transporter, dans les anciennes carrières de Paris, tous les ossements humains qui encombraient les cimetières de cette capitale, et en particulier celui de l'église des Innocents, qui n'avait cessé de recevoir depuis sept siècles les morts de toutes les paroisses environnantes. Cette sage mesure était de la plus haute importance, sous le rapport de la salubrité publique ; mais les graves événements de la révolution n'avaient pas permis qu'on y donnât suite ; ce ne fut donc que sur la fin du règne de Napoléon qu'on put achever ce monument sépulcral, le seul de ce genre qui existe aujourd'hui en France.

Les Catacombes sont situées entre la barrière d'Enfer et la barrière Saint-Jacques, sous une plaine appelée la Tombe-Isoire ou Isoard. On y descend par trois grands escaliers, dont le principal communique au boulevard extérieur, à l'endroit dit la *Fosse-aux-Lions ;* le second est au-dessous des moulins du Montsouris, et le troisième, qui est le plus fréquenté, se trouve à la barrière d'Enfer. Ce n'est qu'après s'être pourvu de guides et de flambeaux qu'on peut, sans danger, pénétrer dans cette nécropole souterraine. On y descend par un escalier étroit, qui ne livre passage qu'à une seule personne à la fois, et qui vous mène à une profondeur de trente mètres. C'est là que commence le domaine des morts. Là, des ossements humains s'élèvent du sol jusqu'aux voûtes, et forment des pyramides, des obélisques, des colonnes. Trois cordons de têtes figurent en quelque sorte la corniche de ces singularités architecturales. Des inscriptions apprennent à quel cimetière, à quelle église ont appartenu ces divers faisceaux de squelettes. Les restes des victimes de la révolution y occupent une place distincte.

On voit aussi dans les Catacombes une collection des

variétés minéralogiques que le terrain fournit. Une autre
collection très-curieuse, et qui peut fournir d'utiles notions
à l'art de guérir, se compose d'ossements de toutes sortes
qu'un mal grave avait attaqués., et sur lesquels il n'a cessé
d'agir progressivement jusqu'à la mort de l'individu. Ces
os sont placés par ordre, suivant le degré de la maladie;
on voit tout auprès un assemblage de crânes humains,
que leur dimension, leur forme ou toute autre cause analogue, rendent un objet de curiosité, ou mieux encore un
sujet d'étude pour la science.

La circonstance la plus remarquable, peut-être, qu'on
puisse signaler dans les Catacombes, c'est la libre ventilation qui s'y opère sans interruption. Le mode employé à
cet effet est d'une extrême simplicité, et pourtant fort
ingénieux.

« Le renouvellement de l'air, dit M. Nestor L'Hôte (1),
s'opère dans les Catacombes par un système de ventilation
ingénieux, agissant partout et selon les besoins du lieu.
A cet effet, on a construit, autour des puits qui traversent
les Catacombes et donnent de l'eau aux maisons bâties au-
dessus, une muraille en maçonnerie, dans laquelle on a
percé des trous nombreux, fermés au moyen de bouchons,
qu'on enlève dès que le besoin d'air se fait sentir quelque
part. Les préposés aux Catacombes, en se réglant sur la
hauteur du soleil, la direction et la force du vent savent

(1) *Dictionnaire de la Conversation*, article CATACOMBES.

choisir et déterminer, avec une précision admirable, l'instant le plus opportun pour introduire à la fois dans les Catacombes la plus grande quantité d'air possible. »

Enfin, la destination actuelle des Catacombes, leur aspect lugubre et les pensées graves qu'inspire naturellement le spectacle de ces galeries mortuaires, ont donné l'idée de placer en divers endroits des inscriptions, tirées des principaux écrivains, poètes et philosophes anciens et modernes, et tout-à-fait en harmonie avec le sujet. On tient aussi un registre des pensées des visiteurs qui ont voulu faire part aux autres curieux des impressions diverses qu'ils ont éprouvées en parcourant ce sombre empire des morts.

J'aurais pu comprendre encore dans le cycle impérial plusieurs notables industriels, quelques artistes dont les travaux soutinrent et accrurent à cette époque la gloire de nos arts mécaniques. J'aurais pu mentionner les Kœchlin pour les impressions sur tissus de coton, les Chenavard et les Sallandrouze pour les tapis et tapisseries, les Jacob-Desmalter pour l'ébénisterie et la menuiserie, les Bordier-Marcet pour les nouveaux perfectionnements introduits dans les procédés d'éclairage, ainsi que plusieurs autres chefs d'établissements et de fabriques qui eurent du renom sous l'empire. Mais toutes ces illustrations, qui ont encore grandi pour la plupart, trouveront place tout à l'heure dans l'historique que nous allons tracer de la marche toujours progressive de notre industrie, depuis 1814 et 1815 jusqu'à nos jours.

On ne s'en souvient que trop bien, les calamités qui accompagnèrent les dernières années du règne de Napoléon avaient arrêté tous les bras dans les manufactures et dans les ateliers : plus d'affaires, plus de travaux; le commerce était aux abois. Toute l'activité nationale semblait s'être concentrée dans les arsenaux et dans les fabriques d'armes. Nos revers en Espagne, la désastreuse campagne de Russie, les déloyales défections de nos alliés, l'envahissement de la France par les innombrables hordes du nord, avaient porté successivement des coups funestes à toutes les branches de notre industrie. Après une lutte vraiment merveilleuse, dans laquelle il a déployé toutes les ressources de la science militaire, dans laquelle il écrase vingt fois l'ennemi, Napoléon, quoique affaibli par ses victoires mêmes, est encore en état de soutenir le choc de toute l'Europe, à la tête de ses braves et fidèles soldats. Mais ce que n'a pu faire la force, la trahison de la diplomatie le consomme dans l'ombre. On ouvre à l'ennemi les portes de Paris, et l'empereur, pour prouver son dévouement à la France, renonce pour lui et ses héritiers à ce trône qu'il avait entouré de tant de splendeur. Lui qui avait relevé ce trône; lui qui avait rétabli la paix au milieu de nous en brisant les partis; lui qui avait ramassé la couronne dans la boue, comme on l'a dit énergiquement, il fut mis pour ainsi dire en surveillance dans une petite île de la Méditerranée, par les rois et les empereurs qu'il avait traités si généreusement ; on lui jeta à la face le nom d'usurpateur!

On connaît son prodigieux retour de l'île d'Elbe ; on sait quel enthousiasme excita son passage rapide au milieu des populations; on a raconté mille fois, et l'on racontera long-temps encore les grandes choses de ce nouveau règne dit des Cent-Jours.

L'aigle des batailles fond de nouveau sur les armées ennemies, et pendant deux journées entières les étonne et les fait tomber sous ses foudres victorieux. Mais l'heure marquée par le destin vient de sonner. Le grand homme va succomber de nouveau. Une terreur panique s'empare de nos jeunes soldats ; tout fuit en désordre, comme aux fatales journées de Crécy, d'Azincourt et de Poitiers; les Anglais et les Prussiens sont eux-mêmes surpris de leur triomphe, et cette première infidélité de la victoire décide pour jamais du sort de Napoléon.

L'empereur voulait d'abord ne pas survivre à cette grande catastrophe; il se jeta, l'épée à la main, dans un carré; mais les balles semblaient le respecter. Ses généraux et ses officiers d'état-major l'entraînèrent au galop, malgré lui, loin du champ de bataille.

Dans cette mémorable catastrophe de Waterloo, la vieille garde impériale soutint, par son dévouement héroïque, l'ancienne gloire de nos armes. C'était au moment le plus désespéré de la bataille. « Cambronne, dit M. Alexandre Dumas, se jette alors, avec le deuxième bataillon du premier régiment de chasseurs, entre la cavalerie anglaise et les fuyards, se forme en carré, et soutient la retraite des

autres bataillons de la garde. Ce bataillon attire à lui tout
le choc; il est entouré, pressé, attaqué de tous les côtés;
c'est alors que, sommé de se rendre, Cambronne répond,

non pas cette phrase fleurie qu'on lui a prêtée, mais
un seul mot, un mot de corps de garde, il est vrai, mais
auquel son énergie n'ôte rien de sa simplicité, et presque
aussitôt tombe renversé par un éclat d'obus qui le frappe
à la tête (1). »

Le désastre de Waterloo avait rouvert aux puissances
alliées le chemin de Paris; la déchéance de Napoléon fut

(1) *Napoléon*, par Alexandre Dumas.

de nouveau prononcée, et les Bourbons vinrent se rasseoir
sur le trône de leurs pères.

Mais une des premières mesures du gouvernement royal
fut de préparer le licenciement de l'ancienne armée, sur
l'affection de laquelle il ne pouvait compter. On vit alors
tous ces guerriers, jeunes et vieux, reprendre tristement
le chemin de leurs villages. De grosses larmes coulaient sur
les joues balafrées de ces braves militaires, au moment de
se séparer de leur drapeau. Ce n'était pas sans une sorte

BÉTHUNE

de rage qu'ils pensaient au destin que les rois avaient

réservé à leur grand empereur. Leur avenir brisé, leurs rêves de gloire évanouis, il ne leur restait plus qu'à retourner, au moins la plupart, à la charrue paternelle. Aussi, vit-on sortir des rangs de ceux qu'on surnommait alors les *brigands de la Loire*, un grand nombre de soldats laboureurs.

Le 16 octobre 1815, Napoléon, déporté en vertu des ordres des souverains de la sainte-alliance, débarquait à l'île de Sainte-Hélène, où il devait avoir pour geôliers ses plus implacables ennemis, les Anglais.

En enchaînant le héros sur ce roc, au milieu des mers, le perfide cabinet britannique savait bien qu'il prononçait son arrêt de mort. C'était un supplice lent qu'il voulait lui faire subir. Ses cruelles intentions ne furent pas trompées. Le 5 mai 1821, tout était consommé!

Napoléon, avant d'expirer, avait fait écrire dans son testament ces paroles si touchantes dans sa situation d'exilé mourant :

« Je désire que mes cendres reposent sur les bords de la Seine, au milieu du peuple français que j'ai tant aimé. »

Au moment où j'écris ces lignes, ce vœu, qui date déjà de vingt ans, est sur le point d'être réalisé. Mu sans doute par quelqu'une de ces arrière-pensées machiavéliques qui lui sont toujours si familières, surtout à l'égard de la France, le gouvernement anglais s'est décidé enfin à rendre la liberté aux illustres cendres de sa glorieuse victime. Dans peu de jours, le peuple de Paris pourra saluer et honorer de ses funèbres hommages les restes mortels de l'homme prodigieux qui vainquit tous les souverains de l'Europe. Et, chose non moins prodigieuse! ces restes de Napoléon seront ramenés en triomphe par un prince de la famille royale des Bourbons!

BETHUNE

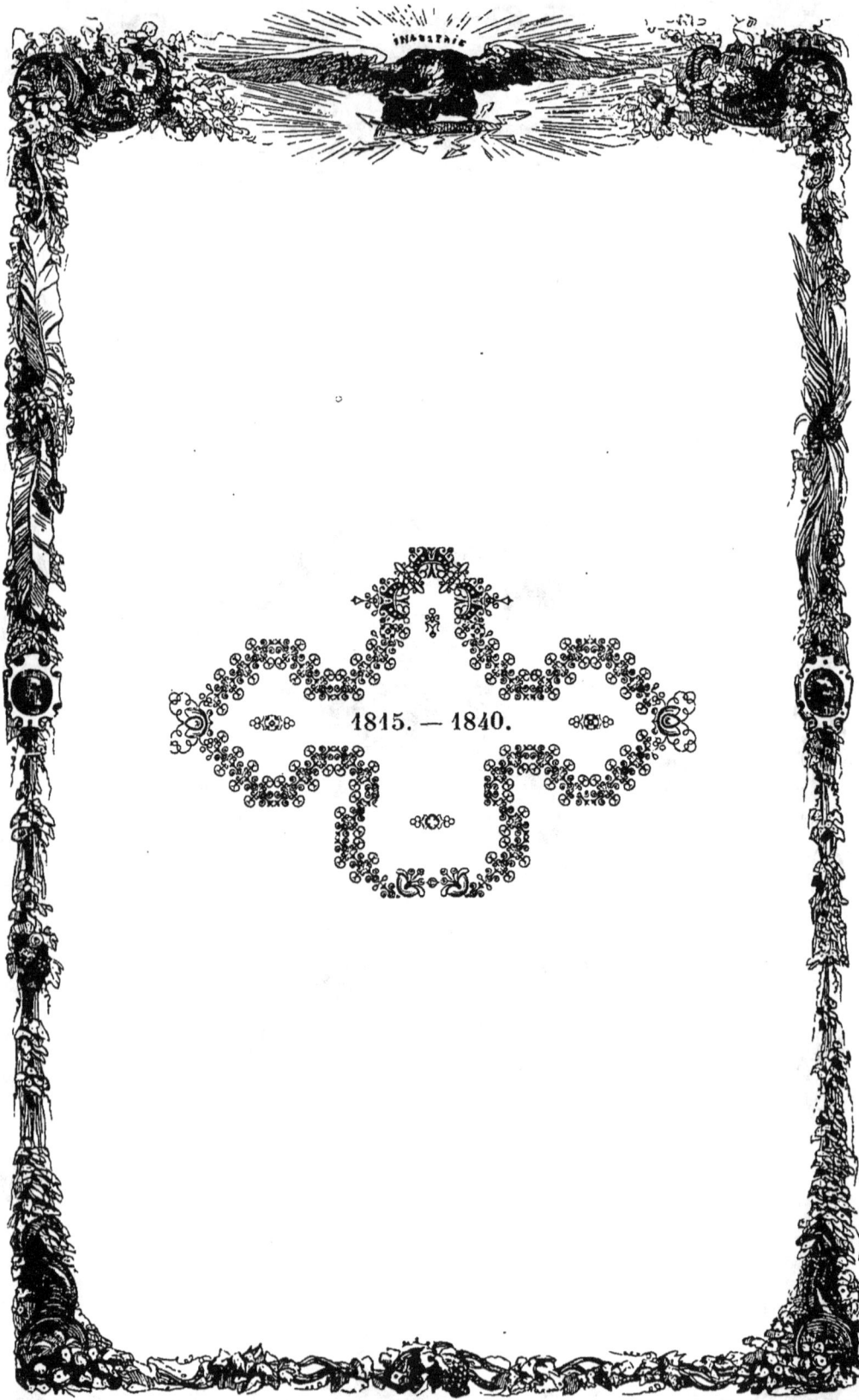

1845. — 1840.

Le rétablissement des Bourbons sur le trône de France vint commencer pour l'industrie nationale une nouvelle ère de prospérité. La paix, une paix universellement désirée après des guerres si longues et si calamiteuses, une paix dont la durée nous était garantie par l'unanimité des puissances européennes, ne tarda pas à faire rouvrir tous les ateliers, à en faire naître de nouveaux, à exciter une noble émulation parmi les fabricants et industriels de tout genre. Tout concourut à favoriser ce merveilleux essor, les circonstances aussi bien que le gouvernement ; les circonstances, par les innombrables débouchés qu'elles ouvraient de toutes parts ; le gouvernement, par de sages mesures appropriées aux nécessités du moment, et par des récompenses qui faisaient honneur à sa munificence.

Cette renaissance industrielle, opérée sous la restauration, est un point incontestable. Ce prodige contemporain est d'une complète évidence, même pour les hommes de parti, qui, par opinion, seraient le plus disposés à le nier.

Le savant professeur d'économie politique, M. Blanqui aîné, nous semble avoir très-bien apprécié le mouvement industriel qui part de cette époque. « Comparez, a-t-il dit, ce qu'est la France aujourd'hui à ce qu'elle était il y a vingt ans, affaissée sous le poids de sa gloire et de ses malheurs; on dirait un pays renouvelé de fond en comble. Il a suffi à la main des hommes de gratter la surface de ce sol pour en extraire des richesses supérieures à celles des plus beaux jours des anciens temps. Une population manufacturière s'est élevée comme par enchantement; les vieilles abbayes, les donjons féodaux se sont transformés en ateliers; des armées de forgerons, de tisserands, de filateurs tendent à remplacer les bandes militaires, stériles et dévorantes; le commerce et l'industrie ouvrent à nos enfants des carrières sans fin, sous les auspices de la paix. L'esprit d'ordre et d'accumulation se répand et s'infiltre dans la société; les caisses d'épargne, les sociétés d'assurances ne laissent plus de chances de misère qu'à l'imprévoyance ou à la débauche. La moindre parcelle de richesse créée peut être à l'instant même capitalisée et rendue productive. La mer elle-même n'a plus de naufrages irréparables; il y a des précautions sûres contre les conséquences de la mort. Les distances disparaissent chaque jour devant les bateaux à vapeur, les chemins de fer et les besoins réciproques des

peuples. La Méditerranée redevient un lac. C'est l'industrie
et le commerce qui ont créé ces merveilles, et si la France
n'y a pas encore pris toute la part qu'elle avait droit d'y
prétendre, la sienne est assez belle pour que ses enfants
en soient fiers. »

Cet état de choses, on ne peut se le dissimuler, fut dû
en grande partie à l'introduction en France du régime
représentatif. La Charte constitutionnelle, qui fut solen-
nellement octroyée au peuple français par le roi Louis XVIII,
cette Charte, qui devait être le *palladium* des libertés publi-

ques, qui proclamait l'égalité de tous les citoyens devant
la loi, sembla rajeunir le vieux sang de la nation et lui
donner une activité toute nouvelle. Cette activité se porta
naturellement vers l'industrie.

On s'occupa surtout des articles de luxe. La fabrication
des papiers peints commença à s'acheminer vers ce haut

degré de perfection qui distingue aujourd'hui les produits de nos manufactures de Paris et du Haut-Rhin. La librairie, les instruments de précision, la bijouterie, les bronzes, l'ébénisterie, les porcelaines, le plaqué, les velours, les satins, les broderies, les blondes et dentelles, les toiles peintes, les draps, les armes de luxe, la tabletterie, les objets d'art de notre pays, et notamment tous les produits dont se compose l'industrie secondaire, et qui sont connus sous le nom d'*articles de Paris*, prirent tout-à-coup une extension extraordinaire, et furent plus que jamais recherchés par les consommateurs étrangers. On inventa des mécanismes ingénieux pour rendre plus commode et plus prompt l'emploi des armes à feu, ce qui donna une impulsion plus étendue à ce genre de fabrication. Les bronzes de France, quoique souvent susceptibles d'être critiqués sous le rapport du goût, acquirent une finesse et une pureté d'exécution qui continuèrent à lui assurer la préférence sur les produits similaires des autres nations. Enfin, le moment n'était pas éloigné où les perfectionnements apportés à l'art lithographique feraient de cette branche de dessin une véritable industrie.

Malheureusement, comme le remarque un de nos plus habiles économistes, nous autres Français, nous recherchons trop l'élégance en toute chose, et nous négligeons trop le culte de l'utile, qui est celui du grand nombre et la source des grands profits chez les nations. La France, ajoute le même auteur, s'occupe trop exclusivement des ar ticles de luxe, les premiers dont on se passe au moindre changement qui trouble l'horizon politique.

Mais, dans les dix premières années de la Restauration, la tranquillité à l'intérieur et à l'extérieur était trop bien assurée pour donner lieu à de graves inquiétudes. Au dedans, plusieurs conspirations furent déjouées sans que l'État eût été sérieusement en péril. Au dehors, la guerre d'Espagne et notre expédition en Morée ne pouvaient avoir ni le caractère, ni les résultats des grandes guerres de Napoléon. Aussi, quelle époque heureuse pour nos fabriques et nos manufactures!

Il n'y avait pas eu, depuis l'année 1806, d'exposition des produits de l'industrie. Louis XVIII témoigna le vif intérêt qu'il prenait aux progrès industriels de la nation, en ordonnant que ces solennités auraient lieu à l'avenir tous les cinq ans. Ce prince éclairé regardait avec raison ces expositions comme un encouragement efficace, et il leur trouvait un avantage incontestable qui ne se bornait point à stimuler le zèle des fabricants par l'appât des récompenses et des distinctions; c'était celui de signaler au commerce les objets les plus propres à devenir la base de ses spéculations.

Ce fut dans le même esprit que ce monarque, ami de la gloire de son pays, rétablit, le 16 novembre 1816, l'ordre de Saint-Michel, destiné à récompenser, parmi les savants, les littérateurs et les artistes, les auteurs de découvertes, d'ouvrages et d'entreprises utiles à l'État. Cet ordre, dont la décoration consistait en une croix portant l'effigie de saint Michel, et suspendue à un ruban de soie noire,

avait été institué par Louis XI le 1er août 1649. Dans l'origine, il était exclusivement militaire. Mansard et Lenôtre furent les premiers artistes qui obtinrent cette marque d'honneur. En restaurant l'ordre de Saint-Michel, Louis XVIII fixa le nombre des chevaliers à cent.

Les intentions de Louis XVIII, par rapport à l'industrie, furent parfaitement secondées par un habile administrateur. M. Decazes, aujourd'hui grand - référendaire de la Chambre des Pairs, rendit alors d'éminents services comme ministre de l'intérieur. Il a été désigné à juste titre comme *le plus brillant ministre de Louis XVIII*. On lui doit d'avoir efficacement favorisé les arts utiles. Ce fut lui qui contribua le plus au rétablissement des expositions des produits de l'industrie; ce fut lui qui fonda les conseils-

généraux d'agriculture, des fabriques et du commerce;
ce fut lui qui institua, au Conservatoire des Arts et Métiers,
l'enseignement des sciences appliqué aux arts industriels.
L'exposition de 1819, qui eut lieu sous son active administration, révéla des perfectionnements remarquables
dans toutes les parties, et surtout dans les arts vestiaires.

Le 13 février de l'année suivante fut un jour néfaste
pour toute la France, et particulièrement pour l'industrie.
Ce jour-là, un nouveau Ravaillac immolait froidement l'un
des héritiers de la couronne; le poignard régicide du fana-
tique Louvel assassinait le duc de Berri à la sortie de
l'Opéra, et quelques heures après, le prince expirait,

entre les bras du roi son oncle, en demandant grâce
pour l'*homme* qui venait de lui donner la mort.

Par suite de ce tragique et bien déplorable événement,
M. Decazes, en butte aux accusations passionnées d'un
parti devenu puissant, se vit forcé de quitter le ministère. Ce fut un malheur pour l'industrie nationale, qui
venait d'ailleurs de faire une perte réelle dans la personne du duc de Berri, protecteur zélé et éclairé des
talents et des arts.

Toutefois, les résultats que j'ai à signaler, les noms
qui vont se succéder sous ma plume, prouveront que la
source de nos richesses industrielles n'a pas cessé de
s'élargir depuis vingt-cinq ans. Je commencerai cette revue
contemporaine par ce qui intéresse les arts alimentaires.

Une découverte très-importante a valu à M. Appert une
médaille d'or. Elle consiste à faire bouillir des viandes ou
des végétaux au point juste de leur cuisson, à les caser
bien privés d'air dans un vaisseau de fer-blanc qu'on scelle
hermétiquement. « Ainsi renfermés, dit M. Ch. Dupin,
les aliments, même au bout de plusieurs années, même
après des voyages vers le pôle et vers l'équateur, conservent encore toute leur fraîcheur, leur saveur et leur parfum. Une telle conservation des viandes et des légumes
frais est surtout bien précieuse pour la marine, qui,
précédemment, n'avait d'autre ressource que celle des
salaisons. »

Le savant rapporteur dit encore à ce sujet : « Conserver
un temps considérable les aliments qui se corrompent naturellement avec rapidité, ce n'est pas seulement prolonger

les jouissances du riche au-delà des limites posées par les saisons ou resserrées en des espaces plus étroits encore, c'est multiplier pour un grand nombre de classes de citoyens les facilités de vivre sainement en des circonstances auparavant les plus fâcheuses. »

On doit voter des actions de grâce à MM. Darcet, membres de l'Académie des sciences, pour avoir trouvé les moyens économiques d'extraire des os de quadrupèdes, sous forme de gélatine, une substance nutritive très-abondante, et qui peut fournir de grandes ressources pour les hôpitaux, pour l'économie domestique des moindres familles, et surtout pour l'alimentation des pauvres. L'emploi de la gélatine offre aussi de notables avantages pour les casernes, pour les villes de guerre, et principalement pour les vaisseaux. On fait, depuis quelques années, des soupes gélatineuses dans plusieurs hôpitaux et établissements publics de Paris. C'est à M. Darcet fils qu'on doit l'heureuse idée d'extraire en grand la gélatine. Il y est parvenu en séparant le tissu gélatineux des os des matières salines qui entrent dans leur composition, à l'aide de l'acide muriatique qui a la propriété de détruire ces sels osseux sans attaquer le tissu.

Des chimistes ont découvert des moyens de convertir des matières organiques en engrais très-favorables à l'amélioration des terres. Il en est résulté de grands avantages pour l'agriculture, cette base de la prospérité des nations. Ainsi M. Derosne, qui avait déjà appliqué avec succès le noir animal au raffinage du sucre, a créé des ateliers pour la dessiccation du sang, et a préparé le noir comme engrais, sous forme solide, soit pur, soit combiné avec le schiste bitumineux extrait des mines de Ménat. Ainsi M. Payen a signalé les effets remarquables du résidu charbonneux, qui contient, du dixième au sixième de son poids, du sang sec insoluble. Ce charbon agit plus énergiquement, à poids égal, que le sang liquide pur. Ce nouvel engrais fertilise aujourd'hui les terres de l'ouest de la France, et il n'est pas rare qu'il double et triple leurs produits. Tout récemment, M. Salmon a trouvé un nouvel engrais analogue au noir des raffineries, et plus économique. Il l'obtient par le mélange des détritus organiques, combiné avec une boue qu'il rend extrêmement poreuse, charbonneuse, absorbante; puis il la calcine à vases clos, et la réduit en poudre très-ténue. Dans ce système, on ne perd pas un atome propre à la végétation; aussi ce procédé a-t-il été récompensé par le jury central de l'exposition de 1834, comme très-précieux pour la richesse agricole et en même temps pour la salubrité publique.

Il y aurait injustice et ingratitude à clore l'article des arts alimentaires sans rendre hommage à la mémoire du célèbre Debauve qui, de nos jours, par une savante industrie, sut affranchir la France du tribut qu'elle avait payé jusque-là, soit à l'Italie, soit à l'Espagne, pour l'importation du chocolat, cet aliment dont les propriétés bienfaisantes ont été célébrées par le poète Métastase dans une gracieuse

cantate, et que la médecine recommande avec tant de succès dans un grand nombre d'affections morbifiques.

Sulpice Debauve, né à Paris le 6 décembre 1757, étudia
d'abord l'art médical, qu'il abandonna bientôt pour se livrer avec ardeur à l'étude de la pharmacie qui était plus
en rapport avec son caractère naturellement doux et sensible. Reçu pharmacien en 1790, il s'occupa exclusivement
des travaux de son honorable profession jusqu'en 1800.
Ce fut pendant cette période de dix années, et au milieu
des orages de la révolution, qu'il découvrit les merveilleuses propriétés du salep (1), et qu'il en fit le premier

(1) M. Félix Gallais, élève de l'École de Pharmacie de Paris, fait en ce
moment, sur le salep, des recherches qu'il se propose de publier dès qu'elles
seront terminées.

d'heureuses applications à la thérapeutique. A cette même époque, Debauve avait fait une étude particulière du cacao, et dès lors il avait compris combien ce fruit du cacaoyer, habilement transformé en chocolat, pouvait offrir d'avantageux résultats et comme aliment et comme véhicule de plusieurs médicaments désagréables.

Les premiers temps du Consulat lui parurent favorables au projet qu'il avait conçu de doter la France du résultat de ses découvertes. Il renonça donc à la pharmacie pour travailler uniquement à la fabrication du chocolat. Ses commencements furent modestes, comme le sont d'ordinaire ceux de tout établissement destiné à prospérer. Sa première fabrique prit assez rapidement de l'extension; elle eut bientôt des dépôts dans toutes les villes importantes de l'Empire. Enfin l'exiguité du local ne pouvant plus suffire aux besoins de sa fabrication, Debauve vint fonder, en 1818, dans la rue des Saints-Pères, une nouvelle fabrique, qui depuis n'a cessé d'accroître sa renommée.

Inspiré et guidé par ses connaissances médicales et pharmaceutiques, Debauve avait eu l'heureuse idée d'associer au chocolat diverses substances reconnues utiles par leurs effets sur l'économie animale. Ses produits ne tardèrent pas à acquérir une réputation européenne.

On nous saura gré de citer ici l'opinion de l'ingénieux Brillat-Savarin, qui a si bien prouvé que son palais avait une délicatesse de goût comparable à celle de son esprit.

Voici ce qu'on lit dans sa *Physiologie du goût* :

« Amateur de chocolat, nous avons à peu près parcouru l'échelle des préparateurs, et nous nous sommes fixé à M. Debauve, rue des Saints-Pères, n° 26, chocolatier du roi, en nous réjouissant de ce que le rayon solaire est tombé sur le plus digne.

» Il n'y a pas à s'en étonner : M. Debauve, pharmacien très distingué, apporte, dans la fabrication du chocolat, des lumières qu'il avait acquises pour en faire usage dans une sphère plus étendue.

» Ceux qui n'ont pas manipulé ne se doutent pas des difficultés qu'on éprouve pour parvenir à la perfection, en quelque matière que ce soit, ni de ce qu'il faut d'attention, de tact et d'expérience pour nous présenter un chocolat qui soit sucré sans être fade, ferme sans être acerbe, aromatique sans être malsain, et lié sans être féculent.

» Tels sont les chocolats de M. Debauve; ils doivent leur suprématie à un bon choix de matériaux, à une volonté ferme que rien d'inférieur ne sorte de sa manufacture, et au coup-d'œil du maître qui embrasse tous les détails de la fabrication.

» En suivant les lumières d'une saine doctrine, M. Debauve a cherché, en outre, à offrir à ses nombreux clients des médicaments agréables contre quelques tendances maladives.

» Ainsi aux personnes qui manquent d'embonpoint, il offre le chocolat analeptique au salep; à celles qui ont les nerfs délicats, le chocolat anti-spasmodique à la fleur d'o-

range; aux tempéraments susceptibles d'irritation, le chocolat au lait d'amandes, à quoi il faut ajouter sans doute
le *chocolat des affligés,* ambré et dosé *secundum artem.* »

Kotzebue, dans ses *Souvenirs de Paris;* Grimod de la
Reynière, dans l'*Almanach des gourmands;* Alibert, dans
son *Traité de Thérapeutique;* Alexis-Bompard, dans son
Traité des affections des voies digestives; le savant Tourlet,
dans un article du *Moniteur universel,* recommandent tous
avec éloges les produits de la maison Debauve, qui, depuis
sa fondation, n'a cessé de justifier sa devise tirée d'Horace :
utile dulci, aussi bien que cette enseigne si connue, à laquelle aucune maison du même genre ne saurait prétendre :
A LA RENOMMÉE DES CHOCOLATS DE FRANCE.

Debauve fut honoré de l'estime particulière des Corvisart,
des Portal, des Alibert, des Montègre, en un mot des plus
hautes notabilités de la science médicale. Il est mort le 12
avril 1836, laissant un digne successeur dans la personne
de M. A. Gallais, son neveu, qu'il avait eu le bon esprit
d'associer à sa fabrication depuis 1823.

M. A. Gallais était l'homme le plus capable de continuer
et de soutenir avec distinction l'œuvre industrielle fondée
par Debauve. Très-instruit et toujours dévoré du désir d'accroître la masse de ses connaissances; doué, comme son
oncle, d'un esprit de recherche et d'invention; seul initié
au secret des savantes combinaisons qui avaient établi la
réputation de son établissement, M. Gallais, en inventant
lui-même de nouvelles et heureuses combinaisons, a su

mériter les mêmes éloges que son prédécesseur. C'est à lui seul qu'on doit, entre beaucoup d'autres inventions du même genre, le *théréobrôme* ou chocolat froid à la minute.

M. A. Gallais a consigné le résultat de ses recherches sur son art dans un ouvrage fort intéressant intitulé : *Monographie du cacao* (1). C'est un traité entièrement neuf sur la matière; il renferme une foule de détails curieux, et se fait remarquer par une élégante et instructive précision. L'auteur s'était imposé le devoir de populariser en France la connaissance exacte de l'utile production qui sert de base au chocolat; le succès a couronné ses efforts et son talent.

Enfin, il a découvert, en 1835, pour la conservation des principes du lait, d'ingénieux procédés auxquels il a donné le nom de *lactoline*, et qui eussent pu le faire classer honorablement dans la hiérarchie de la science, si des affaires plus urgentes ne l'avaient obligé de confier à d'autres mains l'exploitation de cette utile découverte. Ce sont les globules séminulifères du lait, concentrés par l'évaporation de l'eau de serum qu'ils contiennent et de celle qui les baigne, qui forment la lactoline de M. A. Gallais; et ces globules, pour revenir à la vie organique et recouvrer leurs qualités nutritives, n'attendent que l'eau, dont on les a privés dans l'intention de les conserver.

(1) *Monographie du cacao*, 1 vol. in-8°.

Une des industries françaises qui ont fait le plus de progrès de notre temps, c'est-à-dire depuis un demi-siècle, c'est l'art du menuisier-ébéniste. On lui doit, non-seulement des ameublements magnifiques, mais encore d'admirables boiseries, des revêtements d'appartement et des planchers de marqueterie qui font honneur au bon goût des artistes chargés de la direction de ces travaux.

Le bois d'acajou a joué un grand rôle dans l'ébénisterie

sous le Consulat et sous l'Empire. Aujourd'hui, plusieurs

autres espèces de bois concourent avec lui à la fabrication
des meubles. C'est un arbre des Indes, nommé anacardier,
lequel parvient aux dimensions de nos plus grands chênes,
qui fournit le bois d'acajou. Ce bois n'est connu en Europe
que depuis le commencement du dix-huitième siècle. « A
cette époque, disent les auteurs du *Nouveau Dictionnaire
des Origines*, le frère du célèbre docteur Gibbons, com-
mandant d'un bâtiment employé dans le commerce des
Indes occidentales, rapporta, pour lui servir de lest, plusieurs madriers de ce bois, qu'il envoya à son frère le
médecin, qui faisait bâtir alors une maison dans Covent-
Garden; mais les charpentiers ayant trouvé ce bois trop
dur pour leurs outils ordinaires, ne voulurent point le
mettre en œuvre, et il resta oublié pendant long-temps
dans le jardin du docteur. Quelques années après, une
boîte propre à renfermer des chandelles fut faite avec une
planche de ce bois qui se trouva par hasard parmi les
madriers. Le menuisier se plaignit, ainsi que l'avaient fait
les charpentiers, de la dureté du bois et de la faiblesse de
ses instruments. Le docteur lui conseilla d'en faire établir
de plus forts, et, enfin, la boîte fut faite. Le docteur fut
si satisfait de sa beauté, qu'il voulut avoir un bureau du
même bois ; l'ouvrier qu'il employa, étant fort habile dans
son métier, parvint à finir ce dernier ouvrage dans la plus
grande perfection. M. Gibbons, enchanté de sa découverte,
montra son bureau à ses amis. La duchesse de Bucking-
gham-Shire l'admira, et pria le docteur de lui donner de

quoi s'en faire faire un semblable pour elle-même. C'est ainsi que l'acajou s'est d'abord introduit en Angleterre, où il était déjà d'un usage universel vers le milieu du dix-huitième siècle, et ensuite dans les différents pays de l'Europe. »

L'ébénisterie, vers la fin de la révolution, se sentit du retour des beaux-arts aux saines traditions de l'antique. A cette époque, le célèbre Vien ramenait la peinture vers une meilleure école, et son élève David, grand artiste, et surtout grand chef d'école, préparait la renaissance du bon goût. Une semblable métamorphose commençait aussi à s'opérer dans les ameublements, qui, jusque-là, s'étaient fait remarquer par leurs formes contournées, fatiguées, et par des ornements bizarres. L'homme qui contribua le plus à cet heureux changement, celui qui le provoqua par ses conseils, et surtout par son exemple, c'est incontestablement M. Jacob - Desmalter, qui sut, par la beauté des ouvrages sortis de ses ateliers, procurer à sa maison une réputation cosmopolite.

Né, pour ainsi dire, au sein de la menuiserie, puisque son père avait été successivement menuisier de Louis XV et de Louis XVI, M. Jacob - Desmalter montra, dès son jeune âge, une véritable passion d'artiste pour tout ce qui se rattachait à cette profession dans laquelle il devait s'illustrer.

Ses grands travaux commencèrent sous le Consulat. La restauration intérieure et l'ameublement du château de

Saint-Cloud et de la Malmaison lui furent confiés. La bibliothèque de cette dernière résidence, qui fut exécutée en
quinze jours, sur les dessins de Percier, et qui est toute
en bois d'acajou, est un ouvrage infiniment remarquable
par l'exactitude d'exécution de tous les détails, et surtout
par l'habileté qu'il a fallu pour triompher des difficultés
qu'offraient les lieux. Au même château, M. Jacob-Desmalter donna de nouvelles preuves de son talent dans la
salle du conseil, ajustée dans un genre tout-à-fait militaire, en harmonie avec le caractère du chef de l'État. Tout
le reste des appartements de la Malmaison se fit successivement et comme par magie. Bonaparte, qui ne connaissait pas encore de choses impossibles, exigeait, tous les
huit jours, qu'on livrât une pièce nouvelle toute terminée,
et ses ordres étaient ponctuellement exécutés.

Sous l'empire, M. Jacob-Desmalter fut chargé de res-
taurer l'intérieur et l'ameublement des Tuileries, du grand
et du petit Trianon, du Louvre, des châteaux de Fontainebleau et de Compiègne. Ces divers travaux firent le plus
grand honneur au mérite de l'artiste qui les avait conduits.

Aux Tuileries, on put admirer la salle du trône, le grand
cabinet de l'empereur, orné de bronzes, et dans lequel se
trouvait un bureau mécanique d'un travail ingénieux, le
premier de ce genre qui ait été fabriqué; la chambre à
coucher de l'impératrice, où se faisait remarquer un serre-
bijoux, renfermant beaucoup de secrets dans sa partie inté-

rieure ; toutes les pièces architecturales de ce meuble magnifique étaient en bronze, le reste en bois étrangers ; les figures avaient été exécutées d'après Chaudet, Lemot, Cartellier et autres artistes célèbres de l'époque. A Fontainebleau, on peut citer la salle du trône et le cabinet de l'impératrice. Au Louvre, je signalerai d'abord la porte située sous la colonnade ; elle est en bronze et en bois, et d'une excellente exécution. Dans la salle dite des Fleuves, sous la tribune de Jean Goujon, M. Jacob-Desmalter avait fait disposer avec beaucoup d'art une porte dont les ornements et moulures sont en bronze et dont tous les panneaux sont formés de bas-reliefs envoyés d'Italie, et provenant du tombeau du roi Mausole. A Trianon, il se distingua surtout par la manière dont il sut monter les malachites dont l'empereur Alexandre avait fait présent à Napoléon ; le tout se composait de deux grands meubles, de deux candélabres et d'une vasque montée sur des chimères en bronze, d'après l'antique.

Outre ces travaux pour les maisons impériales, M. Jacob-Desmalter avait encore à fournir de riches ameublements pour les grands dignitaires de la nouvelle cour. C'est lui qui a fait connaître tout le parti qu'on peut tirer des bois indigènes. Il sortait de ses magasins des lits, des écrans, un grand nombre de meubles de tout genre en noyer, en poirier, en cerisier, etc., ornés d'incrustations en bois, tous admirables pour le fini du travail et le bon goût des ornements. On peut en avoir une faible idée par l'esquisse que nous donnons ici d'une bibliothèque, qui fut exécutée sur les dessins de Percier.

L'exécution du cabinet du roi d'Espagne Charles IV, sur les dessins de Percier, valut aussi à M. Desmalter de nombreux et honorables suffrages.

Comme on le pense bien, les talents de notre habile artiste furent également employés par les Boubons. La salle du trône et la chambre à coucher du roi Louis XVIII furent ses ouvrages capitaux de cette époque.

L'établissement de M. Jacob - Desmalter avait pris, sous le gouvernement impérial, une extension considérable qui

le mettait hors de toute concurrence. Il embrassait l'ébénisterie, la menuiserie en meubles et en bâtiments, la
fonderie, la ciselure, la monture et la dorure, la serrurerie et la mécanique. De cette sorte, tous les bronzes que
fournissait M. Jacob-Desmalter étaient fondus, ciselés,
montés et dorés dans ses ateliers. A l'apogée de sa prospérité, cette maison n'occupait pas moins de huit cents
ouvriers des diverses professions que j'ai mentionnées plus
haut.

Mais, dans nos temps de révolutions, il n'est pas toujours avantageux, en fin de compte, d'avoir parmi ses
clients des têtes couronnées. M. Jacob-Desmalter en fit la
triste expérience. La chute de l'empire porta un coup
funeste à son établissement, en lui occasionnant des pertes
énormes. Il faut le dire aussi, M. Desmalter, doué à un si
haut degré des qualités les plus éminentes de l'artiste,
était malheureusement privé de celles qui font le mérite
de l'administrateur. Il se préoccupait beaucoup plus de la
bonne qualité des matériaux et de la perfection de leur
mise en œuvre, que du calcul économique des dépenses
auxquelles ils pouvaient donner lieu. Chez les hommes voués
exclusivement au culte des beaux-arts, on ne rencontre
que trop souvent cette incompatibilité entre la froide faculté
du calculateur et cette bouillante faculté qui enfante seule
de beaux ouvrages.

Par suite de tous ses revers, M. Jacob-Desmalter, abreuvé
de dégoûts, laissa son établissement à son fils, qui non-

seulement devait le relever de sa ruine imminente, mais
encore lui rendre et soutenir tout l'éclat de ses anciens
succès. Affranchi dès lors du souci des affaires, il se rendit
en Angleterre, où l'avait appelé Georges IV, et fut chargé
de la restauration intérieure du château de Windsor. Précédemment, il avait encore fait exécuter dans ses ateliers
l'ameublement et la décoration des appartements de l'empereur du Brésil, don Pedro, à Rio-Janeiro.

Son fils, dont je viens de parler, M. Jacob-Desmalter

(Georges-Alphonse), né le 21 février 1799, s'était d'abord

livré à l'étude de l'architecture, sous la direction savante de Percier. Des médailles obtenues à l'académie dans les concours mensuels, non-seulement attestaient son aptitude et ses progrès, mais encore semblaient lui assurer un brillant avenir dans cette carrière de son choix, lorsque des circonstances fâcheuses vinrent le forcer de quitter l'architecture pour se lancer dans l'industrie.

Des embarras que nous avons déjà indiqués, et de redoutables concurrences avaient visiblement ébranlé la maison Jacob-Desmalter. Dans le noble but d'en empêcher la décadence, le jeune élève d'architecture en accepta la direction le 1er janvier 1825. C'était débuter sous des auspices bien peu favorables. M. Jacob-Desmalter fils avait à lutter contre des difficultés inouïes, à supporter des charges considérables. Il fit face, de la manière la plus honorable, à toutes les exigences de sa position, et prouva par son exemple qu'avec du courage, et surtout de la persévérance et de la conduite, on peut se tirer des situations les plus difficiles.

Sous la restauration, la duchesse de Berri, qui l'honorait d'une estime particulière, lui confia l'ameublement et la décoration du château de Rosny. Plus tard, il fit exécuter, sous la direction de M. Fontaine, les ameublements du Palais-Royal et ceux du château de Neuilly. Dans cette dernière résidence, la décoration des lambris d'appartement est toute entière en ébénisterie ornée d'incrustations.

Enfin, c'est M. Jacob-Desmalter fils qui a fait exécuter l'ameublement de la partie nouvelle de l'Hôtel-de-Ville actuellement en construction, ainsi que toute l'ébénisterie des salles du Conseil-d'État au palais du quai d'Orsay.

M. Jacob Desmalter fils a hérité du privilége d'obtenir seul, dans toutes les expositions, la médaille d'or décernée au genre d'industrie qu'il exerce ; ce privilége appartient à sa maison depuis l'exposition de 1806. Il s'est constamment montré à la tête du mouvement qu'imprime sans cesse le caprice de la mode. On a vu de lui des ouvrages en incrustations qui rappellent le bon temps de la marqueterie, et sont comparables aux chefs-d'œuvre de Boule, le célèbre ébéniste de Louis XIV. Pour se convaincre de l'élégance et du bon goût des meubles divers fabriqués dans ses ateliers, il faut aller visiter son bel établissement situé rue des Vinaigriers, faubourg Saint-Martin.

Parmi les notabilités de l'ébénisterie française, ébénisterie si renommée dans toutes les régions du monde civilisé, je citerai encore MM. Werner, Bellangé, Meynard et Ficher, qui ont obtenu des médailles d'argent, les uns par la forme élégante de leurs meubles, les autres par d'heureuses innovations. Ainsi M. Meynard a fait, de la manière la plus judicieuse, des incrustations en cuivre rouge. Ainsi M. Ficher s'est surtout distingué par des ornements en bronze du meilleur effet. On a remarqué aussi que M. Berg emploie le cuivre, pour ornements de meubles, avec plus de hardiesse et de succès que beaucoup de ses confrères.

Mais voici une brillante et utile spécialité qui réclame

une mention particulière. Cette justice est bien due à l'artiste ingénieux qui a porté à son plus haut degré de perfection la fabrication des objets d'ameublement nécessaires à la marine.

Lehaene (Jean-Antoine), né à Paris le 8 novembre 1784, succéda de bonne heure à son père, maître-ébéniste renommé pour l'excellente qualité de ses produits, et il s'appliqua à soutenir avec distinction l'ancien établissement qu'il avait à diriger.

Lorsque, par suite des événements politiques de 1814, les relations commerciales se furent renouées entre la France et les colonies, M. Lehaene se livra à des opérations assez importantes, et fit des exportations considérables dans l'Inde et dans les principales contrées de l'Amérique. Chargé, en 1826, par le ministre de la marine, d'exécuter des modèles de tous les objets nécessaires à l'ameublement des vaisseaux du roi, l'habile fabricant mit

tant d'adresse et de précision dans son travail que jusqu'à ce jour l'expérience n'a pu y trouver rien à modifier, rien à changer. Un tel succès valut à M. Lehaene l'avantage d'être, pendant plusieurs années, le fournisseur de tous les objets d'ameublement à l'usage, non-seulement des vaisseaux, mais encore de nos établissements maritimes, tant en France que dans nos diverses possessions d'outre-mer.

Bientôt une autre chance heureuse vint récompenser le talent de M. Lehaene. En 1829, l'intendant du mobilier de la couronne, après un concours entre les principaux fabricants de Paris, le chargea de la fourniture générale des palais, châteaux et autres résidences royales.

Mais l'opération la plus difficile et la plus remarquable exécutée par M. Lebaene, celle qui lui a fait le plus d'honneur, est incontestablement l'entreprise de l'emménagement et de l'ameublement des dix bateaux à vapeur faisant le service de malles-postes sur la Méditerranée. En moins d'une année, cette entreprise, d'un détail immense, fut complètement réalisée. Tous les objets demandés furent exécutés à Paris, puis transportés et mis en place dans les différents ports où les paquebots venaient d'être construits. Leur fabrication était si bien entendue et d'une si grande solidité que, malgré l'incessante activité du service depuis 1836, que, malgré les secousses de la mer et les variations de température auxquelles elle est exposée, ils n'ont éprouvé aucune altération, aucune avarie, et n'ont, par conséquent, donné lieu à aucunes réparations.

Une entreprise de cette importance, exécutée si heureusement, a mis M. Lebaene hors ligne parmi les fabricants de meubles. Personne ne peut lui disputer la première place dans ce genre d'industrie qu'il a, pour ainsi dire, créée, ou du moins portée à un haut degré de perfection.

A côté de l'ébénisterie, s'est élevée de nos jours une industrie qui menace de lui faire une concurrence redoutable, de même qu'elle commence à venir en aide à l'architecture, surtout pour ce qui concerne la décoration extérieure des édifices. A cette double indication, on n'a point de peine à reconnaître la fabrication des fers creux laminés, due aux savantes et ingénieuses recherches d'un ancien élève de l'École Polytechnique, M. Gandillot, dont je vais entretenir mes lecteurs.

D.C. s.

Gandillot (Jean-Denis), né à Besançon le 12 mars 1797, était au nombre des meilleurs élèves de l'École Polytechnique, lorsque cette savante école fut licenciée en masse en 1816. La carrière à laquelle il se destinait venait de se fermer brusquement devant lui; toutes ses jeunes espérances étaient détruites; mais, loin de se décourager, il n'en fut que plus ardent à se créer un avenir qu'il ne voulait devoir qu'à lui-même. L'industrie, avec ses séductions de renommée et de fortune, l'invitait à exploiter quelque

partie de son vaste domaine ; il tourna son ambition du
côté de l'industrie. Mais, s'éloignant dès l'abord des
rails de la routine, et guidé par les connaissances théoriques que lui avaient procurées ses graves et solides études,
il parvint à s'ouvrir un chemin que personne n'avait encore parcouru.

Dès 1828, il prenait rang parmi les industriels du premier ordre, en fondant l'industrie connue sous le nom de
Fers creux laminés. Parmi ses produits, on remarque des
grilles de toute espèce, des balcons, des balustrades, des
rampes d'escalier, des lits de toute forme et de toute di-

mension, des assortiments de meubles de jardin et d'appartement, tels que bancs, chaises, fauteuils, tabourets,
tables, jardinières, etc., etc. Et, comme l'a dit M. le baron
Charles Dupin, tous ces objets sont exécutés avec beaucoup
de précision et de goût.

Pendant les dix premières années de l'exploitation de M. Gandillot, les fers creux employés à la confection de ces divers produits n'étaient autre chose qu'un tube *fait à froid* au moyen d'une longue bande de tôle, dont les bords étaient parfaitement rapprochés, quoiqu'ils ne fussent pourtant que juxta-posés. Pour les grilles et autres objets qui exigent une grande solidité, on remplissait ces tubes d'un mastic analogue à celui des fontainiers, et qui offrait d'ailleurs le double avantage d'empêcher l'oxidation intérieure et de résister à l'action de la scie. Comme traverses, dans les grilles, on employait des fers carrés également creux et se composant de deux bandes ployées sur trois faces. Ces deux bandes, ainsi ployées, étaient introduites l'une dans l'autre, de manière à former les quatre faces du barreau carré; mais les deux faces verticales se trouvaient formées de deux épaisseurs de fer.

Désireux d'apporter dans sa fabrication tous les perfectionnements dont elle pourrait être susceptible, M. Gandillot fit à cet effet, en 1838, plusieurs voyages en Angleterre. Ce fut alors qu'il importa en France et mit aussitôt à exécution, dans son usine de Labriche près de Saint-Denis, un procédé à l'aide duquel on est parvenu à souder les tubes de tôle ronds et carrés. Ainsi soudés, ces tubes ont pu être substitués aux premiers tubes faits à froid.

Ce perfectionnement, tout important qu'il est, n'était que le prélude, pour ainsi dire, d'une innovation plus heureuse encore, si l'on en considère les résultats. Le princi-

pal but des recherches de M. Gandillot était de remplacer
les tuyaux en plomb et en cuivre, jusqu'alors les seuls
connus en France, par des tuyaux en fer qui pussent préserver des nombreux et dangereux inconvénients presque
inévitables avec les premiers, soit qu'on les emploie comme
conduits de gaz, d'eau ou de vapeur, soit qu'on les fasse
servir à une foule d'autres usages, ainsi que cela se pratique dans les usines.

De là l'importation, si avantageuse sous tant de rapports,
des calorifères *à eau chaude* de Perkins, laquelle est due à
l'industrie utilitaire et philanthropique de M. Gandillot.
Depuis plusieurs années, ce procédé de chauffage était
adopté en Angleterre, non-seulement pour les grands établissements publics et particuliers, mais aussi pour le
chauffage domestique. M. Gandillot, après une étude attentive, a pu se convaincre de la supériorité de ces calorifères sur ceux qu'on employait exclusivement en France,
les calorifères *à vapeur* et les calorifères *à air chaud*. En
effet, les calorifères à vapeur sont tellement dispendieux,
que leur emploi se réduit à quelques monuments publics,
tels que la Bourse de Paris. Quant aux calorifères *à air
chaud*, outre l'énormité de la consommation de combustible
qu'ils entraînent, outre les inconvénients de vicier l'air des
appartements, de détériorer les tentures et les meubles, de
ne transmettre que fort inégalement la chaleur dans les
différentes parties d'une même pièce, ils recèlent encore
la terrible chance des incendies, comme ne l'a que trop

bien prouvé le désastre récent du Théâtre-Italien à Paris. Grâce à l'importation de M. Gandillot, ces inconvénients, ces dangers disparaissent ; à leur place, on trouve l'économie, la salubrité, la sûreté réunies à la condition indispensable d'un chauffage agréable. Les tuyaux confectionnés dans les ateliers de M. Gandillot pour les calorifères *à eau chaude* sont éprouvés avant d'être livrés, et sont capables de résister à l'énorme pression de 2 à 300 atmosphères.

Dans l'art de fabriquer les bronzes, dont il a été question dans la période précédente à l'occasion des ouvrages de Ravrio, j'ai encore à signaler plusieurs célébrités contemporaines, qui se trouvent à peu près sur la même ligne. D'abord, par rang d'ancienneté, c'est M. Thomire, fabricant très-distingué, dont les grandes entreprises ont exercé une puissante influence sur les progrès de l'art du bronzier. M. Thomire, par la richesse de travail et le fini d'exécution qui distinguent ses bronzes, soutient dignement l'ancienne et durable renommée de sa maison. « Dès 1806, dit M. le baron Charles Dupin, il obtenait la médaille d'or, et depuis cette époque, il n'a pas cessé, par des œuvres nouvelles et distinguées, de mériter le rappel de cette récompense de premier ordre. Il est glorieux de rester ainsi vingt-huit ans aux premiers rangs d'une magnifique industrie. » Ces paroles sont extraites du rapport du jury central sur l'exposition de 1834.

A côté de M. Thomire, se présente M. Denière, qui,

pour avoir débuté beaucoup plus tard dans la carrière,
n'en est pas moins une des principales illustrations de
l'art du bronzier.

Né à Paris le 17 août 1775, M. Denière partait comme
volontaire en 1795, dans l'un des trois bataillons parisiens
qui s'équipèrent à leurs frais. Un peu plus tard, on le mit
en réquisition pour travailler à la fabrication des armes;
il fut ensuite attaché à l'atelier de précision de Paris, où
on l'employa aux machines et projectiles de guerre. En
1796, le gouvernement l'envoya à Constantinople comme
tourneur-mécanicien.

A son retour à Paris en 1798, nous le retrouvons travaillant en journée comme ouvrier-tourneur en cuivre. Puis il commence à travailler seul dans sa chambre; puis il parvient successivement à grouper autour de lui quelques ouvriers travaillant sous sa direction. L'économie, le travail, la persévérance lui faisaient déjà récolter leurs fruits. En 1804, il put, avec ses seules ressources personnelles, entreprendre en petit la fabrication des bronzes, et, dans les quatorze années qui suivirent, son établissement s'agrandit progressivement, quoiqu'il eût éprouvé des pertes considérables dans les crises commerciales qui accompagnèrent la catastrophe de l'Empire.

A l'exposition des produits de l'industrie de 1819, M. Denière obtint la médaille d'argent. Ce premier succès en promettait d'autres plus éclatants encore. Quatre années plus tard, la médaille d'or était décernée aux beaux ouvrages fabriqués par M. Denière, et, dans les trois expositions qui ont eu lieu depuis cette époque, son établissement a obtenu constamment cette honorable distinction, ce *maximum* des récompenses que l'État accorde aux industriels du premier ordre.

Depuis long-temps, d'autres honneurs sont venus chercher M. Denière, par suite de l'estime que mérite son caractère, et de la considération attachée à ses talents. En 1824, il avait été nommé membre du conseil général des manufactures; en 1827, le roi Charles X le nommait chevalier de la Légion-d'Honneur; enfin, de 1833 à 1837,

M. Denière a rempli les fonctions de juge au tribunal de commerce de la Seine.

Les œuvres qui ont établi la brillante réputation de cet artiste se font admirer, non-seulement par la richesse et la variété, mais plus encore par le soin et le fini qu'il apporte dans leur exécution. Dans les meilleures années de la restauration, M. Denière fit souvent preuve d'un excellent goût dans les objets pour ameublements, tables et ornements qu'il faisait fabriquer pour la décoration des appartements de l'opulence. C'est à cette époque que la sculpture en bronze avait imaginé, pour le service des tables somptueuses des heureux du jour, de jolis groupes de Grâces et d'Amours, de Bacchantes et de Faunes ; c'est alors aussi qu'elle exécuta des vases imités des plus beaux modèles antiques et des corbeilles portées par d'élégantes canéphores.

En 1838, M. Denière a fait construire une vaste fabrique-modèle, embrassant, sur une grande échelle, toutes les branches d'industrie qui se rattachent à la fabrication des bronzes, la fonderie, la monture, la ciselure, la tournure et la dorure. Depuis dix années, il occupe constamment plus de trois cents ouvriers. Qu'il y a loin de ses modestes commencements à cet état de prospérité toujours croissante! Telle est la récompense à laquelle peut aspirer le talent lorsqu'il est soutenu par un travail intelligent et par une bonne conduite.

M. Galle est le plus heureux des émules de MM. Thomire et Denière. Comme eux, il a exécuté des ouvrages remarquables; comme eux, il cumule plusieurs médailles d'or. On a vu de lui des bronzes d'un grand et beau caractère, et l'on a signalé le goût exquis de plusieurs de ses lustres en bronze doré.

Après ces artistes d'élite, on peut citer encore quelques hommes de talent, entre autres MM. Ledure et Lerolle, et principalement, sous le rapport du goût, M. Jeannest, qui a exécuté des groupes de figures d'un travail précieux, parmi lesquels on a remarqué une bacchante montée sur une chèvre, et une réduction des trois Grâces, de M. Pradier.

De nos jours, un artiste qui rappelle, par ses travaux, les succès du célèbre Balthazar Keller et de son élève Jacobi, a fait faire un pas immense à l'art du fondeur. Une chose importante dans la coulée des bronzes, c'est d'obtenir des fontes brutes d'un seul jet assez parfaites pour n'exiger ensuite qu'une réparation légère. Alors, comme on l'a très-bien remarqué, l'artiste inventeur de l'objet fidèlement coulé retrouve ce qu'il désire avant tout, c'est-à-dire son œuvre de sculpteur telle qu'elle est sortie de son imagination; le talent trop souvent douteux du ciseleur n'est plus d'un secours indispensable pour pallier en partie des défauts irréparables, et l'on peut livrer à des prix modérés des œuvres originales qui conservent le caractère et la naïveté des modèles.

Tels sont les résultats qu'on doit aujourd'hui aux études et aux efforts de M. Soyer. On va voir ce qu'il en a coûté de travail à cet homme remarquable pour se frayer un chemin à la célébrité. Puisse son exemple servir d'encouragement à tant de jeunes gens qui bien souvent lâchent pied dès les premiers obstacles qu'ils rencontrent dans la carrière des arts!

Louis-Claude-Ferdinand Soyer, né à Paris en 1785, apprit assez jeune l'état de ciseleur. Mais, à peine son apprentissage était-il terminé, qu'épris d'une belle passion pour la gloire militaire, il s'engagea dans un régiment d'artillerie de marine. Il reconnut bientôt que ce n'était pas dans cette sphère-là qu'il pourrait réaliser ses vœux d'ambition. Au lieu des lauriers qu'il espérait cueillir, il ne trouva que la captivité. Après cinq années de courses sur mer, il tomba entre les mains des Anglais qui le tinrent pendant cinq autres années dans leurs prisons, où il eut tout le temps de faire d'amères réflexions sur les chances de la vie du soldat.

La paix de 1814 brisa les fers de Soyer, qui, revenu à Paris et ne sachant trop comment pourvoir à sa subsistance, fut un moment sur le point d'accepter le poste de pileur au mortier chez un droguiste de la rue des Lombards.

Heureusement pour les arts, M. Soyer regrettait son ancien état de ciseleur. Il prit la courageuse résolution de faire un second apprentissage, et, quoiqu'il n'eût d'autre ressource que son travail, il se résigna à ne gagner que trente sous par jour, et fit des efforts inouïs pour devenir bon ouvrier.

A l'expiration de ce temps de rudes épreuves, le sanctuaire des arts s'ouvrit pour M. Soyer, ou, pour parler sans figure, d'apprenti il devint maître, et maître assez habile pour présenter au salon plusieurs statues qu'il avait exécutées en bronze; celle de l'Amour, d'après Chaudet, une tête d'étude de Lemot, et un Jupiter Sérapis, d'après l'antique. Ces travaux de ciselure lui valurent la médaille d'or, et, peu après, en 1822, le gouvernement lui accorda une subvention pour aller étudier les bronzes en Italie.

Après deux années d'études consciencieuses et profondes, M. Soyer revint à Paris. Mais comment réaliser les grandes et excellentes idées qu'il avait recueillies dans son voyage? Toutes ses ressources pécuniaires étaient épuisées, car, pour retirer tout le fruit possible de son séjour en Italie, il n'avait pas hésité à sacrifier le peu qu'il possédait. L'art du fondeur allait sans doute être privé des immenses et importantes améliorations dont M. Soyer avait trouvé le secret, s'il ne se fût rencontré un capitaliste assez ami de son pays pour tenter de mettre à exécution les projets de notre artiste, quoique celui-ci lui fût tout-à-fait inconnu, et ne lui offrît d'autre garantie que sa parole. Dès lors se forma l'association Ingé et Soyer, qui a fait faire de si grands progrès à l'art du fondeur depuis dix années. Les deux associés n'ont eu certes qu'à se féliciter de la noble confiance dont ils s'étaient honorés mutuellement.

Simplifier les procédés de moulage, assurer la réussite de la fonte, avantage inconnu jusque-là, amener les prix de ces travaux à une réduction qu'on regardait comme irréalisable, tels furent les principaux résultats des heureux essais de M. Soyer.

Quant aux ouvrages qui ont consolidé sa réputation, ils sont nombreux. Les plus importants jusqu'à ce jour sont : la statue du roi Stanislas; le tombeau du comte Demidoff, composé de dix figures; le modèle de Napoléon, maintenant à Versailles; les statues de Fénélon et de Montaigne; celles de Chevert, du maréchal Mortier, d'Ambroise Paré, de Guttenberg; la Piété et deux anges en adoration, à l'église de Notre-Dame-de-Lorette; la statue équestre de

Philibert-Emmanuel, que tout Paris a pu admirer dans la grande cour du Louvre, et qui est actuellement à Turin; enfin, la colonne de Juillet, avec son immense chapiteau fondu d'un seul jet, malgré ses quatre-vingt-quatre pieds de circonférence.

Nous aurions pu citer encore le groupe de l'Hercule de Canova, la Madeleine du même sculpteur, une réduction du Moïse de Michel-Ange, et des représentations d'animaux que le ciselet et la lime ont à peine touchés, grâce à la perfection de la fonte.

Tant de services ne sont pas demeurés sans récompense. La fonderie Ingé et Soyer a obtenu la médaille d'argent à l'exposition de 1834, la médaille d'or à l'exposition de 1839. De plus, M. Soyer a reçu personnellement une médaille de platine et une médaille d'or de la société d'encouragement, une autre médaille d'or du roi de Sardaigne, et la décoration de la Légion-d'Honneur à la dernière exposition des produits de l'industrie.

La fabrication des tapis, déjà si perfectionnée, du moins à l'égard des tapis de luxe, par la grande fabrique d'Aubusson, doit de notables améliorations et des procédés aussi rapides qu'économiques aux recherches et aux travaux du célèbre Chenavard, et ce n'est point à ce seul titre que son nom restera cher à l'industrie.

François-Marie-Chenavard, né à Lyon, le 17 juin 1753, de François-Chenavard, fabricant et bourgeois de Lyon, et de Catherine Basset de la Marelle, consacra les années de sa jeunesse à l'étude des arts, et particulièrement à celle de la peinture de fleurs. Le peintre Devarennes, son maître, put s'enorgueillir du succès de ses leçons. Le jeune Chenavard peignit bientôt les fleurs avec un talent remar-

quable. Ses heureux essais enlevèrent tous les suffrages; il ne pouvait en être autrement dans une ville toute indus- trielle où ce genre de peinture ne saurait être qu'en très- haute estime, à cause de l'application fréquente qu'on en fait aux belles étoffes de soie.

Notre jeune peintre de fleurs succéda à son père en 1780, comme fabricant de soieries. On fabriquait spécialement dans ses ateliers les étoffes destinées pour les contrées du

Levant, et l'on cite parmi ses principales fournitures en ce genre, celle d'un magnifique ameublement pour le Grand-Seigneur.

Toutefois, Chenavard n'avait point oublié qu'il était peintre. Lyon ne possédait point de fabrique de papiers peints. Il parvint à y fonder un établissement de ce genre, auquel ses talents comme artiste concoururent à donner une immense extension. Cette fabrique ayant été détruite en 1793, lors du siége de Lyon, Chenavard, à force de travail et de persévérance, sut la relever de ses ruines et lui rendre son premier éclat, par plusieurs inventions et perfectionnements, parmi lesquels il faut surtout mentionner l'invention des papiers-mousseline ou linon-batiste, qui eut de nombreuses contrefaçons tant en France qu'en Angleterre. La plus ancienne fabrique de Paris, qui avait également imité les papiers peints de Chenavard, lui proposa de poursuivre les contrefacteurs sans qu'il eût à faire les moindres frais; mais il se refusa formellement à toutes poursuites de ce genre.

Sous l'empire, Chenavard vint fonder à Paris, dans l'ancien hôtel Soubise, une manufacture d'étoffes nouvelles. Ces produits formèrent un intermédiaire entre les tapisseries de soieries et les papiers de tenture. Ils eurent un grand succès, et furent adoptés pour la décoration des maisons impériales, des cours et tribunaux. Napoléon voulut visiter cet établissement en 1810; il témoigna à Chenavard toute la satisfaction avec laquelle il voyait ses efforts pour étendre le domaine de l'industrie nationale, et lui promit, à titre d'encouragement, un prêt gratuit de soixante mille francs, qui lui permettrait d'étendre sa fabrication. La restitution de cette somme dans les caisses de l'État fut opérée sous la Restauration. Ce fut lors de cette visite, que Napoléon conçut le projet d'acquérir les bâtiments immenses de l'hôtel Soubise, pour y faire transférer les archives de l'État et l'imprimerie impériale.

Cependant Chenavard avait pris pour associé l'un de ses parents, M. Henri Chenavard; tous deux s'occupèrent avec un zèle intelligent des procédés les plus propres à faire réduire le prix des tapis qui étaient encore exclusivement à la portée des grandes fortunes. Des récompenses avaient été proposées pour cet objet par la Société d'encouragement. Ce furent MM. Chenavard qui les obtinrent. Nous laisserons parler ici M. le baron Ch. Dupin.

« A la même époque (1823), un grand pas est fait par MM. Chenavard pour confectionner en France les divers genres de tapis économiques inventés par les Anglais. Ils obtiennent la médaille d'or offerte dès 1849, en produisant des tapisseries et des tentures en feutre, décorées par des ornements de soie et de laine, offrant l'aspect de riches broderies : ils établissent ces tissus à raison de quatre francs le mètre carré; d'autres tapis et tentures de feutre verni sont mis à l'abri de l'humidité par un enduit bitumineux, peuvent recevoir des ornements très-agréables, et servir pour les salles de bains, les salles à manger, etc.;

des tapis plus économiques encore, faits en toile vernie, suivant l'usage d'Angleterre; des tapis de table du même genre que ceux qu'on vient d'énumérer, mais plus finis, d'un dessin plus délicat, d'un vernis plus souple, etc. On doit encore à MM. Chenavard, pour les classes peu riches, des tapis en poils de vache au prix de 3 fr. à 5 fr. 50 c. le mètre carré; enfin pour les classes opulentes, des tapis en velours très-épais, très-moelleux, et d'un goût élégant. »

En 1830, François-Marie Chenavard, après soixante ans d'interruption, reprit, en amateur et comme simple délassement, les pinceaux qui avaient fait la gloire de sa jeunesse, et exposa au Salon de très-beaux tableaux de fleurs. Il est mort à Paris le 28 juin 1835, âgé de quatre-vingt-deux ans.

En restant sous la direction de M. Henri Chenavard, le bel établissement de tapis et tapisseries que son prédécesseur avait fondé à Paris n'a fait qu'accroître sa renommée. En 1834, il a obtenu, pour l'ensemble de ses produits, le rappel de la médaille d'or qui lui avait été décernée en 1823, pour ses tentures en feutre verni. M. Henri Chenavard avait présenté à cette exposition des tissus à dessins turcs et persans, qui avaient été regardés comme des nouveautés dans la fabrique française. Il exposa aussi à cette même époque des meubles reproduisant les formes du XVIᵉ siècle, et même de plus anciennes. Ces ameublements des temps féodaux ont été l'objet de critiques souvent passionnées, et par conséquent injustes; mais elles n'atteignent point les produits de M. Henri Chenavard. La mode romantique est venue formuler ses besoins, l'industrie a dû lui obéir et se conformer à ses goûts bizarres et fantasques ; M. Henri Chenavard, on peut le dire, a exploité ses caprices avec un rare succès.

Successeurs de Chenavard pour la fabrication des tapis vernis imprimés, MM. Atramblé, Briot et Compagnie ont donné un grand développement à ce genre d'industrie. En 1827, ils avaient exposé des stores transparents qui représentaient des vitraux gothiques et des paysages. Depuis cette époque, on a pu remarquer dans leurs produits des progrès incontestables, attestés d'ailleurs par les médailles qu'ils ont obtenues.

Il a déjà été question de la grande fabrique des tapis d'Aubusson. C'est ici le moment de rendre justice à l'homme industrieux et habile qui de nos jours a le plus contribué à étendre sa renommée.

Charles-Jean Sallandrouze de Lamornaix, né à Paris le 27 mars 1808, était à peine âgé de dix-huit ans lorsque la mort prématurée de son père, propriétaire de la manufacture royale des tapis d'Aubusson, vint faire peser sur lui seul le fardeau d'une exploitation immense et hérissée de difficultés. Malgré son extrême jeunesse, M. Sallandrouze, par son active intelligence, ne tarda pas à se montrer capable de soutenir avec honneur la haute réputation dont jouissaient déjà ses manufactures. Son père avait obtenu, en 1802 et en 1823, la médaille d'argent. A l'exposition

de 1827, il eut à son tour l'avantage d'obtenir le rappel de
cette médaille. Encouragé par cet heureux début, il partit
pour l'Angleterre, en ramena une colonie d'ouvriers, et

naturalisa à Aubusson la fabrication des divers tissus anglais qui, par leur bon marché, devaient concourir d'une
manière merveilleuse au développement de la consommation en France, en appelant la moyenne propriété à jouir
des produits d'une industrie qui jusque-là n'avait travaillé
que pour les grandes fortunes.

C'était beaucoup que d'avoir affranchi le commerce

français du tribut onéreux qu'il payait à l'Angleterre. M. Sallandrouze fit plus encore; il parvint à trouver chez les Anglais eux-mêmes, si fiers pourtant de leurs propres fabriques, un débouché pour les tapis de luxe qui manquaient à leur pays. Des expositions brillantes, où furent convoquées toutes les notabilités de Londres, forcèrent l'opinion britannique à reconnaître la supériorité de nos tapis de luxe; et maintenant les demandes de l'Angleterre absorbent une grande partie des produits de la manufacture d'Aubusson.

L'exposition de 1834 fut l'occasion de nouveaux triomphes pour M. Sallandrouze. Écoutons M. le baron Charles Dupin : « La collection des tapis de M. Sallandrouze était sans aucune comparaison la plus belle, la plus riche et la plus variée de l'exposition; elle couvrait, elle ornait complètement le parquet et les lambris d'une salle immense construite exprès pour recevoir ces magnifiques tissus.

» Le genre le plus somptueux était représenté par le grand tapis qui doit orner la nouvelle galerie du palais des Tuileries; dans ce tapis, la beauté des dessins, l'éclat, la nuance des couleurs et la science du tissu, se disputent la palme de la perfection.

» Dans les genres intermédiaires et les genres simples, on remarquait les tapis écossais sans envers, les moquettes, les tapis pour foyer, des dessus de table ornés de paysages d'un goût excellent, des tapis d'été, faits en toile cirée, imprimée et vernie. Tous ces produits sont variés de formes et de prix, jusqu'aux tissus les plus économiques, et par là les plus généralement utiles.

» Il faut signaler comme une fabrication depuis peu de temps acquise à l'industrie française, de très-beaux tapis à dessins turcs et persans. Les tapis de Perse étaient surtout remarquables par l'élégance du dessin et la grâce de l'effet. »

Le jury récompensa l'auteur de tant de magnifiques produits en lui décernant la médaille d'or; et le roi le nomma chevalier de la Légion-d'Honneur.

Des succès si prodigieux devaient mettre en évidence M. Sallandrouze. Il fut nommé successivement président de la chambre consultative des arts et manufactures d'Aubusson, membre du conseil-général des manufactures au ministère du commerce, et enfin, en 1839, membre du jury central appelé à juger les produits de l'industrie et à décerner les récompenses. C'est avoir atteint le but glorieux de la carrière à un âge qui est pour beaucoup d'autres l'époque des essais et des espérances.

M. Sallandrouze, ayant été nommé rapporteur de la commission des brevets d'invention, a publié à ce sujet des considérations fort judicieuses sur la législation qui régit cette matière. Plusieurs recueils lui doivent aussi d'excellents articles dans lesquels il a développé, avec des connaissances toutes spéciales, des questions industrielles du plus haut intérêt. En pratique aussi bien qu'en théorie, l'illustre manufacturier d'Aubusson réunit des titres qui pourront un jour le faire appeler à grossir le nombre des représentants de l'industrie dans la chambre des pairs.

Parmi les fabricants qui se sont le plus distingués dans l'art de confectionner les tapis, de manière à les mettre à la portée des moyennes fortunes, nous citerons encore M. Rogier, MM. Jobert-Lucas et Louis Ternaux, MM. Rose-Abraham et Armonville, ainsi que MM. Brunet frères. Tous, quoiqu'à des degrés différents, ont contribué à l'abaissement des prix des tapis, en simplifiant surtout leur main-d'œuvre.

M. Ch. Dupin n'a pas omis de faire remarquer que la Restauration fut une époque de plus en plus florissante

pour les industries destinées aux ornements d'église, depuis la simple étole jusqu'à la mitre épiscopale, depuis le rochet clérical jusqu'à la chasuble et à la chape. Ces produits n'étaient d'abord remarquables que par une grande richesse; mais plus tard ils le devinrent par un meilleur goût.

En général, les arts vestiaires avaient pris, depuis la rentrée des Bourbons, un essor qui dépassait de beaucoup toutes les prévisions des industriels eux-mêmes. Aussi allons-nous rencontrer une foule de noms célèbres ou dignes de l'être; et nous n'avons à parler ici que des notabilités du premier ordre.

En tête de nos filateurs, je citerai M. Eugène Griolet, qui a fait faire d'immenses progrès au filage de la laine peignée, et qui occupe seul environ quinze cents ouvriers.

Pour les tissus de laines foulés et drapés, c'est Ternaux aîné, à qui déjà nous avons rendu hommage; c'est M. Cunin-Gridaine, qui occupe le plus haut rang dans l'industrie de Sédan, qui a obtenu plusieurs médailles d'or, a rempli les fonctions de membre du jury central de l'exposition de l'industrie, et s'est vu naguère appelé pour la seconde fois à présider aux importants travaux du ministère du commerce. C'est aussi MM. Frédéric Jourdain et Riboulleau, fabricants de Louviers; MM. Bacot père et fils, de Sédan; MM. Louis-Robert Flavigny et fils, d'Elbeuf; M. Guibal-Anne-Veaute, de Castres; MM. Chayaux frères, de Sédan; MM. Dannet père et frères, et MM. Aubé frères et Compagnie, de Beaumont-le-Roger, département de l'Eure; MM. Bertèche Lambquin et fils, de Sédan; MM. Chefdrue et Chauvreulx, d'Elbeuf; MM. Victor et Auguste Grandin, aussi d'Elbeuf; MM. Lemaire et J. Randoing, d'Abbeville; enfin MM. Julien, Guibal le jeune et Compagnie, de Castres. Tous ces manufacturiers ont obtenu la médaille d'or dans les expositions, quelques-uns même plusieurs fois; il en est plusieurs qui ont été décorés de la croix d'honneur, en récompense de leurs travaux et des progrès qu'ils ont fait faire à leur industrie.

Pour les tissus de laine non foulée, on trouve au premier rang la manufacture de M. Paturle, Lupin et Compagnie, dont les produits s'exportent en grande partie dans les Pays-Bas, l'Angleterre, l'Italie, l'Amérique, où ils soutiennent dignement l'honneur de la fabrique française. On sait que le chef de cette maison, après avoir obtenu des médailles d'or, après avoir fait partie du comité central d'exposition, a aujourd'hui l'honneur de représenter l'industrie dans la Chambre des pairs.

Viennent ensuite MM. Eggly, Roux et Compagnie, dont les produits réunissent au bon goût la science de la fabrication; M. Griolet, déjà cité parmi les filateurs; et surtout M. Rey, qui a montré tant de talent dans ses mélanges de soie et de laine, d'où résultent ces tissus élégants et variés si connus sous les noms de *Pondichéry*, *Sumatra*, *Châlis*, *Golconde*, etc.

Je nommerai encore M. Louis Aubert, de Rouen, pour les tissus de laine ras; les Henriot, de Reims, pour les tissus légèrement foulés et non drapés; MM. Fournival, père et fils, de Rethel, pour les tissus mérinos. Si je pouvais mentionner ici toutes les médailles d'argent et de bronze, les noms seuls d'une foule de fabricants dignes d'éloges formeraient un long catalogue.

Dans l'art de teindre les fils et les tissus, les honneurs sont pour l'infortuné Beauvisage, qui obtenait la teinture écarlate sur laine avec la laque-laque; pour M. Gouin, de Lyon, qui n'emploie que la seule garance; pour M. Raymond, qui a découvert le secret de remplacer l'indigo par l'emploi du bleu de Prusse.

Diverses nuances de la soie ont été perfectionnées par trois élèves de M. Roard, MM. Perdreau, de Tours, Renard et Brunel, d'Avignon. M. Widmer, de Jouy, a découvert une couleur verte qu'il transporte, à l'aide d'un seul procédé, sur les tissus de coton, sans avoir besoin d'appliquer successivement le jaune et le bleu. Les Anglais avaient proposé un prix de cinquante mille francs pour une semblable découverte. Plus récemment, M. Guymet, guidé par l'analyse chimique, est parvenu à produire, artificiellement, avec abondance, de l'outre-mer, substance autrefois plus chère que l'or, en aussi belle qualité que celui qu'on extrayait à grand'peine et par grains du lapis-lazuli; et ce qui donne encore plus de prix à sa découverte, c'est que le nouvel outre-mer est deux cents fois moins cher que l'ancien.

La plupart des arts vestiaires trouvèrent de nombreux débouchés, comme je l'ai déjà dit, dans la fabrication des

vêtements sacerdotaux et des ornements d'église, sous le
gouvernement de la Restauration. Les magnificences du

sacre tout clérical de Charles X mirent en évidence les richesses industrielles que la France avait acquises dans différentes branches manufacturières, durant le calme de la
paix.

La famille des Kœchlin, si célèbres dans l'art d'imprimer
sur tissus, a déployé, pour soutenir sa renommée, la
même activité qu'elle avait mise à la créer. C'est Daniel
Kœchlin qui a découvert des agents chimiques capables
d'agir sur le rouge d'Andrinople. La gloire d'avoir trouvé

la solution de cet important problème lui valut celle de recevoir les hommages de nos voisins les Anglais.

« Après la paix de 1814, dit M. Ch. Dupin, ce célèbre
manufacturier visita l'Angleterre. On lui refusait l'entrée
d'une des plus belles fabriques de toiles peintes; il se con-
tenta de faire passer un petit échantillon de ses impressions
au mystérieux propriétaire; celui-ci, ravi d'admiration,
ouvrit aussitôt ses portes à Daniel Kœchlin, en s'étonnant
que l'auteur d'un pareil chef-d'œuvre espère apprendre
quelque chose en Angleterre. »

Outre Daniel Kœchlin, l'industrie qui exploite les impressions sur tissus de coton compte encore parmi ses soutiens plusieurs autres membres de cette honorable famille :
MM. Kœchlin frères, M. Grosjean-Kœchlin, MM. Schlum-
berger, Kœchlin et Compagnie, tous établis à Mulhausen, tous en possession d'obtenir des médailles d'or dans
les expositions de l'industrie. La réputation de leurs produits est actuellement répandue dans le monde entier.
D'habiles concurrents, de redoutables émules se sont formés à leur exemple. MM. Gros, Odier, Roman et Compagnie, dont la grande fabrique est établie à Wesserling
(Haut-Rhin), exécutent toutes les transformations du coton
avec une perfection rare, et méritent de figurer au premier
rang, autant pour le dessin, le coloris, la finesse de la gravure, que pour la qualité des tissus et l'excellence des
apprêts. M. Dolfus-Mieg et Compagnie, de Mulhausen, ne
se distinguent pas moins, et par leur habileté d'exécution,

et par la grandeur de leurs opérations commerciales. MM. Haussman frères, d'Ingelbach (Haut-Rhin), qui les premiers ont appliqué la gravure lithographique à l'impression sur les étoffes de coton, de laine et de soie, joignent au mérite d'un beau travail celui du bon marché. Ils excellent surtout dans l'impression à double rouleau. MM. Hartmann père et fils, de Münster, obtiennent de très-beaux résultats dans presque tous les genres d'impression ; mais ils ont une supériorité reconnue dans le genre simple, où ils montrent un goût exquis et un fini qui ne laisse rien à désirer. M. Adrien Japuis, élève d'Oberkampf, est fondateur de la fabrique de Clay (Seine-et-Marne); par des efforts sans cesse renouvelés, efforts continués par ses enfants, il est parvenu à obtenir des résultats qui font honneur à l'industrie française. Il serait injuste d'omettre les Hailmann et les Hofer, de Mulhausen, qui, dès 1819, obtenaient la médaille d'or, avec les Kœchlin et les Dolfus-Mieg.

Le filage du duvet de cachemire est une heureuse innovation qui a mis les tissus de cachemire en état de soutenir la concurrence contre les tissus nouveaux si variés et si nombreux obtenus, par le mélange de la laine et de la soie, à des prix de plus en plus économiques. M. Hindenlang mérite d'être regardé comme le fondateur de cette nouvelle industrie, qui occupe aujourd'hui des milliers de bras. Il est en effet le premier qui ait établi en France le filage à la mécanique du duvet de cachemire. C'est lui qui a produit, dès 1813, les premiers fils de cachemire livrés à la fabrication des châles et tissus formés de ce duvet.

M. Joseph-Ulric Hindenlang, l'aîné de sa famille, né à Bâle, en Suisse, en avril 1795, commença de bonne heure ses travaux industriels, puisqu'en 1813 il s'occupait déjà des moyens de filer le duvet de cachemire à l'égal de la toison des bêtes à laine. Cette fabrication, parvenue de nos jours à un éminent degré de perfection, et dont l'importance, tant pour la consommation intérieure que pour l'exportation, s'élève à des millions, doit en grande partie son accroissement et ses progrès aux constants efforts de

M. Hindenlang. Ayant à cœur d'améliorer son œuvre, il n'a éludé aucune difficulté (et il en rencontrait de grandes), il n'a reculé devant aucun sacrifice, pour amener à la perfection le genre de filature qu'il avait en quelque sorte créé.

Enfin, à force d'essais réitérés et très-dispendieux, il est parvenu à donner à ses produits la régularité, la finesse et la solidité qui les distinguent de ceux de ses concurrents actuels, qui, presque tous sortis de ses ateliers, ont pu mettre à profit l'expérience qu'ils avaient acquise sous sa direction.

A partir de l'exposition de 1819, qui lui valut la médaille d'argent, M. Hindenlang a constamment obtenu en première ligne l'approbation du jury central. En 1823, la médaille d'or lui fut décernée, et de plus, il fut nommé membre du conseil-général des manufactures et chevalier de la Légion-d'Honneur. Aux expositions de 1827 et de 1834, M. Hindenlang fut honoré du rappel de la médaille d'or, qui lui a été confirmée en 1839, non-seulement pour la filature du duvet de cachemire, mais encore pour celle de la laine mérinos, branche nouvelle qu'il a jointe, en 1836, à sa fabrication, et qu'il a traitée d'une manière tellement supérieure, qu'à la dernière exposition il a présenté des fils mérinos d'une finesse inconnue jusqu'alors. Ces fils mérinos extra-fins, qu'aucun autre filateur n'avait essayé de produire, sont entrés dans la consommation depuis cette époque, et ont donné naissance à une foule d'articles nou-

veaux, dont la fabrication eût été impossible avec les anciennes filatures de laine. Cette remarquable innovation
était un important service rendu à la fabrication des tissus
de laines. Le jury central en apprécia tout le mérite ; et le
gouvernement, jaloux de récompenser dignement les utiles
travaux de M. Hindenlang, lui conféra le grade d'officier
de la Légion-d'Honneur, à la suite de l'exposition.

Dans la période que nous parcourons, M. Lemare s'est
fait une réputation par la rare constance avec laquelle il
s'est occupé du perfectionnement de ses appareils de chauffage, économiques autant qu'ingénieux. Tout le monde
connaît les caléfacteurs de son invention, dans la fabrication desquels il a trouvé de nombreux imitateurs.

Sur la fin de l'année 1820, il fit connaître au public de
nouvelles marmites, nommées autoclaves, parce que le
couvercle de ces appareils est construit de manière que la
force expansive de la vapeur du liquide qu'ils contiennent
applique exactement contre leur surface intérieure leur
rondelle, qui interdit tout passage à cette vapeur. Cette
invention moderne n'est réellement que la *marmite de
Papin* appliquée aux usages domestiques, et principalement
à la cuisson des aliments. Les marmites autoclaves ont
l'avantage de faire de bons bouillons et de cuire la viande
à point en moins d'une demi-heure. Mais cet appareil exige
d'attentives précautions. Il a causé de terribles accidents.
On se rappelle la mort tragique du chanteur italien Naldi.
Cet artiste, ayant fait l'acquisition d'une marmite autoclave,

II. 67

voulut en faire l'essai en présence de plusieurs de ses amis. Tandis que les convives attendaient avec curiosité l'effet de l'expérience, le vase, brisé par la force de la vapeur, fit

explosion avec fracas et répandit la terreur parmi les assistants. Plusieurs personnes furent blessées; Naldi resta mort sur la place.

Depuis, M. Lemare a obtenu trois fois la médaille d'argent dans les expositions des produits de l'industrie. En 1834, le jury mentionna honorablement un appareil nouveau de son invention, appareil destiné à faire cuire le pain dans une capacité inaccessible à la fumée, ainsi qu'à l'air de la combustion. Avec cet appareil, on fait seulement circuler un air pur échauffé dans des cavités dont les surfaces sont en contact avec le foyer. Le pain, cuit de la sorte, est d'une propreté remarquable, et la cuisson peut être continue, ce qui est un objet naturel d'économie.

Les fourneaux et les appareils culinaires de M. Harel rendent de grands services à l'économie domestique; ils sont aussi très-recherchés des consommateurs. Leur inventeur a obtenu la médaille d'argent dans toutes les expositions depuis celle de 1819.

L'horlogerie va nous offrir, dans ses diverses branches, quelques artistes célèbres dont l'illustration est héréditaire aussi bien que leurs talents.

Dans l'horlogerie astronomique et nautique, nous avons M. Bréguet neveu, qui continue dignement les travaux de son oncle, et maintient dans sa maison la médaille d'or. Ce sont encore MM. Berthoud frères, dont le chronomètre a excité l'admiration des savants de l'Observatoire de Paris; MM. Perrelet père et fils, à qui l'on doit le compteur, si précieux pour mesurer avec précision la durée des phénomènes astronomiques, et des appareils admirablement exécutés pour la démonstration des échappements les plus remarquables; M. Motel, fabricant en titre des chronomètres de la marine, et généralement connu pour la parfaite exécution et la marche régulière de ses instruments.

Pour les grands mécanismes d'horlogerie, c'est toujours la famille Lepaute qui se trouve au premier rang. C'est à M. Lepaute fils que la ville de Paris doit la belle horloge du palais de la Bourse. Celle du palais de Compiègne est aussi de la même main. Enfin, M. Lepaute fils est encore l'auteur de l'horloge de l'hôtel des Postes, où de grandes difficultés locales ont été surmontées avec un rare talent.

Nous devons aussi une mention particulière à M. Wagner (Henri Bernard), qui, entre autres ouvrages remarquables, a construit trois belles horloges pour Alger.

L'horlogerie domestique, en ce qui concerne les pendules, signale M. Pons-de-Paul, décoré de deux médailles d'argent et de trois médailles d'or, et auteur d'un grand nombre de mouvements exécutés avec une admirable précision. Il présenta, en 1834, un nouvel échappement, dit *à truelle*, imaginé d'après la théorie des engrenages de Woët, et recommandable par une extrême simplicité.

Après lui viennent MM. Garnier, Deshays, Vincenti, Hanriot, Robert, qui rivalisent dans l'art de fabriquer les pendules de divers genres.

Il nous est impossible de citer toutes les notabilités de cette savante et ingénieuse industrie. Le *Dictionnaire de la Conversation* en indique plusieurs, à l'article *Montre*, qui traite des diverses branches de l'horlogerie; il mentionne d'une manière spéciale M. Brocot, de Paris, comme toujours appliqué à améliorer, par des procédés nouveaux et solides, ses pendules perfectionnées, où, sans augmentation sensible des prix courants, se trouvent des *suspensions* meilleures, des modes de *réglage* faciles et plus précis, aussi bien que celui de *compensation* de la température. Ces pièces, dont la sonnerie sans chaperon ni repère ne peut plus mécompter, prennent leur aplomb d'elles-mêmes, et la première personne venue peut les déballer, les placer, les régler sans le secours de l'horloger. « On doit à M. Brocot, disait le rapporteur du jury central de 1834, un appareil pour régler très-promptement la longueur d'un pendule qui batte un nombre juste d'oscillations dans un temps déterminé. Il a modifié l'inclinaison de la denture qu'offre l'échappement à ancre, dans la vue d'obtenir l'isochronisme des oscillations; l'ancre, fixée sur l'arbre, à simple frottement, permet à la pendule de se mettre toujours d'échappement d'elle-même. »

Quant à l'horlogerie en montres, il n'est pas une seule fabrique qui puisse soutenir la comparaison avec celle de la famille Japy.

Cette immense fabrique, fondée depuis 1780, est située à Beaucourt, village de l'arrondissement de Béfort (Haut-Rhin). Elle embrasse tout ce qui concerne la grosse horlogerie domestique, mouvements de montre, de pendules et de lampes, et, de plus, la fabrication de vis-à-bois, la serrurerie, la quincaillerie, les ustensiles de cuisine, la vaisselle en fer battu et étamé, etc. L'ensemble de l'établissement, ou, pour parler plus exactement, des manufactures de la famille Japy, occupe aujourd'hui au-delà de six mille personnes de tout âge et de tout sexe, parmi lesquelles se trouvent un certain nombre d'ouvriers externes. Nous allons voir quels furent les commencements de cette admirable fabrique.

Frédéric Japy, fils d'un habile maréchal de village, alla de bonne heure apprendre l'horlogerie en Suisse, chez un horloger distingué, nommé Perrelet. Revenu à Beaucourt, après dix-huit mois d'apprentissage, il y travailla d'abord à façon pour le compte de son maître. Comme il avait le goût de son art et un grand zèle pour le travail, il ne tarda pas à faire des apprentis, à former des ouvriers, et à établir chez son père un petit cabinet d'horlogerie. Mais le nombre de ses travailleurs augmentant chaque jour, ce local devint tout-à-fait insuffisant pour les projets du fils du maréchal. Il quitta donc Beaucourt avec les ouvriers qu'il

avait formés, et vint s'établir à Montbéliard. Mais comme
il n'était pas bourgeois de cette ville, dès qu'on vit son
établissement prospérer, on ne manqua pas de lui susciter
des tracasseries; c'est ainsi que procède toujours l'esprit
de jalousie. Pour s'affranchir de ces tribulations, Frédéric
Japy se décida à quitter le pays; il revint à Beaucourt, où
il parvint, à force de travail et d'économie, à faire construire un bâtiment contenant des ateliers et l'emplacement
nécessaire pour loger sa nombreuse famille, qui ne tarda
pas à se composer de seize enfants.

Le besoin d'élever un si grand nombre d'enfants l'amena
forcément à employer toutes les ressources de son esprit
industrieux. Il inventa donc des mécaniques pour confectionner habilement et à bon marché des mouvements de
montre qu'il avait la certitude de vendre dans les montagnes de Neuchâtel en Suisse. Son établissement se fit
bientôt connaître par ses bons produits; il prit de l'extension au fur et à mesure de l'accroissement des bénéfices.
Enfin, en 1806, après avoir obtenu à l'exposition de l'industrie la mention la plus honorable, Frédéric Japy se
retira des affaires avec une belle fortune, laissant son établissement à ses fils, qui en sont aujourd'hui les propriétaires sous la raison sociale de Japy frères.

M. Frédéric-Guillaume Japy, fils aîné du fondateur de
la fabrique de Beaucourt, et le chef actuel de la famille,
prit avec ses frères la direction de l'établissement. Bientôt
la nécessité de se libérer de l'énorme dette qu'ils avaient

contractée envers leurs cohéritiers leur inspira l'idée d'agrandir leur établissement, de perfectionner la fabrica-

tion des mouvements de montre, et de joindre à cette branche d'industrie la grosse horlogerie, la confection des vis-à-bois, la serrurerie, la quincaillerie, et plus tard les ustensiles de cuisine et la vaisselle, comme on l'a vu plus haut.

Leur emplacement à Beaucourt étant trop circonscrit pour tant d'entreprises différentes, ils allèrent dans le département du Doubs, à peu de distance de la fabriquemère, et y établirent successivement quatre usines. Le tout commençait à peine à fonctionner, lorsque les armées alliées envahirent la France pour la seconde fois (1815). A l'instigation des ennemis de l'établissement, les troupes étrangères, non-seulement brisèrent les mécaniques des frères Japy, mais encore réduisirent en cendres la fabrique et tous les bâtiments qui en dépendaient. Les pertes occasionnées par cet incendie furent évaluées par experts à la somme de dix-huit cent mille francs. Heureusement que les usines situées dans le Doubs ne furent pas enveloppées dans ce désastre, et que les frères Japy, jouissant d'une réputation de loyauté solidement établie, n'eurent pas de peine à trouver des capitaux. Dans l'espace de huit mois, Beaucourt s'était relevé de ses ruines comme par enchantement. Depuis lors, sa prospérité n'a pas cessé de s'accroître; les diverses industries qui y sont exploitées contribuent puissamment au bien-être de toute la contrée, puisqu'elles procurent du travail aux habitants de toutes les communes environnantes, dans un rayon de deux à quatre lieues. Le prix des journées d'ouvriers varie selon la capacité, l'intelligence et l'habileté, depuis 25 centimes jusqu'à 5 francs. On compte à Beaucourt plus de six cents enfants qui partagent leur journée entre l'école et la fabrique. Les frères Japy ont tellement perfectionné les moyens de confection, qu'ils peuvent aujourd'hui livrer au prix de 2 fr., et même de 1 fr. 25 centimes, un mouvement de montre qui coûtait 7 fr. avant la mise en œuvre de leurs procédés simplifiés.

Les frères Japy obtiennent le maximum des récompenses dans toutes nos expositions. M. le baron Charles Dupin disait à leur sujet en 1834 : « Ces grands fabricants, déjà mentionnés pour la plus haute récompense relativement à leurs outils, à leurs vis-à-bois, à leurs instruments et ustensiles de ménage, comptent leur fabrique d'horlogerie parmi les titres les plus honorables qui leur méritent le rappel de la médaille d'or. »

Si la science rend d'éminents services à l'industrie, par compensation, l'industrie est souvent d'un grand secours pour la science. Combien seraient bornées et incertaines les observations de l'astronome, s'il ne pouvait appeler à son aide les instruments qu'invente et que perfectionne l'art de l'opticien? Comment, du haut de son observatoire,

pourrait-il suivre la marche d'une comète et annoncer sa

réapparition, si ses yeux n'étaient puissamment secondés par une de ces excellentes lunettes, au moyen desquelles on découvre dans le ciel à une profondeur vraiment prodigieuse?

L'art de l'opticien est surtout très-propre à marquer la hauteur à laquelle peut s'élever l'union de la science et de l'industrie.

Quoique l'Angleterre et l'Allemagne possèdent des hommes très distingués dans l'art de construire les instruments d'astronomie, cette partie de l'optique a fait de si grands progrès chez nous depuis un demi-siècle, que la suprématie appartient à la France dans cette brillante spécialité comme dans beaucoup d'autres.

Si les Allemands sont fiers d'avoir eu pour compatriotes Schrœter, Fraunhofer, M. Mertz; si les Anglais citent avec un juste orgueil les travaux de leur célèbre Herschell, de Troughton, l'habile constructeur de plusieurs instruments pour l'Observatoire de Greenwich, de l'ingénieux Dollond, inventeur de la belle combinaison des lentilles composées avec deux espèces de verre, le *flint-glass*, ou verre de cristaux, et le *crown-glass*, ou verre commun à vitres; certes, la France peut leur opposer sans désavantage plusieurs illustres artistes qui n'ont point à redouter la comparaison.

Ainsi nous avons Fortin, qui a dignement secondé les travaux des savants français les plus illustres, à qui l'on doit l'exécution de l'héliostat perfectionné d'après les idées de Malus, et le grand cercle mural dont le duc d'Angoulême fit présent à l'Observatoire de Paris. M. Fortin a reçu la médaille d'or aux expositions de 1829 et 1823.

Ainsi nous avons M. Cauchoix, dont les succès, suivant le rapporteur du jury central de 1834, ont dépassé tout ce que l'on pouvait attendre du plus habile opticien de l'Europe. Il a fourni d'excellentes lunettes pour les observatoires de Strasbourg, de Genève, de Rome, de Bruxelles, ainsi que pour l'Irlande, l'Espagne, l'Égypte et quatre établissements scientifiques des États-Unis. C'est M. Cauchoix qui a confectionné de nos jours les objectifs de la dimension la plus remarquable. Sa grande lunette, comparée au grand télescope à réflexion de sir John Herschell, a été jugée d'une lumière égale, mais plus nette. M. Cauchoix, en inventant des méthodes nouvelles pour exécuter de pareils instruments, a rendu d'éclatants services à l'astronomie et à l'art de travailler les verres. Aussi a-t-il obtenu la médaille d'or à toutes les expositions depuis 1823.

Un artiste qui s'est également illustré, à la même époque, en travaillant à l'exécution des lunettes de grandes dimensions, c'est assurément le célèbre Lerebours, opticien de l'Observatoire de Paris et de la marine, et membre du bureau des longitudes.

Noël-Jean Lerebours, né à Mortain le 25 décembre 1764, fut envoyé dès son enfance à Paris, pour y faire son apprentissage d'opticien. Peu favorisés de la fortune, ses parents n'avaient pu lui donner qu'une éducation fort négligée ; mais son bon naturel, ses habitudes d'ordre, son zèle extrême pour le travail, suppléant à ce qui lui manquait, lui ouvrirent bientôt un brillant avenir.

A peine âgé de vingt ans, Lerebours travaillait déjà dans sa chambre; du fruit de ses économies il s'était acheté des outils, et cinq années plus tard il créait un établissement qu'il vit prospérer d'année en année, à force de travail, de sacrifices et d'études opiniâtres. Pendant dix années·de sa vie, il consacra régulièrement trois nuits par

semaine à faire un amas de connaissances nécessaires à l'exercice de son art; ce travail consciencieux et assidu eut bientôt fait disparaître ce qu'il y avait d'incomplet dans son éducation.

A l'époque des malheurs de la révolution, Lerebours s'était déjà fait une réputation par le soin avec lequel il exécutait les instruments d'optique. Sous l'empire, il brillait déjà au premier rang parmi les artistes de sa profession. En 1804, Napoléon, projetant de se rendre au camp de Boulogne, exprimait à l'astronome Delambre un vif désir d'avoir une excellente lunette. — Sire, lui dit le savant, nous pouvons vous donner la lunette de Dollond, qui est dans nos cabinets, et Votre Majesté ferait une chose agréable aux astronomes si elle voulait nous accorder en échange une excellente lunette de 5 pouces que vient de construire M. Lerebours. — Elle est donc meilleure? — Oui, Sire. — Alors je la prends.

En 1842, Lerebours soumit au jugement de l'Académie des sciences des miroirs à surfaces parallèles de $0^m.16$ de diamètre et un grand nombre d'objectifs de $0^m.97$ à $0^m.102$ d'ouverture. Les miroirs, épreuves faites, furent trouvés dignes de soutenir la concurrence avec les miroirs les plus parfaits qu'on eût travaillés en Angleterre. « Ce qui nous restait à examiner, disait dans son rapport le savant Delambre, était le degré de perfection et d'habileté que l'artiste avait su mettre dans son travail : or, sous ce point de vue, nous ne saurions donner trop d'éloges à M. Lerebours, car tous ses objectifs sont parfaitement achromatiques et terminent les bords des images avec une netteté qui ne laisse rien à désirer. »

Lerebours termina, en 1846, une lunette de $0^m.19$ de

diamètre qui a toute son ouverture. C'était à cette époque le plus grand et le plus parfait réfracteur qui existât dans le monde. Cette lunette fut achetée depuis par le bureau des longitudes; elle avait obtenu l'approbation de l'Académie des sciences. Le roi Louis XVIII avait commandé pour l'Observatoire de Paris une lunette de 0^m 240 de diamètre, et seulement de 3^m 32 de foyer. Lerebours acheva cet instrument en 1823. Le célèbre Herschell, à l'occasion d'une étoile qu'il observait, écrivait en 1825 : « Je ne connais jusqu'à présent qu'un télescope dioptrique au moyen duquel cette étoile ait été vue double, c'est celui de Lerebours, actuellement monté à l'Observatoire de Paris, et dont l'objectif a, comme celui de Dorpat, 9 pouces de diamètre, sur lesquels 8 et demi sont employés. »

Lerebours s'était associé son fils pour l'exécution de ses admirables instruments. En 1829, on essaya à l'Observatoire de Paris une de leurs lunettes, munie d'un objectif de 0^m 33. Ces travaux et d'autres du même genre obtinrent les suffrages de tous les juges compétents ; et personne ne s'étonnera qu'ils aient constamment obtenu la médaille d'or depuis l'exposition de 1823.

Lerebours a été l'un des artistes éminents qui ont placé la France au niveau de l'Angleterre pour l'exécution des grandes lunettes achromatiques.

« Écoutons, disait M. Charles Dupin en 1834, écoutons les commissaires de l'Académie des sciences dans les jugements qu'ils ont portés sur les travaux de M. Lerebours :

« En nous servant des lunettes de 39 centimètres, nous
» avons observé plusieurs fois assez distinctement la raie
» obscure et presque imperceptible qui prouve que l'anneau
» de Saturne est double ; et cependant la planète était alors
» peu élevée sur l'horizon.... Les observations faites sur
» Jupiter ont prouvé qu'à l'égard de l'achromatisme, l'ar-
» tiste obtient toute la perfection qu'on est en droit d'es-
» pérer. Parmi ses objectifs, il s'en est trouvé qui ont sup-
» porté sur Jupiter, sans la moindre trace d'iris ou de
» couleur, un grossissement de quatre cents fois, ce qui
» leur assure une supériorité marquée sur la plupart des
» lunettes de cette dimension qui ont été construites jus-
» qu'à présent.... Après les travaux dont nous avons rendu
» compte, disent toujours les membres de l'Académie, nous
» demeurons persuadés qu'aucun astronome français n'é-
» prouvera ni le besoin ni le désir de recourir à des artistes
» étrangers. Une bonne lunette, si elle était unique, ne
» prouverait peut-être que l'excellence de la matière ou le
» bonheur de l'artiste qui aurait, par hasard, réussi à la
» bien employer ; mais quand on voit ce nombre d'objec-
» tifs, tous façonnés par la même main, il est impossible
» de ne pas convenir que c'est à ses soins, à son adresse,
» à ses procédés et à son expérience que l'artiste a pu
» devoir des succès aussi éclatants et aussi soutenus. »

» En présence de ces beaux résultats, ajoute M. Dupin,
résultats constatés avec tant de soin, il semblait impossible
d'aller plus loin, et très-difficile de faire aussi bien. »

Lerebours fit de grands sacrifices pour introduire en France la fabrication du *flint-glass*, et surtout pour obtenir cette matière en bonne qualité. C'est qu'il faisait beaucoup plus de cas de la gloire que de la richesse. Il est mort le 13 février 1840, vivement regretté de tous ceux qui avaient pu apprécier les nobles qualités de son cœur et la modeste simplicité de son caractère. Il était chevalier de la Légion-d'Honneur, membre du conseil-général des manufactures et de la société d'encouragement.

De nos jours, un jeune constructeur d'instruments à l'usage des sciences s'est placé hors ligne dans cette brillante carrière. C'est M. Gambey, qui siège avec distinction à l'Académie des sciences.

Gambey (Henri-Prudence), né à Troyes en Champagne, s'est d'abord fait connaître par une machine à graduer les instruments d'astronomie; au moyen de cette machine de son invention, on divise toutes sortes de cercles avec la plus grande exactitude sans le secours de l'intelligence de la personne chargée de cette partie du travail. Un manœuvre, placé dans une pièce voisine de celle où est établie la machine, exécute, à l'aide d'une roue qu'il fait mouvoir, la graduation d'un cercle quelconque; au moyen d'un appareil de l'invention de l'auteur, on peut placer le cercle que l'on veut diviser hors du centre sans qu'il en résulte la moindre excentricité dans la graduation. Jusque-là, l'excentricité dans la division du cercle avait toujours subsisté; ce vice faisait le désespoir des artistes qui s'occupaient le plus spécialement de cette partie, la plus importante de toutes dans les instruments d'astronomie.

PEUPIN

M. Gambey a aussi inventé un théodolite-répétiteur à deux cercles, l'un vertical, l'autre horizontal. Le cercle vertical est placé excentriquement, ainsi que la lunette qui sert à mesurer les angles; mais, par une manière toute particulière d'employer cet instrument, les angles horizontaux, quoique mesurés à la circonférence du cercle, se trouvent ramenés à une mesure égale à celle qu'on obtiendrait en les mesurant du centre même de l'instrument, et en même temps corrigés de toutes les erreurs qui pourraient provenir d'un défaut de rectification des différentes parties qui composent l'instrument.

Aux expositions de 1819, 1823, 1824, 1827, M. Gambey a présenté divers instruments qui tous ont enlevé les suffrages du jury central, notamment un héliostat et une boussole de son invention.

Le savant rapporteur du jury de 1834, après avoir parlé de Lenoir, de Jecker, de Fortin et de quelques autres habiles constructeurs d'instruments, ajoute :

« Un artiste plus jeune encore s'est élevé plus haut que tous ses prédécesseurs. Pour la première fois, M. Gambey montre ses œuvres à l'exposition de 1819; il se place au premier rang par l'étonnante exécution de ses cercles répétiteurs, de ses théodolites et de plusieurs autres instruments de physique et de mathématiques. En 1827, il se surpasse lui-même par un héliostat d'une composition savante, par une lunette méridienne munie d'un cercle de déclinaison, avec un système de niveaux complètement neuf et précieux pour les astronomes. Signalons surtout son magnifique équatorial dont la division se fait admirer pour sa régularité parfaite. Dans cet instrument, une disposition ingénieuse permet de faire tourner la lunette avec une vitesse *complètement* uniforme autour de l'axe du monde, et de suivre ainsi le mouvement sidéral au moyen d'une horloge à pendules dont la structure ingénieuse, établie sur de nouveaux principes, aurait fait seule la réputation d'un horloger du premier ordre.

» Il résout un problème qu'avaient en vain cherché les grands artistes d'Angleterre, pour diviser les instruments circulaires.

» Par la combinaison d'un plateau quadrangulaire dont les côtés changent de place en restant parallèles à leur position primitive, et dont un angle a son sommet au centre du cercle qu'on veut diviser, mais se meut circulairement autour du centre du plateau même de la machine à diviser, M. Gambey divise les circonférences avec autant de facilité que de précision. Avec ce moyen, le travail le plus délicat devient en quelque sorte mécanique; il peut être exécuté par un ouvrier d'un talent ordinaire, en produisant des résultats qui réunissent l'économie à l'extrême précision.

» Telle est la perfection atteinte aujourd'hui par cet artiste éminent, que, dans ses petits théodolites, des cercles d'un rayon d'à peu près huit centimètres sont gradués si régulièrement et si nettement qu'on peut y lire, au moyen d'un vernier, sans aucune incertitude, des arcs de cinq secondes, lesquels arcs sont inférieurs au quart d'un centième de millimètre! Ces instruments si parfaits n'excèdent pas la portée de la fortune de simples particuliers; en même temps, leur légèreté, leur médiocre volume, les rendent facilement transportables dans les expéditions militaires, les opérations géodésiques et les voyages scientifiques, même en pays de montagnes.

» Il y a cinquante ans, l'Europe entière allait chercher

en Angleterre les instruments à cercles divisés d'une haute précision ; aujourd'hui c'est en France que les nations les plus avancées, et l'Angleterre elle-même, viennent commander de semblables instruments au premier artiste de notre époque.

» Dans l'antiquité, lorsque l'art des divisions angulaires était dans l'enfance, on suppléait à cette imperfection par des instruments d'une énorme dimension. Tel était le cercle d'Osymandias, avec lequel les prêtres d'Égypte observaient la marche des cieux. Un tel cercle, d'un énorme diamètre, ne donnait pas cependant une précision égale aux cercles de M. Gambey, dont le rayon n'excède pas la largeur d'une main d'homme. »

De si importants ouvrages méritaient de magnifiques récompenses. Après avoir obtenu trois médailles d'or dans les expositions, M. Gambey a été nommé membre de l'Institut, chevalier de la Légion-d'Honneur et de l'ordre de Léopold de Belgique, membre du bureau des longitudes et de plusieurs sociétés savantes.

L'art de fabriquer, pour la musique d'église, les grandes orgues qui répandent une majesté si solennelle sur les cérémonies du culte catholique, cet art précieux que pratiquaient avec tant de succès les anciennes corporations religieuses, a repris de nos jours une nouvelle faveur, grâce aux admirables travaux de deux artistes très-distingués, MM. Cavaillé-Coll père et fils.

Depuis près d'un siècle et demi, l'art du facteur d'orgues

existe dans la famille Cavaillé. L'orgue qu'on voit encore aujourd'hui dans l'église de Saint-Pierre à Toulouse fut construit, vers 1700, par deux religieux dominicains, le frère Isnard et le frère Joseph Cavaillé. Depuis cette époque, l'art du facteur s'est maintenu sans interruption dans la famille Cavaillé, au milieu même des bouleversements de la révolution. Ne pouvant alors continuer leurs travaux en France, où ils avaient fait et réparé un grand nombre d'orgues dans les provinces méridionales, les Cavaillé passèrent en Espagne, et ils y construisirent des orgues pour les églises de Sainte-Catherine et de la Merci de Barcelonne, pour l'église collégiale de Puicerda et pour beaucoup d'autres encore.

MM. Cavaillé-Coll, dont nous allons entretenir nos lecteurs, sont les descendants de Jean-Pierre Cavaillé, qui était allé chercher en Espagne un refuge contre la tempête révolutionnaire. Jusqu'en 1834, ils avaient continué d'exercer leur art dans quelques provinces espagnoles et dans le midi de la France, lorsqu'un concours fut ouvert pour la confection d'un grand orgue destiné à l'église royale de Saint-Denis. MM. Cavaillé se présentèrent, et, sur le jugement très-favorable de l'Institut, furent chargés par le gouvernement de l'exécution de cet important travail. Cette circonstance les détermina à transférer leurs ateliers de Toulouse à Paris. Momentanément interrompue par suite des réparations que nécessitait l'état de l'église de Saint-Denis, la construction de cet orgue, dont les dimensions doivent dépasser celles des orgues les plus considérables qui existent actuellement en France, a été reprise et se poursuit avec la plus grande activité.

Pendant cette interruption forcée, MM. Cavaillé ont utilisé leurs talents dans d'autres églises et sur d'autres points de la France. L'orgue de Notre Dame de Lorette, à Paris, leur a valu les éloges les plus flatteurs, non-seulement pour la beauté du travail, mais encore pour le talent remarquable dont ils ont fait preuve et pour le désintéressement artistique avec lequel ils ont rempli leurs engagements. Ces éloges sont consignés dans un procès-verbal revêtu des signatures de MM. Chérubini, Berton, Auber, Paër, Habeneck, Zimmermann, Plantade et autres célébrités musicales de notre époque.

MM. Cavaillé-Coll ont établi aussi, pendant le même intervalle, trois autres orgues en Bretagne pour les églises de Lorient, Pontivy et Saint-Sauveur de Dinan; et ces divers travaux leur ont mérité les suffrages les plus honorables.

Ces habiles artistes se sont particulièrement attachés à introduire dans les procédés qu'ils emploient l'usage de diverses machines de leur invention, lesquelles ont pour effet de simplifier et d'accélérer leurs travaux, tout en leur donnant plus d'exactitude; telle est, par exemple, la scie circulaire inventée par M. A. Cavaillé fils, et pour laquelle il a reçu une médaille de la Société d'encouragement pour l'industrie nationale. On doit encore à MM. Cavaillé deux nouveaux instruments de musique. Le premier, qui se nomme *poïkilorgue,* ou orgue varié expressif, est à clavier et à anches libres. Il diffère de tous les instruments analogues, tels que phits harmoniques, orgues expressifs, par la puissance de son, qui, surtout dans la basse, a quelque chose d'imposant, et se prête à l'expression la plus variée, étant susceptible d'être diminué ou renflé à volonté. Le poïkilorgue a obtenu un grand succès dans plusieurs grands concerts donnés à Paris; et, pour compléter son éloge, il suffira de dire qu'il compte l'illustre Rossini parmi ses admirateurs. L'autre instrument de l'invention de MM. Cavaillé est le piano-poïkilorgue. Cette invention, qui consiste dans l'application du poïkilorgue au piano, est honorablement cité dans un rapport spécial fait en 1834, à l'Institut, académie des beaux-arts, par la section de musique, composée de Cherubini, Paër, Boieldieu, Lesueur, Auber et Berton. Il est dit, dans ce rapport, qu'on doit regarder comme un avantage de plus ajouté à la facture des pianos, celui d'être parvenu, avec des moyens si simples dans leur emploi, à donner aux pianistes la faculté de chanter avec expression en soutenant les sons ; car, à l'aide du piano poïkilorgue, on peut exprimer toutes les nuances d'expression indiquées dans l'art musical.

Chargés de grands travaux, MM. Cavaillé ont dû donner à leurs ateliers une notable extension, et y établir en grand nombre les machines dont ils font usage pour leur intéressante fabrication. Aussi sont-ils en mesure de répondre à plusieurs commandes à la fois et d'exécuter dans le plus bref délai possible l'œuvre la plus étendue, soit qu'il faille construire des orgues neuves, soit qu'il faille en réparer d'anciennes, ce qui ne demande pas moins d'habileté, au jugement des plus savants connaisseurs. Enfin, je dirai en terminant, et sans crainte d'être démenti, que la facture de l'orgue, pour MM. Cavaillé, n'est point un métier, encore moins une routine, mais bien un art, où les études théoriques tendent sans cesse à perfectionner la pratique. Aussi, sont-ils excellents mécaniciens et bons physiciens, comme le dit expressément le rapport fait à l'Institut (académie des beaux-arts), sur le concours de l'orgue projeté de l'église royale de Saint-Denis.

De l'orgue au piano, la transition est toute naturelle. Depuis Sébastien Erard, des perfectionnements et des modifications se sont fait remarquer dans la fabrication de ce dernier instrument. M. Pierre Erard a su maintenir au premier rang la maison fondée par son oncle, et dont nous avons esquissé les brillants travaux. Mais il lui faut lutter aujourd'hui avec plus d'un concurrent redoutable. Les Petzold, les Pleyel, les Roller, les Dietz, ont donné à la fabrication des pianos des développements très-remarquables.

Parmi les grands talents de ce genre, nous devons particulièrement signaler comme artiste du plus haut mérite M. Pape, qui, par de constants efforts, est parvenu à enrichir son art de nombreux perfectionnements.

Jean-Henri Pape, né en 1789, dans le Hanovre, fut de bonne heure mis en apprentissage chez un menuisier-ébéniste. Atteint par la conscription en 1809, le jeune compagnon, soutenu par sa vocation d'artiste, n'hésita pas à s'expatrier et à faire le sacrifice de son petit patrimoine; il prit la route de la capitale de la France, où il arriva comme par miracle; car il lui avait fallu traverser sans passeport plusieurs états dans lesquels l'administration exerçait la surveillance la plus rigoureuse. En 1810, M. Pape entrait comme ouvrier dans les ateliers d'Ignace Pleyel. Il s'y distingua bientôt par son intelligence et son activité, et devint en peu de temps un fort habile ouvrier.

Puis, il alla se perfectionner en Angleterre, car, à cette époque, nos voisins d'outre-mer conservaient encore une supériorité marquée dans l'art de fabriquer les pianos.

A son retour en France, M. Pape fonda un établissement qui obtint de légitimes et rapides succès. Outre l'importation des pianos fabriqués d'après le système anglais, on doit encore à ce laborieux et industrieux artiste une foule d'améliorations et d'innovations importantes, constatées par de nombreux brevets d'invention, et qui ont opéré une sorte de révolution parmi les facteurs de pianos.

« On sait, a dit M. Anders dans la *Gazette musicale de*

Paris, on sait que le système ordinaire des pianos consiste à placer le mécanisme des marteaux au-dessous des cordes; dans les instruments de M. Pape, au contraire, les marteaux se trouvent placés en dessus et frappent les cordes de haut en bas. Ce fut vers 1826 que M. Pape conçut l'idée de ce changement. Il exposa en 1827 un instrument construit sur ce principe; mais des critiques s'élevèrent contre cette innovation; on objectait que le marteau, ne pouvant se relever que par un contre-poids ou par un ressort, devait alourdir le clavier; on ajoutait que les ressorts s'affaiblissant par l'usage, le toucher deviendrait inégal, et qu'en général le mécanisme serait sujet à se déranger souvent.

» M. Pape, loin de se décourager et de se rendre à ces observations, redoubla d'efforts pour faire triompher son système; il en avait reconnu les avantages; c'était pour lui une œuvre de conviction. Des essais sans nombre se suivirent dans l'espace de plusieurs années, et, grâce à une persévérance peu commune, M. Pape finit par vaincre toutes les difficultés, et par obtenir les résultats les plus satisfaisants. A l'exposition de 1834, il présenta des pianos de nouvelle construction dont le mécanisme perfectionné était de nature à désarmer la critique, et qui lui valurent la récompense de la première médaille d'or. Depuis ce temps, M. Pape n'a cessé de se livrer à de nouvelles recherches, et il n'y a pas une partie de ses instruments qui n'ait reçu quelque amélioration.

Parmi les pianos nouveaux que l'art musical doit à l'industrie de M. Pape, nous citerons en passant le piano organisé, qui est un piano vertical de grandeur ordinaire, dans lequel il a introduit un physharmonica; l'harmonica à clavier, qui se compose de timbres de diverses matières, cristaux et métaux, et qui est pourvu d'étouffoirs pour empêcher les sons de se confondre entre eux; le piano sans cordes, instrument qui a le mécanisme du piano, mais dans lequel les cordes sont remplacées par des lames métalliques, ou plutôt des ressorts d'acier, dont la vibration s'obtient à l'aide de petits marteaux. Le son de ce dernier instrument tient en même temps de la harpe et du piano.

M. Pape a su varier la forme de ses pianos de la manière la plus élégante et la plus gracieuse. Ainsi, son piano hexagone, en forme de guéridon, est un joli meuble heureusement conçu, et qui a obtenu un grand succès en Angleterre. A voir cette espèce de table de salon de trois pieds de diamètre, on devinerait difficilement que c'est un instrument de musique. Il y a aussi le piano-console, petit piano d'une dimension tellement réduite, qu'il semble impossible de la réduire davantage; il est construit d'après le système du piano à queue. M. Francœur, dans son rapport sur les nouveaux pianos à queue et consoles, dit que M. Pape a imaginé de faire servir le tirage même des cordes à tendre la table, et par ce moyen il évite, non-seulement la détérioration causée ordinairement par le

tirage sur la table, mais la dispose, au contraire, à acquérir plus de sonorité. Ce charmant petit meuble peut trouver place partout fort aisément. Il ne se recommande pas
moins par la perfection du mécanisme que par la qualité
des sons.

Le génie inventif de M. Pape ne s'est pas borné à des
perfectionnements dans l'art du facteur de pianos. Il s'est
révélé par d'heureux résultats qui sont du domaine de la
mécanique, entre autres sa remarquable machine à scier
en spirale, au moyen de laquelle il parvient à produire
des feuilles d'ivoire d'une longueur de quinze pieds sur
deux pieds et plus de largeur. C'est à l'aide de cette machine qu'avait été débité l'ivoire qui recouvre le piano
qu'on a tant admiré à l'exposition de 1839.

D'autres inventions importantes relatives à l'art du facteur ont acquis à M. Pape une réputation européenne,

malgré de vives oppositions. La mécanique qui porte son nom, d'abord décriée, a fini par être adoptée par tous les facteurs. Une autre invention, qu'on avait jugée très-indifférente dans le principe, la substitution du feutre à la peau pour la garniture des marteaux, est devenue depuis la condition essentielle d'une sonorité pleine et moelleuse dans le piano.

Enfin les instruments de M. Pape ont constamment recueilli les suffrages des savants, des artistes, des amateurs. Il a obtenu successivement la médaille d'argent et la médaille d'or aux expositions de l'industrie, la grande médaille d'or de la Société d'encouragement en 1838, et à la dernière exposition la décoration de la Légion-d'Honneur, dignes récompenses d'une vie entière consacrée à d'infatigables travaux pour les progrès d'un art qui répand tant de charme au sein de la société.

En 1827, la fabrique de M. Pape occupait quatre-vingts ouvriers; en 1834, elle en comptait cent cinquante, qui fabriquaient quatre cents pianos par an. Depuis lors, la prospérité de ce bel établissement s'étend d'année en année: il ne peut en être autrement sous la direction de son habile chef.

Avant de quitter la brillante spécialité qui nous occupe, il nous reste à parler d'un homme dont les travaux prodigieux méritent d'exciter l'admiration et l'étonnement, et dont les succès sont un nouvel et bien frappant exemple de la force de la volonté. Cet homme, aveugle pour ainsi dire de naissance, a pu, de notre temps, faire pour la musique ce que l'Anglais Saunderson fit, dans le siècle dernier, pour les mathématiques.

Cet homme est M. Claude Montal, qui ne doit qu'à lui seul, il peut le dire avec un juste orgueil, la haute réputation dont il jouit aujourd'hui dans le monde musical. Il y a douze ans à peine il remplissait encore, et avec une rare distinction, les fonctions de répétiteur à l'institution des jeunes aveugles, cet établissement philanthropique fondé par le généreux Valentin Haüy. C'était dans cette maison que le jeune Montal avait passé son enfance et sa jeunesse; c'était là qu'il avait commencé à cultiver son intelligence; c'était là qu'il croyait couler ses jours en enseignant à ses compagnons d'infortune ce qu'on lui avait appris à lui-même. Il ignorait encore alors sa véritable vocation; une circonstance vint la lui révéler en lui inspirant un vif désir de se créer une existence indépendante de tous les caprices administratifs. Il avait entendu dire que l'on pouvait vivre très-honorablement en accordant des pianos. Toute son ambition se dirigea d'abord dans le sens de cette idée. Des études consciencieuses et pénibles devenaient indispensables; il s'y livra avec un courage infatigable, et mit tout en œuvre pour parvenir à son but. Du fruit de ses économies, qui n'étaient pourtant que bien modiques, il s'acheta un piano, et se mit à en étudier le mécanisme pièce à pièce avec une attentive sagacité, cherchant à se rendre compte de tous les effets résultant ou devant résulter du fonctionnement de chacune des parties

de cette mécanique musicale. Dans le même temps, de
jeunes clairvoyants qu'il payait lui lisaient tous les ouvrages
propres à éclairer ses recherches. A l'aide de ces travaux,
il acquit rapidement une rare habileté dans l'art d'accorder
les pianos; peu à peu son talent se fit jour; les plus célèbres professeurs se plurent à lui accorder leurs suffrages;
et dès ce moment, M. Montal fut considéré comme le maître par excellence dans sa spécialité. Il est en effet le seul
professeur d'accord que possède la France. M. Montal a
fait plus encore; il a publié une lumineuse et savante théorie
de son art sous ce titre : *L'art d'accorder soi-même son*

piano (1), qui a mis dans toute son évidence la sûreté de ses principes.

Devenu accordeur des professeurs les plus renommés du Conservatoire, M. Montal conçut le projet d'agrandir encore sa sphère, en se livrant à la facture des pianos. L'exécution suivit de près, et ses essais en plusieurs genres ont été remarqués des connaisseurs et lui ont assuré une place honorable parmi les bons facteurs de pianos.

On remarque dans ses pianinos un nouveau chevalet qui, par sa disposition, se trouve collé en pleine table, sans diminuer la longueur des cordes; ce qui procure plus de vibration dans la basse de ces petits instruments, qui en est ordinairement la partie faible. De plus, M. Montal a imaginé des enfourchements en cuivre isolés pour chaque note, et laissant aux marteaux la faculté de s'enlever isolément au lieu d'être tenus douze par douze, comme dans les pianos ordinaires. Il résulte de ce perfectionnement plus de solidité pour l'instrument et plus de promptitude dans la répétition des notes.

M. Montal fait aussi fabriquer dans ses ateliers des pianos droits, des pianos carrés et des pianos à queues.

Les pianos droits sont faits à l'instar de ceux M. Roller, avec des changements d'amélioration dans la mécanique et dans le tablage. Les pianos carrés offrent un perfectionnement du système d'agrafes en cuivre introduit par Erard.

(1) Deuxième édition, 1 volume in-8°. Chez J. Meissonnier, éditeur de musique, rue Dauphine, 22.

Ces pianos sont à sommier prolongé, et doublés en cuivre;
le barrage de la table et la mécanique présentent des améliorations : ce sont d'abord des ressorts suspendus, c'est-
à-dire sans frottement, et susceptibles de plus de durée
qu'aucun ressort connu. Ajoutez à ce premier avantage
une mécanique anglaise qui a la faculté de se baisser ou de
se hausser à l'aide de vis de rappel, sans nuire à l'attaque
et à la précision du clavier. On peut signaler encore dans
ces pianos carrés un perfectionnement du bouton de rappel, qui assure la solidité de cette partie du mécanisme.
Quant aux pianos à queues, ils sont exécutés d'après le
système d'Erard modifié.

Tels ont été jusqu'ici les travaux les plus notables de
M. Montal, travaux vraiment prodigieux, surtout quand on
considère les obstacles de tout genre qu'il avait à vaincre.
Aveugle, sans fortune, sans maître, il a su, en bien peu
d'années, se faire une belle place, parmi les maîtres, dans
un art qui demande ordinairement des études longues et
opiniâtres. Un jour M. Montal pourra être cité comme un
des phénomènes de notre époque.

De notre temps, grâce à l'intelligence inventive d'un artiste, la statuaire a singulièrement agrandi son domaine et
formé une nouvelle branche d'industrie.

M. Romagnesi (Louis-Alexandre), né à Paris en 1776,
après s'être occupé quelque temps de sculpture ornemen-
tale, commença à se livrer à l'étude de la sculpture statuaire vers l'année 1807. M. Cartellier, artiste célèbre,

charmé de ses dispositions remarquables, l'honora de son bienveillant patronage, et l'autorisa à se présenter au jury d'exposition avec le titre de son élève. M. Romagnesi exposa cette même année (1807) sa première statue représentant la Paix, et depuis ses ouvrages ont fait plus d'une fois l'ornement du salon de sculpture.

En 1817, M. Romagnesi obtint une médaille d'or. Mais bientôt le besoin de créer un avenir à sa famille lui fit chercher les moyens les plus propres à utiliser son talent. Ce fut alors qu'il conçut l'heureuse idée de reproduire les œuvres de la sculpture en carton-pierre. Déjà cette industrie avait, il est vrai, un commencement d'existence, mais elle se bornait à l'exécution des plus simples ornements d'architecture. M. Romagnesi peut donc revendiquer le titre d'inventeur. Il comprit tout d'abord l'immense avantage que l'on pouvait tirer de l'emploi du carton-pierre, en exploitant cette matière en artiste. Ce fut en 1823 qu'il jeta les fondements de sa maison, et six mois étaient à peine écoulés que la première statue ronde-bosse, exécutée en carton-pierre, sortait de ses ateliers et recueillait les

éloges de tous les connaisseurs. C'était une reproduction

de la magnifique Vénus de Milo, cette statue antique qui avait été récemment apportée de la Grèce.

A l'exposition des produits de l'industrie de la même année, M. Romagnesi reçut la médaille de bronze, et le gouvernement lui acheta deux candélabres de trois mètres cinquante centimètres de proportion. Jusque-là on n'avait point encore exécuté d'ouvrages aussi considérables en carton-pierre. A l'exposition suivante (1827), les produits de M. Romagnesi lui valurent la médaille d'argent. En 1831, la société d'encouragement lui décerna une semblable récompense. Enfin, en 1835, M. Romagnesi reçut une troisième médaille de la société nationale du commerce et de l'industrie.

M. Romagnesi a exécuté, comme statuaire, un grand nombre d'ouvrages tant en marbre qu'en bronze et en plâtre. On lui doit entre autres les bustes de Louis XVIII, de Fontenelle, du jurisconsulte Pothier, de Fénélon, et ceux d'un grand nombre de personnages contemporains. Il a fait les bas-reliefs qui ornent l'un des œils-de-bœufs de la cour du Louvre, différentes statues placées aux musées de Toulouse, de Rouen, etc., le modèle de l'un des trophées qui devaient être exécutés pour le pont de la Concorde.

Les travaux de M. Romagnesi comme industriel et comme sculpteur d'ornements ne sont pas moins considérables ; dans ce nombre on peut citer une partie de la sculpture du palais de la Bourse, la restauration de la porte Saint-Martin, la sculpture du palais de la chambre des députés, tant en pierre pour la partie extérieure, qu'en marbre et en carton pour l'intérieur.

Quant à ses ouvrages en carton-pierre, les plus marquants sont la décoration du palais de l'archevêché à Reims, pour les cérémonies du sacre de Charles X, dix-huit grands candélabres dorés pour la chapelle et la galerie du Palais-Royal, toute la décoration monumentale et religieuse de la nouvelle cathédrale d'Arras, celle du grand théâtre de Lyon, celle du chœur et de l'autel de la magnifique église gothique de Saint-Urbain à Troyes et de la cathédrale de Saint-Malo. Citons encore le grand candélabre qui orne la rotonde du passage Colbert, à Paris, la décoration de l'église Notre-Dame de Lorette, celle du théâtre de la Renaissance, et en dernier lieu celle du char funèbre qui a transporté les restes des victimes de Juillet à la colonne de la Bastille.

Enfin, c'est M. Romagnesi qui, le premier, a fait des statuettes et ces délicieuses imitations artistiques qui ont obtenu un si grand succès, et qui aujourd'hui sont devenues en quelque sorte une des nécessités mobilières de l'opulence.

Un de nos compatriotes, l'habile ingénieur Brunel, prouve en ce moment aux Anglais que, malgré leurs prétentions orgueilleuses, ils sont souvent très-heureux de pouvoir recourir aux lumières et aux talents des Français.

Nous voulons parler de la construction du tunnel ou pas-

sage sous la Tamise. Mais pour que le lecteur puisse se
rendre compte de l'opportunité de cette entreprise extraordinaire, nous donnerons d'abord quelques explications que
nous fournit le *Nouveau Dictionnaire des Origines*.

AUGUSTA.PLON.SC.

« La Tamise, est-il dit dans cet ouvrage, partage Londres fort inégalement, ou pour mieux dire, la ville même
est au nord, sur la rive gauche de la rivière, tandis que

quelques faubourgs seulement restent au sud et bordent la
rive droite. Cependant, comme ces faubourgs sont manufacturiers et populeux, et que d'ailleurs une communication
active existe entre la ville et toute la campagne au sud de
la Tamise, cette rivière est traversée par six ponts. En
examinant le plan de Londres, on ne tarde pas à remarquer
qu'à partir du pont qui est situé le plus bas, selon le cours
de l'eau, des quartiers considérables s'étendent sur les
deux rives de la Tamise jusqu'à près d'une lieue, sans qu'il
existe entre eux aucun moyen de communication. Cette
disposition a été commandée par l'utilité que le commerce
de Londres retire de la libre navigation de la Tamise. Les
eaux de cette rivière, de son embouchure jusqu'au premier
pont, peuvent être considérées comme un hâvre immense
dans lequel viennent se ranger, d'abord auprès des chan-
tiers et des arsenaux, des vaisseaux de guerre de tout rang,
et plus haut, d'innombrables bâtiments marchands. Ceux-ci
passent de la Tamise dans les magnifiques bassins préparés
pour les recevoir sur la rive gauche, ou bien vont soumettre leurs cargaisons à la visite de la douane, et les déposer
ensuite dans les ateliers du faubourg de Southwarck, ou
enfin demeurent stationnés sur l'axe du fleuve, tandis que
les équipages se remettent des fatigues de la mer et que
les chefs négocient avec les marchands de Londres quelque
nouveau chargement. Tel est le spectacle animé qu'offre la
Tamise au-dessous du pont de Londres. On ne pouvait donc
songer à restreindre, par l'établissement d'un pont, l'éten-

due navigable de la rivière, sans faire au commerce un
tort considérable. D'un autre côté, les habitants du quartier des Docks, c'est-à-dire de ces bassins où viennent abor-
der les vaisseaux des deux mondes, quartier éminemment
populeux et commercial, ne peuvent encore se rendre sur
la rive droite qu'en traversant la rivière sur des bateaux
ou en faisant le détour du pont de Londres, détour de
deux milles et demi (près d'une lieue) pour quelques-uns
d'entre eux. »

A diverses époques des tentatives avaient été faites, mais
infructueusement, pour ouvrir un chemin sous la Tamise;
des masses de sable et des éboulements forçaient toujours
d'abandonner les travaux.

Ce fut en 1824 que l'on confia à l'ingénieur Brunel
l'exécution de ce passage souterrain. Dès lors et successivement, par suite des procédés employés par l'ingénieur
français, les difficultés les plus redoutables s'aplanirent,
et la construction du tunnel fit de véritables progrès; en
ce moment elle touche à son terme. Ce tunnel consiste en
deux berceaux de voûtes contiguës. De larges puits formant
rond-point à l'une et à l'autre extrémité de ces voûtes
serviront de soupiraux pour aérer les ouvrages souterrains
et doivent être garnis d'escaliers afin de faciliter le passage aux piétons, qui seront ainsi dispensés d'aller chercher
plus loin l'entrée des rampes par lesquelles descendront
les voitures. Ces rampes auront vingt-cinq à trente pieds
de large.

Ainsi, de chaque côté du fleuve, sous le sol de la ville,

une galerie de quinze cents pieds de développement con-
duira au fond d'un puits de cent pieds de diamètre,
dans la circonférence duquel on trouvera aussi pratiquée l'ouverture des galeries sous le fleuve. Celles-ci qui
sont destinées, l'une au passage de la rive droite à la rive
gauche, l'autre à celui de la rive gauche à la rive droite,
afin d'éviter l'embarras des rencontres, auront quinze ou
seize pieds de large sur seize ou dix-huit de hauteur, et
s'abaisseront par une pente de deux pieds pour cent pieds
jusqu'au point correspondant au milieu du fleuve. Là le
passant sera à soixante-douze pieds au-dessous du niveau

des hautes marées. Les revêtements des puits, des galeries, toutes les constructions sont en briques. La dépense
est, dit-on, évaluée de cinq à sept millions, dépense économique s'il est vrai, comme on l'assure, qu'un pont en
pierre dans le même endroit coûterait vingt-sept millions
cinq cent mille francs.

Pour l'exécution périlleuse des travaux du tunnel, M. Brunel a inventé un appareil qui met les ouvriers à l'abri
de tout accident. Cet appareil, auquel il a donné le nom
caractéristique de *bouclier*, consiste en un châssis de
fer de trois pieds d'épaisseur, dont l'étendue, égale au
plan vertical du fond de la tranchée qu'il s'agissait de
pratiquer, est partagée en compartiments formant autant
de cellules capables de contenir chacune un travailleur.
Cet appareil avance à mesure que l'ouvrier a enlevé une
épaisseur de terre de douze à quinze pouces, et l'espace
resté libre est de suite revêtu de la maçonnerie qui doit le
soutenir.

Rien de plus ingénieux que les moyens imaginés par
M. Brunel, soit pour préserver les travaux et les travailleurs de l'affluence des eaux souterraines, soit pour les
garantir de leur infiltration. C'est en évitant ces deux dangers qu'il a pu espérer la réalisation d'une entreprise si
difficile, et dont aujourd'hui le succès n'est plus douteux.
A l'endroit où l'on construit le tunnel, la Tamise a environ neuf cent quarante pieds de large.

Outre les travaux du tunnel qui lui assurent une belle

renommée, l'illustre ingénieur français a rendu aussi de grands services à plusieurs arts industriels. Les plus remarquables scieries mécaniques sont celles qu'il a établies dans les arsenaux de Wolwick et de Chatam, en Angleterre, et qui produisent un travail immense. Il y a un petit nombre d'années, M. Brunel a imaginé des scies circulaires, c'est-à-dire dont les dents sont pratiquées sur la circonférence du plateau; elles sont très-commodes pour débiter en feuilles minces le bois de placage. Ces scies ont environ six mètres de diamètre; elles réduisent le bois à deux millimètres d'épaisseur avec tant de précision, qu'il n'est besoin de polir qu'après le placage.

Les anciens, qui sont restés nos maîtres presque en toutes choses, considéraient avec raison la gymnastique comme une partie très-importante de l'éducation physique. La gymnastique, en effet, a pour but de communiquer aux membres du corps des qualités qu'ils n'ont pas naturellement, ou de développer les facultés qu'ils ont par des exercices plus ou moins violents. Dans les temps modernes, surtout depuis l'invention de la poudre à canon, la gymnastique avait fini par être presque oubliée, comme si l'on eût ignoré l'influence que l'éducation physique a toujours exercée, non seulement sur le sort des particuliers, mais même sur la puissance des états.

Pestalozzi, dans le siècle dernier, essaya de ramener aux véritables principes à cet égard; il démontra l'utilité de la gymnastique, et en recommanda l'usage. Dès ce moment, plusieurs savants s'occupèrent avec zèle de cette partie de l'éducation.

En France, ce fut le colonel Amoros, réfugié espagnol, qui fut le principal, le plus intelligent et le plus actif promoteur de l'application de la gymnastique à l'éducation physique des enfants. Il fonda à Paris, en 1819, un bel établissement connu sous le nom de Gymnase-Amoros, et

dans lequel il s'est attaché à développer la force physique et l'agilité des jeunes gens. Ses efforts furent couronnés des plus étonnants succès, et le gouvernement, convaincu par ces résultats, voulut contribuer, par des encouragements, à consolider une institution aussi précieuse. Depuis, la gymnastique s'est répandue rapidement dans tous les états du monde civilisé. Des gymnases, à l'instar de celui du colonel Amoros, se sont formés dans une foule de localités. Les principaux établissements universitaires jouissent de l'avantage des exercices gymnastiques. Il existe même pour l'armée des gymnases spéciaux où les régiments envoient de jeunes soldats pour y prendre des leçons de gymnastique.

Les fontaines jaillissantes, auxquelles on donne le nom de puits artésiens, ont été connues dans les siècles les plus reculés. Des voyageurs assurent qu'on en trouve dans les déserts de l'Asie, dans l'Inde, en Chine, etc. Depuis plus d'un siècle on connaît les eaux jaillissantes de la basse Autriche et les puits forés de Modène et de Bologne, ainsi que la fontaine que Cassini avait fait percer dans le fort Urbain. Le puits artésien le plus ancien que l'on connaisse en France est celui de Lillers en Artois, qui fut percé, dit-on, en 1126. En 1780, Louis XVI avait fait exécuter sous ses yeux un puits de ce genre à Rambouillet.

On a lieu de croire que ces puits ont reçu le nom de puits artésiens, parce que c'est dans l'Artois, province de France, qu'on a commencé depuis bien long-temps à creuser de ces puits qui demandent des travaux ordinairement bien moins dispendieux que la construction des puits ordinaires.

Les puits artésiens se creusent au moyen de sondes de mineur. Peu à peu l'on est arrivé, par l'intervention de divers instruments, à traverser des terrains d'une grande épaisseur. On fait jaillir à la surface du sol, lorsque les

circonstances locales le permettent, et d'une profondeur de plus de trois cents pieds, des eaux si limpides et si pures, qu'on n'en emploie pas d'autres, dans certains pays, pour les usages ordinaires de la vie.

Au reste, nous ne parlons ici des puits artésiens que parce que ce n'est que depuis peu d'années seulement qu'on commence à vouloir en établir partout. Ainsi l'on a vu des fontaines de ce genre jaillir du sol dans les différentes contrées de la France et dans quelques provinces méridionales de l'Angleterre.

Tous les puits artésiens ne donnent pas des eaux jaillissantes; ces eaux s'arrêtent quelquefois à plusieurs pieds au-dessous de la surface du sol, lorsque leur point de départ est moins élevé que la surface du terrain dans lequel on perce le puits. L'expérience a démontré qu'on ne doit s'attendre à trouver des eaux souterraines que dans des endroits situés dans le voisinage des montagnes, qu'elles ne peuvent se rencontrer que dans un sol formé de couches perméables de sables, de cailloux, recouvertes par des couches de glaise, de craie, de bancs de pierre, sans fentes ni crevasses. Les terrains granitiques ou schisteux ne sauraient fournir de fontaines jaillissantes. Il est aussi certaines circonstances du sol qui rendent l'opération du forage très-difficile et très-longue. Le puits artésien qu'on veut établir dans l'abattoir de Grenelle en offre un exemple bien frappant : depuis sept années que les travaux du forage sont commencés par le mécanicien Mulot, sous la direction de M. Arago, et quoique l'on soit déjà parvenu à faire pénétrer la sonde à une grande profondeur, il n'a pas encore été possible de trouver l'eau.

Pendant les longues années de paix qui se sont écoulées depuis la chute de l'Empire, la fabrication des machines et instruments propres à l'agriculture a pris chez nous un haut degré d'importance. « Non-seulement, dit M. Charles Dupin, les ateliers de construction se sont multipliés avec une rapidité toujours croissante, mais on les a munis de moyens producteurs constamment améliorés. Le sentiment de la précision a sans cesse conduit à perfectionner l'exécution des travaux. Des ouvrages classiques, publiés sur l'application de la géométrie et de la mécanique aux arts et métiers, ont propagé les connaissances théoriques indispensables pour éclairer la pratique. On a communiqué ces lumières aux chefs, aux sous-chefs d'ateliers et de manufactures, ainsi qu'aux simples ouvriers. Plusieurs de ces ouvriers, aidés par les secours scientifiques nouvellement enseignés, ont fait un chemin rapide. »

Mais parmi tous ces travailleurs intelligents, celui qui évidemment l'emporte de beaucoup sur les autres, c'est sans contredit le garçon de ferme Grangé, inventeur d'une charrue conçue d'après une idée simple mais féconde, et offrant le double avantage d'exiger une force motrice qui n'est pas considérable, et de pouvoir être gouvernée par le laboureur le moins exercé.

M. le baron Ch. Dupin, dans son discours *de l'Influence de la classe ouvrière sur les progrès de l'industrie*, fait très-bien connaître le mérite de l'invention de M. Grangé.

« Un garçon de ferme, Grangé, du département des Vosges, se propose, dit-il, d'améliorer la charrue la plus commune, celle qui marche avec l'aide de l'avant-train. Il étudie en laboureur la cause des fatigues et des inconvénients que cette charrue lui fait éprouver; il cherche le moyen d'éviter et les secousses violentes et les efforts perpétuels qu'exige le maniement de la charrue dans les terres inégales, fortes et pierreuses. A force d'essais et de réflexions, il parvient à trouver un système simple, dans lequel réside le plus grand mérite des perfectionnements qui lui sont dus : c'est un levier régulateur élastique, qui prend son point d'appui sous l'essieu de l'avant-train. Ce

levier a l'extrémité de son petit bras fixée soùs la flèche du
même avant-train, et l'extrémité de son grand bras attachée
par une chaîne ou simple mancheron, qui remplacera
désormais le double mancheron ou fourche employé précédemment pour gouverner la charrue.

» Par cette seule disposition, le tirage des animaux est
rendu moins pénible du quart au sixième, le travail du
soc dans la terre est régularisé, les mouvements brusques
sont neutralisés ; enfin, la conduite de la charrue est rendue
si facile, qu'on peut, sans apprentissage, avec une force
musculaire très-médiocre, ouvrir un sillon parfaitement
droit. Je passe sous silence les autres perfectionnements ;
ils sont précieux, sans doute, mais d'une moindre importance. »

Cette précieuse invention du modeste Grangé ne fut
point une de ces inspirations soudaines que le vulgaire attri-
bue au hasard. Elle a été le résultat de recherches longues
et opiniâtres. Pour réussir, le jeune laboureur n'avait qu'un
esprit juste et observateur, secondé par une rare persévérance.

Ses premiers essais avaient été la risée de tous les char-
rons du pays. On s'était moqué de son ignorance, qu'on
appelait présomptueuse. Mais Grangé montra qu'il était
homme à lutter contre toutes les difficultés, à braver tous
les quolibets. Ne pouvant trouver de charron disposé à exécuter la charrue dont il avait conçu l'idée, il se fit charron
lui-même, sacrifia pour cette entreprise tout ce qu'il avait

pu économiser sur ses gages, et parvint, après un grand nombre de tentatives de plus en plus heureuses, à mettre sur pied un instrument aratoire, qui, tout en faisant autant d'ouvrage que la charrue ordinaire, ménage singulièrement les forces du laboureur et celles de ses chevaux.

Aujourd'hui, on reconnaît unanimement l'immense supériorité de la charrue-Grangé sur toutes les autres. Partout on s'est empressé de rendre justice au nouvel inventeur; des récompenses lui ont été décernées par des sociétés d'agriculture; en 1834, le jury central de l'exposition de l'industrie nationale lui a adjugé la récompense du premier ordre, la médaille d'or; enfin, le roi lui a accordé la décoration de la Légion-d'Honneur.

M. Grangé s'était d'abord muni d'un brevet d'invention ; mais, désirant propager son utile invention dans les campagnes, il a généreusement renoncé à son privilége, après avoir pris les précautions nécessaires pour que ses découvertes appartinssent exclusivement au domaine public.

La fabrication des armes de luxe a fait en France, dans ces dernières années, des progrès remarquables. Non-seulement elle se distingue par l'élégance et la précision des formes, par une exécution parfaite et par la beauté du fini, mais encore elle présente des mécanismes aussi nouveaux qu'ingénieux.

Ainsi, M. Robert a reçu, en 1834, la médaille d'or, comme auteur d'un nouveau fusil qu'on charge par la culasse. Le système de M. Robert a été jugé sans comparaison le plus simple et le meilleur pour les armes de chasse, et surtout pour les armes de guerre. Dans ce système, les nombreuses parties des platines ordinaires sont remplacées par une pièce unique faisant l'office de grand ressort et de marteau.

Ainsi, M. Lepage, armurier du roi, a obtenu plusieurs fois la médaille d'argent pour des armes de luxe dont la perfection l'a maintenu, durant un demi-siècle, au premier rang de nos armuriers. On cite avec de justes éloges son fusil simple, qui tire deux coups dans le même canon, et son fusil double, qui tire quatre coups par le jeu d'un marteau, lequel frappe en avant, puis en arrière, et fait ainsi partir deux coups consécutifs.

Mais voici, dans cette spécialité, un inventeur, qui, par l'utilité de ses découvertes, mérite une attention toute particulière.

M. Beringer (Beatus), né à Ilangenbieten (Bas-Rhin), le 29 janvier 1801, commençait, en 1828, à travailler en chambre comme ouvrier arquebusier et mécanicien. A cette époque, les chasseurs se plaignaient avec raison du fusil à bascule; on reconnaissait que l'usage fréquent de cette arme finissait par donner du jour à la jonction de la bascule. M. Beringer se mit à rechercher le moyen de remédier à ce grave inconvénient. Ses travaux l'amenèrent à faire une étude réfléchie de la nature de la poudre fulminante. Jusqu'alors, ce moteur puissant avait été l'objet d'une prévention à peu près générale; on regardait comme impossible de diriger à volonté la force de cette poudre. Après un grand nombre d'essais, M. Beringer acquit la certitude du contraire. En 1832, il prit un brevet d'invention pour un fusil et un pistolet pouvant se charger à poudre fulminante. Notre habile arquebusier était parvenu à ce résultat, en établissant un vide de six à huit lignes entre la charge de poudre fulminante et le projectile que cette charge devait chasser. Sans ce vide, le canon le plus solide ne pourrait résister; tandis qu'avec ce vide, le canon souffre moins qu'avec la poudre ordinaire. Ce principe est tout-à-fait l'inverse de celui qui préside à l'emploi de la poudre ordinaire; car, tout le monde sait que quand on charge une arme avec cette dernière poudre, il faut que la bourre et le projectile soient bien pressés sur la charge, sans quoi le moindre vide ferait crever le canon.

C'est donc à M. Beringer que revient l'honneur d'avoir trouvé le premier le moyen d'employer la poudre fulminante comme charge. Avant lui, toutes les tentatives à cet égard avaient été infructueuses.

Le dessin ci joint pourra donner une idée de l'invention introduite dans la fabrication du pistolet par M. Beringer. Il a fallu, pour prévenir toute fuite de gaz, emboutir une capsule en cuivre rouge assez mince pour lui donner la flexibilité nécessaire et de dimension telle qu'elle pût con-

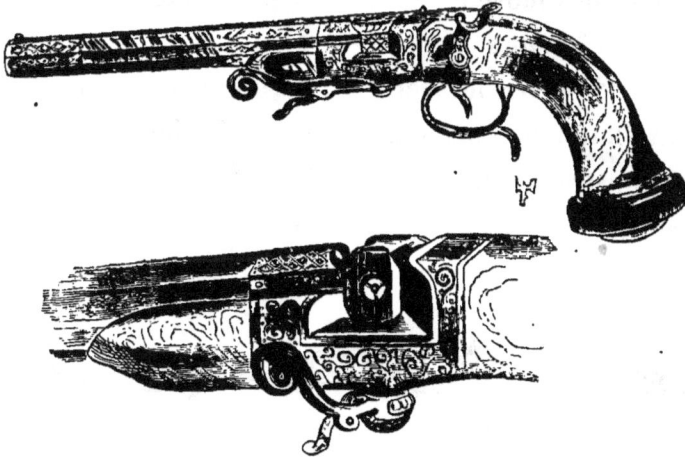

tenir la charge de poudre, tout en remplissant et bouchant
hermétiquement le tonnerre du canon. Il était aussi indispensable de trouver un point de résistance sur lequel la
percussion de cette capsule chargée, frappée par un piston,
pût s'opérer et en même temps établir un vide entre la
charge et le projectile. M. Beringer a su pourvoir avec
bonheur à ces diverses nécessités. La capsule en cuivre
rouge, employée dans ces armes, empêche le crachement
ou la fuite du gaz ; de nombreuses expériences l'ont prouvé.
Il est d'ailleurs facile à comprendre que si, au moment de
l'explosion, le bord de la capsule se trouve pressé par l'expansion du gaz contre les parois du tonnerre, elle rend
toute fuite de gaz impossible.

Quoique M. Beringer eût pris un brevet, comme il
n'était alors que simple ouvrier et sans fortune, on crut

pouvoir s'emparer de sa découverte, et on l'exploita sans scrupule et sans crainte, parce qu'on savait que l'inventeur manquait des moyens nécessaires pour intenter un procès aux contrefacteurs.

Loin de se décourager, M. Beringer redoubla de zèle, et travailla, non sans succès, au perfectionnement de sa première invention. Ses nouvelles recherches produisirent 'le fusil qu'il exploite aujourd'hui avec tant d'avantage, et

qui est reconnu supérieur à tous ceux que les armuriers ont fabriqués jusqu'à ce jour. C'est le fusil sans lumière. Son principal mérite consiste en une cartouche en cuivre rouge flexible, renfermant son amorce sans communication avec l'extérieur. Non-seulement cette cartouche empêche la fuite du gaz, mais encore préserve de

ses effets destructeurs l'intérieur du tonnerre. Envelop-
pant l'amorce, la poudre et le plomb, elle fait fonction
de poudrière. De plus, elle préserve de tout inconvénient, surtout de l'humidité, ce grand ennemi des chasseurs.

Pour cette nouvelle invention, M. Beringer obtint un
brevet pour dix années.

Il ne sera point hors de propos de mentionner ici une
invention de notre époque due à deux peintres distingués;
je veux parler du *Diorama*, spectacle d'un nouveau genre,
imaginé et exécuté par MM. Bouton et Daguerre. Le diorama présente à la vue du spectateur, placé au centre d'une
salle en forme de rotonde, l'image des grands phénomènes
de la nature, de l'ensemble d'une ville, d'un site pittoresque, de l'intérieur d'un édifice gothique. Par les effets de
la perspective et du clair-obscur, l'illusion est complète.
La salle est mobile sur sa charpente comme un moulin à
vent, de sorte qu'au lieu que ce soient les tableaux qui se
déroulent successivement aux yeux des spectateurs, ce sont
les spectateurs qui se sentent transportés d'un tableau à
l'autre. L'ouverture du Diorama date du 11 juillet 1822.
La cathédrale de Cantorbéry et la vallée de Sarnen furent
les deux premiers tableaux qu'on y admira. Puis furent
exposées successivement un grand nombre de vues, parmi
lesquelles on a surtout remarqué le port de Brest, l'intérieur de la cathédrale de Chartres, l'intérieur de la chapelle d'Holy-Rood, l'intérieur de la chapelle de Roslyn, le

Mont-St-Gothard, Venise, Edimbourg, la forêt Noire, etc.

Outre un grand nombre de découvertes chimiques qui font honneur à notre époque, celles qu'on doit aux travaux de M. Gannal méritent surtout de fixer l'attention; bien plus, elles sont dignes de la reconnaissance publique.

Dès 1816, M. Gannal avait exécuté les premières cheminées à courant d'air chaud, qui ont été évidemment l'origine de tous les systèmes imaginés depuis. A la même époque, il avait donné l'idée des briquets oxygénés au chlorate de potasse. En 1819, il fit avec M. Frédéric Hébert le borax indigène, et cette importante découverte affranchit la France d'une exportation annuelle de plus d'un million en numéraire. Par suite de cette intéressante conquête de la science, le prix courant du borax est aujourd'hui de soixante-quinze centimes la livre, au lieu de six francs qu'elle coûtait auparavant.

M. Gannal s'occupa successivement de la fabrication des sucs acidulés sucrés, d'un mode de fondre le suif et de le durcir par l'action des acides et des alcalis. En 1823, il prit un brevet d'invention pour la fabrication de la colle forte, dite gélatine. A cette époque, il commença à contester à la gélatine ses propriétés alimentaires et affranchit la France de l'importation des colles fortes étrangères, ce qui lui valut une médaille en bronze à l'exposition de 1827.

Cette même année, un prix Monthyon était décerné par l'Institut à M. Gannal pour avoir constaté par de nombreuses expériences que l'action des vapeurs du chlore guérissait les catarrhes chroniques et certaines phthisies. Lors de l'expédition d'Alger, cet habile et heureux chimiste, ayant été chargé de trouver une substance capable de remplacer la charpie de linge, présenta la charpie vierge, qui reçut l'approbation de tous les corps savants et de tous les chirurgiens célèbres. Cette charpie offre l'avantage de ne coûter qu'un tiers environ de la charpie ordinaire; mais le gouvernement n'ayant point accordé une indemnité préalable à l'inventeur, celui-ci garda le secret de son procédé, et l'on a continué à se servir de la charpie de linge.

Il nous reste à parler de l'invention qui a le plus contribué à la renommée de M. Gannal. Ses travaux pour la conservation des matières animales datent de 1825. Les résultats qu'il obtint depassèrent ses espérances. Son procédé, appliqué aux cadavres destinés à la dissection, est des plus avantageux pour les jeunes étudiants en médecine par l'économie considérable qu'il apporte dans leurs dépenses. Enfin, il est parvenu à raviver parmi nous l'usage des embaumements, soit par la facilité avec laquelle on peut les exécuter, soit par la modicité du prix. Ces embaumements se font au moyen de l'injection du liquide conservateur par l'artère carotide, ce qui n'exige qu'une légère incision à la partie latérale du cou.

Tout Paris a été témoin des effets merveilleux du procédé employé par M. Gannal pour embaumer les corps. La dépouille mortelle de l'archevêque de Paris, exposée sur un lit de parade et dans un admirable état de conservation, a mis dans tout son jour l'incontestable supériorité de la découverte de M. Gannal sur tous les procédés d'embaumement connus; car les Guanches et les Égyptiens eux-mêmes extrayaient le cerveau et les viscères. Il est suffisamment prouvé que les préparations de M. Gannal sont destinées à résister à toutes nos variations atmosphériques comme à l'action destructive des insectes. Grâce à son art, la mort et son horrible squelette disparaissent, et la cessation de la vie ne ressemble plus qu'à un paisible sommeil qui doit durer indéfiniment.

Assurément M. Gannal a mérité plus justement que le
célèbre Ruysh ces deux beaux vers du poète Thomas :

> Les corps inanimés, par ses heureux travaux,
> Paraissent se survivre , échappés des tombeaux.

L'art de fabriquer les instruments de chirurgie a fait
d'immenses progrès de nos jours, et, dans cette spécialité
si intéressante, des fabricants habiles se sont placés au
premier rang des artistes. « Depuis un demi-siècle, dit
M. le baron Ch. Dupin, on a perfectionné la plupart des

instruments qu'on n'a pas remplacés par de nouveaux, et dont on a conservé l'usage. Les uns sont ainsi devenus plus simples, et les autres plus complets; l'industrie s'est efforcée d'en rendre le maniement plus facile, l'action plus puissante et plus rapide, l'emploi plus sûr et moins douloureux pour le malade. Par un autre progrès encore plus remarquable, des inventions nouvelles ont rendu praticables et même faciles des opérations essentielles dont on n'avait pas l'idée et qu'on n'osait pas croire possibles.

« Les Français, les Anglais, les Allemands et les Italiens ont contribué principalement à ces travaux. Nous nous sommes enrichis des améliorations et des découvertes faites à l'étranger. Nous avons appelé, dans nos ateliers, des ouvriers renommés chez d'autres peuples pour des genres spéciaux d'instruments. Nous avons profité du progrès général des arts dont l'objet est la préparation, l'affinage et l'ajustage du platine, de l'argent, du cuivre, du fer et surtout de l'acier. A l'emploi des métaux purs nous avons joint celui de l'alliage. »

Aujourd'hui, la fabrication française des instruments de chirurgie s'est placée au-dessus de toute concurrence, par suite des perfectionnements dus à l'intelligence et aux travaux de plusieurs artistes éminents.

Long-temps M. Sir Henry fut à la tête de cette industrie si précieuse pour l'art de guérir. Il fournissait seul les hôpitaux; les premiers chirurgiens recherchaient ses instruments; il excellait surtout dans l'art de travailler l'acier fondu et l'acier coulé pour la fabrication des lames damassées. Aux expositions de l'industrie, M. Sir Henry obtint plusieurs fois la médaille d'argent.

Mais, depuis plusieurs années, le sceptre a passé dans des mains plus habiles encore. La fabrique de M. Sir Henry est toujours estimée, mais elle n'est plus la première. Ses travaux ont été d'abord égalés, puis surpassés, au jugement de plusieurs des premiers chirurgiens de nos hôpitaux, par ceux de M. Charrière, ancien ouvrier coutelier.

M. Charrière (Joseph-Frédéric), né le 20 mars 1803,

à Cerniat, dans le canton de Fribourg, en Suisse, vint en 1816 à Paris pour apprendre la coutellerie. Après

quatre années d'apprentissage, soutenu par une vocation
bien prononcée, il fonda son établissement de fabricant
d'instruments de chirurgie, situé d'abord et jusqu'en 1833
dans la cour de Saint-Jean-de-Latran, et transféré depuis rue
de l'École-de-Médecine, où il est actuellement.

Il faut le dire, M. Charrière n'est parvenu qu'à force
d'études à ce haut degré de perfection qui assure sa renommée. C'est en fréquentant assidûment les hôpitaux, c'est
en suivant avec attention toutes les opérations importantes
qui s'y pratiquent, qu'il a pu enrichir son art d'une foule
de perfectionnements et améliorations. Au dire même des
hommes de la science, M. Charrière sait plus en chirurgie
que beaucoup de chirurgiens. Ce qui est certain, c'est que,
d'année en année, sa supériorité toujours croissante se
signale par quelque succès nouveau. En 1834, lors de sa
première exposition, le jury lui décerne la médaille d'argent; il obtient la médaille d'or à l'exposition de Toulouse;
l'année suivante, l'Académie des Sciences lui accorde un
prix Monthyon pour le perfectionnement d'un grand nombre d'instruments de chirurgie; enfin, à l'exposition de
l'industrie de 1839, il reçoit la médaille d'or : c'était la
première fois qu'une pareille récompense était accordée
pour la section des instruments de chirurgie.

Dans un voyage que M. Charrière fit en Angleterre, en
1837, il visita avec soin les ateliers de Londres et de Sheffield, et fut initié par les plus habiles ouvriers à tous les
secrets de leur industrie. L'étude, dans leurs moindres

détails, des procédés de la fabrication anglaise a convaincu M. Charrière qu'il y a en France, sur la qualité des tranchants anglais, plus de préjugés que de données exactes. Combien de fois ne lui est-il pas arrivé de fournir, comme venant d'Angleterre, des instruments sortis de sa fabrique, mais parfaitement imités et marqués seulement de son nom sous la châsse! Et nos chirurgiens de s'extasier sur la bonté du tranchant; et l'artiste de bien les étonner en leur fournissant la preuve que tous ces instruments *anglais* avaient été confectionnés à Paris, dans ses ateliers.

Ce qui vient d'être dit des tranchants de M. Charrière s'applique également à la trempe de ses instruments.

Les instruments qui ont été plus spécialement l'objet des travaux de M. Charrière, et qui lui ont valu, en diverses circonstances, les éloges de l'Académie des Sciences et de l'Académie royale de Médecine, peuvent être divisés en trois classes : 1° ceux qui ont été confectionnés d'après les idées des chirurgiens et pour ainsi dire sous leurs yeux : cette première classe est la plus nombreuse; 2° ceux qu'il lui a fallu exécuter sur une seule indication principale : ce qui rendait la tâche de l'artiste beaucoup plus difficile; 3° enfin les instruments de l'invention de M. Charrière lui-même, instruments qui se sont fait connaître par les résultats les plus heureux.

Dans cette dernière classe, il faut mentionner particulièrement, 1° les bouts de sein ou biberons en ivoire flexible, qui ont mérité les éloges du jury de l'exposition de l'in-

dustrie pour 1839, ainsi que ceux de l'Académie royale de
Médecine ; l'expérience a constaté la supériorité de ces
nouveaux appareils d'allaitement. L'usage en a été introduit et adopté dans un grand nombre de familles, et dans
les établissements publics consacrés au secours des mères
et des enfants ; 2° la pompe simple à courant régulier ; ce
nouvel instrument, destiné aux différentes espèces d'injec-
tions et de lavements, a été construit de manière à éviter
les inconvénients signalés dans la plupart des instruments

de ce genre, dits à jet continu, inconvénients dont les
moindres sont la presque impossibilité d'un nettoyage exact,
et pour quelques-uns la possibilité d'introduire de l'air dans
les intestins ; 3° les cordons porte-voix pour voitures ; ces
appareils acoustiques, d'une disposition aussi simple qu'ingénieuse, permettent de communiquer, de vive voix et sans
dérangement, de l'intérieur d'une voiture avec le cocher en

avant ou avec les domestiques placés derrière; 4° M. Charrière a imaginé tout récemment des instruments de sauve-
tage et de nouveaux appareils pour donner des secours aux
asphyxiés et aux noyés. Le détail de ces instruments atteste le
génie de l'inventeur et son vif désir d'être utile à l'humanité.

Parmi les autres instruments de M. Charrière, on peut
surtout signaler : 1° la scie à molette et trépan s'engrenant
par la circonférence des lames; 2° l'appareil pour extraire
les corps étrangers, appareil qui fut en quelque sorte im-
provisé pour extraire une baguette de fusil implantée dans
l'omoplate d'un officier, et qui depuis a été modifié de manière à être appliqué à l'extraction de tous les corps étrangers implantés dans les os; 3° un appareil de fracture à
bras, construit pour le duc de Nemours; 4° des instruments
d'ophthalmologie d'une précision remarquable; 5° un
nombre considérable d'instruments de lithotritie qui se
distinguent par leur exécution parfaite. Jamais aucun accident n'est survenu lorsqu'on les a employés sur le vivant;
remarque fort importante, si l'on considère le peu de
volume qu'il faut donner à quelques-uns de ces instruments et la force qu'on est obligé de leur faire supporter;
sous le rapport de la solidité, ces instruments l'emportent
de beaucoup sur ceux que confectionnent les fabricants
étrangers.

M. Charrière doit une partie de ces avantages à l'habileté
des ouvriers qu'il emploie. Cent cinquante ouvriers travaillent habituellement sous sa direction; et comme chacun

d'eux peut se consacrer exclusivement à une spécialité, il devient plus facile à chacun d'y exceller.

Avant M. Charrière, l'exploitation commerciale des instruments de chirurgie était très-bornée en France ; c'est lui qui lui a donné cette extension qui aujourd'hui fait tant d'honneur à notre industrie. On lui doit aussi d'avoir réduit de beaucoup le prix de plusieurs instruments. Ainsi, pour ne citer qu'un exemple, les instruments de lithotritie coûtaient 500 ou 1,000 francs ; M. Charrière est parvenu à fournir pour 70 francs l'appareil indispensable pour cette opération. Il est vrai que cet artiste, dont le désintéressement égale le savoir et l'habileté, n'a jamais reculé devant aucun sacrifice toutes les fois qu'il s'est agi d'essais à faire dans l'intérêt de son art. Il est le premier qui ait employé le *maillechort* à la fabrication des instruments ; et depuis ce temps l'usage de ce métal est généralement répandu.

Afin de se rendre encore plus utile à la science à laquelle il a déjà rendu de si grands services, M. Charrière a formé dans son établissement un musée d'instruments de chirurgie, où les jeunes chirurgiens et les élèves peuvent venir examiner dans tous leurs détails des pièces qu'ils ne voient qu'à travers les vitrages du cabinet de la Faculté. Il se propose même de consacrer très-prochainement deux séances par semaine à leur expliquer, et cela sans aucune rétribution, le mécanisme de chacun de ces instruments.

Depuis dix ans, M. Charrière est chargé de confectionner tous les modèles d'instruments de chirurgie pour l'armée de terre et de mer. Il est le fournisseur de tous les hôpitaux civils et militaires de la capitale, et de plusieurs universités étrangères, et a reçu plus d'une fois des témoignages de reconnaissance pour le zèle et le désintéressement avec lesquels il se prête au soulagement des pauvres. Ce dernier trait complète dignement son éloge.

Nous citerons maintenant un artiste étranger à qui la fabrication française des instruments de chirurgie est redevable de plusieurs procédés d'amélioration.

M. Carter (William-Leiwelles), natif de Dublin, capitale

de l'Irlande, se fit remarquer comme habile ouvrier pendant un séjour de plusieurs années qu'il fit à Londres. Il était attaché à cette époque à l'une des premières fabriques de cette ville.

Au commencement de 1816, sa réputation comme fabricant d'instruments de chirurgie s'était déjà répandue sur le continent. L'empereur de Russie, Alexandre, désirant enrichir ses états de cette branche d'industrie, jeta les yeux sur M. Carter comme étant l'homme le plus capable de réaliser son projet. Il lui fit faire des offres à ce sujet par le comte Orloff. Il s'agissait d'établir une grande fabrique à l'instar de celle de Sheffield; l'emplacement était désigné; un capital considérable devait être mis à la disposition de l'artiste. Mais sur ces entrefaites M. Carter ayant été honoré des fonctions d'inspecteur des instruments de chirurgie de l'armée de Sa Majesté Britannique, crut devoir accepter ce poste de haute confiance, et le remplit avec distinction jusqu'au moment où il quitta l'Angleterre pour venir s'établir en France.

Ce fut en 1819 qu'il fonda à Paris une fabrique d'instruments de chirurgie et de coutellerie. A cette époque, ce poli merveilleux dont l'acier est susceptible était presque entièrement inconnu en France. M. Carter montra tout le parti qu'on pouvait tirer de l'oxide de fer pour obtenir ce résultat, et il fournit à tous ses confrères la matière dont ils avaient besoin pour cette opération. Depuis ce temps, il a continué ce genre de fournitures; et les registres des messageries royales peuvent constater que, dans le courant d'une seule année, il a expédié plus de 400 kil. d'oxide de

fer dans les départements, quantité plus que suffisante
pour l'usage de tous les couteliers de France.

On doit à M. Carter plusieurs inventions et perfectionnements dans la fabrication des instruments de chirurgie, et
des appareils orthopédiques pour remédier aux difformités du
corps. Il a imaginé et exécuté avec succès des instruments
pour l'horticulture, entre autres le sécateur pour la taille des
plantes. On fait usage aujourd'hui de cet instrument dans
plusieurs opérations chirurgicales. Il a inventé pour saigner
les animaux un instrument fort ingénieux qu'il nomme
l'universel perforateur. On s'en sert particulièrement avec
succès pour les animaux susceptibles d'entrer en furie, tels
que chevaux ombrageux, taureaux, etc., etc. L'opération
se fait avec promptitude, netteté, précision, sans aucun
danger, ni pour l'opérateur, ni pour l'animal. L'application
de cet instrument est aussi d'une grande utilité dans certaines opérations chirurgicales.

Enfin, pendant plusieurs années, M. Carter a été le
fournisseur général des instruments de chirurgie destinés
au service de la marine et des colonies.

On remarque encore dans cette savante industrie des hommes d'un talent éprouvé, tels que M. Samson, MM. Montmi-
rel et Landray, dont les produits ont mérité d'honorables
distinctions aux dernières expositions. Nous signalerons
encore en passant les heureux débuts d'un jeune artiste qui
contribue à soutenir notre supériorité dans la fabrication
des instruments de chirurgie.

M. Blanc, successeur de M. Henry, a su mériter, par ses travaux, l'estime et les éloges de plusieurs des notabilités de l'art chirurgical. On fabrique dans ses ateliers tous les instruments à l'usage du chirurgien, du vétérinaire, du dentiste. Nous appelons plus particulièrement l'attention sur son *spéculum* à développement, dont l'introduction est très-facile. Il faut citer aussi les lancettes à vaccine du docteur Emmanuel Rousseau, qui ont le grand avantage de ne point s'oxyder par le virus, et le dilatateur courbe perfectionné du docteur Gœuri-Duvivier, lequel dilatateur s'adapte parfaitement au canal de l'urètre, sans qu'on ait à redouter ni déchirements, ni fausses routes. Quant aux instruments d'opération, tels que bistouris, couteaux d'amputation, ceux que fabrique M. Blanc se recommandent surtout par la qualité supérieure de leurs tranchants, et ses confrères reconnaissent eux-mêmes cette supériorité. En un mot, ce fabricant ne néglige rien pour rendre son établissement digne du patronage d'Ambroise Paré, ce père de la chirurgie en France.

La construction des sphères destinées à l'étude de l'astronomie et de la géographie élémentaire, qui était restée stationnaire jusque dans ces derniers temps, vient de s'enrichir de notables et heureuses innovations.

M. Charles Dien, né à Paris le 9 février 1800, s'appliqua constamment à perfectionner la partie mathématique et mécanique des sphères. Il est le seul qui soit parvenu à améliorer la construction de ces instruments, tout en

en diminuant le prix d'une manière considérable. Par suite
de ce double résultat, l'étranger est devenu notre tributaire; il vient chercher en France des sphères bien supérieures à toutes celles qui se fabriquent chez les autres
nations. Aussi les membres du jury central des expositions
de 1834 et 1839 n'hésitent pas à citer M. Dien en première

ligne pour la construction des sphères, en lui décernant la
médaille d'argent, la seule qui ait été accordée à cette
industrie scientifique, dont il a complètement changé la
face par l'invention du *support parallèle au méridien* et par
la substitution des *sphères en métal* repoussé à celles en

carton des autres constructeurs. Par ces procédés et par une foule d'autres qui lui appartiennent, il a su donner à ses instruments plus de solidité et de précision.

On lit dans le rapport de M. Ch. Dupin : « M. Dien a perfectionné sensiblement l'ancien montage des globes en carton. Il les a rendus beaucoup moins hygrométriques ; il fait exécuter en cuivre le méridien et l'horizon, dans lesquels se meut la sphère. Ces cercles sont rendus mobiles au moyen d'un engrenage. »

M. Dien a aussi l'honneur de pouvoir être cité seul pour la bonne exécution des cartes astronomiques. Sa nouvelle *Uranographie*, dressée sous les yeux de nos plus savants astronomes, porte, avec les indications ordinaires et les indications supplémentaires, des chiffres de renvoi correspondant à de nouvelles tables de distance, d'angle de position, couleur, etc., d'après les dernières observations de M. Struve, directeur de l'observatoire de Saint-Pétersbourg. Ce travail très-considérable est devenu indispensable dans les observatoires, ainsi que l'*Atlas céleste* d'une forme plus commode que publie actuellement M. Dien. Cet *Atlas* offre la disposition la plus claire et la plus complète du ciel, et remplace avec avantage tous les ouvrages de ce genre. Les savants et les amateurs apprécieront avec reconnaissance le mérite d'un travail qui doit singulièrement faciliter leurs études.

Outre ces divers ouvrages, nous citerons encore son nouvel *Atlas des phénomènes célestes* à l'usage des astronomes

et des navigateurs. Ce travail si intéressant, unique dans
sa spécialité, indispensable pour les études astronomiques,
paraît chaque année, et donne avec une exactitude remarquable la position apparente des planètes; toutes les étoiles
qui peuvent être occultées par la lune y sont figurées. Cet
Atlas est accompagné d'un texte divisé par mois. Il procure
une économie de temps considérable, et met à même d'observer sans difficulté les planètes télescopiques, de reconnaître la rapidité de leur mouvement, l'instant de leur ré-
trogradation et le moment où elles sont stationnaires.

La papeterie, grâce au perfectionnement des procédés,
grâce à la propagation des mécanismes employés à produire
des papiers continus, a fait depuis trente ans de rapides
progrès en France. Elle doit en partie ces avantages aux
travaux de M. Delatouche qui ont donné un puissant essor
à cette industrie.

M. Delatouche (Charles-Alexandre Bessirard), né, le
4 mai 1790, à Nogent-le-Rotrou (Eure-et-Loir), où sa
famille occupait un rang honorable, fut placé, aussitôt après
ses études, dans la papeterie du Marais. Il y débuta par
les emplois les plus modestes, mais il s'instruisit rapidement, de telle sorte qu'en 1813, il put prendre la direction
de cet établissement déjà important pour l'époque.

Il fut redevable de ses premiers succès au goût éclairé
avec lequel il se livra à l'industrie de la papeterie. Les
phénomènes multipliés qui se passaient sous ses yeux
observateurs captivaient au plus haut degré son attention

et développaient successivement son intelligence. Il les
étudia avec soin, et sut en tirer le plus grand parti pour
améliorer les travaux de sa fabrique. La papeterie à main
d'homme, dont il s'occupa d'abord, tant qu'elle put être
exploitée avantageusement, reçut par ses soins de notables
améliorations. M. Delatouche fut un des premiers à faire

l'application du blanchîment aux pâtes et à supprimer la
fermentation des chiffons, dès qu'on put employer à leur
trituration de meilleurs ustensiles. Il étudia aussi alors la
coloration des papiers; et cette étude fut pour lui aussi atta-

chante que fructueuse. Il fut également heureux dans l'art de fabriquer les papiers les plus propres à servir de représentation aux valeurs monnayées et de titres quelconques, papiers dont il est si important de rendre la contrefaçon très-difficile sinon impossible. Il acquit une perfection jusque-là inconnue dans cette branche peu étudiée de la papeterie, et la fabrication des billets de diverses banques et compagnies, fabrication dont la papeterie du Marais n'a pas cessé depuis lors d'être chargée, fut la récompense de ses heureux efforts.

En 1828, M. Delatouche était encore à la tête de la fabrique du Marais, et comme directeur et comme associé. Il avait déjà pu donner à cette usine une plus grande importance par l'adjonction d'autres usines, lorsque de tous côtés surgirent des entreprises du même genre placées sous le patronage de riches capitalistes et dirigées par des industriels d'une capacité reconnue. Une telle concurrence devenait formidable pour la papeterie du Marais; ce n'était qu'avec des frais considérables que les usines de cette fabrique pouvaient maintenir leur importance; le propriétaire de cet établissement, qui jusque-là était resté étranger à son administration, comprit aisément cette situation critique et qui pouvait compromettre toute sa fortune. Éclairé par de sages conseils, il appela à son aide, par la voix de l'association et par actions, des capitaux étrangers. Les succès antérieurs de l'établissement justifiaient toutes les espérances; les capitaux ne manquèrent point à l'appel;

et M. Delatouche. fut nommé directeur de cette nouvelle société, qui, en lui confiant ses intérêts, lui laissa heureusement une grande liberté d'action.

Ce ne fut pas toutefois sans de grands efforts, sans une persévérante énergie que l'habile directeur atteignit le but désiré. Les anciennes usines furent régénérées, et il en fonda de nouvelles qui prospérèrent bientôt. Il introduisit dans ses ateliers tous les perfectionnements qu'il put connaître, entre autres les plus nouvelles mécaniques à papier. A cette occasion il fit un voyage en Angleterre, et rapporta de ce pays quelques machines, notamment l'appareil de séchage à la vapeur imaginé par M. Donkin. M. Delatouche étendit même ces perfectionnements, et surmonta le premier quelques difficultés par des procédés nouveaux ou des améliorations dans les moyens mécaniques, qui ont été adoptés depuis par les autres fabricants.

A l'exposition de 1834, le directeur de la papeterie du Marais et de Sainte-Marie produisit, entre autres échantillons, des rouleaux de papier destinés à la tenture, dont la belle exécution n'a point été surpassée depuis. Ces produits furent reconnus tellement supérieurs par tous les fabricants de papiers peints, que, pendant long-temps et malgré leur prix élevé, l'établissement eut peine à satisfaire aux nombreuses demandes qui lui furent adressées.

Ce fut à cette exposition de 1834 que la médaille d'or fut accordée aux établissements dirigés par M. Delatouche, qui reçut en même temps la décoration de la Légion-d'Honneur. Voici quelques fragments du rapport du jury central, relatifs à la Société anonyme des papeteries du Marais et de Sainte-Marie. « Cette vaste entreprise, dirigée par M. Delatouche, consiste en six usines, où travaillent constamment cinq cent cinquante ouvriers de toute profession, logés par la Compagnie et recevant deux cent seize mille francs de salaire annuel. L'une des usines, celle de Sainte-Marie, est alimentée par un puits artésien qui fournit six cents litres, à la minute, d'une eau parfaitement limpide. L'établissement complet aura trois machines à la Donkin ; il possède seize cuves à la main ; il fabrique par jour de trois cent cinquante à quatre cents rames de papier pour l'écriture, l'impression, le dessin et la gravure en taille-douce ; il produit d'excellent papier de tenture ; il fournit depuis long-temps le papier des billets de banque et le papier à timbre... Tous ces papiers sont d'une blancheur remarquable et d'une fabrication soignée. Les papiers faits à la mécanique sont également unis des deux côtés : il n'y a point d'envers. Avec un capital de un million huit cent mille francs, la production annuelle de l'établissement est de neuf cent mille francs. »

Après cette époque, la société, dirigée par cet homme remarquable, n'a point vu cesser son mouvement progressif ; elle compte aujourd'hui huit usines, alimentées par six puits artésiens. Quatre machines à la Donkin y produisent quatre cent cinquante à cinq cents rames de papier par jour ; on y fait, en outre, des cartons par un procédé

mécanique. C'est, enfin, des ateliers de ce formidable centre de production que sortent incessamment les magnifiques papiers sur lesquels les Curmer, les Furne, les Du-
bochet, etc., font imprimer leurs plus belles publications
illustrées.

Depuis 1839, M. Delatouche s'est démis volontairement
de la direction de ce bel établissement; mais, en réalité,
c'est toujours lui qui préside à ses heureuses destinées; car
il a eu pour successeur un homme qui a le bon esprit de
n'entreprendre rien d'important sans recourir aux sages
conseils de son expérience.

Tels sont les résultats obtenus par M. Delatouche. Ces
résultats sont eux-mêmes le fruit et la récompense des qualités les plus précieuses dans toute exploitation industrielle.

Ce qui distingue l'ancien directeur du Marais, c'est une
singulière aptitude à embrasser plusieurs affaires à la fois,
c'est un grand dévouement, une infatigable persévérance,
un rare esprit d'ordre, une fermeté peu commune. Il serait
difficile de rencontrer une organisation plus privilégiée.
C'est un homme bouillant à froid pour ainsi dire, qui a la
faculté de s'occuper de mille détails avec une dévorante,
une incessante activité, sans jamais rien précipiter, sans
avoir l'air de s'en émouvoir. Il voulait tout voir par lui-
même, et pouvait en outre faire face à une correspondance
étendue, suivre ses approvisionnements, veiller à ses recou-
vrements, et poursuivre ses commandes auprès de tous ses

clients. C'est ainsi qu'il est parvenu à assurer pour long-temps la supériorité des usines qu'il a dirigées.

La fabrication des papiers de fantaisie a de véritables obligations aux travaux de M. Susse. Il est l'inventeur des papiers gauffrés, et ses produits en ce genre lui ont valu une médaille de bronze à l'exposition de 1839.

Dumont. S.

Tout le monde connaît les salons de M. Susse, dans les-quels nos artistes en tout genre trouvent une brillante publicité. Le fondateur de ce bel établissement est par-venu à lui donner une vogue méritée, par le talent avec lequel il sait allier l'art aux choses utiles. Depuis l'origine de l'exposition, c'est-à-dire depuis quarante ans, ses salons offrent l'aspect d'une exposition permanente, dont la pein-

ture, la sculpture, le dessin et la gravure font concurrem-
ment les honneurs, et qui attire à chaque heure du jour
une société choisie d'amateurs et de curieux de tous les
pays.

C'est à **M.** Susse que l'on est redevable de la grande propagation de ce genre d'objets de luxe et d'ornement qu'on
appelle *nouveautés*, et qui sont pour ainsi dire les expres-
sions plus ou moins gracieuses de chacun des caprices de
la mode. C'est lui qui a surtout contribué à répandre le
goût de ces petits chefs-d'œuvre de la statuaire qui servent
aujourd'hui à orner, à embellir, à animer nos intérieurs
et à répandre un parfum d'élégance et d'art dans les
appartements de l'opulence. **M.** Susse est l'éditeur des
piquantes figurines de Dantan, l'ingénieux *caricaturiste*.
Il l'est également des délicieuses statuettes d'Antonin
Moine. C'est chez lui qu'on trouve, soit en plâtre, soit
en bronze, la plupart des productions en ce genre de ce
dernier artiste, productions si recherchées et si universellement admirées ; c'est dans ses salons qu'on a vu pour la
première fois les deux grotesques héros de Michel Cer-
vantes, le célèbre don Quichotte de la Manche et son
sentencieux écuyer Sancho Pança, si fidèlement, si plai-
samment, si spirituellement exécutés ; c'est encore chez
M. Susse qu'on a pu apprécier la perfection du *Sonneur
d'Olifant*, et la grâce qui se fait sentir dans les deux ravis-
santes statuettes représentant Phœbus de Châteaupers et
la Esméralda avec sa chèvre Djali. En un mot, l'établis-

sement de M. Susse, véritable musée ouvert à tous les arts,

se trouve être en même temps un bienfait réel pour plusieurs industries importantes.

La mécanique, appliquée à l'art lithographique, a été pour ce dernier d'un utile secours, et a favorisé ses progrès. Le mécanicien qui, dans cette intéressante spécialité, a montré le plus d'habileté est sans contredit M. Brisset, mentionné plusieurs fois honorablement par le jury central de l'exposition, en 1834 et 1839. Cet artiste s'est occupé avec succès du perfectionnement de la construction des presses lithographiques. On lui doit dans cette partie des innovations qui tournent entièrement au profit de l'art du lithographe. Nous rappelons avec plaisir que ce laborieux et estimable mécanicien est père de M. Brisset (Pierre-Nicolas), qui, en 1840, a remporté le grand prix de peinture à l'École des Beaux-Arts, et qui est en ce moment pensionnaire de l'Académie de France à Rome.

Tandis que les presses françaises produisent des ouvrages qui font honneur à nos premiers typographes, la reliure fait aussi d'heureux efforts pour atteindre la perfection.

Les Simier et les Thouvenin ont été long-temps à la tête de cette industrie. Maintenant de nouveaux artistes méritent d'être associés à cet honneur. Il en est un surtout qui, au jugement de tous ses confrères, se montre supérieur dans toutes les parties de son art. Toutes les reliures qui sortent des mains de M. Bauzonné sont vraiment admirables, et n'ont rien à craindre de la critique des connaisseurs les plus difficiles.

M. Kœhler, qui a obtenu aux expositions dernières des médailles d'argent, est le chef d'un établissement dans lequel s'exécutent de fort belles reliures. Ces reliures se font surtout remarquer pour la précision et le talent avec lesquels sont appliqués des ornements désignés sous le nom de *petits fers*, ornements qui sont rapportés à la main pour former un dessin complet avec une infinité de parties séparées ; c'est un vrai mérite d'artiste. C'est ce qui fait dire au rapporteur du jury central de 1834 : « Les reliures de M. Kœhler sont au rang des plus belles que l'on connaisse en Europe ; il n'existe pas dix volumes qui puissent dispu-

ter le prix aux quatre Évangiles dont la couverture est ornée par son art. »

M. Boutigny se recommande par une spécialité qu'il a introduite dans la reliure française. C'est lui qui a naturalisé le *kepseake* en France. Il était déjà connu comme habile relieur depuis 1832, lorsqu'il conçut l'idée de prouver que l'on pouvait avec succès entrer en concurrence avec les relieurs anglais, pour l'exécution des kepseakes. On sait que l'on donne ce nom à une reliure d'un genre tout par- ticulier, qui consiste en un emboîtage fait avec beaucoup d'art. M. Boutigny, à force de travail, est parvenu à réa- liser ce que, jusqu'à lui, on avait cru impossible. Grâce à son talent et aux procédés qu'il emploie, aujourd'hui son emboîtage est infiniment supérieur à celui des relieurs anglais, et il a pu établir ses kepseakes à des prix très-minimes comparativement aux leurs. Par cette heureuse innovation, M. Boutigny a rendu un très-grand service à la librairie. Son établissement est le seul dans Paris qui soit monté de manière à entreprendre et exécuter de grandes commandes de kepseakes. C'est de là que sortent, à l'époque des étrennes, tous ces beaux et riches volumes ornés d'illustrations qui figurent avec tant d'avantage sur les étalages des magasins à la mode. Nous citerons pour exemple le bel ouvrage intitulé : *Paris-Londres*. *Kepseake français*.

M. Boutigny réunit à cette spécialité, qui a fait sa réputation, tous les autres genres de reliure, qu'il exécute aussi d'une manière qui témoigne de son talent.

M. Germain-Simier se montre digne du nom qu'il porte. Son établissement s'est acquis une réputation méritée par l'activité de ses ateliers et la belle exécution de ses reliures. L'ensemble de son matériel en fers, instruments et matrices d'une régularité parfaite et du meilleur goût, lui permet de varier ses reliures à l'infini, depuis les demi-reliures simples jusqu'à ces riches reliures que demande le luxe opulent, et qui donnent tant de prix aux présents que se font entre eux les grands personnages.

En 1836, M. Germain-Simier a envoyé quelques-uns de ses plus beaux ouvrages à l'exposition du Mans, sa ville natale. On lit dans le rapport général sur cette exposition : « C'est bien à propos d'œuvres semblables qu'il faut parler

d'art et non de métier. La richesse de ces dessins, la pureté
de ces formes, l'éclat de ces couleurs et de ces dorures,
font de la reliure, ainsi traitée, un art qui, grâce aux efforts
des Thouvenin et des Simier père, ne le cède à aucun
autre, pour l'imagination, la poésie et le goût. M. Germain-
Simier marche avec avantage sur les traces de ces noms
célèbres. Cinq reliures principales figurent sous son nom. »
Parmi ces cinq reliures se trouvait un *album*, grand in-4°,
colombier anglais, maroquin-Corinthe, et charnières en
maroquin; les deux plats étaient ornés d'une plaque à
petits fers dans le style moyen-âge; des pointillés en or,
de diverses couleurs, ornaient les réserves; et les contre-
gardes, entièrement en maroquin, avaient pour ornements
deux oiseaux faits à petits fers. « Ce dernier genre de
dorure, est-il dit dans le rapport, est tout-à-fait nouveau.
On se contentait jusqu'ici d'appliquer sur le maroquin des
dessins ornementaux; c'est un grand mérite d'invention
pour M. Germain-Simier d'avoir eu l'idée d'y ajouter des
oiseaux, et surtout de les avoir exécutés avec une pareille
habileté. C'est d'un fini et d'une délicatesse qui surprend,
lorsqu'on pense que l'artiste n'a en main qu'un fer chaud
au lieu d'un crayon. Les ornements des deux plats sont du
luxe le plus distingué; ces pointillés de diverses couleurs
leur donnent un grand éclat. La dorure des feuilles est si
brillante qu'elle ressemble à une plaque d'or. » M. Germain-
Simier avait aussi exposé, et c'était son ouvrage capital, le
Missale Cenomanense, volume grand in-folio, sur lequel il

avait prodigué toute la richesse et l'élégance de la reliure moderne.

En résumé, les ouvrages de cet habile relieur, non-seulement se distinguent par leur richesse, leur bon goût, leur nouveauté, mais encore se recommandent par leur solidité, et par le talent avec lequel les dos sont brisés et cependant maintenus.

La fabrication des belles porcelaines dures a fait de grands progrès en France, et, dans cette industrie, notre supériorité est solidement établie. La fabrique de M. Nast, qui, depuis 1819, obtient la médaille d'or à toutes les expositions, continue à fournir au commerce des produits qui ont toujours le caractère d'exécution soignée et de perfection qui justifie sa renommée.

Mais nous devons mentionner ici d'une manière particulière un artiste dont les heureuses innovations, au jugement de tous les décorateurs, ont rendu l'essor au commerce de la porcelaine d'ornement.

M. Jacob-Petit, né à Paris, en 1796, étudia seul et sans le secours d'aucun maître les arts du dessin et de la peinture. Plus tard, le désir de perfectionner ses dispositions naturelles le fit entrer dans l'atelier du baron Gros, et il put exposer au salon plusieurs tableaux à l'huile.

Bientôt ses talents furent employés avec succès à la manufacture de porcelaine de Sèvres. Mais, passionné pour son art, M. Jacob Petit voulut chercher dans les voyages tous les moyens de le porter à la perfection. Il explora donc, dans ce but, non-seulement la plupart des provinces de France, mais encore la Suisse, toute l'Italie, l'Allemagne, la Hollande et l'Angleterre. Dans cette dernière contrée, où il fit un séjour de plusieurs années, il publia différents ouvrages d'ornements, et exécuta plusieurs des décorations de l'Opéra. A son retour en France, il fit des compositions pour tous les grands et petits établissements de bronze, et opéra dans cette partie une révolution totale.

En 1830, M. Jacob-Petit publia un ouvrage, composé de

cent.feuilles d'ornements et d'architecture, utile à toutes les branches de l'industrie. Cet ouvrage, qu'il avait composé, gravé et édité lui-même, eut le plus grand succès. Il compta de nombreux souscripteurs en France et à l'étranger. L'original de ce recueil est déposé à la bibliothèque royale.

Enfin, en 1831, M. Jacob-Petit fonda un établissement de porcelaine; et, dès ses débuts, il parvint, par la variété de ses modèles, à relever cette branche d'industrie qui, à cette époque, était dans un état de décadence presque complète. Par suite de l'introduction de ses nouveaux procédés, ce fabricant eut à soutenir et gagna plusieurs procès pour contrefaçon. On remarque dans tous les produits de M. Jacob-Petit la hardiesse d'exécution avec laquelle sont vaincues les plus grandes difficultés. Il a exposé en 1834 et 1839, et ses travaux ont obtenu du jury central des mentions fort honorables.

Cet habile fabricant n'a point cessé d'être artiste en devenant industriel. On connaît de lui des objets d'art et des dessins qui sont estimés des amateurs.

La dorure sur bois mérite aussi de fixer un moment notre attention. C'est dans le siècle dernier qu'on a inventé l'art d'appliquer directement le mat et le bruni sur le bois et sur le plâtre. Il en résulte, entre autres avantages, que la beauté des profils, la finesse et l'esprit de la sculpture ne sont aucunement altérés, comme ils l'étaient nécessairement auparavant.

De nos jours, M. Servais, au jugement de nos premiers

artistes, s'est placé à la tète de la dorure sur bois par les perfectionnements qu'il est parvenu à introduire dans cet art. A la dernière exposition, les connaisseurs stationnaient devant plusieurs objets remarquables sortis de ses ateliers. On a surtout admiré un cadre d'or d'une composition élégante et parfaitement entendue. Les ornements de ce cadre sont moulés avec une pàte qui reproduit les formes de la sculpture avec une heureuse précision, et qui, en outre, est à l'épreuve sous le rapport de la solidité. En un mot, les dorures de M. Servais sont d'une excellente exécution. Aussi le jury a-t-il cru devoir lui décerner une médaille, la seule récompense qui ait été donnée dans cette spécialité.

Dans cette marche progressive de tous nos arts industriels, l'orfévrerie n'est pas restée stationnaire. Depuis la retraite de M. Odiot père, de nouveaux artistes sont venus qui l'ont surpassé. Citons d'abord l'inventif, l'ingénieux Fauconnier, qui connut toutes les ressources de son art, et qui possédait à la fois, ainsi qu'on l'a fort bien dit, le goût, l'instinct et le génie de son art. Il déploya toute la verve de son admirable talent dans sa célèbre fontaine à thé, dans ses coupes destinées aux prix de courses, et dans son vase Lafayette. Après avoir fait école, après avoir créé des chefs-d'œuvre, Fauconnier vient de mourir dans l'indigence. Il lui avait manqué cette aptitude industrielle, si commune aujourd'hui, qui calcule, avant tout, ce que doit coûter l'exécution d'un ouvrage, ce que doit rapporter sa vente.

Après Fauconnier, il faut nommer M. Wagner, qui, en

ce moment, est sans contredit le roi de l'orfèvrerie. Ses
succès aux deux dernières expositions lui assurent un
règne de longue durée. M. Jules Janin nous semble avoir
admirablement caractérisé le talent de M. Wagner, dans
l'intéressante revue qu'il a donnée, dans le journal l'*Artiste*,
de l'exposition des produits de l'industrie de 1839. Il y
dit avec cette ingénieuse élégance qui lui est si naturelle :

« Ce Wagner est un des artistes les plus singuliers et les plus remarquables d'aujourd'hui ; il a la grande qualité d'être un artiste inventeur ; aussitôt qu'il a fait une découverte, il la donne à qui veut la prendre. Il est de ces hommes qui ne connaissent pas pour eux-mêmes les brevets d'invention, qui laissent aux autres cette espèce de mur d'airain, dont la base est d'argile, et derrière lequel se retranchent les inventeurs de corsets et de faux toupets. En fait d'inventions, Wagner est le premier qui, chez nous, ait donné une grande extension aux nielles, cette invention du siècle de Léon X, dont les Russes modernes, chose étrange ! s'étaient attribué le monopole. Si le nielle, aujourd'hui, a fait tant de progrès, s'il est fin, abondant, varié comme vous le voyez, vous le devez à Wagner. Si le platine a pris rang parmi les métaux que le bijoutier peut mettre en usage, c'est encore à Wagner que le platine doit cet honneur. Grâce à lui, qui a adopté en la perfectionnant la méthode nouvelle, on se passera désormais de mercure pour dorer l'argent et le bronze ; et non-seulement il est un inventeur persévérant, mais encore il est le plus studieux et l'adorateur le plus zélé des grands ciseleurs de la Renaissance. Les vases, les bijoux, les armes, les coupes, les aiguières, les coffrets, les torsades de l'habile artiste, ne sont comparables à rien de ce qui se fait aujourd'hui en Europe. Il est aussi amoureux de belles pierres que de fines ciselures ; il a, pour l'aider dans cette recherche, un savant lapidaire, nommé Mention. Et ainsi, que de riches bijoux ils ont tiré

de l'oubli ; que de topazes, d'améthistes, d'émeraudes, ils ont mis en œuvre! Non moins hardi que Fauconnier, mais d'une volonté plus nette et plus ferme, mais soutenu par des moyens d'exécution qui manquaient à son malheureux devancier, Wagner ne recule jamais devant aucune entreprise qu'il croit belle et grande. Avant de commencer une œuvre nouvelle, il ne se demande pas si l'Europe contient un homme assez riche pour l'acheter; il la commence, il l'achève, il la polit avec amour, il l'entoure de toutes les grâces, de toutes les délicatesses exquises d'un homme qui aime son art; après quoi, l'acheteur arrive ou non ; qu'importe? l'œuvre est accomplie. C'est ainsi que cette année, pendant les huit premiers jours de l'exposition seulement, a été exposé le plus admirable camée que Mention eût découvert. Ce camée avait été acheté une somme énorme au fond de l'Allemagne.... Une grande difficulté se présentait tout d'abord à accomplir cette entreprise (le montage); il fallait, pour faire valoir ce riche camée, donner à cette monture des tons nets et assez fermes pour faire disparaître les inégalités du ton de la pierre. Il fallait éviter que le support en argent doré ne ressemblât au cuivre doré; il fallait, en un mot, que le cadre fût digne du tableau. La difficulté a été admirablement vaincue; le platine est venu en aide à l'or, l'émail a jeté à profusion toutes ses ressources autour de ce bijou devenu méconnaissable, à ce point qu'un des plus curieux amateurs de Paris disait à Wagner :
— A la bonne heure! voilà un magnifique camée et bien

plus beau que celui que vous m'avez montré il y a un an. — C'est pourtant le même, a répondu Wagner.

M. Jules Janin donne ensuite la description de ces deux beaux vases qui ont été si universellement admirés à l'exposition. L'un est un vase du plus emphatique style byzantin, sur lequel sont représentés plusieurs sujets tirés de la vie de Robert de Clermont, fils de saint Louis. Jamais l'émail n'avait été étendu sur un espace aussi vaste et avec un succès plus complet. M. Wagner a résolu la difficulté en alliant le platine à l'or.

L'autre vase n'est point en émail, mais en argent repoussé.

C'est une amphore dont la forme capricieuse et libre a

quelque ressemblance avec les amphores de la Renaissance. Ce vase est profond : sur l'anse se penche gracieusement une jeune fille nue aux belles formes ; sur le bord on remarque deux enfants espiègles qui semblent ouvrir la bouche pour humer la dernière goutte du liquide vermeil ; sur le corps du vase, ce sont toutes sortes de figures gracieuses et terribles : ici l'intempérance, là la tempérance ; ailleurs des buveurs qui se battent, près de là des buveurs qui s'embrassent. Tout cela est d'un dessin plein de vérité ; il y a de la vie dans toute cette composition.

Passons maintenant à M. Froment-Meurice, jeune orfèvre, plein de goût et de talent, qui a fait ses preuves à la dernière exposition.

L'établissement de M. Froment-Meurice a été fondé vers 1795, par son père, François Froment, qui avait travaillé comme simple ouvrier chez l'orfèvre Auguste, que nous avons mentionné dans la période précédente.

Froment fils, dont nous allons entretenir nos lecteurs, est né à Paris, en 1802. Devant embrasser la profession de son père, il quitta jeune encore le collége Charlemagne où il faisait ses études, pour entrer comme apprenti chez l'un des meilleurs graveurs de l'époque. Dès qu'il eut fini son apprentissage, il rentra dans la maison paternelle, et fit une étude réfléchie de la ciselure, du dessin et des autres arts qui se rattachent à l'orfévrerie. Il devint bientôt l'ami et pour ainsi dire le disciple de Fauconnier, et profita des conseils de cet artiste si supérieur. Plus tard, lorsque

M. Wagner eut frayé à l'orfévrerie une voie nouvelle, en s'inspirant des exemples des maîtres des quinzième et seizième siècles, M. Froment-Meurice suivit cette impul-

sion avec une intelligente persévérance. La bijouterie était particulièrement restée en arrière de ce mouvement de progrès qui s'était manifesté dans des professions analogues, l'orfévrerie et le bronze. Il s'appliqua à perfectionner cette importante branche d'industrie, et obtint de bril-.

lants résultats qui se sont montrés dans tout leur jour à l'exposition de 1839.

Nous laisserons encore ici parler M. Jules Janin, ce roi de la critique dans les arts comme dans les lettres.

« Un autre orfèvre, qui est jeune, et qui a déjà une belle renommée, M. Froment-Meurice, est, à coup sûr, un des plus grands fanatiques de Wagner. Il a fait ses premières armes sous Fauconnier ; il a étudié son art dans toutes ses parties ; il a imaginé de faire de l'orfèvrerie une grande fabrication, et de répandre autant que possible, même parmi les bourgeois, l'amour des beaux ouvrages, afin qu'un jour le bourgeois ne disputât plus à l'orfèvre la gloire et le prix de la main-d'œuvre. M. Froment-Meurice, dont le magasin est un des plus beaux ornements de cette ville nouvelle qui s'élève dans le quartier de la Grève, et qui finira par purifier cet entassement d'immondices, s'est fait représenter cette année à l'exposition par de beaux vases d'une charmante forme toute nouvelle ; il a évité avec un rare bonheur ces horribles formes de l'argent anglais, qui n'appartiennent à aucun siècle, à aucun peuple. M. Froment-Meurice excelle surtout à produire toutes sortes d'adorables petits bijoux d'une grâce, d'une élégance et d'une perfection infinies. Il a étudié, on le voit bien, avec amour, les chefs-d'œuvre mignards du siècle passé. Il aime Germain, l'orfèvre de Louis XV et de Voltaire, comme tant d'artistes de nos jours aiment Watteau et Boucher. Mais, il faut le dire, c'est bien moins par imitation que par inspiration que ces bagues, ces colliers, ces bracelets se nouent et s'enroulent sous les doigts du jeune artiste. »

M. Froment-Meurice avait encore à l'exposition un service de thé d'une heureuse composition, d'un effet neuf et original, ainsi que deux beaux vases du plus bel effet.

Pour compléter l'éloge de cet artiste et rendre entièrement hommage à la vérité, nous ajouterons quelques détails qui prouvent que M. Froment-Meurice unit à un beau talent les qualités d'un noble caractère. Sorti de la classe ouvrière, il se souvient de son origine, il a le bon esprit d'en être fier, et s'intéresse vivement au bien-être et à l'amélioration morale des nombreuses familles d'artisans.

Le quartier de l'Hôtel-de-Ville, qu'il habite depuis son enfance, lui a des obligations de plus d'un genre. Membre de la commission sanitaire, lors de l'explosion du choléra en 1832, il donna des preuves d'un dévoûment sans bornes, d'une activité infatigable dans ces désastreuses circonstances, soit qu'il fallût organiser les secours à administrer aux malades, ou résister aux auteurs des scènes de meurtre occasionnées par les bruits d'empoisonnement, ou assurer l'existence des pauvres enfants devenus orphelins par l'effet du fléau. La généreuse conduite de M. Froment-Meurice était de notoriété publique. En récompense de ses services, le gouvernement le fit chevalier de la Légion-d'Honneur.

Les travaux de son art, qu'il exerce avec passion pour ainsi dire, ne l'empêchent pas de trouver le temps de se rendre utile à la chose publique. On le trouve associé à toutes les œuvres fondées dans l'intérêt des ouvriers. C'est ainsi qu'il est inspecteur des écoles primaires et administrateur de la caisse d'épargne. Si l'on nous demande pourquoi il a joint un second nom à celui de Froment qu'il avait reçu de son père, nous répondrons qu'il a voulu, par cette alliance de noms, exprimer un des sentiments de son cœur. Resté orphelin dès son bas âge, il avait eu pour beau-père M. Meurice, orfèvre aussi, qui l'éleva avec une tendresse toute paternelle. Quand, plus tard, il fut en âge de reconnaître les bienfaits de cet homme estimable, il sollicita et obtint l'autorisation d'ajouter à son nom de Froment celui de Meurice, son second père. Simple et noble manière de consacrer sa reconnaissance filiale !

Au commencement de cette période contemporaine, en parlant des arts alimentaires, nous avons dit quelques mots sur une découverte très-importante de M. Appert. Le désir de réparer quelques omissions nous ramène encore sur le même sujet.

Les premiers travaux chimiques de M. Nicolas Appert

datent de 1796. Mais ce ne fut qu'en 1804 que ses essais

de préparations alimentaires reçurent une existence officielle, et commencèrent sa réputation. Ses produits furent soumis alors à des expériences faites à Brest par ordre du gouvernement. A la même époque, Appert fonda son établissement de conserves qui aujourd'hui est connu dans les deux mondes.

En 1810, une somme de douze mille francs lui fut accordée, à titre d'encouragement, par le ministre de l'intérieur. En 1816 et 1820, Appert reçut des médailles de la Société d'encouragement pour l'industrie nationale, et, en 1822, il remporta le prix de deux mille francs dans le concours ouvert par cette même société. Enfin, en 1827, l'établissement de conserves alimentaires fondé par Appert obtint la médaille d'or à l'exposition des produits de l'industrie.

Nous avons signalé l'immense avantage que la marine retire des découvertes d'Appert. Les viandes conservées par son procédé préservent du scorbut, et ne reviennent pas plus cher que les salaisons. Maintenant ses conserves sont de première nécessité à bord des navires pour la nourriture des passagers. Son établissement conserve indéfiniment toute espèce de comestibles : viandes, fruits, légumes, avec leur goût et leur saveur naturelle. Ainsi l'on a vu, à l'exposition de 1839, deux boîtes de viande de bœuf, conservées en 1822, et qui avaient déjà figuré à l'exposition de 1823. Deux autres boîtes de viande et une bouteille de petites fèves de marais, conservées en 1820,

s'y trouvaient également, le tout dans un état parfait de conservation et de fraîcheur. Avec les conserves
d'Appert, on peut, en toutes saisons et dans tous les climats, fournir sa table de petits pois, d'asperges, d'abri-
cots, qui sont aussi savoureux que s'ils venaient d'être
cueillis.

La découverte de M. Appert a obtenu les suffrages les
plus distingués, entre autres, ceux de M. de Lasteyrie, de
M. Gay-Lussac, du capitaine Freycinet. Des éloges lui sont
aussi adressés par le capitaine Kotzebue, qui avait fait
usage des conserves alimentaires dans son voyage autour
du monde. Le capitaine Ross dit, dans la relation de son
voyage aux régions arctiques, qu'il a trouvé sur les bords
du détroit du Prince-Régent des piles de caisses de conserves alimentaires de Donkin, d'après la méthode d'Appert, qu'avait déposées le capitaine Parns en 1825, après le
naufrage de son vaisseau la *Furie*, et que, quoiqu'elles
fussent là, depuis quatre ans, exposées aux injures de l'air,
tous les objets préparés étaient aussi frais que le premier
jour, et, par cette heureuse rencontre, son vaisseau se
trouva ravitaillé.

M. Prieur-Appert, successeur de Nicolas Appert, non-
seulement soutient la haute réputation de l'établissement,
mais encore, suivant le jury de l'exposition de 1839, il est
parvenu à en augmenter l'importance, en multipliant le
nombre de ses produits, et en employant des boîtes qui
peuvent être utilisées après avoir servi à la conservation

des aliments. C'est ce qui lui a valu le rappel de la médaille d'or, qui avait été décernée à M. Appert en 1827.

Toutes les entreprises qui ont pour objet d'affranchir la France du monopole étranger ont droit à nos éloges. De ce nombre est sans contredit l'importante fabrique de crayons de M. Desprez-Guyot. Depuis plus d'un siècle, notre pays était tributaire de l'Allemagne pour les crayons. La cherté de la main-d'œuvre ne nous permettait pas la concurrence, malgré d'énormes droits d'entrée (deux francs par kilogramme). Aussi nos fabricants ne pouvaient-ils produire que des qualités de crayon d'un prix excessif, laissant les Allemands fournir chaque année quatre cent mille grosses de crayons à notre commerce. La belle découverte de M. Desprez-Guyot a mis fin à ce tribut onéreux.

Enfin, au moment de terminer cette revue de nos industries et inventions les plus remarquables, nous regardons comme un devoir de parler d'une publication qui doit les embrasser toutes dans son ensemble, et qui mérite la sympathie et la reconnaissance des manufacturiers, fabricants et inventeurs. Il s'agit du magnifique ouvrage périodique, intitulé l'*Exposition*, journal de l'industrie et des arts utiles, publié par M. Le Bouteiller. Ce recueil, véritable monument élevé à l'industrie, reproduit par le burin toutes les inventions nouvelles. Ainsi l'on y voit des gravures des plus ingénieux modèles qu'enfantent les arts utiles et les arts du luxe. Ce sont des ornements d'or et de bronze, ou bien de simples instruments aratoires, des vases ciselés

ou des tentures de velours, la voiture somptueuse du
maréchal Soult, ou la simple charrette du fermier, dite
Lefaucheux, etc. Ces dessins sont accompagnés d'un texte
explicatif qui en double l'intérêt.

Cette publication est un incontestable bienfait pour les
artistes et inventeurs. Elle tient lieu d'une exposition permanente. Tous les chefs-d'œuvre de nos arts industriels y
sont fidèlement représentés par les plus habiles dessinateurs
et graveurs. L'idée de cette publication est fort belle; l'exécution est tout-à-fait digne de l'idée. Aussi M. Le Bouteiller
compte-t-il parmi ses nombreux souscripteurs la plupart des
souverains de l'Europe; aussi a-t-il obtenu les encouragements et les éloges de nos professeurs d'économie politique
les plus distingués, MM. Pouillet, Blanqui, Michel Chevalier.

L'*Exposition* publie, par année, deux cent quatre-vingt-
huit gravures sur acier avec texte. Elle est divisée en six
catégories : architecture, ameublement, bronzes et dorures, articles de Paris, équipages et sellerie, mécanique et
outils. C'est donc en quelque sorte l'expression de l'industrie tout entière.

Notre tâche est terminée; nous avons rempli le cadre
que nous nous étions tracé; nous avons parcouru les trois
périodes que nous avions indiquées. Autant que nous
l'avons pu, nous avons donné des détails sur les hommes
qui se sont illustrés par d'utiles inventions ou de notables
perfectionnements. Cette revue, quoique rapide, a fait

ressortir plus d'une fois la supériorité de notre industrie
nationale, mis au grand jour les richesses qu'elle possède,
prouvé qu'elle sait trouver en elle-même d'immenses, d'inépuisables ressources.

Il nous reste maintenant à faire des vœux pour la prospérité de cette industrie si merveilleuse. Par ce qu'elle a
su faire au milieu de nos jours d'orage, on peut se faire
une idée des grandes choses qu'elle pourrait opérer dans
des jours de calme. Puissent ces heureux jours, si favorables au développement de l'industrie, se lever bientôt pour
la France! Puissions-nous sur notre horizon encore bien
nébuleux voir enfin apparaître le signe avant-coureur de la
fin de la tempête, ou, comme après le déluge universel,
la douce colombe apportant dans son bec le vert rameau
de l'espérance.

TABLE NOMINATIVE,

PAR ORDRE ALPHABÉTIQUE,

DES ARTISANS, ARTISTES, FABRICANTS, INDUSTRIELS ET AUTRES

PERSONNAGES MENTIONNÉS DANS CE LIVRE.

INDUSTRIES, INVENTIONS ET DÉCOUVERTES

UTILES OU CURIEUSES

Dont il est parlé dans les *Artisans illustres.*

TABLE

DES

VIGNETTES ET PORTRAITS.

www.ingramcontent.com/pod-product-compliance
Lightning Source LLC
Chambersburg PA
CBHW071137270326
41929CB00012B/1777